ALEXANDRE LACASSAGNE

VACHER L'ÉVENTREUR
ET LES
CRIMES SADIQUES

Elibron Classics
www.elibron.com

Elibron Classics series.

ISBN 0-543-94464-6 (paperback)
ISBN 0-543-94463-8 (hardcover)

This Elibron Classics Replica Edition is an unabridged facsimile of the edition published in 1899 by A. Storck, Masson, Lyon-Paris.

VACHER L'ÉVENTREUR

ET LES

CRIMES SADIQUES

Vacher à 16 ans

Vacher sergent au 60e

Vacher en prison

Le *baluchon* de Vacher

BIBLIOTHÈQUE DE CRIMINOLOGIE
XIX

VACHER L'ÉVENTREUR
ET LES
CRIMES SADIQUES

PAR

A. LACASSAGNE

AUTOGRAPHES ET PORTRAITS DE VACHER
(14 FIGURES ET 2 PLANCHES)

LYON
A. STORCK et Cie, ÉDITEURS
78, Rue de l'Hôtel-de-Ville

PARIS
MASSON et Cie, EDITEURS
120, Boulevard Saint-Germain

1899

PRÉFACE

Il y a un peu plus d'un an que nous avons commencé à nous occuper de Vacher.

Lorsque nous eûmes vu de près cet homme et que la lecture du dossier nous eut appris à quel genre de criminel nous avions affaire, nous nous livrâmes à une étude du Sadisme, réunissant tout ce que la littérature médico-légale avait produit de plus important.

Ayant à procéder à l'examen d'un des plus grands scélérats qui aient, peut-être, jamais existé, nous voulions faire cette étude, muni de tous les renseignements et au courant de ce que la science connaît sur ce sujet.

Le travail que nous mettons aujourd'hui sous les yeux du public médical est composé des matériaux que nous avions réunis à cet effet.

Nous n'avons, il nous semble, rien oublié d'essentiel. Il est bon d'ailleurs que l'on puisse apprécier le scrupule et la méthode que nous apportons dans l'étude de semblables problèmes.

Aujourd'hui comme en octobre dernier, aux assises de l'Ain, nous sommes convaincu d'avoir dit la vérité, toute la vérité, rien que la vérité. Après s'être rendu compte de nos efforts on conviendra, nous l'espérons, que si nous nous sommes trompé, c'est certainement de bonne foi.

Ce travail ne sera pas infructueux si nous avons mis au point une des questions les plus troublantes de la médecine légale. Nous avons été aidé par la précieuse collaboration de nos amis Tarde, Bérard, Marciat, Étienne Martin dont le savant concours a étayé nos opinions et consolidé l'œuvre commune.

Dès le lendemain des débats, afin que le public médical compétent eût le temps de crier à l'erreur, nous avons publié le rapport des experts sur Vacher.

L'histoire de ce criminel, cette série de drames sont dignes par le nombre des forfaits d'être donnés comme un des plus étonnants exemples de la perversité humaine.

C'est fini.

Nous quittons la plume et sortons de ce long travail comme d'un cauchemar, c'est-à-dire écœuré et fatigué.

A. L.

Lyon, le 19 février 1899.

VACHER L'ÉVENTREUR

I. — ACTE D'ACCUSATION

Le Crime de Bénonces (Ain)

Le 31 août 1895, fut découvert au lieu dit le Grand-Pré, situé commune de Bénonces (Ain), le cadavre affreusement mutilé d'un jeune berger, âgé de seize ans, Victor Portalier. Vers une heure de l'après-midi, il avait quitté le domicile de son maître, le sieur Berger, cultivateur au hameau d'Anglas, pour conduire le bétail au pâturage. A trois heures environ, un autre berger, Jean-Marie Robin, âgé de douze ans, aperçut le troupeau de Portalier dans un champ de trèfle. Il appela en vain son camarade et s'efforçait de ramener le bétail quand il remarqua sur la terre des traces de sang. Effrayé, il héla d'autres pâtres qui lui signalèrent la présence du garde champêtre. Celui-ci se rendit sur les lieux et, suivant les traces de sang, se trouva bientôt en présence du cadavre de Portalier, caché sous des genévriers, presque nu et couvert de blessures. Une énorme plaie s'étendant de l'extrémité inférieure du sternum au pubis ouvrait entièrement le ventre ; les intestins s'en échappaient et se répandaient sur l'abdomen et sur une cuisse.

Une autre blessure avait ouvert l'estomac et laissait se répandre sur le sol des matières alimentaires. Le thorax portait trois blessures, dont une de six centimètres de longueur sur trois de largeur, trois autres blessures existaient au cou : l'une d'elles, longue de trois centimètres, large de quatre, avait sectionné la carotide. Portalier avait donc été égorgé, éventré puis odieusement mutilé. Quatre des blessures qu'il avait reçues devaient entraîner la mort presque immédiate. L'état de la victime a permis de penser que le mobile du crime avait été l'assouvissement sur le cadavre d'une passion immonde. Le jeune Portalier avait été confié par sa mère à la Société lyonnaise pour le sauvetage de l'enfance qui l'avait placé, depuis trois ans, chez le sieur Berger, où sa conduite avait été exemplaire. Il avait su se faire aimer de tous.

Personne dans la région ne pouvait être son assassin, mais les soupçons se portèrent sur un vagabond d'allure sinistre qui avait rôdé dans le village la veille et le jour du crime. Les déclarations précises de plusieurs témoins qui l'avaient remarqué permirent de formuler son signalement. Il était âgé de trente ans environ, de taille moyenne, vêtu d'un gilet de lustrine noire avec manches, d'un pantalon à raies noires et blanches, coiffé tantôt d'un béret tantôt d'un chapeau de paille. Il était chaussé de galoches et portait un sac de toile grise et un bâton. La barbe noire comme ses cheveux était taillée en pointe et clairsemée sur les joues. La bouche était déformée, son œil droit était taché d'une rougeur et surmonté d'une cicatrice. La trace de ce vagabond fut suivie pendant toute la journée du 3 août jusqu'à six heures du soir, au moment où il traversait la ligne du chemin de fer, au passage à niveau de Villebois ; mais il fut impossible de savoir ce qu'il était devenu à partir de ce moment, et les recherches restèrent infructueuses pendant deux ans. Elles n'avaient pas cependant été abandonnées.

M. le juge d'instruction de Belley, frappé, comme plusieurs magistrats, de la similitude qui existait entre le crime de Bénonces et divers crimes commis dans des circonstances analogues sur plusieurs points de la France, s'était efforcé de préciser et de compléter le signalement de l'auteur présumé et avait rédigé une commission rogatoire qui, adressée à de nombreux parquets, amena enfin la mise sous la main de la justice de l'assassin de Victor Portalier. Le 4 août 1897, le nommé Joseph Vacher était arrêté dans l'arrondissement de Tournon à raison d'une agression significative commise sur une femme. Son signalement présentait une analogie tellement frappante avec celui du vagabond désigné par les témoins de Bénonces, qu'il fut après sa condamnation par le tribunal de Tournon (7 septembre 1897), transféré à Belley.

Il opposa d'abord à l'inculpation des dénégations énergiques, mais formellement reconnu par plusieurs témoins qui l'avaient vu à Bénonces dans les journées des 30 et 31 août 1895, il se reconnut coupable non seulement de l'assassinat du jeune Portalier, mais encore de plusieurs autres crimes semblables, par lui commis dans diverses régions de la France, qu'il avait parcourues en vagabond pendant les années 1894, 1895, 1896 et 1897 et à raison desquels l'opinion publique, surexcitée, avait injustement fait peser des soupçons sur des innocents.

Ces aveux n'étaient point inspirés par le remords. Convaincu d'être l'auteur du crime, Vacher a tenté d'échapper à l'expiation suprême en faisant surgir des doutes sur sa responsabilité et il a cherché son salut dans le nombre et l'horreur de ses crimes, se représentant comme un aliéné en proie à des accès subits et inconscients de rage furieuse, tuant alors au hasard, souillant parfois les cadavres de ses victimes et leur faisant subir d'affreuses mutilations sous l'empire de la folie.

La répétition et la monstruosité des crimes devaient être l'un des éléments de ce système de défense, et c'est pourquoi Vacher a fait certains aveux, s'arrêtant d'ailleurs dans cette voie, lorsqu'il ne lui a plus paru utile pour sa défense d'y persévérer.

Si incomplets qu'ils soient, ces aveux corroborés par une longue et patiente information, révèlent une véritable série de crimes qui dépassent en horreur tout ce que l'imagination humaine peut concevoir.

En ce qui touche le crime de Bénonces, Vacher l'a avoué au magistrat instructeur dans les termes suivants :

« De Saint-Ours, je suis revenu à Bénonces, où j'ai tué un jeune garçon que vous me dites s'appeler Portalier, mais dont je ne savais pas le nom ; il était debout, je crois, dans un pré où il gardait son bétail.

« Je suivais un chemin qui conduisait à la montagne et passait non loin du pré. Je me suis approché du berger. Je ne lui ai rien dit, il ne soupçonnait pas pourquoi je m'approchais de lui. Je l'ai saisi brusquement à la gorge. Je l'ai tué avec un couteau dont je ne me rappelle pas la forme et que j'avais sur moi. Je lui ai coupé la gorge et je crois aussi lui avoir arraché les parties sexuelles avec les dents. J'aurais préféré abandonner certains détails en ce qui concerne certaines vilaines choses que j'ai faites, et je crains que l'exemple de ma maladie ne devienne nuisible à la moralité de la jeunesse... Vous me demandez comment j'étais habillé, je ne m'en souviens pas; si je me suis lavé après le crime, je ne m'en souviens pas non plus, mais je le crois. J'ai traversé ensuite des bois. Au surplus il n'est pas possible de me rappeler d'autres détails, en raison de l'état dans lequel je me trouvais. »

Ces aveux complétés par les constatations matérielles ne laissent aucun doute sur la culpabilité de Vacher. C'est bien lui qui a égorgé, éventré, mutilé, pour satisfaire ses monstrueuses passions, le jeune Portalier. Et il a commis ce crime non dans un accès de folie furieuse comme il le prétend, mais avec préméditation et en pleine conscience.

Apercevant un enfant isolé, sans défense, il s'est détourné de son chemin et il s'est approché doucement de lui, sans éveiller sa défiance, tenant ouvert dans la main son couteau pour lui couper la gorge. Puis brusquement, il l'a saisi par surprise et l'a frappé mortellement.

Obéissant ensuite à son effroyable perversité, il l'a déshabillé, éventré, mutilé, souillé. Sa passion satisfaite, avec la même présence d'esprit et le même sang-froid qu'il avait apportés à la préparation du crime, il cache le cadavre sous les buissons, change de coiffure, met son vêtement sous son bras afin de n'être pas reconnu et entreprend à grande allure une marche forcée à travers champs, qui le soustrait bientôt aux recherches. Ce crime prémédité, accompli en pleine conscience, est le seul que les règles de la procédure criminelle aient permis de comprendre dans la présente accusation.

Les antécédents de Vacher

Joseph Vacher est né à Beaufort (Isère), le 16 novembre 1869. Il est issu d'une famille de cultivateurs honorables et très nombreuse. Ses parents étaient sains de corps et d'esprit. Parmi ses ascendants, il n'en a jamais existé de fou, d'épileptique ou d'idiot. Il n'a souffert dans son enfance d'aucune maladie susceptible d'ébranler ultérieurement son système nerveux. Il allègue cependant que dans son jeune âge, il fut mordu par un chien enragé et que sa famille lui fit prendre un remède secret qui eut pour effet de l'hébéter et de lui vicier le sang. Ses crimes ne seraient, d'après lui, que des accès de rage dus à cette morsure et à ce traitement.

Il a été établi que Vacher n'a jamais été mordu par un chien enragé, il aurait été seulement léché par un chien suspect d'hydrophobie et aurait bu un breuvage préparé par un empirique. Les médecins experts affirment que ce fait ne peut avoir eu aucune influence sur son état mental. Il a grandi à Beaufort, laissant le souvenir d'un enfant sournois et méchant.

Plus tard, il essaya de se mettre en service, mais il ne put rester nulle part. A dix-huit ans, il entra comme postulant chez les frères maristes de Saint-Genis-Laval.

Il en sort deux ans après, pour s'être livré, d'après un témoin, à des actes infâmes sur ses camarades. Peu après, il tente d'accomplir violemment sur un enfant un acte contre nature. Il contracte ensuite une maladie honteuse pour laquelle il s'est soigné à Grenoble et à Lyon.

Après un séjour à Genève, il commence, le 15 novembre 1890, son service militaire au 60e régiment d'infanterie à Besançon. Les renseignements recueillis sur cette période de sa vie, auprès de ses camarades et de ses supérieurs, le représentent comme se livrant à des actes de violence et inspirant des craintes, pour leur sécurité, aux hommes qui devaient vivre auprès de lui. Il fut même, en octobre 1891, mis en observation à l'infirmerie comme atteint d'idées noires avec délire de la persécution. Il n'en obtint pas moins le grade de sergent. Mais en 1893, ses menaces, ses violences, certaines incohérences dans ses paroles entraînèrent son envoi à l'hôpital avec ce diagnostic « troubles psychiques ».

Quelques jours après, il était mis en congé de convalescence de quatre mois afin qu'il n'eût plus à reparaître au corps.

Pendant ce congé, il alla rejoindre, à Baume-les-Dames, une jeune fille qu'il avait connue à Besançon et avec laquelle il voulait se marier, dit-il. Ne pouvant triompher de ses refus, il se rendit le 25 juin 1893 auprès d'elle, la blessait à la tête de trois coups de revolver, puis tournant son arme contre lui-même, il essayait de se suicider en se tirant plusieurs coups de revolver. L'une des balles pénétrait par l'oreille droite où elle se trouve encore, causant la surdité complète du côté droit, ainsi que la paralysie du nerf facial et du nerf auditif du même côté.

Les blessures reçues par la victime n'entraînèrent qu'une incapacité de travail de quinze jours. Quant à Vacher, il fut, à raison des signes de dérangement cérébral qu'il avait donnés au régiment, placé en observation à l'asile d'aliénés de Dôle, le 7 juillet 1893. Le 2 août suivant, il était définitivement réformé avec congé n° 2, pour troubles psychiques, et le certificat de bonne conduite lui était accordé. Il s'évadait peu après de l'asile de Dôle, était repris à Besançon et bénéficiait d'une ordonnance de non-lieu, basée sur son état d'aliénation mentale caractérisée par le délire de la persécution.

Mais, s'il était considéré par la justice comme irresponsable à raison de son attentat de Baume-les-Dames, il devait, par cela même, être maintenu dans un asile d'aliénés. Aussi fut-il transféré comme aliéné dangereux à l'asile de son département d'origine, à Saint-Robert. Mais il y était à peine interné, que son état mental se transformait, tout indice de folie disparaissait, si bien que le 1er avril 1894, il sortait de l'asile de Saint-Robert entièrement guéri d'après la déclaration du médecin-directeur et ne présentant plus aucune trace de folie.

Il résulte donc des appréciations des médecins aliénistes, qui doivent être acceptées en leur entier comme l'expression de la vérité au moment où elles ont été formulées, que Vacher, après avoir été atteint d'une aliénation mentale transitoire à l'expiration de son service militaire avait quelques mois plus tard recouvré toute sa raison, qu'il sortait de l'asile Saint-Robert sain d'esprit, conscient et responsable. Les sanglants attentats auxquels il va se livrer ne seront donc que la manifestation toujours identique de la même passion sadique et sanguinaire. Ils seront l'œuvre d'un monstrueux criminel, ils ne seront pas celle d'un fou.

Les aveux de Vacher

En ne tenant compte que des révélations faites par l'accusé au magistrat instructeur et dont l'exactitude a été vérifiée, révélations qu'il a un jour brusquement interrompues, Vacher a, depuis sa sortie de l'asile Saint-Robert jusqu'au moment de son arrestation, tué quatre garçons, six jeunes filles et une vieille femme. Il a en outre tenté de violer une enfant de onze ans. Après avoir quitté le 1er avril 1894 l'asile Saint-Robert, Vacher se rendit à Saint-Genis-Laval, puis il se dirigea vers Grenoble en passant à Beaurepaire (Isère).

C'est dans cette commune que le 20 mai 1894, il a assassiné, puis violé Eugénie Delhomme, âgée de 21 ans. Elle passait seule, le soir, dans un chemin isolé. Il se jeta sur elle, l'étrangla, puis lui coupa la gorge avec un couteau, la frappa violemment au ventre à coups de soulier et lui arracha une partie du sein droit. Il transporta ensuite sa victime, dont il avait déchiré les vêtements, derrière une haie et la viola.

Le corps ne fut découvert que le lendemain. Mais l'assassin avait pris la fuite à travers champs et allait se placer dans une ferme aux environs de Grenoble, tandis que les soupçons se portaient successivement sur plusieurs jeunes gens de Beaurepaire signalés à tort par l'opinion publique. Des environs de Grenoble, Vacher se rendit dans la Bresse, puis il eut la pensée d'aller à Menton auprès d'une de ses sœurs fixée dans cette ville et par laquelle il espérait être recueilli. Au cours de ce voyage qu'il effectuait en entier à pied, suivant son habitude, il rencontra le 20 novembre 1894, sur le territoire de la commune de Vidauban, une enfant de treize ans,

Louise Marcel, fille d'un fermier. Elle était seule dans ce lieu isolé. Il la saisit au cou et l'entraîna dans une bergerie, puis il tenta de l'étrangler, lui coupa la gorge, l'éventra et lui arracha les seins. Il prétend ne l'avoir pas violée.

Dans cette affaire encore, un innocent fut injustement soupçonné. Quant à Vacher, s'éloignant à la hâte, capable, grâce à sa constitution physique de parcourir de grandes distances, inconnu dans le pays, s'écartant des chemins, sachant dissimuler sa marche, il était bientôt à l'abri des recherches. Il lui fut ainsi possible de revenir à Grenoble. Il y séjourna trois mois à la ferme de l'hospice, puis il prit la résolution de se rendre à Paris en passant par Dijon et Lyon. Il se trouvait aux environs de cette ville le 12 mai 1895. Il rencontra sur la route 71, vers 9 heures du matin, à proximité du lieu dit le Bois-de-Chêne, une jeune fille de dix-sept ans, originaire d'Etaule, nommée Augustine Mortureux. Il se jette sur elle, l'égorge à coups de couteau, transporte son cadavre dans une friche longeant la route et essaye de mutiler ses seins. Le cadavre fut retrouvé dans une cavité du sol, les jupes relevées sur la poitrine et les jambes écartées. Il n'y avait pas eu viol. On constata que les souliers de la victime et ses boucles d'oreilles lui avaient été enlevés.

Ce crime causa une émotion profonde dans la région, plusieurs personnes furent inculpées, l'une d'elles même, dénoncée avec passion par ses ennemis, fut renvoyée devant la chambre des mises en accusation qui rendit une ordonnance de non-lieu. Or, ce crime était l'œuvre de Vacher qui l'avoue. Il reconnaît même qu'il a pris les souliers de la victime qui paraissaient convenir à ses pieds. Après l'assassinat d'Augustine Mortureux, Vacher au lieu de continuer son chemin vers Paris revient sur ses pas. Il se place chez un fermier pour la saison des foins, et prend ensuite la route de Chambéry et d'Aix-les-Bains en passant par Bénonces, où il reviendra plus tard et assassinera Victor Portalier.

Dans la matinée du 24 août 1895 à Saint-Ours (Savoie) il égorge dans sa maison la dame veuve Morand, âgée de 58 ans et la viole, puis il s'enfuit après avoir fermé la porte à double tour et enlevé la clef. On voit sur les vêtements de la victime des tâches d'huile. Or, dans le sac de Vacher on a trouvé un flacon d'huile dont il n'a pu indiquer l'emploi et les médecins experts ont pu se demander si Vacher, qui avoue le viol, n'avait pas en réalité pratiqué sur sa victime un attentat plus odieux encore. C'est quelques jours après ce crime que Vacher, revenant sur Bénonces, y assassina Victor Portalier le 31 août, dans les circonstances ci-dessus rapportées. Après avoir traversé les départements de l'Ain et de l'Isère, il passe dans la Drôme et le 22 septembre il égorge à Truinas d'un coup de couteau qui tranche le cou jusqu'à la colonne vertébrale la jeune Aline Alaise, âgée de seize ans. Il pratique sur son corps quelques mutilations et un commencement d'éventration. Dérangé dans sa sinistre besogne, il dut abandonner sa victime et tandis qu'un berger atteint d'imbécillité était arrêté comme coupable de l'assassinat d'Aline Alaise, il se rendit dans le département de l'Ardèche où le 29 septembre il commettait à Saint-Etienne-de-Boulogne un nouveau crime sur la personne d'un berger de quatorze ans. Pierre Massot-Pelet. Ce crime est l'exacte répétition de celui de Bénonces. Surpris dans un lieu désert, le jeune Massot-Pelet est étranglé, égorgé, éventré, ses organes génitaux sont blessés, puis l'assassin se livre sur le cadavre à un immonde attentat.

Un innocent a été longtemps soupçonné d'être l'auteur de ce crime. Pour faire tomber ces soupçons injustes, il a fallu que les aveux de Vacher fussent l'objet d'une vérification qui n'a laissé aucun doute sur leur véracité.

Après le crime de Saint-Etienne-de-Boulogne la trace de Vacher est perdue jusqu'au 1er mars 1896 où on le retrouve dans la Sarthe, essayant de violer à Noyen une enfant de onze ans, Marie Dérouet, qui fut sauvée par l'arrivée d'un garde particulier accouru à ses cris.

Frappé par Vacher d'un coup de pied au visage, le garde dut le laisser fuir. Un gendarme monté sur un vélocipède le rencontre, lui demande ses papiers, ne reconnaît pas en lui l'inculpé signalé et le laisse continuer sa route.

Tandis que le parquet de la Flèche instruisait cette affaire, le parquet de Beaugé poursuivait Vacher pour vagabondage et coups et blessures, et le faisait condamner, le 9 mars 1896, à un mois d'emprisonnement. Cette peine et celle de trois mois d'emprisonnement prononcée par le tribunal de Tournon sont les seules que Vacher aient encourues.

On le retrouve en juillet 1896 à Précy (Seine-et-Oise). A la fin de ce mois, il prend la direction du Midi. Le 10 septembre, il assassine à Busset (Allier) une jeune femme âgée de dix-neuf ans, Marie Mounier, récemment mariée au sieur Laurent. Il l'étrangle, l'égorge comme ses autres victimes et lui enlève son alliance en or. La disposition des vêtements déchirés indique qu'il s'apprêtait à pratiquer l'éventration. Le corps fut trouvé dans des fougères, au pied d'une haie vive.

Quelques jours plus tard, le 1er octobre, dans la Haute-Loire, à la Varenne-Saint-Honorat, il donne la mort à la jeune Rosine Rodier, bergère, âgée de quatorze ans, dont le corps fut trouvé dans un fourré de pins, de genêts et de bouleaux. Il l'égorge, l'éventre et lui enlève les parties génitales externes par une incision qui entame les cuisses. Il prétend s'être dirigé immédiatement après ce crime vers l'Espagne et être revenu ensuite à Lyon, en passant par Montpellier et Nîmes.

Cette période de l'existence de Vacher n'est pas connue. Il est certain toutefois qu'il se trouvait en févriér 1897 dans le Tarn, à Lacamie.

Vers la fin de mai 1897, il tue aux environs de Lyon, à Tassin-la-Demi-Lune, un jeune vagabond, Claudius Beaupied, âgé de quatorze ans.

Cet enfant avait quitté sa famille qui avait cessé de se préoccuper de lui, son cadavre ayant été jeté par le meurtrier dans le puits d'une ferme abandonnée, sa mort fut ignorée.

Vacher a fait l'aveu de cet assassinat dans un moment de vanité et pour montrer la véracité de ses récits aux incrédules portés à penser qu'il se vantait de crimes qu'il n'avait pas commis.

Claudius Beaupied était entré le matin dans une maison inhabitée où Vacher avait passé la nuit. Ce dernier lui coupa la gorge avec un rasoir, déshabilla le corps et le jeta dans le puits où il ne fut découvert que le 25 octobre à l'état de squelette.

Quelques jours plus tard et encore dans le Rhône, à Courzieux-la-Giraudière, il tue, le 18 juin, un berger de treize ans, Pierre Laurent.

Entre onze heures et minuit, cet enfant ramenait des bœufs chez son maître. Il est assailli par Vacher qui tente d'abord de l'étrangler, puis l'égorge et lui fait au bas-ventre une large plaie. Il traîne ensuite le corps derrière une haie et se livre sur lui à un acte de pédérastie.

Après ce crime, il se dirige vers Lyon qu'il traverse et passe dans l'Isère, où il reste quelques jours. Il est enfin arrêté à Champis, dans l'Ardèche, au moment où il tentait de faire subir à la femme Plantier le même sort qu'à ses autres victimes. Grâce à la prompte arrivée du sieur Plantier, accompagné de deux autres personnes, il fut saisi malgré sa résistance acharnée ; mais rien n'indiquait à ce moment que le vagabond qui venait de renverser la dame Plantier, sans avoir d'ailleurs le temps de se livrer à d'autres violences, fût l'auteur de tant de crimes impunis.

Le présent acte d'accusation a rapporté sommairement les crimes avoués par Vacher, au cours de l'instruction ouverte au sujet de l'assassinat de Bénonces, du jeune Portalier. Il ne croit pas pouvoir rechercher si d'autres attentats du même genre, à l'égard desquels des charges pèsent sur l'accusé mais qu'il n'a pas avoués, ne lui sont pas aussi imputables.

Après de longues et minutieuses observations, les trois docteurs qui l'ont examiné ont formulé leur avis en ces termes : « Vacher n'est pas un épileptique, ce n'est pas un impulsif. C'est un immoral violent, qui a été temporairement atteint de délire mélancolique avec idées de persécution et de suicide.

« L'otite traumatique dont il est porteur semble n'avoir eu jusqu'à présent aucune influence sur l'état mental de l'inculpé.

« Vacher, guéri, était responsable quand il est sorti de l'asile Saint-Robert. »

Ses crimes sont d'un antisocial sadique, sanguinaire qui se croyait assuré de l'impunité grâce au non-lieu dont il avait bénéficié et à sa situation de fou libéré.

Actuellement, Vacher n'est pas un aliéné, il simule la folie. Vacher est donc un criminel. Il doit être considéré comme responsable, cette responsabilité étant à peine atténuée par les troubles physiques antérieurs.

II. — RAPPORTS DES EXPERTS

Nous soussignés, Docteurs Alexandre Lacassagne, professeur de médecine légale ; Auguste Pierret, professeur de clinique des maladies mentales, médecin en chef de l'asile départemental de Bron, Fleury Rebatel, directeur d'une maison de santé,

Sur ordonnance de commise de M. Fourquet, juge d'instruction à Belley, en date du 14 juin 1898, et après avoir prêté serment le 15 juin 1898, entre les mains de M. Benoist, délégué, pour recevoir ce serment par commission rogatoire du 14 juin 1898, nous sommes transportés à Belley, le 6, le 13 et le 17 juillet à la prison, à l'effet d'examiner le nommé Joseph Vacher, détenu, et dresser rapport de son état mental (1).

Issu d'une famille honorable et nombreuse, Vacher n'a pas souffert d'une seule de ces maladies d'enfance qui laissent si souvent dans le système nerveux des foyers d'irritation susceptibles de favoriser, le cas échéant, l'explosion d'états convulsifs. Les parents étaient sains de corps et d'esprit, et toutes les dépositions concourent à établir que, parmi les ascendants de l'accusé il n'a jamais existé de fou, d'épileptique ou d'idiot.

Pour mémoire, il faut toutefois noter la mort en bas âge d'une sœur jumelle et l'incident du chien enragé. Un jour, le petit chien d'un garde s'élance sur Vacher enfant, le couvre de caresses et le lèche à la figure ; quelques jours après, ce chien est abattu comme hydrophobe. La famille Vacher s'émeut, une sœur sacrifie quelque argent gagné par son travail et va chercher un de ces remèdes secrets qui passent pour préserver de la rage. On fait absorber à l'enfant le mystérieux contenu d'une grande bouteille et, pendant assez longtemps, il en reste comme hébété. De là, toute une théorie sur laquelle l'accusé ne craint pas d'échafauder une bonne partie de son système de défense. La famille n'y contredit pas bien entendu, quoiqu'il soit avéré qu'il n'y a pas eu morsure. Soit par le virus du chien, soit par l'action des remèdes, le sang de Vacher aurait été vicié et, depuis ce temps, il n'était plus comme tout le monde, éprouvait de temps à autre le besoin de faire des fugues et, plus tard, se sentait comme enragé.

Ces affirmations sont à la fois trop puériles et trop intéressées pour mériter une discussion scientifique. Nous laisserons donc ce fait entièrement et définitivement de côté.

Vacher grandit à Beaufort, dans sa famille, sans que rien fît bien prévoir sa sombre destinée. Sans être très intelligent, il fit des études primaires et son instruction, très probablement développée chez les Maristes et au régiment, peut être considérée comme passable. D'un caractère sournois et porté aux violences, il brisait volontiers, coupait même, paraît-il, les jambes des animaux confiés à sa garde, et, dans un accès de colère vindicative, aurait tiré à plombs, dans la direction de camarades qui avaient cherché à le faire tomber en tendant, la nuit, un fil de fer sur le chemin qu'il devait suivre.

(1) Les experts ont eu à examiner Vacher le 16 décembre 1897 à Belley, puis à Lyon à la prison Saint-Paul pendant les mois de janvier, février, mars, avril et mai 1898.

Quand il fut grand, comme il ne se plaisait pas à la maison, il tenta de se mettre en service, mais ne put rester nulle part. Le côté menaçant de son caractère commençait à se manifester et la confiance qu'il inspirait était si faible, que M. Declérieux dit de lui, en 1885 « qu'à son avis, il n'aurait pas été prudent de le laisser seul avec des enfants ».

Ne réussissant pas à se caser, Vacher finit par échouer comme postulant chez les Maristes de Saint-Genis-Laval, le 20 novembre 1887. Il avait alors dix-huit ans. Au reste, il quitte bientôt l'établissement, parce que, disent les frères, « nous ne le trouvions pas suffisamment sérieux et trop excentrique pour la vie religieuse »; parce que, dit le témoin Loyonnet, « il avait masturbé ses camarades » et en fut chassé. C'est du reste à la même époque, qu'obéissant aux impulsions d'un génitalisme irrégulier, Vacher tente d'accomplir sur le jeune Bourde (1888) un acte contre nature qui n'était probablement pas un essai. Entre temps, il contracte une maladie vénérienne pour laquelle il fut soigné dans le service du Dr Girard, à Grenoble, pour orchite blennorrhagique (septembre 1888). Une récidive l'amène, plus tard, dans le service du Dr Gailleton à l'Antiquaille où il subit un traitement qui entraîne la perte d'une partie d'un testicule.

Guéri, il fait un voyage à Genève et tente encore de se placer, mais, en raison de son mauvais caractère de plus en plus aigri, chez Piquet ou chez Guinet, partout il se fait malvenir. Il sort même de la maison Piquet en 1889, après s'être gravement disputé avec le témoin Charpigny. Vacher, mis à la porte, menaça d'attendre un jour avec un couteau Charpigny qui ne s'en inquiéta pas et ajoute dans sa déposition « nous disions de lui qu'il devait avoir une araignée dans le plafond ».

Avant d'entrer au régiment, Vacher avait donc donné des preuves certaines d'une tendance aux actes d'une immoralité avec inversion des instincts, en même temps que, par ses allures louches, il faisait naître la méfiance et justifiait l'opinion que peut-être il avait le cerveau quelque peu malade.

En 1891, Vacher arrive au régiment et se voit versé dans la 4e section de la 3e compagnie du 3e bataillon du 60e régiment.

Il se conduit d'abord assez bien, mais non sans laisser voir ses tendances sournoises et vindicatives : « Il ne cessait de se plaindre par lettre aux officiers des misères que, prétendait-il, on lui faisait » (Témoin Tissot). A vrai dire ses camarades auxquels il ne plaisait point, le brimaient volontiers en sorte que les officiers durent souvent intervenir » (témoin de Gentile). En somme, il était mal considéré par ses camarades de chambrée, parce qu'il était craint (témoin Maigret).

En revanche, il ne buvait pas « on ne le voyait pas à la cantine « (témoin Bourquin) et il ne manifestait pas un goût excessif pour les femmes. Peu difficile dans ses choix, il ne fréquentait pas les maisons publiques, il allait avec n'importe qui, les rouleuses de remparts, rodeuses de trottoirs, femmes en chambre, etc. On le tenait pour un ours, « pour un fou » (témoin Obermesser). « Je savais, dit le lieutenant Grunfelder, qu'on l'appelait le fou et j'avais appris par la rumeur publique qu'étant élève-caporal, il n'avait pu obtenir sa nomination de caporal; que désespéré, il s'était entaillé la gorge avec un rasoir; que transporté à l'infirmerie, il avait écrit une lettre de réclamation au colonel et que ce dernier, après examen et interrogatoire, avait reconnu qu'il savait très bien sa théorie et l'avait nommé caporal. » Voici d'ailleurs comment le témoin Barbier raconte, avec quelques variantes le même incident: « En 1891, au départ de la classe, Vacher qui avait suivi le peloton, furieux, le soir des nominations de ne pas être nommé caporal, faisait en mon absence du tapage dans la chambrée en me menaçant. Étant arrivé à ce moment, je lui imposai le silence. Comme il tenait un rasoir dans ses mains, il a bondi sur moi pour m'en frapper, mais, aidé des hommes de la chambrée, nous l'avons désarmé, et, le même soir, sur l'avis de l'aide-major, Vacher a été conduit à l'infirmerie du corps où il a passé la nuit : le lendemain, il a été dirigé sur l'hôpital mixte de Besançon où il est resté en traitement pendant huit jours. Il a ensuite obtenu, je crois, un congé d'un mois et c'est à sa rentrée au corps qu'il a été nommé caporal. »

Ainsi Vacher dans un accès de fureur, menace un supérieur, bondit sur lui, armé d'un rasoir et au lieu d'être conduit en prison, se voit mené à l'infirmerie et traité comme un malade. Cette indulgence mérite d'être remarquée.

Cette tendance meurtrière, toujours impunie, se retrouve dans l'incident Guyot. « Ce sous-officier ayant voulu plaisanter Vacher, le vit se lever de son lit, saisir un banc de troupe qu'il a soulevé en le menaçant de le frapper. Guyot pour se défendre, dut tirer son épée » (témoin Bourquin). Même note, émanant du sergent Obermesser. « Cet homme, dit-il, était un halluciné, nous le prenions pour un fou. Un jour, à propos d'une discussion très futile, Vacher me courut après, armé d'une paire de ciseaux de tailleur, me menaçant de me couper le cou. J'ai dû fuir devant lui. » Vacher, très vigoureux, aimait à faire parade de sa force et d'une sorte de stoïcisme vaniteux. « En ma présence, dit le lieutenant Grunfelder, il s'arrachait les poils des bras ou des cheveux pour me montrer combien il était insensible à la douleur. »

Devenu caporal, l'accusé allait volontiers dans les chambrées se battre avec les soldats qu'il avait pris en faute. Il faillit même en étrangler un, s'il faut en croire le témoin Bailly.

On s'explique aisément pourquoi Vacher « inspirait une véritable terreur aux hommes qui couchaient dans sa chambre. Il les menaçait très souvent de leur couper le cou avec un rasoir qu'il portait toujours dans sa poche ». On le craignait tellement « que le nommé Guinder, libéré de 1893, plaçait sous son oreiller la hache dont il avait la garde, pour se défendre de Vacher en cas d'agression » (témoin Griffoult, adjudant).

« Un jour, dit le témoin Tissot, les hommes de sa chambrée accoururent me prévenir que Vacher, venant d'absorber un demi-litre d'eau-de-vie paraissait fou furieux et menaçait de tuer tous ses camarades avec son épée-baïonnette. Je me rendis aussitôt près de lui et lui arrachai des mains la bouteille qui contenait encore un peu d'eau-de-vie, et comme je faisais des observations à Vacher, pour toute réponse *il fouilla dans sa poche et sortit un rasoir* qu'il ouvrit en poussant un cri de bête fauve. Je n'ai jamais entendu un homme crier de cette façon. »

Le témoin ajoute avec simplicité : « Je ne sais quelle était l'intention de Vacher à ce moment, mais pour éviter quoi que ce soit, je lui saisis les deux poignets et aidé de quelques hommes, je parvins avec la plus grande difficulté à lui enlever le rasoir qu'il serrait convulsivement dans sa main. Dès qu'il fut désarmé, Vacher tomba comme une masse à terre, où il demeura raide comme un morceau de bois. J'ai fait immédiatement prévenir le médecin-major qui a fait conduire Vacher à l'infirmerie; quelque temps après, il était versé dans la 3e compagnie du 1er bataillon et je le perdis de vue. »

Ces divers détails sont d'ailleurs confirmés par des lettres authentiques adressées par divers officiers au colonel du 60e en juin 1893.

Dans une de ces lettres, le lieutenant Greelsammer écrit les lignes suivantes : « Poursuivi par cette manie de la persécution, Vacher ne voyait autour de lui que des mouchards ou des gens qui cherchaient à lui nuire. L'état d'énervement dans lequel il se trouvait lui causait des insomnies pendant lesquelles il monologuait avec des gestes menaçants et le moindre froissement qu'il avait pu éprouver avec ses camarades ne faisait qu'augmenter cet état de surexcitation. Vacher parlait alors de leur *couper le cou avec un rasoir*. Ses camarades ne se couchaient plus alors sans craindre pour leur vie et plaçaient leur épée-baïonnette à côté d'eux. J'ajouterai que lorsque Vacher se trouvait dans cet état, il leur paraissait être un somnambule en proie à une idée fixe. Il exprimait alors le besoin qu'il avait de voir couler le sang. »

Les mêmes affirmations se trouvent confirmées par le témoin Grunfelder qui couchait alors dans la chambre de Vacher devenu sergent. « Pendant dix à quinze nuits consécutives, dit ce témoin, il s'éveillait, se levait ou restait accoudé dans son lit, prononçant des paroles incohérentes, accompagnées de gestes menaçants. Je distinguais ce mot toutefois: sang... ils ne savent pas ce dont je suis capable... Je le tuerai. Craignant qu'il ne pensât à me faire un mauvais parti, je me décidai à coucher avec mon sabre-baïonnette que je dissimulai sous mes draps; puis j'informai de ces faits mon lieutenant M. Greelsammer. Ce dernier m'invita à consigner tous ces faits dans un rapport qui fut soumis au colonel. Quelques jours après, Vacher entrait à l'hôpital, passait à la commission et fut réformé pour troubles mentaux. »

La réforme de Vacher ne se fit pourtant pas aussi simplement. Le rapport du Dr Grandgury (postérieur à l'affaire de Baume-les-Dames) constate qu'à deux reprises Vacher fut mis en observation à l'infirmerie: le 9 octobre 1891 « il fut pendant quelques jours sous le coup d'idées noires avec délire de persécution ».

Envoyé en permission dans sa famille, Vacher ne fut plus revu par le Dr Grandgury jusqu'au moment où il fut nommé sergent. C'est alors qu'il fut pour la seconde fois dirigé sur l'infirmerie. Au début de son observation le Dr Grandgury, sans considérer Vacher comme effectivement malade, le « trouvait dans un état d'affaissement nerveux » mais depuis « cet état morbide ne cessa de progresser, les idées de persécution déjà observées en 1891, vinrent de nouveau tourmenter Vacher, à tel point qu'il fut nécessaire de l'évacuer sur l'hôpital, avec le diagnostic: troubles psychiques. »

La situation est donc bien nette et il semble qu'il suffisait d'envoyer Vacher en observation dans un asile spécial, mais cette décision pourtant si naturelle n'est pas prise. « En raison de la prochaine libération de ce sous-officier (Vacher), le médecin traitant (?) lui fit obtenir un congé de convalescence de quatre mois afin qu'il n'eût plus à reparaître au corps. »

C'est précisément pendant ce congé peu prudent que Vacher commit l'acte criminel qui motiva son internement. Dans son rapport, le Dr Grandgury émet l'opinion que cet acte fut motivé « par une nouvelle crise d'excitation cérébrale avec idées délirantes » et il conclut : « il est manifeste que le sergent Vacher est atteint du délire de persécution, qu'il est absolument hors d'état de continuer à servir et qu'il y a lieu de le proposer pour la réforme. » Vacher fut, en effet, réformé par congé numéro deux, par la commission spéciale de Besançon, dans sa séance du 2 août 1893 « pour troubles psychiques caractérisés par des idées de persécution, idées de suicide, grande irritabilité. » Il est à retenir que le certificat de bonne conduite fut accordé.

Nous n'avons aucune raison de mettre en doute la justesse de vue du Dr Grandgury, mais nous ne pouvons omettre de faire remarquer que son diagnostic semble n'avoir été définitivement posé qu'après l'affaire de Baume-les-Dames, ce qui prouve une certaine hésitation. Notre remarque est corroborée par ce fait que le médecin traitant de l'hôpital crut pouvoir envoyer Vacher en congé de convalescence, ce qui paraît très peu justifié vis-à-vis d'un soldat proposé pour la réforme, en raison de troubles psychiques qui le rendaient dangereux pour ses camarades. On peut donc supposer que les troubles psychiques observés chez Vacher se montraient par accès plus ou moins régulièrement espacés et qu'après son séjour à l'hôpital de Besançon, l'accusé allait sensiblement mieux. Il put, d'ailleurs, rejoindre sa fiancée, habiter chez les parents de celle-ci, sans attirer l'attention sur son état mental. Dans cet ordre d'idées, il eût été intéressant de savoir pourquoi Louise B... retira la parole qu'elle avait donnée.

Quoi qu'il en soit, la tentative d'assassinat suivie de suicide qui constitue l'affaire de Baume-les-Dames n'a pas très nettement le caractère d'un acte délirant. Il semble plutôt le fait d'un homme violent et vindicatif, rendu furieux par les dédains imprévus d'une fille qu'il croyait bien à lui et peut-être aussi par l'alcool, si les dires du témoin Loyonnet sont exacts. L'acte d'ailleurs a lui-même été prémédité, comme le prouve nettement l'achat du revolver. On se trouve donc en présence d'un de ces crimes passionnels pour lesquels l'opinion publique se montre d'ordinaire assez indulgente. Dans l'espèce, et comme il l'a souvent répété depuis, Vacher pouvait d'autant mieux compter sur une condamnation bénigne, qu'il avait fait peu de mal à sa fiancée et que, par une tentative de suicide nullement simulée, il avait réussi à se loger une balle au moins dans l'oreille, en une région telle qu'un écart de quelques millimètres pouvait léser des vaisseaux importants et entraîner rapidement la mort. La balle y est encore et sa présence est une constante menace.

Il conviendrait, pensons-nous, d'arrêter en ce point la première période de la vie de Vacher. Deux éléments nouveaux ont fait leur apparition : une tentative criminelle, un acte de suicide. Le résultat est double.

La tentative criminelle confirme les médecins militaires dans leur opinion, Vacher est réformé d'une part et de l'autre mis en observation à l'Asile de Dôle, aux fins de savoir s'il doit ou non être poursuivi.

L'ébauche de suicide ajoute un traumatisme sous-cérébral aux causes mal connues qui mettaient le cerveau de Vacher dans un état d'équilibre instable. Elle fait d'un détraqué nuisible un cérébral, en fera-t-elle un véritable impulsif ?

Recueilli, après son arrestation, par l'hôpital de Baume-les-Dames, et dans un état que nous ignorons, Vacher, blessé, réussit à s'évader, en emportant son revolver. Il se rend à Besançon où, dans la rampe de la citadelle on le reconnaît un jour, menaçant de son arme les hommes de son régiment. Vacher avait en outre écrit au caporal Loyonnet, son ami, une lettre où il lui donnait rendez-vous sur la place de Chamard. Le colonel du 60e, justement ému par le crime de Baume et l'évasion de Vacher, avait fait mettre au rapport « que tout militaire du régiment qui le rencontrerait devait tâcher de l'amener près d'un poste pour le faire arrêter ». On se servit de Loyonnet et Vacher maîtrisé non sans peine fut dirigé sur l'asile d'aliénés de Dôle. Aux environs de la station de Le Banc Labarre et avec une décision dont il a donné plusieurs exemples, Vacher sauta du train, se réfugia dans un bois et ne fut arrêté par la gendarmerie que cinq jours après.

Quelque parti pris que l'on puisse avoir, il est bien difficile d'admettre qu'une telle série d'aventures soit le fait d'un homme parfaitement sain d'esprit et l'on peut aisément se figurer quelles devaient être les préoccupations des aliénistes appelés à examiner Vacher qui jusqu'alors n'avait pour ainsi dire fait de mal qu'à lui-même.

Vacher entre à Saint-Ylie le 7 juillet 1893. Le certificat de vingt-quatre heures constate « qu'il est calme, répond docilement aux questions et regrette l'acte qu'il a commis. L'oreille suppure abondamment et le médecin juge que l'état psychique est très grave ». Le certificat de quinzaine constate seulement un peu d'excitation. Vacher se plaint de ne pas être soigné et menace de faire une nouvelle tentative de suicide. Il n'est pas question de délire, mais le Dr Bécoulet conclut à la maintenue. Sur ces entrefaites, Vacher s'évade de nouveau le 25 août et n'est réintégré que le 11 septembre. Un rapport médico-légal rédigé par le Dr Guillemin et daté du 12 septembre 1893 conclut ainsi : 1° le sieur Vacher est atteint d'aliénation mentale caractérisée par le délire des persécutions ; 2° il est irresponsable de ses actes.

Ces conclusions sont affirmées et corroborées par le Dr Bécoulet, à la date du 6 octobre 1893, en ces termes : « Le nommé Vacher toujours en proie à des idées mélancoliques, sombre et taciturne, se croit en butte aux persécutions et à la jalousie de tout le monde. Il a dernièrement tenté de se suicider en se précipitant tête première contre un angle de mur. Nous sommes souvent obligés de prendre envers lui des mesures énergiques pour l'empêcher de se faire du mal. En conséquence nous estimons qu'il y a lieu de le maintenir à l'asile. »

D'autre part, le certificat fourni par le médecin de l'asile le 3 décembre 1893, à l'occasion du transfert, est ainsi conçu : « Vacher Joseph, militaire réformé, entré le 7 juillet 1893, est toujours hanté par des idées de suicide. A fait une tentative de suicide vers la fin d'octobre. Se jetait la tête contre les murs. En veut aux médecins parce qu'ils ne l'ont pas opéré et croit qu'autour de lui on le jalouse, on le persécute, etc. Peut être transféré, mais en raison de la ténacité des idées de suicide, exigera une surveillance rigoureuse et de tous les instants. » (Dr Chaussinand).

Ce certificat mérite d'attirer l'attention à deux points de vue différents. Vacher en voulait aux médecins qui ne l'avaient pas opéré et depuis, il est souvent revenu sur cette affirmation. Or, il est constant que la présence de la balle avait été reconnue ou soupçonnée par le Dr Lombard de Dôle, qu'on avait tout préparé pour l'opération mais qu'il refusa, parce que, nous a-t-il dit depuis, il n'avait pas confiance.

Le second point vise les précautions qu'il paraissait nécessaire de prendre vis-à-vis de Vacher. Il apparaît que, trompés par le calme apparent de celui-ci, les agents de Saint-Robert négligèrent quelque peu de le surveiller, car Vacher prétextant un besoin se dirigea vers les cabinets et se mit à courir à toutes jambes. On le rattrape, on l'attache, ce qui ne l'empêche pas d'essayer encore de se précipiter par la portière au moment du départ du train. Dès lors, il crie à toutes les stations, accusant le personnel de l'asile de Dôle de sévices et de négligences. A Ambérieu, changement à vue, il promet d'être tranquille si on le desserre et tient parole. « Ces faits prouvent, dit le Dr Dufour dans son rapport, que Vacher était parfaitement maître de lui à ce moment. »

Nous ne possédons pas les certificats officiels de vingt-quatre heures, de quinzaine et de sortie que le Dr Dufour a sans doute fournis en temps et lieu, mais nous pouvons juger de leur contenu par le rapport spécial émanant de cet aliéniste expérimenté : « Nous ne pouvons, dit-il, nous prononcer sur l'état mental de Vacher avant son entrée à Saint-Robert, notre observation personnelle ne nous ayant jamais fait constater chez lui de signes bien positifs de folie. » Pour ne pas être positifs, les signes en question n'étaient sans doute pas nuls, puisque Vacher fut maintenu à l'asile.

En outre, la question de simulation n'eut aucun motif d'être posée pendant le séjour de Vacher à Saint-Robert, le Dr Dufour n'ayant pas eu à se préoccuper de sa responsabilité avant l'époque où il dut songer à sa sortie, le tenant, par suite des faits anciens, pour malade et par suite irresponsable à son arrivée. Vacher d'ailleurs était « doux, docile, inoffensif et convenable avec tout le monde, nullement incohérent » et comme il mettait de l'insistance à obtenir et sa sortie et son transfert à l'Hôtel-Dieu de Lyon pour être opéré, M. Dufour le fit examiner par le Dr Comte, chirurgien en chef des hôpitaux de Grenoble, qui malheureusement ne vit pas la balle et conclut à une carie du rocher. Dans ces conditions, l'opération ne fut pas décidée. Que serait-il arrivé si elle avait été faite ?

« Considérant donc que Vacher ne donnait plus de signes de folie et constatant son état de conscience parfaite et par suite de responsabilité nous n'hésitâmes pas, ajoute le Dr Dufour, à proposer sa sortie qui fut ordonnée. »

En dépit de cette assurance, on retire à Vacher son revolver et son couteau « par précautions et dans la crainte de nouvelles tentatives de suicide ». Ce manque de confiance était d'ailleurs partagé par le gardien de Vacher, ainsi qu'il appert de cet extrait d'une lettre de ce dernier (29 janvier 1893). « Il y a quelques jours, je vous ai demandé, M. le Directeur, l'autorisation d'aller me reposer dans mon lit quand la tête me ferait trop souffrir. Vous me l'avez permis, mais le gardien me l'a refusé, il a peur que je me suicide. »

En résumé, Vacher a été maintenu à Saint-Robert, sur le vu des certificats antérieurs; le Dr Dufour ne s'est pas demandé si Vacher avait simulé la folie ou si, ayant été aliéné et l'étant encore, il ne simulait pas la guérison. Il l'a fait sortir comme guéri ayant suivant le mot de Vacher lui-même trouvé à Dôle le remède à son esprit et par conséquent responsable de ses actes.

Nous n'avons pas plus de raison de douter de la compétence du Dr Dufour que de celle de ses collègues de Dôle ou du Dr Grandgury, ni de suspecter la sincérité des dépositions des officiers, sous-officiers et soldats sur l'état mental de Vacher quand il était au régiment. Certaines de ces dépositions ont été d'ailleurs écrites antérieurement à l'affaire de Baume-les-Dames, ce qui les rend indiscutables.

Nous considérons donc que Vacher atteint d'une aliénation mentale transitoire en a guéri et qu'à sa sortie de Saint-Robert il était, comme l'affirme le Dr Dufour, conscient et responsable.

L'étude minutieuse de son épopée sanglante nous permettra sans doute de savoir si cette épouvantable série de forfaits est l'œuvre d'un impulsif ou d'un criminel.

Nous passons à la *deuxième partie* de notre rapport.

ÉTUDE MÉDICO-LÉGALE DES CRIMES AVOUÉS PAR VACHER

Elle s'étend de la sortie de Vacher de l'asile de Saint-Robert à son arrestation à Champis, et comprend, par conséquent, les crimes commis par l'inculpé de 1894 à 1897.

Vacher a avoué onze assassinats.

Nous décrirons ceux-ci au point de vue médico-légal, d'après les constatations des premiers témoins sur les lieux du crime, les rapports des experts, les renseignements donnés par Vacher.

Cela fait, nous pourrons indiquer le manuel opératoire qu'il a répété d'une façon assez uniforme, au moins dans les grandes lignes : procédés d'attaque, strangulation, égorgement, parfois éventration ou mutilations diverses, cadavres plus ou moins bien cachés.

Vacher a refusé de nous faire connaître comment il tuait ses victimes, l'instrument employé, pourquoi sur la plupart des cadavres il a pratiqué d'horribles mutilations.

Il nous a répondu de nous reporter à tout ce qu'il avait raconté dans ses divers interrogatoires : « Je n'ai rien à ajouter, et je ne dirai pas un mot de plus. » Et il prononce ces paroles sur un ton qui indique un parti pris que nos demandes réiterées ne parviennent pas à vaincre.

Il a donc fallu renoncer à entendre de sa bouche des renseignements qui, présentés sous une forme nouvelle, auraient pu avoir de l'intérêt. Nous n'avons cependant pas tardé à nous apercevoir que, servi par une mémoire fidèle, Vacher répète, même à plusieurs semaines d'intervalle, des phrases identiques, comme stéréotypées, soit dans les lettres qu'il nous adresse, soit dans les conversations séparées avec chacun de nous.

D'ailleurs, la lecture du dossier nous a donné des renseignements suffisants. Les nombreux documents réunis avec une patience et une habileté incomparables par le magistrat instructeur constituent un faisceau de preuves qui n'attendent qu'une explication médicale.

L'interprétation du tour de main de Vacher éclaire aussi la question.

Les actes sont des paroles et comme la manifestation d'un langage intérieur, la dernière conséquence d'un raisonnement.

Nous suivrons, pour ainsi dire, les étapes successives de la pensée de cet homme. Nous verrons s'il obéit à un plan préconçu, s'il suit un dessein délibéré d'une manière logique, d'après des idées systématisées ; ou si, au contraire, ses actes sont ceux du fou, de l'agité, de l'individu obéissant à une force irrésistible, à une impulsion dont il n'est pas le maître ; si, esclave de cette idée déraisonnable, il ne se préoccupe cependant que de celle-ci, sans en prévoir pour lui les conséquences et les dangers.

Or, on va le voir au récit et aux circonstances de ces onze assassinats, les victimes sont assaillies et tuées dans des conditions presque identiques. Vacher n'improvise pas : il suit toujours la même méthode. Rôdeur infatigable, fuyant les cités et les villages, séjournant peu dans les agglomérations humaines quelconques, il va et vient sur les routes, à la lisière des forêts. Il s'avance sous bois « comme le chasseur de bergers et bergères » et attend du hasard ou de ses interminables pérégrinations la proie facile et qui, dans certaines conditions, ne peut lui échapper. Constamment en rut, il assouvit rapidement sa lascivité bestiale, aussi bien sur les routes ou les chemins que dans les endroits écartés.

Toute occasion qui se montre est une bonne fortune dont il veut profiter.

1° AFFAIRE DE BEAUREPAIRE (Isère). — 19 mai 1894

Le cadavre d'Eugénie Delhomme, ouvrière, vingt et un ans, a été trouvé près d'une haie, à deux cents mètres d'une usine. A côté, sur les herbes et le sol, on voit des traces de lutte et des taches de sang ; à quelque distance, on relève des vêtements de la victime : le corset et un fichu.

Voici les aveux de Vacher : « Je me précipitai sur elle, la renversai à terre et après l'avoir frappée à la tête à coups de soulier, je l'étranglai... Il est possible que mon couteau m'ait échappé... J'ai placé le corps de ma victime derrière une haie et l'ai violée... Il me semble que ma rage de tuer était moins forte pour ma première victime que pour les autres, la façon dont j'ai commis le crime de Beaurepaire semblerait indiquer le contraire, mais si j'ai porté des coups nombreux à la victime, c'était pour hâter sa mort, car ne trouvant pas mon couteau que je croyais avoir cependant, j'ai dû précipiter mes coups (*sic*). »

Le récit de Vacher n'est pas tout à fait exact ou bien sa mémoire est en défaut. Les constatations du médecin expert montrent qu'il y a eu égorgement. Mais les blessures par le couteau ont porté un peu haut, à la partie supérieure du cou, derrière l'oreille droite. Probablement, Eugénie Delhomme, âgée de vingt et un ans, vigoureuse, d'une taille de 1 m. 60, a lutté pour se dégager de la main qui la serrait à la gorge. Vacher dit vrai, cette fille a été étranglée.

En effet, il y a des ecchymoses sur le cou depuis l'os hyoïde jusqu'au sternum, à la peau, dans l'épaisseur des muscles, dans le larynx.

En même temps, pour étouffer les cris de la victime, la main était appliquée sur la bouche, aussi la lèvre inférieure s'est-elle déchirée sur les arcades dentaires. La suffocation s'accuse d'ailleurs par des taches de Tardieu sur le poumon et le péricarde, l'écume dans la trachée.

L'égorgement, en haut du cou et à droite, a fait une blessure de huit centimètres de long qui a ouvert les vaisseaux du cou et les veines jugulaires : de là les hémorragies abondantes externes et internes. On relève des ecchymoses profondes des parois de l'abdomen et des empreintes de clous de soulier produites par les coups de pied portés au-dessus du pubis, à l'aine gauche, sur la rotule du même côté. L'aréole du sein droit a été arrachée par une déchirure à lambeau interne : cette blessure est peu profonde et mesure six à sept centimètres d'étendue.

En résumé, à la nuit commençante, Vacher s'est précipité sur Eugénie Delhomme, l'a saisie à la gorge avec les mains, l'a étranglée, égorgée, frappée à coups de soulier au ventre. Il a probablement ébauché une mutilation sur le sein droit. L'expert n'a pas trouvé de spermatozoïdes dans le vagin. L'anus n'a pas été examiné.

1° Affaire de Beaurepaire. — Eugénie Delhomme

2e AFFAIRE DE VIDAUBAN (Var). — 20 novembre 1894

Le cadavre de Louise Marcel, fille d'un fermier, âgée de treize ans, a été trouvé dans une bergerie couché sur le dos. Les vêtements étaient en désordre, il y avait des flaques de sang en deux endroits. « Il est probable, disent les experts, que la tête de Louise Marcel reposait d'abord sur ce dernier point et que son corps a été retourné et traîné là où il a été découvert ; de la sorte s'expliqueraient tout à la fois la direction des deux mares de sang, le relèvement des vêtements en arrière et la souillure du tablier. » On peut aussi supposer que le corps a été mis sur le ventre et que les vêtements ont été relevés en arrière pour pratiquer le coït anal.

Voici les aveux de Vacher : « C'est bien moi qui suis l'auteur de ce crime. J'ai rencontré la jeune fille sur le chemin, je l'ai saisie au cou comme les autres et je l'ai emmenée dans la baraque qui se trouvait à quatre ou cinq mètres de ce chemin, là je lui ai fait comme aux autres. »

Dans l'interrogatoire du 16 octobre, il dit qu'il se dirigeait vers Menton où il espérait être recueilli par sa sœur Olympe : « Chemin faisant et en traversant le Var, j'ai rencontré une jeune fille qui m'a paru avoir dix-huit ans, elle venait en sens contraire de moi sur la route ; sans prononcer une parole, je me suis jeté sur elle et lui ai coupé le cou avec un couteau que j'ai trouvé dans une cabane isolée. Ce couteau était fraîchement aiguisé et coupait très bien. Je n'ai pas violé ma victime, c'était cependant une jolie fille... c'était malheureux. »

Le rapport médico-légal montre qu'il y a eu :

1° *Égorgement*, caractérisé par une large plaie en T dont la branche horizontale la plus longue est sous le menton et la branche perpendiculaire de trois centimètres est parallèle à l'axe du cou. Voici quel serait le procédé employé, d'après les experts : La pointe de l'instrument piquant et tranchant a pénétré sous le menton et est allée ressortir sous l'oreille droite ; ensuite le manche de l'instrument ayant été relevé en haut, en décrivant un arc de cercle, le tranchant a sectionné les tissus de bas en haut et a produit la branche transversale de la blessure qui a huit centimètres. L'instrument a sectionné la veine jugulaire et la carotide externe, les vaisseaux laryngiens et thyroïdiens ; il a produit une large saignée du cou. Les experts ajoutent avec beaucoup de justesse : « La partie antérieure et supérieure des vêtements n'étant pas ensanglantée, il est probable que la victime était déjà étendue sur le sol quand le meurtrier couché ou incliné sur elle lui a porté ce coup qui a occasionné la mort en quelques minutes. »

2° *Des plaies de défense.* — La victime a lutté et résisté en voulant arrêter le couteau de l'assassin avec la main gauche, tous les doigts ont été coupés dans la face palmaire. La main droite présente deux plaies semblables au pouce et à l'index.

2° Affaire de Vidauban. — Louise Marcel

3° *Mutilations.* — Les seins sont détachés par de nombreuses incisions, le droit remis en place, le gauche jeté à 2 m. 50 de distance loin du corps.

4° *Éventration.* — A l'abdomen il y a sept blessures : une dans l'hypocondre droit longue de vingt centimètres ; une autre, au-dedans de celle-ci, longue de trois centimètres ; une troisième parallèle aux précédentes, près de l'ombilic, c'est une incision pénétrante longue de douze centimètres avec perforation des intestins, la colonne vertébrale a été atteinte ; en bas l'angle de la plaie est très aigu : les bords, sur une longueur de onze centimètres, sont irréguliers. Cette plaie a donné lieu à une hémorragie interne ; à gauche de l'ombilic, il y a deux autres plaies profondes taillant un lambeau en V renversé sur l'aine gauche, cette plaie a saigné ; une autre plaie au flanc gauche ; en arrière une autre plaie de quarante-quatre centimètres et profonde de douze, sur le côté gauche et descendant dans l'espace interfessier jusque près de l'anus ; dans cette large plaie, il y a quatre sillons, pas d'hémorragie ; sur la cuisse gauche, en avant, une longue plaie de l'aine au genou sans hémorragie.

En résumé, dans la matinée, sur un chemin, Vacher saisit au cou Louise Marcel et l'emmène dans une baraque. Il y a eu tentative de strangulation par les mains ou par un lien, résistance de la victime qui, en se défendant, s'entaille les mains sur le couteau, égorgement et, la mort n'étant pas encore venue, éventration, puis mutilation et ablation des seins.

L'hymen est intact, pas de viol, mais l'anus n'a pas été examiné et il y a des indices de coït anal.

3° AFFAIRE DU BOIS-DU-CHÊNE OU ÉTAULE (Côte-d'Or). — 12 mai 1895

Le cadavre d'Adèle Mortureux, journalière, âgée de dix-sept ans, a été trouvé dans une friche longeant la route 91 : la figure était ensanglantée, les jupes relevées sur la poitrine et les jambes écartées ; sur le sol, il y avait une large tache de sang indiquant l'endroit où la jeune fille avait été tuée. Le corps avait été trouvé à trois mètres plus loin dans une cavité du sol formée par l'extraction des pierres.

Vacher fait les aveux suivants : « Arrivé non loin de Dijon, j'ai rencontré sur la route nationale une jeune fille de quatorze ans environ. Sans rien dire, comme d'habitude, je me suis précipité sur elle et l'ai tuée comme les autres avec un couteau, je ne sais lequel. On a dû retrouver le cadavre à deux ou trois mètres de la route ; j'avais enlevé les souliers de la jeune fille, je ne l'ai pas violée. »

Plus tard (f° 646) le juge interroge Vacher sur ce crime.

« Quelqu'un a-t-il passé sur la route quand vous accomplissiez votre crime ? N'avez-vous pas aperçu des militaires passant à ce moment et n'était-ce pas pour vous abriter de leurs regards que vous vous êtes caché derrière un parapluie que vous avez ouvert ? » Vacher ne répond pas.

3° Affaire du Bois-du-Chêne. — Adèle Mortureux

Le rapport médico-légal constate qu'il y a eu :

1° *Égorgement*, caractérisé par quatre plaies du cou. La plus importante, longue de 10 centimètres, oblique de gauche à droite et de haut en bas, a ouvert au niveau du cartilage thyroïde la trachée, la veine jugulaire et la carotide primitive droite. L'instrument a appuyé davantage du côté droit de la victime. Trois autres plaies sous la mâchoire, deux à droite et une à gauche : c'est presque la plaie en T.

2° *Mutilations et plaies au voisinage des seins.* — Sur le sein droit, une petite plaie très superficielle ; à trois travers de doigt au-dessous du sein gauche, plaie pénétrante de poitrine, mais n'intéressant ni le poumon ni le cœur.

3° *Circonstances accessoires : vols.* — Vacher reconnaît avoir pris les souliers de sa victime, qui paraissaient convenir à son pied. L'expert constate que les boucles d'oreille d'Adèle Mortureux ont été enlevées avec beaucoup de dextérité.

En résumé, dans la matinée, sur la route nationale, Vacher s'est précipité sur Adèle Mortureux. Bien qu'il n'en dise rien, il a dû la saisir au cou. Il y a eu manœuvres de strangulation avec les mains ou avec un lien. La jeune fille n'a pas résisté. La large plaie d'égorgement n'a pas permis à l'expert de constater les traces de cette strangulation. Il y a eu ensuite essai de mutilation du côté des seins.

Peut-être l'assassin a-t-il été dérangé dans sa sinistre besogne. L'hymen est intact, donc pas de viol. Mais il n'y a pas eu examen de l'anus.

4° AFFAIRE DE SAINT-OURS (Savoie). — 24 août 1895

Le cadavre de la veuve Morand, pauvre ménagère, âgée de cinquante-huit ans, a été trouvé étendu au milieu de la cuisine, couché à la renverse ; la robe et la chemise relevées laissaient voir les parties sexuelles. La cuisse droite et les genoux sont maculés de sang.

Vacher, énumérant les crimes qu'il a commis, dit : « En revenant de Saint-Ours, où j'avais tué, dans le courant d'août, avec un couteau, je ne sais lequel, une vieille femme qui m'a paru avoir soixante ans et que j'ai violée après le meurtre..... Si j'avais surtout à regretter un crime, ce serait celui-là, à cause du caractère loyal et hospitalier des gens du département. »

M. Fourquet, dans un autre interrogatoire, rappelle à l'inculpé une conversation qu'il a eue dans son cabinet avec le juge d'instruction de Chambéry. Vacher a prétendu s'être servi de l'instrument qui lui était représenté, mais avoir aussi également frappé avec un autre couteau qui lui appartenait.

L'expert fait remarquer que « l'horrible ouverture de la gorge résulte évidemment de plusieurs coups sauvages portés avec un instrument

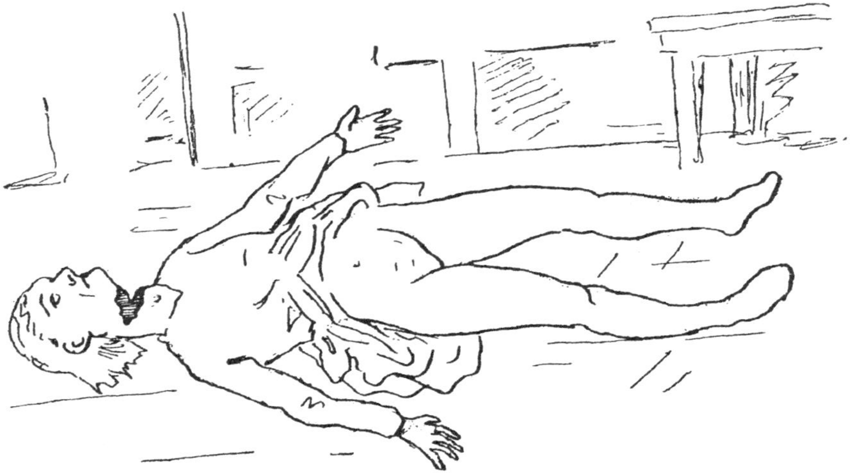

4° Affaire de Saint-Ours. — Veuve Morand

tranchant mal affilé ». La peau et les muscles offrent plusieurs incisions : ils sont, pour ainsi dire, mâchés.

Il est possible que Vacher ait d'abord employé le couteau de cuisine couvert de sang et dont la lame était tordue. Mais les incisions et les mâchures peuvent tenir aussi à la résistance de la victime, mal saisie à la gorge : en effet, la veuve Morand porte au médius de la main gauche une petite plaie de défense.

Quoi qu'il en soit, de l'aveu même de Vacher, il a employé un second instrument avec lequel il a déterminé l'*égorgement mortel.* C'est une plaie béante énorme, située au-devant du cou, parallèlement à la mâchoire inférieure. En passant sous le menton, l'instrument a tranché les tissus entre l'épiglotte et l'os hyoïde. Les gros vaisseaux latéraux du cou sont divisés.

Signalons encore une précaution prise par Vacher. En s'en allant, il ferme la porte et prend la clé qu'il a jetée.

En résumé, le matin, d'assez bonne heure, Vacher entre chez la veuve Morand, l'étrangle, l'égorge malgré ses résistances et emploie deux couteaux, peut-être le rasoir. Il n'y a pas eu trace de viol, dit l'expert. Vacher avoue l'avoir pratiqué. L'anus n'a pas été examiné. Peut-être y a-t-il eu coït anal, ainsi que semblerait l'indiquer les taches d'huile sur les vêtements de la victime. Or, dans le sac de Vacher, on a trouvé un flacon d'huile dont il n'a pu indiquer l'emploi.

5° AFFAIRE DE BÉNONCES (Ain). — 1er septembre 1895

La victime est Victor Portalier, jeune berger âgé de seize ans.

Sur le lieu de l'événement on remarque d'abord près d'un noyer une flaque de sang et des excréments frais. Dix mètres plus loin une large flaque de sang et des débris d'aliments à peine digérés. Non loin, un testicule bien dépouillé, des débris du scrotum, l'enveloppe cutanée de la verge. Puis on trouve une chemise ensanglantée et dont les manches sont retournées, mais sans déchirure ni perforation par instrument tranchant. Enfin, à 60 mètres du noyer, entre deux genévriers, dans le décubitus dorsal, on arrive près du cadavre complètement nu, sauf les pantalons étirés, déchirés, qui ne tiennent qu'aux malléoles. Ce qui frappe tout d'abord, ce sont les anses intestinales qui sortent par une vaste plaie de l'extrémité inférieure du sternum au pubis, se répandant sur le côté droit de l'abdomen et sur la cuisse fléchie. C'est une éventration complète.

Voici la scène du crime telle que la raconte Vacher : « Ce jeune homme était debout, je crois, dans un pré où il gardait son bétail. Je suivais un chemin qui conduisait à la montagne et passait non loin du pré. Je me suis approché du berger, je ne lui ait rien dit, je l'ai saisi brusquement à la gorge et l'ai tué avec un couteau, je ne sais lequel ; l'enfant s'est débattu, il a beaucoup crié ; il y a eu lutte ; ce devait être tout près d'un

5° Affaire de Bénonces. — Victor Portalier

bois. Quoi qu'il en soit, après l'avoir tué, je ne l'ai pas souillé ; je l'ai mordu aux testicules. »

Il est certain qu'après cette horrible scène de cannibalisme, l'égorgement, l'éventration et les mutilations, après avoir dépouillé le cadavre de ses vêtements, lui avoir enlevé la chemise ensanglantée et traîné le corps à une certaine distance, Vacher doit avoir du sang aux mains et sur ses vêtements. Un témoin raconte avoir vu un homme se laver dans un ruisseau ; Vacher dit qu'il ne croit pas s'être lavé et il ajoute avec un aplomb vraiment cynique : « J'aurais préféré abandonner certains détails en ce qui concerne certaines vilaines choses que j'ai faites, car je crains que l'exemple de ma maladie ne devienne nuisible à la moralité de la jeunesse. »

Les médecins experts relèvent les blessures suivantes :

1° *L'égorgement.* — Sur le côté gauche du cou, il y a trois plaies ; deux sont peu profondes, la troisième, portée avec beaucoup de violence, large de quatre centimètres, longue de trois, a sectionné la carotide ;

2° *L'éventration.* — C'est une longue plaie en partie pénétrante s'étendant de l'extrémité inférieure du sternum au pubis ;

3° *Des mutilations et plaies.* — Les parties sexuelles ont été enlevées avec un instrument tranchant. Vacher, probablement pour montrer qu'il avait bien eu un accès de rage, prétendait avoir arraché les parties avec les dents. Il est utile de montrer l'exagération ou la fausseté des assertions de Vacher. Le Dr Ravet, spécialement interrogé sur ce point, maintient d'une façon formelle que la plaie faite pour enlever les parties sexuelles a été produite par un instrument tranchant ; il rappelle qu'il a trouvé la peau de la verge avec un lambeau du scrotum, un testicule bien dépouillé et énucléé ; il serait difficile d'admettre que cette blessure ait été faite avec les dents. « Enfin, ajoute l'expert, la plaie présentait un angle droit, résultat certain d'une section faite avec un instrument tranchant. Peut-être que cet instrument était un rasoir. »

D'autres blessures ont été relevées. Ainsi, une plaie de l'épigastre qui a ouvert l'estomac, une plaie de la poitrine, pénétrant jusqu'aux poumons, un peu au-dessous de l'appendice xyphoïde, à droite et ayant sectionné les fausses côtes ; une petite plaie du mamelon droit.

4° *Y a-t-il eu attentat pédérastique.* — Les experts disent : l'anus paraît intact, nous n'avons observé ni égratignures, ni coups d'ongles, ni traces de lutte. Nous pensons au contraire qu'il y a eu coït anal *post mortem :* la présence des matières fécales près d'une flaque de sang, le cadavre mis complètement à nu comme celui de Tassin-la-Demi-Lune, ces blessures semblables à celles trouvées sur les jeunes bergers de Saint-Étienne-de-Boulogne et de Courzieu, pour lesquels, de l'aveu même de l'assassin, il y a eu coït anal. Tout constitue la grande mise en scène ou le paroxysme de l'extrême excitation génésique de Vacher.

En résumé, Victor Portalier, saisi à la gorge mais incomplètement étranglé, a d'après Vacher lutté et crié ; c'est, croyons-nous, peu probable.

Le jeune berger a eu bientôt la gorge ouverte et la mort n'a pas tardé à venir. Il a été éventré, des blessures diverses ont été faites, il y a eu mutilation des parties génitales. Le cadavre a été mis à nu et l'assassin a souillé sa victime.

Dans tout cela, nous voyons une excitation portant à la fois sur l'instinct génésique et sur l'instinct destructeur. Cette association est extrêmement fréquente. Nous ne reconnaissons pas là les traits d'une impulsion irrésistible tenant à une vésanie quelconque : ce n'est pas le délire d'un épileptique; Vacher dit: c'est un accès de rage, et pour le montrer, il prétend qu'il a mordu sa victime.

Vacher, c'est certain, n'a pas arraché avec les dents les parties génitales de Portalier. Son désir d'exagération n'ajoute pas à l'horreur du crime. Il est démontré d'une façon irréfragable que les blessures ont été faites par un intrument tranchant. Nous estimons même, contrairement à ce que dit Vacher, qu'il n'a pas employé un couteau quelconque, mais le rasoir.

De plus, nous croyons que le crime a été prémédité. Vacher est passé plusieurs fois à Bénonces et sa mémoire remarquable n'avait pas oublié les jeunes bergers qu'il avait vus à un de ses précédents voyages. En effet, le maire de Bénonces, le 4 septembre 1895, donne le signalement de Vacher d'une façon très caractéristique, il l'indique comme l'assassin probable de Portalier et ajoute : « Cet individu a été vu à Bénonces le jour du crime, il a été parfaitement reconnu par la famille Bourdin à qui il avait demandé le vendredi, veille du crime, s'ils avaient toujours le petit domestique qui allait aux champs avec leurs bestiaux. » (f° 150).

6° AFFAIRE DE TRUINAS (Drôme). — 23 septembre 1895

La victime est Aline Alaise, âgée de seize ans, fille d'un propriétaire du pays. Le cadavre se trouvait dans le remblai du chemin, la tête en bas, la face couverte de terre. On aurait dit que le corps avait été précipité du haut du talus, ou même traîné jusqu'au fourré le plus voisin du chemin. Le cadavre était à demi couvert par des branches de hêtre et d'acacia.

Vacher donne les renseignements suivants : « De Bénonces, j'ai passé dans l'Isère, puis dans la Drôme et dans ce département, en traversant l'arrondissement de Die, trois semaines ou un mois après l'affaire de Bénonces, j'ai rencontré un soir, sur une route, une jeune fille d'environ dix-huit à vingt ans, sur laquelle je me suis précipité comme je l'avais fait pour les autres victimes et à laquelle j'ai coupé la gorge. Je n'ai pas violé cette jeune fille. »

Le rapport de l'expert relève :

1° *L'égorgement.* — C'est une plaie au-dessous du menton, absolument semblable à celle qui a été constatée sur le cadavre de la veuve Morand (à Saint-Ours) plaie profonde allant jusqu'à la colonne vertébrale, à bords nets, avec une boutonnière à gauche. La section comprend la peau, les

Affaire de Truinas. — Aline Alaise

muscles, le larynx, les vaisseaux, les nerfs, l'œsophage. L'assassin a pu employer le rasoir.

2° *Mutilation.* — Ce sont des plaies, l'une à la cuisse gauche sur presque toute la longueur de celle-ci ; une seconde plaie dans le flanc droit pénètre dans l'abdomen. C'est un commencement d'éventration probablement interrompu.

3° *État des parties sexuelles.* — L'examen direct des organes ne permet pas de dire s'il y a eu viol. Mais, ajoute l'expert, la disposition des vêtements permet de supposer une tentative. Il n'y a pas eu examen de l'anus.

En résumé, sur un chemin, de bon matin ou le soir, Vacher a saisi à la gorge Aline Alaise, l'a égorgée, a pratiqué quelques mutilations et un commencement d'éventration. L'assassin a dû être interrompu dans sa besogne. En voici la preuve:

Dans un interrogatoire (f° 626), le juge demande à Vacher : « Aussitôt après avoir assassiné Aline Alaise, n'avez-vous pas dit à un voiturier qui passait et qui s'étonnait que vous fussiez couvert de sang que vous étiez sujet au mal caduc et qu'en tombant, au cours d'une crise, vous veniez de vous blesser ? Le voiturier a encore dit que vous vous teniez la tête d'une main (probablement pour cacher une infirmité faciale) et que de l'autre vous rameniez la terre sur la flaque de sang. » Vacher répond : « Cela n'est pas exact. Lorsque la voiture a passé, j'étais assis sur le talus de la route, je venais de me tordre le pied fortement en tombant avec ma victime. »

L'entorse était légère ou a vite guéri. Ceci se passait le 23 septembre, six jours après, le 29, Vacher était dans l'Ardèche, dans le canton d'Aubenas. Ce qui n'est pas douteux, c'est qu'après le crime, Vacher a toute la présence d'esprit nécessaire pour répondre à une question embarrassante.

7° AFFAIRE DE SAINT-ÉTIENNE-DE-BOULOGNE (Ardèche). — 29 septembre 1895

La victime est Pierre Massot-Pellet, âgé de quatorze ans.

Le lieu du crime, situé à peu près à deux kilomètres de la commune de Gourdon, est absolument désert. Il y a là des bois et des rochers. On y trouve une grange auprès de laquelle on aperçoit le cadavre du jeune berger étendu sur le côté droit, la face presque contre terre. Les cuisses étaient à demi fléchies sur le ventre, les jambes complètement fléchies sur les cuisses, les pantalons déboutonnés et rabattus jusqu'aux genoux; le sol était abondamment imprégné de sang, la tête, la veste et la chemise étaient aussi imbibées de sang.

Vacher raconte ainsi ce crime. « Le crime de Truinas une fois commis, j'ai passé dans l'Ardèche où, quelques jours après, j'ai tué de la même manière un jeune berger que j'avais rencontré auprès d'une bergerie. » Dans un autre interrogatoire, il ajoute : « Il est inexact que j'aie surpris l'enfant au moment où il se livrait à la défécation. J'ai souillé aussi cette victime après le meurtre. »

7° Affaire de Saint-Étienne-de-Boulogne. — Pierre Massot-Pellet

Le rapport médico-légal relève :

1° *L'égorgement.* — C'est une blessure en T, la plaie transversale, de quinze centimètres, intéresse les tissus jusqu'à la colonne vertébrale. La plaie descendante, longue de dix centimètres, arrive jusqu'au sternum.

2° *L'éventration.* — Une plaie du ventre s'étendant du pubis à la pointe du sternum et laissant passer la masse intestinale. L'intestin grêle a été ouvert et laisse échapper un liquide jaunâtre, gluant, qui a coulé sur le ventre, les cuisses, jusqu'aux fesses.

L'expert dit : « Les bords des plaies sont nets, la section ayant été faite avec un instrument tranchant manié avec une grande vigueur par une main assurée. Nous pouvons nous demander si Vacher n'a pas employé le rasoir.

3° *Les parties génitales.* — Il y a une petite plaie intéressant la peau du scrotum ; elle est sans importance et paraît avoir été faite en même temps que la plaie du ventre.

L'anus n'a pas été examiné, mais nous savons que Vacher a avoué avoir souillé sa victime.

En résumé, dans un lieu désert, à la lisière d'un bois, le matin, Vacher saute à la gorge d'un jeune berger, l'étrangle, l'égorge, pratique sur lui une éventration, peut-être une mutilation des organes génitaux, puis sur le cadavre se livre au coït anal.

Voilà l'ensemble caractéristique du procédé de Vacher. C'est ce que nous avons relevé sur le corps de Victor Portalier à Bénonces, ce que nous dirons pour le berger tué à Courzieu, et, sans forcer une analogie, ce que nous pouvons supposer pour le crime de Tassin-la-Demi-Lune.

Ces jeunes pâtres allument chez Vacher les désirs les plus lubriques et les plus sanguinaires. Vacher dit en effet dans un de ses interrogatoires : « Je me suis attaqué à des enfants parce que la maladie le voulait. Peut-être les enfants exerçaient-ils une sorte d'attraction sur moi. »

Oui, voilà la vérité : de tout temps, Vacher a été pédéraste ; plus tard, il est devenu assassin et sadique.

8° AFFAIRE DE BUSSET (Allier). — 10 septembre 1896

La victime est la nommée Marie Moussier, récemment mariée au sieur Laurut, âgée de dix-neuf ans, bergère.

Le cadavre fut trouvé dans les broussailles, étendu sur le dos, au bas d'une haie vive servant de clôture au pré. Les vêtements étaient déchirés, la chemise coupée jusqu'au-dessus du nombril, le corset décroché laissant la poitrine complètement à découvert.

Voici les aveux de Vacher : « A la fin de juillet, je quitte Précy (Seine-et-Oise) avec la résolution de me rendre dans le midi pour y passer l'hiver. Vers septembre ou octobre je traverse successivement l'Allier où je tue une jeune femme paraissant avoir vingt ans. C'était non loin de Vichy, comme je vous l'ai déjà dit; j'avais pris la bague de ma victime que j'ai jetée ensuite je ne sais où. »

Le rapport médico-légal relève les blessures suivantes :

1° *Égorgement.* — Sur le côté gauche du cou, il y a une blessure de cinq à six centimètres de long, à bords nets, à direction transversale ; elle occupe la moitié antérieure du côté gauche du cou et s'avance jusqu'à la ligne médiane. Les tissus superficiels, le muscle sterno-cléido-mastoïdien, le bord inférieur du lobe gauche du corps thyroïde, la carotide et les trois quarts antérieurs de la trachée avaient été sectionnés d'un seul coup, en raison de la direction unique et rectiligne des bords de la blessure.

A quelques mètres de la victime, il existait sur le sol une large tache de sang. A proximité du cadavre, on a ramassé un fragment de chair, de forme triangulaire, que l'examen histologique a démontré être un morceau du corps thyroïde. Ce fragment nous semble indiquer que la coupe de cet organe, et, par conséquent, la plaie d'égorgement résulte de l'action d'un instrument très aiguisé, tel qu'un rasoir;

2° Le nez présentait les caractères d'une morsure;

3° Du côté des organes génitaux, l'expert ne trouve pas trace de viol mais il suppose une tentative en raison de l'état des vêtements. Il n'y a pas eu d'examen de l'anus.

En résumé, à la fin de la journée la femme Laurut, qui gardait son bétail dans un pré, est assaillie par Vacher qui la tue de la même manière que ses autres victimes, c'est-à-dire qu'elle est égorgée et étranglée. La disposition des vêtements déchirés nous paraît indiquer qu'il s'apprêtait à pratiquer l'éventration et qu'il en a été empêché par une circonstance fortuite. Y a-t-il eu coït anal? Nous ne pouvons que poser la question.

Mais il est à remarquer que c'est la seule victime à laquelle Vacher ait fait une morsure. Nous avons dit à propos de l'affaire de Bénonces qu'il avait avancé avoir arraché les parties génitales de Portalier avec les dents. On sait qu'il n'en est rien; les affirmations de M. le Dr Ravet, la description des caractères de la blessure montrent d'une façon indiscutable que les parties sexuelles de la victime ont été enlevées avec un instrument tranchant.

Or, Vacher, dans son système, tient à montrer que ses victimes ont été tuées dans des accès de rage et il veut faire jouer un grand rôle aux morsures. Ainsi, il dit dans différents interrogatoires :

« (611) J'ai mordu plusieurs de mes victimes; (623) Je me précipitais sur ma victime; si je n'avais pas eu de couteau, je les aurais eu tuées en les mordant; cela me soulageait tellement de mordre, qu'en ce qui concerne plusieurs des personnes que j'ai tuées, je leur ai fait des morsures, même après les avoir tuées avec un couteau. Je m'étonne qu'on ne m'ait pas parlé plutôt de ces morsures, attendu qu'on a dû en remarquer sur plusieurs de mes victimes. »

Il est fâcheux pour le système des « accès de rage » que nous n'ayons, dans tous les rapports des médecins légistes, relevé qu'une seule morsure.

8° Affaire de Busset. — Marie Moussier

9° AFFAIRE DE SAINT-HONORAT (Haute-Loire). — 1er octobre 1896

La victime est la jeune Rosine Rodier, une bergère de quatorze ans.

Le cadavre fut trouvé dans un fourré composé de pins, de genêts et de bouleaux. Dans le pré voisin, on remarque d'abord, avec un seul des sabots de la victime, une petite mare de sang, puis une traînée de sang de cet endroit au fourré où était le corps couché sur le dos. Les vêtements du bas étaient relevés au-dessus des genoux.

Vacher raconte ce crime de la façon suivante : « Après le crime de Busset, je passe dans la Haute-Loire, où je donne la mort, non loin du Puy, à une jeune fille d'une quinzaine d'années en lui coupant la gorge et en la mutilant à l'aide d'un couteau. »

Voici les constatations faites par le médecin-expert :

1° *Égorgement.* — Au cou, une plaie dirigée de gauche à droite et de bas en haut, d'une longueur de huit centimètres : tous les gros vaisseaux ont été ouverts.

2° *Éventration.* — Le ventre est ouvert à droite de haut en bas : par cette incision étendue de l'ombilic à la plaie de la vulve, il y a sortie des intestins. Cette blessure est consécutive à la plaie du cou qui a entraîné la mort.

3° *Mutilation.* — Les parties génitales externes sont enlevées par une incision qui a détaché ces organes et entamé les cuisses. Cette plaie a huit centimètres en hauteur et dix en largeur. Elle a été faite après la mort. Ces plaies peuvent avoir été faites avec un rasoir.

4° *La question de tentative de viol,* dit l'expert, peut être résolue en la déduisant de l'ensemble des faits, malgré la mutilation des parties génitales externes ; elle paraît subsidiaire par l'effet même de cette mutilation. L'examen de l'anus n'a pas été fait.

En résumé, un matin, Vacher se précipite sur cette jeune bergère de quatorze ans. Il l'étrangle, l'égorge, procède à une éventration et à des mutilations. Il n'est pas possible de dire s'il a violé sa victime ou pratiqué le coït anal. Toutefois, nous relevons dans l'exécution de ce crime tous les éléments qui se sont trouvés sur ses victimes masculines : égorgement, éventration, mutilation des parties sexuelles. Or, tout ce carnage est l'accompagnement de la lubricité de cet homme.

Un détail complémentaire montre bien que pendant ou après le crime Vacher observe ce qui se passe. Sa mémoire fidèle retrace plus tard une circonstance oubliée des autres personnes. Ainsi on confronte l'inculpé avec un témoin et Vacher rappelle à celui-ci, qui l'avait oublié, que le jour du crime il régnait un brouillard intense. Vacher ajoute : « Je ne savais où aller après le crime. J'étais perdu dans le brouillard et ce jour-là, il faut

9e Affaire de Saint-Honorat. — Rosine Rodier

bien croire que Dieu m'a sauvé puisque, tout à coup, je me suis retrouvé sur la route où je me suis reconnu; puis, j'ai pris un chemin qui passe dans la voie ferrée et que j'avais suivi avant le crime. »

10° AFFAIRE DE TASSIN-LA-DEMI-LUNE. — Fin mai 1897

La victime est un vagabond de quatorze ans nommé Claudius Beaupied.

Vacher a fait l'aveu de ce crime dans un moment de vanité et comme pour montrer la véracité de ses récits à la presse incrédule qui affirmait qu'il endossait une série de crimes dont il avait entendu parler, mais n'avait pas commis. « Que diront les journalistes si je fais connaître un crime ignoré de tous ? » Et aussitôt, il fait la déclaration suivante : « C'était quinze jours ou trois semaines environ avant le crime de Courzieu, à deux heures de marche au delà de Fourvière, en se dirigeant du côté des Cévennes. J'avais couché dans une maison inhabitée, sur la gauche de la route. Le matin, un garçon d'une quinzaine d'années, que j'ai pris pour un roulant, est entré dans cette maison. Je lui ai coupé la gorge avec un rasoir que j'avais trouvé quelques jours auparavant et j'ai jeté le corps dans un puits qui se trouve dans la cour. La maison dont je vous parle est à l'angle d'un chemin qui aboutit à la route et il y a derrière une haie de sureaux. C'est de là que je me suis dirigé sur Courzieu. »

Avec ces renseignements précis qui montrent la fidélité de la mémoire topographique de Vacher, il fut facile de trouver la maison située sur la commune de Tassin-la-Demi-Lune.

On retira du puits des ossements. Après examen, l'expert conclut que ces débris humains ont appartenu à un individu âgé de douze à quatorze ans, mesurant de 1 m. 38 à 1 m. 42 de taille. Le squelette ne présentait pas de trace de blessures. Les constatations faites sur les vêtements établissent que le porteur de ceux-ci a été atteint d'un certain nombre de blessures et que quelques-unes de ces blessures ont été produites dans la région postérieure au niveau des fesses, probablement dans la région anale.

Les parents affirment que les vêtements ont appartenu à Claudius Beaupied, né à la Charité, à Lyon, en 1883. La femme Beaupied a reconnu la mâchoire et la dentition de son fils.

Vacher a dit encore que sa victime, de la même taille que lui, était maigre, imberbe et paraissait avoir de seize à dix-huit ans. Vacher ajoute que s'il a dépouillé le cadavre de ses vêtements, c'est parce qu'ils étaient déchirés.

Voilà une explication étrange et que nous ne saurions admettre. La vérité ! mais les aveux de Vacher, l'état des vêtements examinés par l'expert l'indiquent. Claudius Beaupied a été étranglé, égorgé, probablement éventré, mutilé aux parties génitales et probablement à l'anus, comme l'ont été les autres jeunes garçons, Portalier, Massot-Pellet, Pierre Laurent. Comme eux, cette victime a été souillée. Ce que la passion de Vacher le poussait à faire, dans les chemins, sur une route, pouvait-il hésiter à l'accomplir dans une maison abandonnée ; les actes si souvent repétés tiennent lieu d'aveux. Notre conviction est complète sur ce point.

11e AFFAIRE DE COURZIEU. — 18 juin 1897

La victime est un berger de treize ans, Pierre Laurent.

Le rapport médico-légal indique la position du cadavre. Dans un petit sentier et à côté du chemin d'intérêt commun n° 17, on a relevé une large tache de sang et des traces de piétinement. Un peu au-dessous, un débris souillé et piétiné qui était le testicule droit enlevé à la victime. Le corps se trouvait derrière une haie, la face contre terre, le bras droit engagé sous le corps, le gauche plié avec la main contre le buste et le coude écarté; la jambe droite allongée et la gauche légèrement ployée. Le pantalon était déboutonné et tous les vêtements en désordre.

Voici le récit de Vacher : « J'ai rencontré dans la nuit, sans que je puisse préciser l'heure, sur une route, un jeune garçon conduisant des bœufs non attelés à une voiture, je l'ai tué comme les autres en lui coupant le cou avec un couteau, je ne me rappelle pas lequel, puis j'ai placé le corps derrière une haie, non pour ne pas le laisser sur la route, mais parce qu'en se débattant, il m'avait entraîné vers la haie. Je crois avoir essayé sur lui un acte de pédérastie que je n'ai cependant pas consommé. Après le crime de Courzieu, je me suis dirigé sur Lyon et cette nuit-là j'ai traversé beaucoup de villages. »

Dans un précédent interrogatoire, parlant du petit garçon de Courzieu, Vacher avait dit : « J'ai essayé de souiller ma victime, mais je ne sais si c'était avant ou après le meurtre. Je crois cependant que c'était après. »

Le Dr Boyer, médecin expert, relève les lésions suivantes :

1° *Égorgement.* — Le cou est sectionné en avant par une plaie transversale de huit centimètres et demi de long sur quatre de large, pénétrant jusqu'à la colonne vertébrale. Les bords de la plaie sont irréguliers, hachés, avec deux encoches très marquées à droite et en haut. Il y a une plaie secondaire à gauche. La section n'a pas été faite d'un seul coup et le meurtrier a dû procéder en deux ou trois temps pour accomplir cet égorgement. L'action de l'instrument a porté surtout sur la région médiane et un peu plus à droite.

L'état des vêtements indique aussi la lutte, mais le siège des taches ne montre pas si l'enfant a été frappé debout ou à terre, le cadavre ayant été trouvé derrière la haie.

2° *Mutilation.* — Le scrotum est ouvert par une plaie ayant neuf centimètres de haut et sept centimètres transversalement. Le testicule droit est enlevé : on se le rappelle, il a été ramassé sur le chemin. Le cordon et tout le paquet vasculo-nerveux ont été coupés un peu au-dessus de l'anneau inguinal. La présence de caillots et de sang infiltré montre que cette blessure a été faite pendant la vie. La plaie du scrotum a ouvert la tunique qui enveloppe le testicule gauche, mais de ce côté pas de mutilation.

11° Affaire de Courzieu. — Pierre Laurent

3° *Actes de pédérastie ou coït anal.* — Les constatations de l'expert sont importantes après les aveux de l'inculpé. Des matières fécales s'échappent de l'anus. En arrière de l'ouverture anale, près de la ligne médiane, on voit trois petites déchirures de la muqueuse, très nettes, de forme triangulaire, mesurant environ six millimètres de hauteur. « Il y a là les signes d'un acte de pédérastie récent et surtout d'actes pédérastiques anciens et répétés », dit le Dr Boyer.

En résumé, la nuit, entre onze heures et minuit, Vacher assaille un jeune berger de treize ans. Ses tentatives de strangulation ne produisent pas l'effet ordinaire; l'enfant résiste, lutte, et l'égorgement se fait en plusieurs temps. L'irrégularité de la plaie retarde probablement le moment de la mort, et celle-ci n'était pas encore venue quand Vacher fait au bas du ventre, sur les parties sexuelles, une large plaie, enlève un testicule.

Pourquoi n'a-t-il qu'ébauché une éventration? La plaie scrotale était-elle assez grande, l'énucléation d'un testicule suffisante? Il est plus simple de supposer qu'au voisinage d'un chemin, il a pu entendre quelque bruit suspect qui a interrompu la sinistre besogne.

Les aveux de l'inculpé et les observations du médecin nous montrent qu'il a souillé sa victime. Nous pouvons même dire, d'après les constatations de l'expert, que Vacher a pratiqué le coït anal brusque, c'est-à-dire sur l'enfant non encore mort. On a trouvé, en effet, les signes de l'intromission brutale d'un corps étranger dans l'anus, signes qui ne se produisent pas sur le cadavre, alors que les sphincters sont toujours relâchés.

Une question peut encore se poser. Avec quel instrument ont été faites ces blessures ? Vacher répond : « Avec un couteau, je ne sais lequel. » M. le Dr Boyer dit : « A l'aide d'un couteau assez solide et d'un certain calibre. »

Nous pensons que Vacher a employé le rasoir. On sait qu'il avait déjà fait usage de cet instrument peut-être à Busset, à Saint-Ours, à Bénonces, à Truinas, à Saint-Honorat, mais de son propre aveu, quelques jours avant, à la Demi-Lune. Nous remarquons aussi que le juge demande un jour à Vacher où il a pris le rasoir qui est dans son sac, et celui-ci répond : « Dans l'Ardèche ou le Lyonnais, quelques jours avant le crime de Courzieu. » Sans doute, c'est peu décisif, mais nous trouvons des preuves plus péremptoires dans l'examen des plaies.

Les bords de la plaie irréguliers et hachés, avec encoches. se voient dans les blessures par coups de rasoir. De plus, il faut une lame remarquablement affilée pour tailler une plaie du scrotum semblable à celle dont il a été parlé, et il est plus facile de la faire avec un rasoir qu'avec un couteau.

Si nous insistons sur ce détail, c'est pour réfuter une fois de plus les assertions de Vacher, dont la mémoire merveilleuse ne lui fait jamais défaut, on s'en aperçoit par toutes les citations que nous avons faites, et de plus, pour détruire le système de défense de l'inculpé qui croit avoir intérêt à donner certains détails plutôt que d'autres.

Nous venons de passer une revue des onze assassinats avoués par cet homme. Il était indispensable d'examiner ce nécrologe pour bien connaître les procédés employés par l'inculpé, rechercher quel était le but poursuivi, la passion à assouvir. Il faut, enfin, se demander si la répétition constante de ce grand appareil de manœuvres sanguinaires et implacablement mortelles est l'œuvre d'un cannibale, mais d'un cannibale responsable, ou, au contraire, d'un fou inconscient, dont la société a quand même à rougir, car on est à se demander quelle est la part de la collectivité dans la préparation ou l'élaboration d'un monstre pareil.

Reprenons donc le problème sous une autre face, en récapitulant les façons de faire de Vacher, et en groupant systématiquement les coups qu'il porte à ses victimes.

D'abord, il est bien certain qu'il choisit celles-ci. Il les faut adolescentes : les enfants exercent sur lui une sorte d'attraction. La chair fraîche et jeune le fascine, l'attire. Vacher tue quatre garçons, six filles, une vieille femme.

Les premiers ont de treize à seize ans ; les autres ont seize, dix-sept, dix-neuf et vingt et un ans. Puis, comme pour faire contraste, Vacher avoue l'assassinat d'une femme de cinquante-huit ans, qu'il croyait même beaucoup plus âgée, ajoute-t-il, lorsqu'il l'a violée.

Comment trouve-t-il ses victimes ?

Il sort des bois et assaille bergers et bergères qui gardent leur bétail dans les prés. Il rencontre sur les grandes routes ou les sentiers de nombreux voyageurs, mais la rage ne le prend qu'en voyant devant lui, loin des habitations, un adolescent de sexe quelconque ; ainsi, le jour à Vidauban, à Étaules, à Bénonces, ou la nuit, comme à Beaurepaire, à Truinas, à Busset et à Courzieu. Si une baraque, une bergerie, une maison déserte sont près de là, Vacher remarque de suite cet isolement et y traîne la victime, Louise Marcel, Massot-Pellet et peut-être même Claudius Beaupied.

Il n'est donc pas douteux que Vacher choisit l'heure, le moment, le lieu. Quand le juge lui pose une question semblable sur cette préméditation évidente, l'inculpé répond : « Il m'est arrivé plus d'une fois de me trouver précisément dans les conditions que vous indiquez et de causer tranquillement avec de jeunes personnes, sans que jamais l'idée me soit venue de leur faire du mal. Quoi que vous puissiez en croire, j'affirme que jamais aucun de mes crimes n'a été de ma part un acte réfléchi. Ainsi, jamais qui que ce soit n'a pu me voir attendre ma victime : je les ai toutes rencontrées sur mon passage, sauf celles de Saint-Ours et de la Demi-Lune, et encore, en ce qui concerne ces deux-là, n'ai-je fait qu'obéir à ma rage de tuer qui m'a pris au moment où je les ai vues. » Et dans un autre interrogatoire : « Une rage me poussait à marcher droit devant moi et à commettre mes crimes, je ne cherchais pas les victimes ; c'était le hasard des rencontres qui décidait de leur sort ; les pauvres gens ne sont pas à plaindre ; ils n'ont pas souffert à eux tous plus de dix minutes ; je les tenais d'une main à la gorge et les tuais de l'autre avec l'instrument que j'avais et que je vous indiquerai plus tard. »

Attaque et assassinat des victimes. — Les aveux précédents montrent la rapidité de la scène et le procédé employé. L'inculpé opérait vite. Il ose presque dire sans douleur, l'attaque était aussitôt suivie de mort. C'est qu'en effet, Vacher n'improvise pas, il procède méthodiquement. Il ne tue pas comme le fait un fou, en frappant d'une façon quelconque sa victime, s'acharnant sur elle, faisant des blessures de tous côtés, au hasard de sa furie.

Il étrangle d'abord sa victime, puis la saigne au cou. Toutes ont péri de la même manière : strangulation d'abord, égorgement ensuite.

La méthode de Vacher est la suivante : il se débarrasse de la personne vivante, pour prendre possession du cadavre qu'il mutile et souille. Après l'assassin, le vampire.

Étudions successivement ses procédés de strangulation, d'égorgement, de mutilation.

La strangulation. — Elle était produite par la constriction du cou avec les mains ou à l'aide d'un lien. Vacher est vigoureux, d'une force musculaire au-dessus de la moyenne, il portait les ongles très longs, ceux-ci ont laissé des empreintes manifestes sur le cou d'Eugénie Delhomme et les ecchymoses étaient bien visibles parce que l'égorgement mal pratiqué avait fait porter la plaie en haut et à droite, presque à la hauteur de l'oreille.

Dans les autres cas, les rapports médico-légaux ne parlent pas de coups d'ongles, d'ecchymoses superficielles ou profondes. Les lésions pouvaient cependant exister, mais elles disparaissaient dans la béance de la plaie du cou, et, d'ailleurs, l'égorgement ne tardant pas à être pratiqué, les ecchymoses n'avaient pas le temps de se produire à cause de l'abondance de l'hémorragie.

La strangulation pouvait encore être opérée à l'aide d'un lien.

Vacher connaissait très bien ce que dans l'argot des rouleurs on appelle « le coup du père François ». Une corde, un foulard, une ceinture sont enroulés autour du cou de la victime qui, saisie d'effroi et inanimée, est, à l'aide d'un lien, facilement chargée sur l'épaule de l'agresseur. N'est-ce pas ainsi que Vacher a fait à Louise Marcel : « Je l'ai amenée par le cou dans une baraque. »

Ces procédés de strangulation empêchent la victime de crier, peuvent déterminer une syncope et même la mort. En immobilisant la personne étranglée, ils permettent toutes les violences et surtout l'égorgement.

Mais quelquefois, la strangulation est incomplète, l'évanouissement peut n'être que passager. La victime se débat et lutte. Une seule a vraiment des plaies de défense : c'est l'assassinée de Vidauban. Une autre s'est débattue au moment de l'égorgement : c'est le petit berger de Courzieu. Sur les neuf autres, la béance du cou, la plaie énorme, comme disent plusieurs rapports, montrent que la gorge a été ouverte alors que la victime était encore immobile. Vacher l'indique lui-même : « Je les tenais d'une main à la gorge et les tuais de l'autre. »

Nous en avons assez dit et nous croyons avoir montré que pour agir ainsi, il fallait de l'audace, du sang-froid, une entière possession de soi-même, la conviction basée sur l'expérience que le manuel opératoire employé conduisait rapidement et fatalement à la mort.

En effet, tout cela se faisait si vite que Vacher avait peu de sang sur ses vêtements et qu'il n'a jamais été blessé ni égratigné par les victimes. Dans l'interrogatoire du 26 octobre, le juge demande à l'inculpé s'il n'a pas jeté ses vêtements couverts de sang. Vacher répond : « Non, Monsieur, je n'avais jamais beaucoup de sang sur moi, vu que j'agissais très précipitamment, et s'il m'arrivait parfois d'être par trop taché, je me lavais dès que j'avais l'occasion de trouver de l'eau sur mon passage. » Le juge reprend : « N'avez-vous jamais porté de traces de coups ou d'égratignures de vos victimes? » Vacher répond : « Le hasard a voulu que jamais je ne fusse égratigné. » Voici la dernière question : « N'avez-vous jamais laissé échapper aucune des personnes sur lesquelles vous vous êtes précipité ? » Et l'inculpé de répondre : « Jamais aucune ne m'a échappé, celle de Champis n'a été épargnée que parce que mes idées malades m'ont abandonné à ce moment » (*sic*).

Cette dernière phrase renferme un mensonge et une sottise, Vacher, on se le rappelle, a tout fait pour échapper à Plantier, il a dit que c'était son camarade, enfui dans le bois, qui avait assailli sa femme, etc... Quant à la disparition instantanée de la maladie, dans les circonstances précédentes, voilà une théorie vraiment indigne, par son absurdité, de l'intelligence de Vacher.

En résumé, sauter à la gorge des victimes pour les égorger ensuite plus facilement constitue une manœuvre de choix. Son adoption montre la préméditation et, quoi qu'il en dise, c'est une suite d'actes délibérés.

L'égorgement. — Voici encore un acte mûrement réfléchi et nous allons le faire voir exécuté avec une précision et une habileté vraiment extraordinaires, prouvant jusqu'à l'évidence la mise en œuvre d'un calme et d'une volonté imperturbables.

Il est d'abord probable que pas une victime n'a été frappée debout. Toutes paraissent avoir été égorgées étant allongées à terre. Il y a de ce fait trois preuves démonstratives : l'absence de blessures ou contusions à la tête ou au dos des victimes ; l'examen des flaques ou mares de sang sur le lieu du crime ; la disposition des taches de sang sur les vêtements mêmes des victimes.

1° L'absence de blessures ou contusions à la tête ou au dos des victimes nous semble prouver que lorsque celles-ci ont été égorgées, elles devaient se trouver allongées à terre. Si elles avaient été frappées debout, elles seraient tombées brusquement, et, dans leur chute se seraient fait des blessures qui auraient fixé l'attention des médecins experts. Le cadavre de la veuve Morand à Saint-Ours présentait une ecchymose au front que l'expert a dit pouvoir être attribuée peut-être à la chute. Lorsque des blessures ont été relevées comme sur le corps d'Adèle Mortureux ou du jeune Laurent de Courzieu on peut croire que ces blessures proviennent des pierres ou des inégalités du sol sur lequel le cadavre a été traîné. Donc, la plupart des cadavres n'ont pas présenté de contusions en différentes parties du corps attestant, par leur présence, qu'après l'égorgement une chute brusque s'est produite.

2° Tous les rapports font mention d'une ou même de deux flaques ou mares de sang (Vidauban, Bénonces). D'après les descriptions qui en sont faites, il nous semble que les témoins veulent parler d'une abondance de sang répandu en un même endroit.

Si la victime avait été frappée debout et s'était débattue, le sang qui s'échappe brusquement et avec violence des vaisseaux du cou peut être projeté à 1 m. 50 et même 2 mètres, les objets du voisinage sont arrosés et présentent des taches de projection tout à fait caractéristiques. Dans un pré ou dans un champ, cette constatation eût pu passer inaperçue, mais il n'en aurait pas été ainsi dans les endroits limités où les victimes ont été tuées, ainsi à Vidauban, à Saint-Étienne-de-Boulogne, à Saint-Ours, à Tassin-la-Demi-Lune. Dans ces espaces restreints, les murs ou objets quelconques auraient été éclaboussés par le sang projeté.

3° Dans leur rapport sur l'affaire de Vidauban, les experts font remarquer que les vêtements ne portent pas de sang en avant et ils disent avec raison que si la victime était restée quelque temps debout, après l'égorgement, le sang se serait répandu sur la partie supérieure et antérieure des vêtements. Dans la plupart des rapports, en effet, on constate que les vêtements sont surtout imbibés de sang en arrière, sur les côtés, soit que le corps ait séjourné près de la flaque de sang, ait été retourné, soit qu'il ait été traîné plus loin.

Vacher tenait sa victime d'une main et de l'autre lui ouvrait la gorge. La victime devait être allongée à terre presque insensible ou immobilisée par la strangulation. L'assassin la saignait en ouvrant largement le cou sur un côté. Le sang se répandait à terre sans atteindre même Vacher. On s'explique ainsi, comme il l'a dit d'ailleurs, qu'il eût, en général, peu de sang sur les vêtements.

Personne n'ignore que les plaies du cou donnent lieu aux hémorragies les plus abondantes. La plupart des victimes de Vacher, d'après l'état d'anémie des organes et la vacuité des cavités du cœur, ont été saignées à blanc (1).

Pour en finir avec cette question de l'égorgement, il faut indiquer quelles étaient les parties du cou atteintes par l'instrument de l'assassin.

La victime à terre, comme nous l'avons montré, Vacher choisissait la région à inciser. Le plus souvent, c'était une plaie transversale, au-dessous

(1) On peut se demander quelle quantité de sang s'est ainsi écoulée. Autrefois on estimait la totalité du sang à dix litres ; aujourd'hui, on sait qu'elle est de six à sept kilos, c'est-à-dire six litres en moyenne pour un homme adulte. Nous pouvons évaluer à quatre ou cinq litres la quantité de sang répandue par chacune des victimes de Vacher.

du menton, intéressant tous les tissus, jusqu'à la colonne vertébrale. C'est ce qui a été constaté sur les cadavres de Truinas, de Saint-Ours, de Saint-Honorat, de Courzieu. Il est probable que l'instrument incisait d'abord largement les vaisseaux d'un côté; quand l'hémorragie diminuait, l'incision était continuée ; ainsi s'expliqueraient les irrégularités constatées dans la plaie sur les cadavres de Saint-Ours et de Courzieu. Il est certain que Vacher se trouvait en arrière de la tête ou sur un des côtés de la victime, sans cela il aurait été littéralement arrosé de sang.

La plaie du cou est parfois en T, ainsi sur le jeune berger de Saint-Étienne-de-Boulogne, ou bien la plaie siège surtout à droite et près de la mâchoire et est à peine transversale : C'est ce que l'on a constaté sur les victimes de Beaurepaire, de Vidauban, d'Étaule, Vacher devait alors se trouver en arrière ou à gauche.

L'assassin occupait une position contraire lorsqu'il égorgeait les victimes de Busset et de Bénonces qui portaient une plaie sur le côté gauche du cou.

En résumé, une fois la position choisie ou imposée par les circonstances, l'assassin faisait telle ou telle incision pour éviter de recevoir des jets de sang. Ce tour de main de Vacher montre toute sa présence d'esprit au moment où il égorgeait méthodiquement ses victimes.

L'éventration. — Celle-ci a eu lieu sept fois sur onze victimes. Cinq fois l'éventration a été complète.

Sur la victime de Vidauban, qui a été éventrée alors qu'elle n'était pas encore morte, on relève sept blessures à l'abdomen.

L'éventration par une longue incision du sternum au pubis a été pratiquée de la même manière sur les deux bergers de Bénonces et de Saint-Étienne-de-Boulogne.

La victime de Saint-Honorat a eu le ventre ouvert dans le flanc droit. Il en a été de même pour celle de Truinas. Quant aux victimes de Courzieu et de Tassin-la-Demi-Lune, nous savons que la première a eu les parties génitales externes mutilées et ouvertes par une large plaie remontant jusqu'au ventre. Le jeune Claudius Beaupied a été, comme Portalier, complètement mis à nu, et il est très probable que le cadavre jeté dans le puits présentait des blessures semblables à celles relevées sur la victime de Bénonces.

Cette éventration ou ces mutilations qui terminaient la scène de carnage sont là comme pour montrer qu'en les pratiquant au hasard Vacher était arrivé au paroxysme de l'excitation. Il y a lieu de remarquer que les causes manifestes de cette excitation étaient la jeunesse et le sexe des victimes. Ce sont, en effet, les plus jeunes et les quatre garçons. Voilà probablement les vrais motifs de cette surexcitation passionnelle.

Les mutilations. - Notre explication est si vraie que l'on ne peut en trouver d'autre au sujet des mutilations diverses qui ont été relevées sur les jeunes garçons; il y a ablation d'un ou des deux testicules, de la verge. Ces organes sont détachés et jetés au loin. A la victime de Saint-Honorat, âgée de quatorze ans, l'assassin a détaché les parties génitales externes.

Les seins sont enlevés sur la jeune Louise Marcel, âgée de treize ans. Le cadavre présente, en outre, des plaies du côté de l'anus et des cuisses.

En résumé, éventrations et mutilations sont des blessures produites dans les mêmes conditions psychiques : c'était la période d'acharnement pendant laquelle Vacher frappait avec une sorte de rage. La prise de possession du cadavre l'exaltait ; alors, mais seulement alors, il portait des coups un peu à l'aventure, bien que toujours localisés aux organes génitaux ou à leur voisinage. Même dans cet état d'agitation extrême, Vacher restait érotomane. Cette mutilation des organes génitaux est vraiment la marque sadique.

État des vêtements des victimes. — Il est tout aussi important de faire voir, puisque le grand nombre de crimes nous donne tous ces éléments d'information, que l'état des vêtements, la manière dont Vacher se comporte à leur égard, apportent aussi des preuves sur la nature des actes accomplis par l'assassin.

Les premiers témoins qui trouvent le cadavre sont tous impressionnés par les restes d'une mise en scène : l'état et le désordre des vêtements indiquant plutôt des déchirures faites par l'agresseur que le résultat d'une lutte.

A Beaurepaire, le fichu et le corset sont jetés à une certaine distance du cadavre. A Vidauban, les vêtements sont en grand désordre. La victime d'Étaule a les jupes relevées sur la poitrine, les jambes écartées. Le cadavre de la vieille femme de Saint-Ours a aussi la robe et la chemise relevées, laissant voir les parties sexuelles. A Bénonces, on trouve d'abord une chemise ensanglantée, dont les manches sont retournées, sans déchirure ni perforation, le cadavre du jeune berger est complètement nu.

Sur le corps de la victime de Truinas, la taille de la robe et la jupe ont été tirées et relevées violemment.

A Saint-Étienne-de-Boulogne, on constate que les pantalons de l'enfant sont déboutonnés et rabattus jusqu'aux genoux.

Sur la victime de Busset, les vêtements sont déchirés, la chemise coupée jusqu'au nombril, le corset décroché laissant la poitrine à découvert. De même à Saint-Honorat, les vêtements sont relevés au-dessus des genoux.

Rappelons que Vacher dit avoir dépouillé le cadavre de Tassin-la-Demi-Lune de ses vêtements parce qu'ils étaient déchirés. Enfin le petit pâtre de Courzieu avait les pantalons abaissés jusqu'au pli fessier et tous les vêtements en désordre.

En résumé, les vêtements sont des obstacles que Vacher écarte pour atteindre le but convoité : la vue ou l'étalage de la chair.

De l'instrument employé. — Nous ne dirons que quelques mots de l'instrument tranchant employé. Vacher au début de ses interrogatoires avait promis d'indiquer celui dont il avait fait usage. Or, quand il donne des renseignements significatifs sur chaque crime, il ne parle qu'une seule fois du rasoir, à propos de l'assassinat de Claudius Beaupied, et, pour les autres crimes, il dit le plus souvent : « Je me suis servi d'un couteau, je ne sais plus lequel. »

Nous pensons avoir montré que Vacher a dû se servir sûrement du rasoir dans les affaires de Courzieu, de Busset, de Saint-Honorat et probablement dans celles d'Étaules, de Saint-Ours, de Bénonces et de Truinas. C'est dire que Vacher, contrairement à ce qu'il raconte, a fait usage du rasoir au moins huit fois dans onze égorgements.

Le viol ou les attentats. — A propos de chaque victime, dans le récit qu'il fait de ses crimes, Vacher indique s'il a ou non commis un attentat quelconque. Il a avoué avoir pratiqué deux fois des viols (affaires de Beaurepaire et de Saint-Ours) et deux fois des manœuvres pédérastiques ou coït anal (affaires de Saint-Étienne-de-Boulogne et de Courzieu). Nous avons déjà dit que ce dernier genre d'attentat est probable ou certain pour les victimes de Bénonces et de Tassin-la-Demi-Lune et nous avons indiqué les raisons qui ont motivé notre opinion. Il nous a même été possible, d'après les constatations si nettement relevées par M. le Dr Boyer, d'affirmer que sur le jeune Pierre Laurent encore vivant, le coït anal avait été pratiqué et que c'était à une intromission brusque qu'il fallait probablement attribuer les trois déchirures caractéristiques de l'anus.

Nous savons aussi, puisqu'il a souillé de cette façon tous les jeunes garçons qui ont été ses victimes, que Vacher a eu de tout temps des habitudes pédérastiques. Il nie un attentat de ce genre dans son pays, mais il a avoué à Loyonnet (f° 170) qu'il avait été expulsé de Saint-Genis parce qu'il avait masturbé des camarades. Le même témoin ajoute : « Il est taciturne, paraissant ne pas aimer les femmes. Au quartier, je me suis souvent aperçu qu'il se masturbait dans sa chambre. »

Quoi qu'il en soit, il reste bien certain que Vacher est un génital. Le juge d'instruction lui demande un jour s'il est bien passionné pour les femmes. L'inculpé répond : « Je crois être à peu près comme tout le monde. Il me semble cependant qu'après l'opération que j'ai subie aux Antiquailles, j'ai été plus porté pour les femmes. » Cette réponse est un peu vague. Celle qu'il fait au témoin Dupré (f° 320), lors de son arrestation à Champis, est autrement caractéristique : « J'aurais préféré que la femme de ce matin fût plus jeune et qu'elle eût treize à quatorze ans de préférence. Toi, tu as ta femme, tu le fais quand tu veux, tandis que moi, je ne le fais que par hasard. Lorsque je vais dans les maisons publiques, elles me repoussent, du reste ce sont de sales femmes, j'aime mieux les bergères. »

Sur les cadavres de filles ou de femmes, les experts n'ont pas songé à examiner l'état de l'anus. Chez quelques-unes, Louise Marcel, Adèle Mortureux, l'hymen est trouvé intact et cependant ces victimes ont été éventrées et horriblement mutilées.

C'est peut-être même à cause de toutes ces blessures qu'il n'y a eu ni coït anal, ni coït vaginal. La mise en scène, la strangulation, l'égorgement, la vue du sang, l'entaille des chairs, tout cela était vraisemblablement suffisant chez ce sadique pour provoquer l'érection et l'éjaculation sans qu'il y eût intromission.

Nous nous sommes demandé quelle pouvait être *l'origine de cette perversion sexuelle.* D'où Vacher tire-t-il ses idées de sadisme? A-t-il entendu parler de crimes analogues ? Est-ce de l'imitation ? A-t-il eu, comme cela se voit souvent à l'époque de la puberté une impression vive ou une secousse morale qui seront restées chez lui comme une obsession consciente d'abord, puis inconsciente ? Peut-être !

Vacher nous a raconté que, pendant son séjour chez les frères Maristes, il fut vraiment impressionné par le sermon d'un missionnaire exposant toutes les horreurs qui se passaient chez les sauvages, les mutilations et les supplices auxquels on soumettait les néophytes.

Vacher a ajouté que très longtemps ce sermon s'était présenté à son souvenir, sa mémoire fidèle lui retraçant toutes les péripéties de ces scènes sanguinaires. Sans ajouter plus d'importance qu'il ne convient à ce récit, il peut se faire cependant que le mélodramatique prédicateur ait eu quelque influence sur ce jeune cerveau.

C'est peut-être aussi un anarchiste. — A sa sortie du couvent, Vacher a adopté les idées les plus subversives. A Lyon, un de ses patrons le renvoie parce qu'il est effrayé par les théories émises par Vacher. Il est dès lors un révolté contre la société et d'autant plus excité qu'il est obligé de se contraindre pendant sa vie régimentaire. Lors de son arrestation à Champis et du transfert de Tournon à Belley, il tient des propos anarchistes, fait appel à des compagnons, se pose en ennemi d'une société défectueusement organisée.

Dans ses voyages, d'ailleurs, il tient souvent des propos menaçants; il exige l'aumône ou des secours plutôt qu'il ne les demande. En prison, il affecte un ton de commandement, il tutoie les gardiens, il est exigeant, impérieux.

En résumé, les idées que Vacher avait sur le milieu social, ses façons de vivre et de vagabonder lui donnaient une indépendance complète sur le choix des moyens pour subvenir à ses besoins ou satisfaire son extraordinaire passion génésique.

Après le crime. — Nous avons montré que Vacher choisissait le moment et le lieu du crime, préférait les jeunes bergers ou bergères, les tuait suivant une méthode infaillible et dans des conditions qui font de l'événement une suite d'actes réfléchis.

Il nous reste à faire voir qu'après le crime, il se conduit avec habileté et prudence pour échapper aux premières recherches dès la découverte de l'attentat.

Tout semble le désigner aux soupçons : sa mine patibulaire, son aspect évident de rouleur et, quelles que soient les précautions prises, le sang qui se trouve parfois sur les vêtements et toujours aux mains.

Cet assassin migrateur emporte dans son bagage des effets de rechange, des coiffures diverses. La lecture du dossier le montre portant la barbe ou n'ayant que la moustache, vêtu ou coiffé de différentes façons suivant les circonstances. De plus, Vacher est admirablement disposé par son squelette et son système musculaire à faire des courses à pied rapides et prolongées. Il peut parcourir, dit-il, sans s'arrêter des distances de soixante à quatre-vingts kilomètres. C'est sans doute un peu exagéré. Quoi qu'il en soit, il est établi qu'il a pu marcher toute la nuit. Il mettait donc une grande distance entre le lieu du crime et l'endroit où il pouvait se trouver huit ou dix heures plus tard.

Quand Vacher avait commis un assassinat, il changeait brusquement d'itinéraire ou revenait en arrière, dépistant ainsi les agents mis à ses trousses.

Remarquons encore que si Vacher tue sa victime sur une route, en un point où le corps peut être facilement découvert, il le traîne derrière une haie (ainsi à Beaurepaire, à Étaules, à Busset, à Courzieu) toujours à une certaine distance du chemin. Il recouvre même de terre la mare de sang, comme à Truinas.

Le cadavre d'Aline Alaise placé dans un taillis est recouvert de feuilles ; le corps de la victime est mis à Busset dans des broussailles ; à Bénonces, dans des genévriers ; à Saint-Honorat, dans un fourré de pins, de genêts et de bouleaux. Des branches d'acacias ou d'arbustes dissimulent parfois le cadavre. Rappelons qu'à Saint-Ours, Vacher ferme la porte de la maison à double tour et enlève la clef et qu'à Tassin, il jette le corps dans un puits. Sont-ce là les façons de faire d'un impulsif, d'un fou qui, une fois l'acte accompli, ne se préoccupe pas de le dissimuler?

Vacher cherche au contraire à effacer momentanément les traces du crime, afin d'avoir le temps de fuir. Ces précautions précises et méticuleuses sont la caractéristique d'une grande présence d'esprit, l'évolution implacable d'actes prémédités, combinés, réfléchis.

Le juge d'instruction interroge plusieurs fois Vacher sur ce sujet (f° 604) : « Vous me demandez quelle sensation j'éprouvais après un meurtre commis ; je vous réponds que je ressentais comme un soulagement et que j'étais plus tranquille. Après chaque crime, je lavais mes vêtements tout tachés de sang aux ruisseaux ou fontaines que je rencontrais, mais je ne suivais pas les routes et me tenais *prudemment* à travers les champs et les blés. » Cet adverbe « prudemment » est tout un programme (f° 636) : « Je comprends qu'un homme dont l'esprit serait lucide et qui aurait conscience de ses actes, ait des émotions violentes après un crime. Mais moi je n'ai jamais eu d'émotion violente lorsque je tuais. J'éprouvais ensuite un gros soulagement à tel point que si, d'une part, ma physionomie avant le crime, au moment où la maladie me prenait, pouvait inspirer des inquiétudes aux personnes qui me rencontraient, après le crime, le contraire se produisait. Voilà pourquoi j'ai échappé à tant de recherches. »

Sans doute dans les phrases de l'interrogatoire précédent, il faut faire la part du rédacteur, mais on peut aussi deviner la pensée directrice de Vacher. Celle-ci est évidemment, depuis sa lettre d'aveu, de se montrer aliéné et irresponsable, d'après la formule qu'il cite à tout propos et où il énumère « tous les événements » : Morsure du chien, remède absorbé, aveux faits à son frère, accès de divagation dans les champs, accès au régiment, l'attentat de Baume-les-Dames, les balles dans la tête, le passage dans les asiles d'aliénés où on l'a déclaré irresponsable.

Tout cela montre en effet une intelligente systématisation et certes, si Vacher a été ou a paru être fou, à diverses époques de sa vie, il ne l'est plus au moment où, pour sa défense, il groupe les étapes successives de son existence.

L'arrestation à Champis, son attitude pendant le transfert de Tournon à Belley, ses premières réponses au juge d'instruction M. Fourquet, montrent qu'il ne s'est livré et n'a avoué que lorsqu'il a été convaincu par les confrontations et l'évidence des faits.

L'arrestation à Champis. — Nous voici au dernier acte de la vie errante, au fait qui a amené l'arrestation de Vacher.

La femme Plantier dit qu'elle était occupée dans le bois, à ramasser des pommes de pins lorsqu'elle fut saisie par derrière par un individu qu'elle n'avait pas vu. Vacher la renverse à terre et, lui serrant le cou pendant une minute, l'empêchait de crier. Elle se débattit si bien que Vacher la quitta un moment pour aller vers une petite caisse qui se trouvait à environ deux mètres. La femme Plantier profite de ce moment pour se sauver, en criant au secours. Son mari arrive et lance des pierres à Vacher; celui-ci lui dit : « Ce n'est pas moi qui ai attaqué votre femme, c'est mon collègue », et il se met à donner un grand coup de sifflet pour faire croire qu'il n'était pas seul. Plantier confirme la déposition de sa femme, il ajoute qu'il s'est longtemps battu avec lui et qu'il est parvenu à le terrasser. Vacher a voulu lui porter un coup avec des ciseaux, puis a cherché à s'échapper.

Rappelons la déposition de Dupré, dont nous avons déjà parlé plus haut et la réponse de Vacher à une question du magistrat instructeur, lui demandant s'il n'avait jamais laissé échapper aucune des personnes sur lesquelles il s'était précipité : « Celle de Champis n'a été épargnée que parce que mes idées malades m'ont abandonné à ce moment. »

ÉTAT PHYSIQUE — ATTITUDE DANS LA PRISON

Vacher est de taille moyenne, mais bien bâti et vigoureusement musclé. Le pied cambré, sec, nerveux, les orteils longs et séparés, la voûte plantaire élevée indiquent une très grande aptitude pour la marche, aptitude qui a été largement et souvent utilisée comme le démontre l'énorme musculature des mollets et un commencement de varices précoces.

Les organes génitaux n'offrent à considérer qu'une atrophie incomplète du testicule gauche, conséquence de l'opération subie à l'Antiquaille. On ne constate aucun stigmate de dégénérescence. L'attitude de Vacher pendant la durée de notre observation a été uniforme, presque banale. Il se montre habituellement calme, dormant bien, mangeant régulièrement. Il ne commet pas d'actes extravagants. Parfois, pendant ses promenades au préau, il se met à chanter à tue-tête, mais il se tait dès qu'on le menace de le faire rentrer.

Il lit peu et passe son temps à réfléchir ou à écrire. Il apporte le plus grand soin à ses écrits, n'hésite pas à recommencer la même page plusieurs fois de suite et conserve toujours une copie. Autoritaire, très exigeant pour le personnel, il proteste avec aigreur contre tout ce qu'il considère comme un manque d'égards et tout ce qui tend à l'assimiler aux détenus ordinaires. « Que je sois en prison, dit-il textuellement, c'est bon pour l'instruction; elle est finie aujourd'hui. Pour l'observation médicale, je dois être dans un hôpital. » On ne vit jamais aliéné réclamer l'asile avec tant d'insistance.

Très vaniteux, son désir évident est de jouer au personnage et d'attirer l'attention. Cette préoccupation semble avoir été la cause des deux seuls incidents qui sont venus troubler la monotonie de son attitude.

Un jour, se voyant un peu négligé, Vacher déclare brusquement qu'il veut se laisser mourir de faim et refuse absolument de manger. Dès le lendemain, il sollicitait en cachette et recevait des aliments de ses co-détenus et même du personnel de la prison. Ce jeûne apparent dura sept jours, sans grand dommage pour Vacher, qui en tirait toutefois un argument pour démontrer l'intervention de la Providence en sa faveur. « Voyez, disait-il, si Dieu me protège, je n'ai rien mangé depuis six jours, et qu'un autre en fasse autant que moi. » Ce que disant, il se livrait à des tours d'hercule forain. Conscient du peu de succès de sa ruse, il rompit son jeûne et déclara qu'il avait agi de la sorte pour forcer les autorités à s'occuper de lui. Quel contraste entre cette tentative puérile, piteusement avortée, et l'obstination farouche des aliénés résolus à se laisser mourir de faim.

Vers la fin de notre observation, au moment où nos visites s'espaçaient, ce qui l'irritait visiblement, Vacher demanda un jour à assister à la messe du dimanche. Comme on ne lui donnait pas satisfaction, il fut pris d'une terrible colère et, d'un coup de pied rendu formidable par les lourdes bottes qu'il portait alors, il fit sauter le panneau pourtant solide de la porte de sa cellule. Il se glissa par l'ouverture, cherchant à s'enfuir. On l'arrêta d'ailleurs bien vite, non sans qu'il eût opposé la plus vigoureuse résistance.

État mental. — La première impression qu'on éprouve en considérant Vacher, coiffé d'un bonnet taillé dans la peau d'un lapin blanc, parce que, dit-il, le blanc est la couleur de l'innocence, c'est qu'on est en face d'un simulateur. Cette impression est immédiate et les personnes les moins expérimentées la ressentent aussi vivement que les spécialistes les plus méfiants. Elle se complète d'ailleurs et s'affirme par un examen attentif.

Toutefois, il est dès l'abord nécessaire de se mettre en garde contre une cause d'embarras, sinon d'erreur.

Vacher est atteint d'une paralysie faciale droite qui donne à cette moitié de son visage une expression morne et singulièrement gênante. De ce côté, l'œil mi-ouvert, pleurard et fixe, un regard paresseux au-dessus de la joue qui flotte et de la lèvre qui s'affaisse, constituent un demi-masque effrayant par sa nullité mimique. Pour parler à l'accusé tout en l'étudiant, il est indispensable de se placer à sa gauche et de telle sorte qu'on le voie de profil seulement. Dans ces conditions, il est aisé de suivre et d'interpréter des jeux de physionomie qui présentent tous les caractères de l'état normal.

De ce côté, le dessin des lèvres est précis; la commissure, ordinairement abaissée en un rictus amer, se relève quelquefois pour esquisser un sourire railleur; l'œil vif, très mobile, décoche un regard aigu, scrutateur, mais se voilant à propos lorsque l'interrogatoire devient embarrassant. A gauche, l'étude de la physionomie dénonce un homme attentif, intelligent, rusé, maître de sa mimique quand il s'agit de l'immobiliser, mais le plus souvent incapable de lui faire artificiellement revêtir un caractère approprié aux singulières idées qu'il émet et aux sentiments d'emprunt qu'il étale. Ainsi, quand il invoque la divine Providence qui aurait fait de lui l'instrument inconscient de ses décisions vengeresses, Vacher n'a pas, tant s'en faut, l'allure superbe et le sourire orgueilleux du mégalomane extatique et inspiré. Le sourire est contraint, le regard trouble, presque anxieux. Vacher n'est pas absolument convaincu, cela est visible, de la réalité de sa mission. En douterait-il s'il était fou ? D'ailleurs, cette mission qu'il sent douteuse, il la discute, cette intervention divine, il tente de la rendre vraisemblable par des arguments humains. Comment, s'il n'avait été protégé par le ciel, aurait-il pu commettre une si longue série de crimes sans être pris. Alors, il conte des aventures qui sentent le feuilleton; sa rencontre nocturne dans une maison abandonnée avec une bande de brigands authentiques qui l'auraient certainement poignardé s'il n'avait été l'élu de la divine Providence, comme il le dit en son langage dévot, mais sans convictions, sur un ton faux, avec une physionomie discordante.

D'ailleurs, par intervalles, comédien novice, Vacher oublie son rôle, et de l'air le plus naturel, émet des propositions judicieuses, de fines répliques, des mots trouvés, ou bien, avec un sourire narquois, il rétorque les arguments insidieux ou esquive les questions pressantes. Souvent, lorsqu'il se voit entraîné en dehors du terrain sur lequel d'une façon très ferme et tout à fait délibérée il a décidé de se maintenir, Vacher se réfugie dans un mutisme prudent ou émet coup sur coup quelques affirmations volontairement déraisonnables derrière lesquelles il s'abrite. Serré de près, il se laisse aller à des emportements pendant lesquels le côté féroce de son caractère éclate sur son visage irrégulièrement convulsé.

Des renseignements sur ses crimes, il les annonce, les promet, mais à l'échéance, il se dérobe dans la crainte qu'il avoue d'être mis en contradiction avec lui-même. Il en réfère à sa lettre d'aveu, document fondamental dont il ne veut pas s'écarter. Son thème ordinaire est celui-ci : En raison de la morsure (?) du chien enragé, des remèdes qui suivirent, et de son traitement à l'Antiquaille, Vacher a le sang vicié et, par moment, il devient comme enragé.

Cette théorie s'accommode assez mal, il faut le dire avec son rôle d'instrument providentiel, mais il n'en démord point et ne se rend évidemment pas compte de l'incompatibilité de ces deux affirmations. Ces pseudo-conceptions mégalomaniaques si curieusement unies à des affirmations de caractère hypocondriaque n'ont été constatées par aucun aliéniste avant nous, et n'ont par conséquent, aucun rapport avec le délire de persécution diagnostiqué à Dôle où Vacher a fait des tentations de suicide plus sérieuses que celle dont il a donné le spectacle dans la prison de Lyon.

En dehors de sa mission, et comme la plupart des criminels, Vacher tire vanité de sa force, de son intelligence. Il veut qu'on s'occupe de lui, et dès qu'il voit l'attention se refroidir, il fait un éclat pour ne pas se laisser oublier. Son écriture assez belle est pleine de fioritures et d'emblèmes orgueilleux ou menaçants Dans sa lettre du 17 février, il dessine un couteau entre deux croix, le tout précédé d'un cœur ; de la sorte, il voue à la mort le Dr Pierret, mais au verso de la page, il ajoute : « à effacer si je ne suis pas trahi par lui. » A Belley, il dessinait des cœurs sur ses chaussures ou s'ornait de décorations fantaisistes. Nous ne considérons pas ces actes comme maladifs, mais bien comme des procédés empruntés par Vacher à quelque vieux délirant d'asile. Avec l'achat du chien tué d'une manière théâtrale, en même temps qu'une pauvre pie, ils ne font leur apparition qu'au moment où Vacher inquiet commence, pensons-nous, à éprouver le besoin de laisser par place quelques preuves de dérangement mental. Malheureusement, il choisit mal et cherche à entrer dans la peau de quelque délirant chronique arrivant à la démence, dernière étape d'une longue et irrémédiable folie.

Dans le même ordre d'idées, les spécialistes sont immédiatement mis en garde par un très gros fait clinique. Cet ex-persécuté, devenu trop tôt mégalomane, déjà dément, et qui se prétend protégé, dirigé même par la divine Providence, qui l'aurait sans doute intoxiqué de diverses façons pour en faire un instrument irresponsable, Vacher n'a pas d'hallucinations. Porteur d'une balle dans le rocher (1), ayant le nerf facial et le nerf auditif non seulement coupés, mais irrités par une suppuration prolongée, Vacher, réformé pour troubles psychiques, ne se plaint que de maux de tête, de bouillonnements et de vertiges qui le rendent comme saoûl. En cela, il dit vrai ; mais comme son état actuel de folie supposée deviendrait plus vraisemblable, si, de par cette irritation pathologique du plus intellectuel de tous les nerfs, il avait pu greffer sur d'anciennes poussées de délire de persécution quelques conceptions maladives motivées et entretenues par des hallucinations de l'ouïe. Mais on ne peut tout savoir.

Au reste, quand on demande à Vacher s'il est fou, il ne répond pas carrément, non comme il le devrait faire s'il était réellement aliéné. Il biaise et discute. Il est fou sans l'être absolument, mais il entend bien l'être assez et le faire voir pour qu'on soit amené à l'envoyer dans un hôpital ou à défaut dans un asile. Là est son but. Il pensait même être interné presque d'emblée, sans discussion, et grande a été sa déception quand il s'est vu maintenir en prison. Aussi, perdant patience, il se laisse un jour aller et dit au Dr Pierret : « Mais pourquoi ne suis-je pas encore envoyé dans un

(1) La présence d'une balle dans le rocher a été constatée directement par le Dr Lannois et indirectement à l'aide de la radiographie par le Dr Destot. (*Voir les rapports annexes.*)

asile ? — Eh bien, je vais vous le dire : on craint que vous ne tentiez de vous évader. — M'évader, pourquoi? maintenant, je suis tellement connu avec mon infirmité que, si je m'évadais, je serais repris immédiatement. Non, non, je ne m'évaderai pas. »

Ces propos ne sont pas d'un fou, ou tout au moins, ce fou serait bien peu conséquent avec le délire qu'il manifeste. Comment Vacher peut-il concevoir quelque inquiétude, redouter en quoi que ce soit les conséquences de ses crimes? La Providence qui l'a conduit saura bien le protéger ou, s'il est réservé pour le martyre, il doit se soumettre et se glorifier.

D'ailleurs, voyant sans doute le peu de succès de toute cette mise en scène, Vacher a peu à peu négligé cette partie de son système de défense et renonçant ostensiblement à se faire passer pour fou, à l'heure présente, il nous écrivit l'intéressante lettre dont nous reproduisons quelques passages caractéristiques.

D. D. D. « Lyon, le 27 février 1898.

« Messieurs les Docteurs,

« *Avis essentiel.* — Souvenez-vous surtout, Messieurs les Docteurs, dans votre lourde tâche et sainte mission, en présence de mon importante affaire, que votre devoir consiste plus à connaître l'état dans lequel j'étais lors de ma vie errante, que celui actuel... En effet, si on me veut responsable, comment expliquera-t-on et justifiera-t-on surtout cette responsabilité après qu'on a jugé bon de m'enfermer dans deux maisons d'aliénés et pour comble de malheur qu'on m'a laissé sortir dans d'aussi dangereuses conditions? »

Vacher est tout entier dans ces deux formules : Je suis irresponsable parce que j'ai été fou. La responsabilité ne pourrait être démontrée que par la connaissance de mon état mental réel pendant ma vie errante. Or, personne ne m'a jamais vu.

Cette quasi-certitude où il était de se faire passer pour aliéné très aisément a, nous le croyons du moins, puissamment contribué à affermir Vacher dans la sinistre indifférence avec laquelle il n'a pas craint d'accumuler crime sur crime. Nous ne craignons même pas d'affirmer après la plus mûre réflexion que dès son premier séjour dans un établissement d'aliénés, alors qu'après l'affaire de Baume-les-Dames il réclamait des juges, Vacher s'était dit que les fous peuvent tout faire presque impunément. Un internement pour folie est en effet, pour certains criminels, un brevet d'impunité. C'est une sorte d'alibi psychopathique dont ils apprécient bien vite l'importance et que beaucoup voudraient avoir à leur actif. Vacher a tablé là-dessus.

Qu'on réfléchisse avec sang-froid à ce qui serait arrivé si l'accusé avait été arrêté dès son premier crime. Ayant déjà bénéficié d'une ordonnance de non-lieu pour délire de persécution, réformé pour troubles psychiques, il eût certainement obtenu des circonstances très atténuantes, ou, déclaré fou de nouveau, eût été purement et simplement replacé dans un asile spécial.

La série si cruellement monotone de ses attentats, la répétition des mêmes violences et leur terminaison habituelle à un accès de sadisme sanguinaire prendraient mieux un certain caractère pathologique, si cette conclusion n'était infirmée par le certificat de guérison fourni par un aliéniste expérimenté, par les précautions dont s'entourait l'accusé pour préparer et dissimuler des crimes qu'il avait le pouvoir d'ajourner, par la réelle puissance avec laquelle il sait commander à sa pensée, soit pour simuler un délire, soit pour mesurer ou arrêter ses aveux, enfin et surtout par l'insistance qu'il met à se déclarer irresponsable, non plus au moment présent, mais pendant sa vie errante. Dans ce but, il va jusqu'à dire qu'à sa sortie de Saint-Robert, il était encore malade. Cette affirmation est trop habile, trop logique pour être le fait d'un aliéné. Vacher veut trop prouver et le seul résultat de toute cette diplomatie, c'est de mettre en pleine lumière son véritable état d'âme au moment où il se livrait sans frein à sa passion.

CONCLUSIONS

Vacher n'est pas un épileptique, ce n'est pas un impulsif.

C'est un immoral violent, qui a été temporairement atteint de délire mélancolique avec idées de persécution et de suicide.

L'otite traumatique dont il est porteur semble n'avoir eu jusqu'à présent aucune influence sur l'état mental de l'inculpé.

Vacher, guéri, était responsable quand il est sorti de l'asile de Saint-Robert.

Ses crimes sont d'un anti-social, sadique sanguinaire, qui se croyait assuré de l'impunité, grâce au non-lieu dont il avait bénéficié et à sa situation de fou libéré. Actuellement, Vacher n'est pas un aliéné : il simule la folie.

Vacher est donc un criminel, il doit être considéré comme responsable, cette responsabilité étant à peine atténuée par les troubles psychiques antérieurs.

Lyon, le 22 juillet 1898.

PIÈCES ANNEXES AU RAPPORT DES EXPERTS

Examen de l'oreille de Vacher

par le Dr Lannois

MM. les médecins experts Lacassagne, Pierret et Rebatel m'ayant demandé de procéder à un examen spécial de l'oreille de Vacher, je me suis à cet effet rendu à la prison Saint-Paul, le 6 janvier 1898. Sur la réquisition de M. le juge d'instruction Fourquet, je me suis également transporté à Belley le 10 juillet 1898 pour renouveler cet examen.

Les différents points qu'il m'était demandé de préciser étaient les suivants :

A. — Existe-t-il une balle de revolver dans l'oreille droite de Vacher?

B. — Dans l'affirmative :

1o Quels sont les désordres locaux causés par le projectile ? D'une manière plus spéciale, y a-t-il eu suppuration et suppuration à odeur repoussante ?

2o Quels phénomènes à distance ont pu être provoqués par la lésion de l'oreille (pertes de connaissance, impulsions, vertiges épileptiques, etc.) ?

Les oreilles externes (pavillons) de Vacher sont normales, à lobule bien détaché, avec un faible déroulement de la partie inférieure de l'hélix. L'oreille droite ne présente aucune cicatrice indiquant la porte d'entrée d'une balle, mais il y a sur le lobule, et surtout sur l'antitragus, un tatouage bleuâtre, comme on en voit après les coups de feu tirés très près de la peau.

Léger suintement apparent à l'orifice du conduit auditif externe; au lavage avec la seringue, débris épidermiques lamellaires et petits flocons de muco-pus. Il n'y avait pas d'odeur à l'orifice de l'oreille avant le lavage et l'eau de lavage n'est pas spécialement odorante.

A l'examen avec le miroir; on constate que le conduit est large et présente à un demi-centimètre environ une petite excoriation granuleuse. Tout le fond du conduit est occupé par une masse d'un gris noir qui ne permet de distinguer aucun détail normal. En touchant cette masse noire et rugueuse avec un stylet, on a la sensation très nette et le bruit d'un corps métallique. Sans qu'on puisse se prononcer nettement sur son siège précis, il paraît être encastré dans la partie antérieure de la paroi interne de la caisse du tympan, car le stylet peut le contourner un peu en haut et en arrière.

A l'examen fonctionnel, Vacher dit ne pas entendre la parole par l'oreille droite. Il n'entend la montre, au contact le plus intime, ni sur l'oreille, ni sur la tempe, ni sur l'apophyse mastoïde.

L'existence de cette surdité complète à droite est corroborée par l'examen avec le diapason (*ut*³). En effet le son n'est pas perçu à l'entrée du conduit; si le diapason est placé sur la ligne médiane (front et dents), le son est latéralisé à gauche et il en est encore de même si le diapason est placé sur l'apophyse mastoïde droite. L'expérience de Rinne est positive à gauche et naturellement négative à droite. Un résultat identique est obtenu avec un diapason plus élevé (*la*[3]).

Ces résultats n'ont pas été modifiés par le cathétérisme qui a montré que les deux trompes étaient également perméables.

Vacher n'accuse aucune douleur du côté de l'oreille droite, ni actuellement, ni dans le passé (sauf au moment du traumatisme). Il dit également n'avoir aucun bruit subjectif (bourdonnement, sifflement, etc.) dans l'oreille droite. Si on insiste beaucoup, il dit avoir parfois une sorte de bouillonnement dans toute la tête, lorsqu'il est fatigué d'avoir beaucoup marché.

Jamais il n'a eu de vertige auriculaire; il est toujours très solide sur ses jambes et peut faire aisément, l'un après l'autre, plusieurs tours sur lui-même en pivotant sur le talon gauche. Après plusieurs expériences, il se dit légèrement entraîné à droite, à la fin du tour, lorsqu'il repose le pied droit sur le sol.

On sait que Vacher est atteint de paralysie faciale du côté de l'oreille lésée. Cette paralysie, très apparente, est complète comme les paralysies périphériques : absence de rides sur la moitié droite du front dont le côté gauche présente trois plis transversaux, abaissement net de la commissure labiale droite, pas de pli naso-génien comme à gauche, inocclusion de la paupière dans le clignement normal, léger larmoiement. Quand il parle, la difformité s'accentue du fait des mouvements du côté sain et du soulèvement passif de la joue droite.

Dans l'effort pour fermer les yeux, il y a un très léger rapprochement des paupières, en même temps qu'il se produit une déviation de l'œil en haut et en dehors. Il peut aussi souffler et même éteindre une allumette. Pas de déviation de la langue, mais déviation nette de la luette à gauche, bien que les deux côtés du voile semblent se contracter également. Légère diminution de la sensibilité au tact, à la douleur et à la température, dans la moitié de la face hémiplégiée.

L'examen complémentaire de l'oreille gauche montre un tympan un peu gris, enfoncé, avec la courte apophyse saillante et une dépression évidente au niveau de l'ombilic; le triangle existe, mais flou. La trompe est perméable, l'audition moyenne.

L'examen du nez a été également pratiqué. Il n'existe aucune odeur rappelant celle de l'ozène. Le nez, dans son ensemble, est légèrement dévié à droite, le lobule étant cependant resté sur la ligne médiane. A gauche, il existe une déviation de la partie antérieure de la cloison sous forme d'éperon : les cornets sont normaux, sans croûtes. A droite, concavité de la cloison correspondant à la déviation gauche. Les deux cornets, surtout le moyen, sont volumineux, sans croûtes.

Cet examen nous permet les considérations et conclusions suivantes :

1° Il existe dans l'oreille droite de Vacher un corps étranger métallique qu'en raison des circonstances du fait, on peut affirmer être une balle de revolver. Celle-ci a pénétré directement par le conduit auditif.

2° C'est très certainement à la présence de ce projectile qu'il faut attribuer

a) *La surdité complète* du côté droit qui est due selon toute vraisemblance à une destruction du nerf acoustique dans le labyrinthe;

b) *La paralysie faciale* par lésion de la septième paire nerveuse dans son trajet à travers le rocher (canal de Fallope);

c) *La suppuration* qui existe encore actuellement.

En ce qui concerne plus spécialement l'odeur de cette suppuration, il est possible qu'elle ait existé, car les écoulements d'oreille négligés, de quelque nature qu'ils soient, s'accompagnent parfois d'une odeur plus ou moins fétide et durable, exceptionnellement repoussante. Tout ce qu'on peut affirmer c'est que cette odeur repoussante n'était aucunement perceptible au moment de l'examen, ce qui démontre au moins qu'elle aurait facilement cédé à quelques soins élémentaires de propreté. Même lorsque Vacher était resté plus de deux mois sans faire de lavage de l'oreille à la prison de Belley, les débris épidermiques plus abondants n'avaient que l'odeur fade habituelle mais pas de fétidité spéciale.

Il faut noter en passant que cette odeur repoussante dont parle Vacher ne pouvait avoir son origine dans le nez qui ne présente aucune trace ni de rhinite atrophique, ni d'ozène.

3° La dernière question ne comporte pas, de l'examen actuel du fait, une réponse catégorique.

Une affection de l'oreille, surtout si elle est suppurative, peut déterminer des accès passagers de manie, de vertige avec impulsion : on a signalé l'épilepsie d'origine auriculaire. Les faits de ce genre sont extrêmement rares, mais il est évident que de tels troubles, lorsqu'ils existent, atténuent ou même font disparaître la responsabilité.

La présence d'une balle dans l'oreille de Vacher et la suppuration consécutive ont-elles déterminé chez lui des accidents comme ceux que nous venons d'indiquer? Sans en nier la possibilité, on peut répondre que cela est très peu probable. C'est qu'en effet si on examine attentivement les cas publiés, on voit que les manifestations réflexes d'ordre cérébral ou psychique se sont presque toujours accompagnées de l'exagération des phénomènes locaux (exacerbation ou réapparition de la douleur, chaleur et pesanteur dans l'oreille, augmentation ou disparition de la suppuration, etc.); or, rien de pareil, d'après son interrogatoire, ne paraît s'être produit chez Vacher.

Dr LANNOIS

Lyon, le 20 juillet 1898.

RADIOGRAPHIE

Je soussigné, docteur Destot, demeurant à Lyon, 16, rue Saint-Dominique, certifie m'être transporté à la prison Saint-Paul le 10 janvier 1898, pour pratiquer, sur la demande de MM. Lacassagne, Pierret et Rebatel, l'examen radiographique de la tête de Vacher, à l'aide d'une bobine et d'un tube de Crookes. J'ai pu me rendre compte qu'un seul projectile était apparent sous forme d'une tache plus sombre au niveau du conduit auditif externe droit, comme le montre l'épreuve photographique ci-jointe.

Dr DESTOT

Le 22 mai 1898.

FICHE ANTHROPOMÉTRIQUE DE VACHER

I. — Observations anthropométriques

Taille	$1^{m}61$.	tête	longueur	18.9	pied gauche . . .	26.3	couleur de l'iris g. — nº de classification . 1-2	Agé de 28 ans.
Voûte	»	tête	largeur	16.3	médius gauche . .	11.5	Auréole impigmentée.	Né le 16 novembre 1869.
Envergure . . .	$1^{m}64$.	oreille dr.	longueur	5.8	auriculaire gauche	9.4	Périphérie intermédiaire	à Beaufort,
Buste	$0^{m}85$.	oreille dr.	largeur.	3.6	Coudée gauche . .	44.1	verdâtre clair.	Département Isère.
							Particularités (1).	Age apparent : 30 ans.

II. — Renseignements descriptifs

front — arcades. inclinaison verticale. *haut.* grande. *larg.* grande. particularités.	**nez** — *racine* : profonde. *dos* : sinueux ; *base* : horizontale. Hauteur moy^ne^, largeur moy^ne^, saillie moy^ne^. part^es^ : bout pointu.	**oreille droite** — *Bord^re^* Origine petite, *Supér^re^* moy^e^. *Post^re^* pet^te^ *Ouv^re^* ouv^te^. *Lobe*. *Contour* golfe. *Adhér^ce^* moy^e^. *Mod^le^* uni. *Dim^on^* moy^n^. *A trajus*. *Inclin.* horiz. *Profil* saillant. *Renv^t^*. dr^t^. *Dim^on^* moy^n^. *Pli*. Infér^r^ interméd^e^. *Supér^r^* effacé. *Forme* tr. *Ecart^t^* moy^n^. Particularités.	*barbe* ch. f. / *cheveux* n. / *car^re^* l. m. — colorat. : pigr^e^ pet. sanguine. /ceint; pet. *Traits caractéristiques* : naso-labial petit, crâne haut, pariétaux écartés, *sourcils* drus et réunis, *sillon* jugal légèrement accentué.

NOTES. — (1) Iris droit relevé.

III. — Marques particulières et cicatrices.

I. — Léger nœvus à 7 dessus cubital gauche antérieur.
Nœvus milieu avant-bras gauche antérieur, cicatrice à cavité supérieure de 2.5 oblique interne sous 1re jointure index gauche postérieur, cicatrice rectiligne de 1re oblique externe sous 2me jointure index gauche postérieur.

II. — Cicatrice rectiligne de 1.5 oblique externe sur poignet droit antérieur.

III. — Cicatrice ovale de 2/1 oblique antérieure à 7 sous lobe droit.
En parlant tourne fortement la bouche à gauche.

IV. — Nœvus à 10 cm. sous aisselle droite.

V.

VI.

D. D. L. Lyon le 27/1 1898

Messieurs les Docteurs,

Avis essentiels — Souvenez-vous surtout, Mrs dans votre mission en présence de mon importante affaire, qu'elle consiste plus à reconnaître le malheureux état dans lequel j'étais dans ma vie errante que celui actuel... Comprenez qu'à cette heure mon infirmité n'est plus aussi prononcée, que je ne suis à ce sujet repoussé de personne et pour le travail à mon âge et pour tant d'autres besoins que notre nature réclame..., que l'infection de mes balles dans la tête, ou mieux de mon oreille qui me fesait à chaque pas sentir plus que la mort.. a presque complètement disparue, que les lourdeurs et bouillonnements que j'avais toujours dans la tête, qui sous l'influence du soleil surtout, me faisaient ressembler à un homme soul..

ne se font qu'légèrement ressentir
au moment où le temps revient au doux,
que pour éviter chaque soir les risées de
pauvres esprits, je ne me voit plus obligé
de passer les nuits dehors, et qu'en
présence de tous ces fardeaux. je ne suis
plus sous la crainte de rentrer de
nouveau dans quelques abominables
maisons de santé!..
Voici Mrs dis-je, ce qu'il importe
que vous n'oubliez pas dans votre
lourde Mission et ce que je me
fait un devoir de venir vous
rappeller Signé: Jh Vacher
P.S. Si je ne mérite pas dans
de telles conditions à être reconnu
irresponsable, qui méritera
jamais de l'être?...
Signé: Jh Vacher
Suite — C'est vrai, les responsabilités
sont lourdes, et c'est tant que des esprit
droits et clairs-voyants sache les faire
retomber sur les coupables, afin que

Honneur, à Celui qui aura, sur la foi de sa conscience, acompli fidèlement sa lourde Mission en présence de l'affaire Vacher!

signé: Jh Vacher

Par ma vie errante, toute mystérieuse, j'ai été, et suis le plus grand Ennemi des vrais malfaiteurs...

Quel coup de filet!.. signé: Jh Vacher

Si je me suis cru coupable par moments, ainsi que je dis, sur ma lettre d'aveux; c'est qu'après mes accès de rage, au cours de ma maladie, je n'avais réfléchi sur les événements qui me sont arrivés.....

signé: Jh Vacher

Lyon, le 17 février 1898

P.-S. — On est bien fort quand on se sent innocent et guéri de la fo:

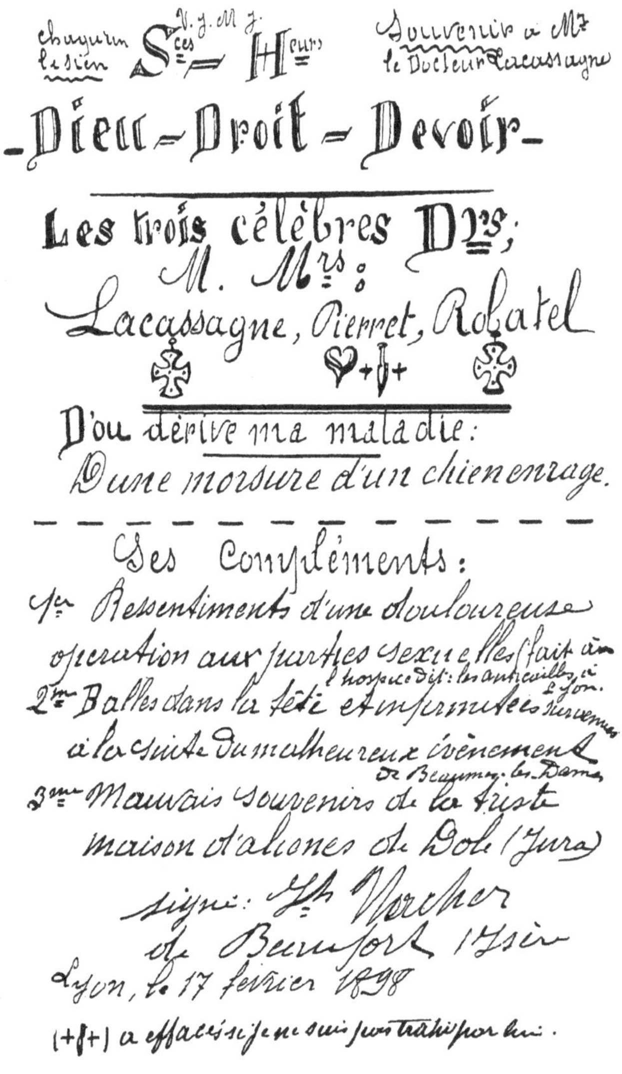

Chacun le sien — V. J. M. J. Sces — Heurs — Souvenir à Mr le Docteur Lacassagne

-Dieu-Droit-Devoir-

Les trois célèbres Drs;

M. Mrs:

Lacassagne, Pierret, Robatel

D'ou dérive ma maladie:

D'une morsure d'un chien enragé.

Ses compléments:

1er Ressentiments d'une douloureuse opération aux parties sexuelles fait au l'hospice dit: les antiquailles, à Lyon.

2me Balles dans la tête et infirmités survenues à la suite du malheureux événement de Beaume-les-Dames

3me Mauvais souvenirs de la triste maison d'aliénes de Dole (Jura)

signé: Jh Vacher de Beaufort Isère

Lyon, le 17 février 1898

(+ǂ+) a effacé si je ne suis pas traité par lui.

III. — VACHER DEVANT LA COUR D'ASSISES DE L'AIN

Vacher a comparu devant la cour d'assises de l'Ain le 26 octobre 1898. Les débats ont duré trois longs jours. Plus de 50 témoins ont été entendus, dont trente-huit à charge. Dix médecins étaient cités et sont venus donner leur avis les uns sur les crimes, les autres sur l'état mental de l'accusé. C'est en effet la question de responsabilité qui va dominer tous ces débats, c'est le seul point plus ou moins discutable que puisse plaider la défense représentée par Mᵉ Charbonnier du barreau de Grenoble. Les crimes, les atrocités commises sur ses victimes, Vacher les a avoués, et il les raconte encore pendant son interrogatoire avec le plus beau sang-froid, le plus épouvantable cynisme qu'il soit donné d'observer. Si bien qu'on se demande tout d'abord s'il est bien un être humain ou un monstre qui n'obéit qu'à des impulsions morbides, à des obsessions sexuelles, à la folie.

Cette idée préconçue s'efface vite de l'esprit lorsqu'on observe le personnage. L'impression qu'il a laissée après son interrogatoire conduit avec la plus grande habileté par M. le Président de Coston, c'est qu'on a devant les yeux un paysan madré, discutant point par point, comme tout bon dauphinois, les charges qui pèsent sur lui et armé d'un système de défense très habile, mûri pendant de longs mois dans le silence de la prison.

Vacher arrive à l'audience comme un défenseur à cela près qu'il est entouré de quatre gendarmes vigoureux. Il a sur la tête sa toque blanche, il s'est paré pour la circonstance d'un plastron en poils de de lapin confectionné par lui, sous le bras une collection de papiers qui constitueront les pièces de sa défense, à la main droite un crayon pour prendre des notes et répondre ensuite à ses accusateurs.

Dès qu'il voit le public, le comédien vaniteux dont il est doublé se réveille, il se met à crier suivant son habitude, quand il cherche à produire son petit effet. « Voilà le grand martyr, voilà l'envoyé de Dieu — qui n'entend qu'une cloche n'entend qu'un son. » Ce ne sont pas là propos incohérents émanant d'un cerveau en délire, nous verrons que tous ces effets sont préparés et que chacun d'eux a sa place marquée d'avance pour les besoins de la cause.

C'est en effet « le grand moment », comme il dit, où doit éclater son innocence synonyme pour lui d'irresponsabilité et dans la crainte de ne pas être entendu, il a écrit en grosses lettres, dans sa cellule, d'immenses pancartes contenant les propos que nous venons de rapporter ou d'autres identiques. Arrivé au banc des accusés, il les déploie et les promène lentement devant les spectateurs.

Ce n'est pas tout, il a trouvé une troisième forme du langage pour impressionner les jurés et mimer sa défense. Lorsqu'il veut expliquer le pourquoi de ses actes, pendant la déposition d'un témoin, il fait des gestes qui sont joliment bien étudiés. Il commence par se mordre le pouce pour faire comprendre qu'il a été mordu par un chien enragé, puis il se passe la main sur la partie droite du visage pour montrer sa paralysie faciale, il désigne du doigt son conduit auditif externe, pour indiquer la présence d'une balle de revolver et enfin il se frappe violemment la tête pour dévoiler le « siège de son mal ». Tout son système se résume en cela: Je suis irresponsable pour trois raisons qui sont celles que je viens d'énumérer.

Son attitude devant les assises est donc bien étudiée, bien recherchée. Il ne se présente pas avec les allures physiques de cette brute, telle qu'on la conçoit devant ses monstruosités, ni avec la mine du coupable repentant, honteux d'avoir été pris et de se voir exposé aux regards moqueurs de la foule. Il n'est impressionné par rien : ni par les robes des magistrats, ni par les gendarmes qui l'entourent et avec lesquels il cause aimablement, ni par la présence des jurés dont va dépendre son sort. L'arrivée de sa famille dans cette salle d'assises ne le touche pas d'avantage, il regarde défiler ses frères et sœurs sans éprouver pitié ou reconnaissance.

Avec les journalistes, son cynisme est encore plus révoltant. Il a préparé divers factums pour la presse, et il en a écrit un spécialement pour le *Petit Journal* parce que c'est, dit-il, le plus répandu dans les campagnes. A la seconde audience, il va jusqu'à échanger ses écrits contre la pièce de cent sous glissée dans sa main par le reporter, à l'insu du gendarme qui le surveille.

Tous ses actes, tous ses gestes sont donc étudiés pour arriver à produire l'effet *volontairement cherché* par lui. Si j'ajoute à cela l'absence complète de manifestations sentimentales spontanées, j'aurai donné, je crois, la caractéristique de ce tempérament dominé par les centres moteurs; actif, intelligent, prévoyant comme tous les moteurs mais violent et emporté parce que l'activité de ces centres n'est pas enrayée et gouvernée par la moindre esquisse de cette sensibilité que l'on dénomme vulgairement le cœur.

C'est là, il me semble, la caractéristique de Vacher comme la caractéristique de tous les criminels. L'éducation, la vie irrégulière sont les facteurs évidents de cette anomalie. Chez Vacher elle a été exagérée encore par l'obligation dans laquelle il s'est trouvé à un moment donné de mener cette vie errante, où il n'avait comme compagnon que les arbres des forêts, comme but que celui de se satisfaire, comme règle que celle que lui dictaient ses impérieux besoins.

N'est-il pas aussi logique d'admettre que ces besoins eux-mêmes n'ont été que la conséquence poussée au suprême degré par les tendances égoïstes de ce tempérament uniquement moteur et violent que je viens de décrire.

Celui qui sent et chez qui l'éducation des centres sensitifs par les amitiés longues et durables, par les devoirs et les charmes de la famille a amené cette sensibilité exquise qui domine toute sa vie, a des règles en amour tout autres que le violent, le fort, le brutal. Chez le premier on remarquera l'amabilité, la douceur, « l'instinct caressant », chez le second le désir ne sera assouvi que par la brutalité d'un acte qui annihilera en même temps l'excitation de ces centres moteurs.

Poussez cette disposition au suprême degré et vous arriverez à la conception de l'être qui fait précéder l'acte sexuel de l'assassinat de la personne qu'il veut souiller et même de la mutilation des organes sexuels de ses victimes.

Voilà, je crois, une conception du sadisme tout à fait applicable à Vacher. Son insensibilité morale est curieuse à mettre en évidence et elle a éclaté à nos yeux avec tout son côté repoussant pendant l'interrogatoire et la suite des débats. C'est par cette particularité que Vacher est anormal mais il n'est pas pour cela irresponsable : c'est au contraire un raisonneur dont tous les actes sont prémédités et bien pesés.

Avant son interrogatoire, il a demandé la parole au Président pour la lecture de deux mémoires qu'il a préparés. Le premier est intitulé : *Trois coupables :* l'empirique qui m'a donné le poison, le directeur de l'asile de Dôle, le Dr Dufour de Saint-Robert. Le deuxième, *Trois événements dans ma vie,* qui a pour but de démontrer en un style très lucide son irresponsabilité.

Ces deux mémoires étaient rédigés dans le but d'appuyer les conclusions de son avocat qui réclame une contre-expertise médico-légale pour prouver l'irresponsabilité de son client (1).

(1) Voici le texte des arrêts rendus par la cour relativement aux conclusions déposées avant l'ouverture des débats par Me Charbonnier :

« *1er Arrêt.*— Ouï le Ministère public, l'accusé et son défenseur en leurs observations : considérant que pour que la Cour puisse statuer utilement et en pleine

Vacher les lit d'une voix calme, scandant les phrases à effet ou les grands mots qu'il a intercalés.

Au cours de l'interrogatoire, il débitera avec emphase encore une ou deux de ces élucubrations pour éclairer, dit-il, les jurés sur certains événement de sa vie.

A part quelques réponses toujours les mêmes, simulant l'incohérence, « je suis l'anarchiste de Dieu », etc., Vacher a discuté avec une

connaissance sur les conclusions déposées immédiatement après le tirage du jury, au nom de l'accusé Vacher et tendant à ce que celui-ci soit soumis relativement à son état mental à une contre-expertise, et que, dans ce but, l'affaire soit renvoyée à une autre session, il est nécessaire qu'il ait été procédé aux débats. Par ces motifs, la cour, après en avoir délibéré, renvoie jusqu'après la clôture les débats à statuer sur les dites conclusions ;

« *2e Arrêt.* — Ouï le Ministère public, l'accusé et son défenseur en leurs observations.

« Considérant qu'il résulte des débats que l'expertise médico-légale à laquelle l'accusé Vacher a été soumis pendant l'instruction au point de vue mental et de la question de responsabilité a eu lieu dans toutes les conditions désirables et avec toutes les garanties possibles ; que cette expertise a été faite par trois spécialistes dont la compétence est indiscutable ; que l'examen auquel a été soumis l'accusé a été effectué tant à Belley qu'à Lyon, où il avait été transféré pendant plusieurs mois pour rendre cet examen plus facile et plus fréquent, que chacun des trois experts pour examiner et étudier l'accusé a vu celui-ci un très grand nombre de fois et cela pendant plusieurs mois ; que tous ont eu sous les yeux la procédure pour y puiser tous les éléments nécessaires à l'accomplissement de leur mission ; que leur étude et leur examen ont été aussi soigneux et complet que possible, ainsi que leur rapport et les débats en témoignent manifestement ; que cette expertise offre toutes les garanties possibles.

« Considérant que, sur un point spécial touchant aussi à l'état mental et à la question de responsabilité de l'accusé, celui-ci a été soumis à une expertise médico-légale spéciale, et a été l'objet d'un examen de la part d'un spécialiste dont la compétence est également indiscutable.

« Considérant, en outre, que les débats ont fourni tous les éléments nécessaires pour permettre d'apprécier l'état mental de l'accusé et la question de responsabilité.

« Considérant, d'autre part, qu'il est constant que, non seulement la copie des pièces prescrites par la loi, mais encore toutes les pièces de l'information entière ont été, plus d'un mois et demi avant l'ouverture de la session des assises, à la disposition du défenseur, qui a eu ainsi le temps largement suffisant pour soumettre le rapport des experts à qui il pouvait estimer que cela était utile.

« Considérant qu'en cet état et dans ces conditions toutes garanties et dans la plus large mesure ont été fournies à la défense, et qu'une nouvelle expertise paraît inutile.

« Par ces motifs, la cour, après en avoir délibéré, dit qu'il n'y a pas lieu de soumettre l'accusé Vacher à un nouvel examen et, par suite, qu'il n'y a pas lieu de renvoyer l'affaire. »

précision de détails extraordinaire les divers événements de sa jeunesse : Interrompant parfois le Président pour le prier de répéter sa question : « Je n'ai pas très bien compris cette phrase, M. le Président. »

Arrivé au récit de son premier crime, son attitude change, il feint quelques troubles de la mémoire il dit ne pas se souvenir des circonstances qui ont précédé les crimes alors qu'à l'instruction il a tout raconté avec détails.

C'est qu'il veut essayer d'éloigner l'idée de préméditation.

M. le Président lui explique ce que signifie le mot préméditation. Vacher répond qu'il connaît parfaitement les dispositions de la loi relatives à la préméditation. Son défenseur lui en a parlé.

Nous comprenons désormais ce changement complet dans ses aveux et aussi les contradictions apparentes de ces réponses. Il prétend par exemple que « sa crise de rage » s'emparait de lui subitement et qu'il sautait sur le premier individu venu. Puis un témoin vient dire : Vacher s'est arrêté à ma porte et m'a réclamé une tasse de lait et Vacher de répondre « je sentais que ça allait me prendre, le lait c'est le calmant ».

Plusieurs personnes établissent nettement que ses victimes étaient choisies par lui. On le voyait rôder quelquefois toute une matinée dans les environs du lieu où il devait accomplir son crime. Il attendait ainsi le moment opportun et employait souvent des artifices grossiers pour attirer les malheureux bergers dans un bois à l'abri des regards d'autrui.

L'incident si curieux à ce point de vue survenu entre le berger Léger et Vacher a été nié énergiquement par ce dernier. Cet enfant est pourtant venu renouveler devant la cour ses déclarations si précises corroborées par la déposition de la bergère X...

Vacher n'était donc pas poussé par une de ces impulsions irrésistibles qui se réveillent subitement et portent l'individu à accomplir son acte sans que la volonté et la raison aient le temps d'intervenir et de mettre un frein à cet emportement.

On ne peut pas dire qu'il soit atteint d'épilepsie psychique, d'épilepsie larvée (1). Les précautions qu'il prenait pour l'accomplissement de ses crimes, le souvenir précis du lieu, des circonstances dans

(1) En rapportant ces diverses particularités, mon intention est de démontrer qu'on ne peut pas classer Vacher parmi les épileptiques étudiés par les aliénistes et identifiés par Lombroso avec le fou moral et le criminel-né. Je crois qu'un grand nombre d'épileptiques sont prédestinés au crime à cause de leurs

lesquelles il se trouvait à ce moment, montre bien qu'il possédait toutes ses facultés.

En essayant pendant son interrogatoire de donner le change sur

tendances impulsives, mais il est bien loin de notre idée de déclarer que tous les criminels du genre de Vacher sont des épileptiques.

Il n'est peut-être pas inutile de rappeler ici ce que Lombroso entend par épilepsie ou folie morale, paranoïa. Dans le long exposé qu'il a fait des caractères de l'épileptique (*Homme criminel*, 2e édit. franç., 1895) nous lisons à propos de Verzeni et Garayo : « Dans ces cas, nous trouvons les preuves de l'épilepsie latente dans les vertiges, dans les caractères physiques, dans l'hérédité alcoolique, dans le penchant à remplacer la cohabitation par le démembrement, dans le cannibalisme, dans les contrastes frappants de la vie antérieure, dans la périodicité constante des accès. »

Si je ne m'en tiens qu'à ces symptômes et pour moi ils ne suffisent pas à caractériser l'épilepsie (c'est-à-dire l'excitation partielle ou totale des zones corticales motrices sensitives ou psychiques), je pourrai réfuter chacun de ses points par les renseignements précis contenus dans le rapport des experts. Vacher n'a pas de tares héréditaires. Il n'a aucun stigmate physique de dégénérescence. Ces accès n'ont rien de périodique. Ce sont les circonstances favorables à l'impunité qui le décident.

Je ne veux pas passer en revue les autres caractères donnés par Lombroso de ce qu'il appelle les états épileptoïdes. Religiosité, amour des bêtes, obscénité, cannibalisme, vanité, suicide, tatouage, etc. (Voir *l'Homme criminel*).

En généralisant ainsi, on pourrait arriver à faire entrer dans le domaine de l'épilepsie les accès de colère que chacun peut présenter, la gaieté un peu trop franche, etc.

Il faut donc se garder des généralisations trop hâtives surtout dans un domaine aussi peu connu que celui de l'épilepsie et de la pathologie cérébrale. Pour nous, nous croyons que l'accès épileptique larvé ou franc a des stigmates bien établis : impulsion irrésistible, disproportion entre l'effort que peut fournir le sujet et l'acte accompli, absence de préméditation, absurdité des actions, puis après la crise, amnésie plus ou moins complète, torpeur cérébrale amenant le sommeil ou annihilant la volonté et ne permettant pas de juger les conséquences d'un crime. Si l'on ajoute à cela les stigmates physiques et moraux, les antécédents du sujet et l'hérédité, on aura des éléments probants de diagnostic.

Vacher n'a à son actif que le traumatisme du crâne consécutif à sa tentative de suicide, la présence d'une balle dans le conduit auditif externe, et en admettant même qu'il ait présenté à un moment donné des symptômes d'excitation mentale allant jusqu'aux idées de persécution, il n'est pas possible d'établir d'après la nature de ses crimes qu'il ait jamais été épileptique et encore moins qu'il le soit à l'heure actuelle. Une observation prolongée l'a démontré.

Pendant son séjour à la prison, il a été attentivement surveillé la nuit. Il n'a jamais uriné au lit. Son sommeil a été tout à fait tranquille. Il se livrait à la masturbation.

Il n'entre pas dans nos vues de faire de Vacher un individu normal, il présente des particularités psychologiques qui sont le propre des grands criminels, mais nous ne croyons pas que ces anomalies puissent suffire à le faire classer dans l'ordre pathologique. Je répéterai volontiers cette formule des conclusions du rapport des experts : C'est un immoral sadique sanguinaire.

ces points bien mis en évidence pendant l'instruction et dans le rapport des experts, il a donné encore une fois l'impression d'un vulgaire simulateur.

Je ne rappellerai pas les dépositions des nombreux témoins. Ils sont venus raconter à la barre la conduite de Vacher avant et pendant son séjour au régiment. Je dois noter pourtant l'attitude de l'inculpé à leur égard. Les témoins à charge, il les menaçait du geste ou bien leur adressait un compliment désagréable, ceux qui lui étaient sympathiques, il les félicitait. On voyait passer sur son visage un sourire de contentement lorsqu'un éloge était fait de sa conduite au régiment. Son orgueil était flatté, sa vanité satisfaite lorsqu'on parlait du sergent Vacher.

Il a poussé le cynisme jusqu'à oser applaudir avec le public le vaillant cultivateur complimenté par M. le Président pour l'acte de courage qu'il avait accompli en arrêtant Vacher au moment où il essayait de violer sa femme.

Pas un mot de regret ne s'est échappé de sa bouche, pas un air de pitié n'a paru sur sa physionomie pendant que l'on parlait de ses victimes et que l'on narrait les cruautés accomplies. Il ne s'est pas exalté comme l'aurait fait un fou au souvenir de ses actions passées, il n'a pas essayé d'en tirer gloire. Cette insensibilité morale révoltante n'a pas même été mitigée par un de ses réflexes involontaires qui amènent des larmes dans les yeux du coupable comme dans ceux du spectateur le plus désintéressé au moment pathétique.

Pendant que le professeur Lacassagne développait devant le jury l'atroce manuel opératoire de Vacher, celui-ci s'est borné à dire en approuvant de la tête : « Il est très fort ».

M. Lacassagne dans sa déposition a étudié particulièrement la période criminelle de la vie de Vacher, de sa sortie de l'asile de Saint-Robert à son arrestation. Il a montré que la méthode employée par Vacher pour sacrifier ses victimes était toujours la même, que chacune d'elles portait pour ainsi dire la signature de son intervention, puis il a insisté sur les circonstances et les précautions prises dans l'accomplissement des crimes pour montrer que leur auteur n'agissait pas sous le coup d'une impulsion et qu'il était absolument conscient de ses actes et des conséquences qu'ils pouvaient entraîner.

Il a expliqué enfin aux jurés ce que l'on entendait par sadisme et il a établi que l'on pouvait être sadique et responsable, que le sadisme n'indiquait pas par lui-même l'irresponsabilité et la folie.

M. le professeur Pierret a exposé les antécédents héréditaires et personnels de l'inculpé. De tares héréditaires, Vacher n'en présente aucune. Il a donné ensuite son opinion sur cette morsure de chien enragé et sur le remède administré à Vacher. Il est prouvé, a-t-il dit, que Vacher n'a jamais été mordu, il a été simplement léché par un chien reconnu ensuite hydrophobe. Quant au remède empirique « j'ai jugé, dit-il, que son effet ne méritait pas l'honneur d'une discussion ». Vacher a-t-il été à un moment donné aliéné ? M. le Dr Pierret conclut par l'affirmative. On ne peut mettre en doute les nombreux certificats des médecins militaires ou civils qui l'ont soigné. Mais à sa sortie de Saint-Robert où M. Dufour a pu le suivre pendant cinq mois, Vacher n'était pas fou.

Reste la question de l'otite traumatique causée par la présence d'une balle de revolver dans le conduit auditif externe. Si cette otite avait eu une influence sur l'état cérébral de Vacher, il aurait présenté des hallucinations auditives ; or, Vacher n'a jamais eu trace d'hallucinations. C'est une raison formelle pour conclure que l'otite traumatique n'a pas eu de conséquences sur son état mental.

En somme, le Dr Pierret conclut à la responsabilité de l'accusé sauf une légère atténuation résultant de son ancien état.

Enfin, M. le Dr Rebatel expose devant la cour quelle a été l'attitude de Vacher pendant la période durant laquelle il a été soumis à l'examen des experts et les résultats de l'examen physique pratiqué par eux. Au point de vue physique et anthropologique Vacher ne présente aucun stigmate dit de dégénérescence. Aucune anomalie du côté de la sensibilité. Il a eu nettement pendant son observation l'apparence d'un simulateur et non d'un aliéné. Ce n'est pas un épileptique. Les faits qui sont rapportés dans le rapport des experts sont la démonstration de ces conclusions. Je ne les répéterai pas ici.

M. le Dr Lannois, chargé du cours d'otologie à la Faculté de médecine, dit qu'il a examiné Vacher pour déterminer l'état de son oreille droite. Il existe une balle dans le conduit auditif, elle est facile à voir et à sentir, elle est encastrée dans le rocher. Elle a déterminé la surdité complète par section du nerf auditif et la paralysie faciale en même temps que de la suppuration. Cette suppuration n'exhalait pas une odeur anormale.

M. Lannois ne croit pas que la balle ait pu produire des troubles cérébraux. Vacher n'a ni bourdonnement d'oreille ni vertige. Cependant il existe dans la science des cas, extrêmement rares d'ailleurs, où ces accidents du côté de l'oreille ont amené des crises impulsives.

Parmi les témoins à défense, un certain docteur de Paris, dont je tairai le nom, est venu contredire l'éminent spécialiste lyonnais. Il est venu, dit-il, pour éviter une erreur judiciaire comme celle que l'on a commise avec Menesclou. Menesclou avait une otite moyenne et cette affection avait amené un « ramollissement du cerveau », que l'on a constaté à l'autopsie. Je ne m'attarderai pas à relever les inexactitudes affirmées par ce témoin. M. le Président a qualifié en public les procédés de ce docteur qui, sans mission judiciaire, a pu s'introduire dans la prison de Belley, examiner Vacher et profiter de ces circonstances pour venir contredire les experts officiels.

Les dépositions de MM. Pechaud et Franck, médecins à l'Hôpital militaire de Besançon, au moment où Vacher y fut soigné, du Dr Grandgury, médecin-major au 60e d'infanterie, de M. le Dr Baeterlin, médecin à Baume-les-Dames qui a donné des soins à Vacher et à sa fiancée après sa tentative d'assassinat et de suicide tendent à prouver qu'à cette époque Vacher était atteint de mélancolie et d'idées de persécution. Il eut, dit le Dr Baeterlin, consécutivement à sa tentative de suicide, des accès comme de folie furieuse qui le rendaient dangereux.

Il résulte de tous ces témoignages deux points importants. Tout d'abord que l'otite traumatique dont a été atteint Vacher n'a pas eu d'influence sur son état mental et ne peut pas être la lésion causale d'une épilepsie traumatique. Vacher n'a jamais eu d'hallucinations et s'il en avait eues il n'aurait pas oublié de les raconter. Il n'a présenté ni bourdonnement d'oreille, ni vertige, on peut donc conclure que les centres nerveux n'ont pas été jusqu'à présent influencés par la présence de cette balle.

En second lieu, qu'il a été atteint d'excitation mentale mal caractérisée, causée par des ennuis et des peines de cœur. Ces troubles psychiques n'ont été que passagers et le Dr Dufour est formel pour dire qu'au moment de son séjour à Saint-Robert, Vacher n'était plus un aliéné.

Malgré ces dépositions accablantes, Vacher lutta jusqu'au dernier moment, posant des questions aux médecins, essayant même de les discréditer en affirmant qu'ils ne l'avaient pas examiné comme ils auraient dû le faire.

L'éloquent réquisitoire du ministère public eut le don de l'exciter un peu, il fit des gestes inconvenants, menaça l'éminent magistrat requérant. Il ne cessa sa comédie que lorsque son avocat prit la parole. Il écouta les bras croisés avec recueillement.

Il m'est impossible, vu mon incompétence, de porter un jugement sur le système de défense adopté par le défenseur de Vacher. Je crois cependant qu'il était difficile de renverser les arguments scientifiquement établis par des médecins dont l'honorabilité et la probité scientifique sont au-dessus de toute critique en essayant de tourner en ridicule et de dénaturer leurs écrits et leurs travaux. Même par les gens peu au courant, la méthode fut jugée à sa juste valeur, et la plaidoirie de Mᵉ Charbonnier n'a pas produit d'effet sur les jurés de l'Ain (1).

Vacher a été condamné à mort. Il a entendu la sentence qui le condamnait à la peine capitale avec le même sang-froid dont il ne s'est pas départi. Trois longues journées d'audience pendant lesquelles son attention a été constamment en éveil, une prévention de près d'une année accompagnée de toutes les émotions que doit produire l'instruction de si nombreuses affaires, les visites des experts, n'ont pas eu pour résultat d'adoucir ce caractère si dur, d'accabler son énergie morale et de diminuer sa vigueur physique.

Etienne Martin.

IV. — LES RAPPORTS MÉDICO-LÉGAUX SUR LES CRIMES AVOUÉS

1° AFFAIRE DE BEAUREPAIRE (Isère)

Nous soussigné Claude Brottet, docteur en médecine à Vienne, ancien interne des hôpitaux de Lyon, médecin expert près le tribunal de 1ʳᵉ instance de Vienne, à la requête de M. le juge d'instruction, en date du *24 mai 1894*, serment préalablement prêté, nous nous sommes transporté à Beaurepaire pour examiner le cadavre de la nommée Eugénie Delomme, trouvée morte dans la journée du dimanche 20 mai, victime d'un assassinat, et avons fait en présence de M. le procureur de la République et de M. le juge d'instruction qui nous accompagnaient les constatations suivantes :

Le cadavre de la nommée Eugénie Delomme, âgée de vingt et un ans, ouvrière à l'usine Levrier, à Beaurepaire, a été trouvé dans une haie à 200 mètres environ de cette usine. Nous relevons en cet endroit *des traces de lutte, et des taches de sang* sur les herbes et sur le sol ;

(1) Vacher s'il n'a pas encore eu d'imitateur, a tout au moins des défenseurs. Il paraît que Mᵉ Charbonnier a reçu plusieurs lettres de gens bien intentionnés s'offrant pour défendre la cause de Vacher. Inutile d'ajouter que certaines de ces lettres indiqueraient de la part de leurs auteurs un certain degré de dérangement cérébral.

des vêtements de la victime, notamment un corset et un fichu ont été trouvés à quelque distance du cadavre ; plus loin des traces de pas partant du lieu du crime et se dirigeant à travers champs ont pu être suivies et remarquées par nous, nous avons reproduit ces empreintes sans avoir pu en prendre le moulage à cause de la mollesse du sol détrempé par la pluie.

Le cadavre d'Eugénie Delomme avait été transporté à l'hôpital de Beaurepaire, et c'est là que nous avons procédé à l'autopsie en présence de M. le procureur de la République.

Examen du cadavre. — Eugénie Delomme, vingt et un ans, taille 1 m. 60, assez bien constituée, vêtements déchirés et souillés de boue; chemise de toile, tricot coton gris, taille carreaux bleus, jupe tricot rouge, jupon rouge à galon noir, robe à rayures rouges et blanches, petit fichu laine loutre, bas de laine rayés rouge et blanc, souliers Molière ; à la semelle adhère une couche épaisse de boue argileuse.

Le corps porte des traces de lutte dans la boue qui souille les parties inférieures jusqu'à la ceinture, ainsi que la partie supérieure de la poitrine, les avants-bras et les mains. Toute la face à droite, la région du cou, la paume des mains sont maculées de larges taches de sang. *La région mastoïdienne droite* est le siège d'une vaste plaie à direction verticale en forme de croissant, mesurant 8 centimètres de longueur. Le sang qui s'en est échappé a souillé et agglutiné les cheveux qui sont épars et retiennent dans leurs mailles des fragments de terre humide.

L'aréole du sein droit a été arrachée par une déchirure à lambeau interne, cette blessure est peu profonde et mesure 6 à 7 centimètres d'étendue.

Rigidité cadavérique.

Face. — Les paupières sont fermées, l'œil est terne, non affaissé, la bouche est entr'ouverte, la langue est serrée entre les arcades dentaires,

Dissection de la plaie mastoïdienne. — Cette plaie en arrière de l'oreille droite est longue de 8 centimètres, elle est profonde et a mis à nu l'apophyse mastoïde, et par décollement la surface antérieure de l'os temporal. Les bords sont nets et ont été produits par un instrument tranchant, le sang qui a coulé en abondance a agglutiné les cheveux et taché toutes les parties voisines. De chaque côté du cou, suivant le tracé des veines jugulaires la peau présente une teinte bleuâtre ecchymotique sur une largeur de deux travers de doigt.

Nous prolongeons pour retrouver sa direction cette plaie en incisant verticalement. Peu de caillots, et nous trouvons des ecchymoses profondes sur toute cette étendue.

Dissection de la bouche. — La lèvre inférieure a été déchirée à sa face interne par une violente pression sur les arcades dentaires. Nous incisons verticalement la symphyse du menton et nous découvrons successivement des ecchymoses : 1° au niveau de la symphyse ; 2° à la hauteur de l'os hyoïde, et deux autres étendues jusqu'à la fourchette du sternum. En un mot ces ecchymoses occupent toute la face antérieure du cou.

Rien de particulier dans la bouche et le pharynx. L'os hyoïde n'est pas fracturé ; d'une façon générale tous les tissus et les organes du cou sont ecchymosés et infiltrés de sang noir.

Thorax. — Le larynx présente des ecchymoses disséminées sur toutes ses faces.

Ouverture du larynx. Taches ecchymotiques dans les cavités.

Écume légèrement rosée. — Nous retrouvons des taches ecchymotiques tout le long des gros vaisseaux. Les ganglions bronchiques sont volumineux et colorés en noir.

Le cœur est de volume ordinaire, graisseux à sa base, traces d'ulcérations cicatrisées à la pointe du ventricule gauche (péricardite ancienne).

Poumon gauche. — Cavité pleurale remplie de sang noir. Adhérences à la base suite de pleurésie ancienne, congestion intense du lobe supérieure.

Nous trouvons quelques *ecchymoses sous-pleurales* masquées en partie par la teinte générale ecchymotique du tissu pulmonaire.

Poumon droit. — Adhérences multiples, *ecchymoses sous-pleurales* très nombreuses et très faciles à distinguer sur le fond qui est moins congestionné que du côté opposé. Pas de sang dans la plèvre.

Nous retrouvons également quelques ecchymoses épaisses sous l'enveloppe péricardique.

En poursuivant la dissection de la trachée et des grosses bronches, vers les bifurcations, nous retrouvons une quantité *notable d'écume rosée.*

Région abdominale. — Vers la partie pubienne supérieure nous constatons des traces de piétinement par une semelle de soulier ayant imprimé dans la peau de petits points symétriques. L'empreinte a un bord convexe de 6 centimètres de hauteur sur 6 1/2 de largeur correspondant comme forme à celle de la semelle d'un soulier à bout arrondi. Le pli de l'aine à gauche est également le siège d'empreintes irrégulières sur une longueur de dix centimètres et une largeur de cinq centimètres environ.

Sur ces deux empreintes, la saillie des clous a excorié l'épiderme. Sur la rotule gauche et sur la face externe du genou droit, nous relevons également un certain nombre de ces empreintes.

Abdomen. — A mesure que nous incisons les parois abdominales, et que nous découvrons les parties profondes nous trouvons un lac de sang noir épanché, ainsi que des ecchymoses étendues à la région cardiaque de l'estomac, et à la face antéro-supérieure du côlon transverse.

Estomac. — Cet organe est volumineux et dilaté, il renferme les restes abondants d'un repas récent à peine digéré où nous reconnaissons facilement les aliments suivants : pâtes alimentaires, en forme de lettres d'alphabet, fragments de pain et de fromage, pas de trace de vin.

Foie assez volumineux, sain.

Reins et rate normaux.

Organes génitaux. Poils châtains, vulve largement ouverte, défloration ancienne, absence de fourchette, muqueuses décolorées, pas de blessures de ces organes ni du périnée. Rien d'anormal à l'examen des organes génitaux internes.

Nous avons retiré du vagin un liquide blanchâtre granuleux, que nous avons examiné au miscroscope et dans lequel nous n'avons pas trouvé de spermatozoïdes, mais seulement des débris épithéliaux et des vibrions du genre *trichomonas.*

L'examen que nous avons fait du cadavre d'Eugénie Delomme et des circonstances du crime nous permet d'en retracer les péripéties et d'en tirer les conclusions suivantes.

La victime a lutté contre son agresseur qui l'a étendue à terre, a relevé ses vêtements, et en présence de sa résistance a d'abord cherché à étouffer ses cris en comprimant la bouche et en serrant violemment le cou, pendant que couché ou agenouillé sur elle, il appuyait son pied et son genou sur le corps (ecchymoses et empreintes du ventre et des genoux).

La suffocation, l'asphyxie était à peu près complète quand il a, pour achever cette résistance, plongé un couteau (tenu dans la main gauche) dans le cou de la fille Delomme (la main droite appuyant sur la bouche et sur le cou).

Une abondante hémorragie produite par la section des vaisseaux du cou et notamment des veines jugulaires a rempli la cavité thoracique, et a filtré jusque dans l'abdomen où nous avons retrouvé ses traces.

En résumé.

Eugénie Delomme est morte :

1° Par suffocation et par strangulation avec compression des parois de la poitrine ;

2° Par hémorragie externe et surtout interne très abondante.

Cette mort est le résultat d'un crime, elle remonte au samedi 19 mai à 8 heures *du soir*, à peine 1 heure après le repas du soir que la fille Delomme avait pris à l'usine.

Vienne, le 8 juin 1894.

2° AFFAIRE DE VIDAUBAN (Var)

Nous soussignés Séraphin Roubaudy, officier de santé demeurant à Vidauban et Julien Balp, docteur en médecine, médecin expert devant les tribunaux, demeurant à Draguignan, sur la réquisition de M° Guichar de Grandpent, juge d'instruction près le tribunal de première instance de Draguignan, après avoir prêté le serment exigé par la loi nous nous sommes transportés, ce 21 novembre 1894, au quartier de Blaïs, territoire de la commune de Vidauban, « à l'effet de procéder à l'autopsie du cadavre de la nommée Louise Marcel, de constater le nombre et la nature des blessures qu'elle porte ; d'indiquer le ou les instruments qui paraissent les avoir produites, de déterminer les causes de la mort ainsi que l'époque à laquelle elle paraît remonter, d'indiquer en outre dans quelle situation devait se trouver la victime lorsqu'elle a été frappée par l'assassin, celle de ce dernier par rapport à elle ; et si les mutilations que l'on constate sur son corps ont été faites avant ou après la mort ; de vérifier et faire connaître si la jeune Louise Marcel ne porte pas sur les bras ou autres parties du corps des ecchymoses ou autres traces de violences, indiquant qu'il y aurait eu lutte entre elle et le meurtrier, avant le crime, et si elle n'a pas été l'objet de viol, ou de tentative de viol de la part de son meurtrier ».

Nous avons trouvé le cadavre de L. Marcel étendu sur le sol, à 3 m. 50 environ de la porte d'entrée, dans la bergerie où on l'a découvert. Le corps de cette fille, qui avait treize à quatorze ans, est très précocement développé ; par sa taille, ses dimensions et ses formes on dirait en effet celui d'une jeune femme de dix-huit à vingt ans. Elle devait être lourde et robuste.

Son cadavre est couché sur le dos, la tête est en quart de rotation de façon que le visage est tourné à gauche regardant vers le fond de la bergerie dans la direction opposée à la porte d'entrée ; le membre supérieur droit est dans l'extension, écarté du corps, à angle droit, c'est-à-dire perpendiculaire à son axe, et dans la direction de la porte, la face palmaire de la main regardant en haut, les doigts à demi fléchis ; le membre supérieur gauche est allongé le long du corps avec la face palmaire de la main tournée vers la cuisse gauche, les doigts à demi fléchis ; la jambe droite à demi fléchie sur la cuisse du même côté est repliée sous le membre inférieur gauche qui est allongé, de sorte que les cuisses chevauchent l'une sur l'autre.

Les vêtements sont dans le plus grand désordre, ils se composent d'un tablier, d'un jupon de laine, d'un corsage à manches, d'un corset à baleines, d'une chemise, de bas et de bottines. En avant et en haut ils sont peu souillés de sang, mais ils ont été coupés à grands coups d'instrument tranchant, et déchirés un peu à gauche de la ligne médiane depuis le cou jusqu'au dessous de la ceinture, puis écartés de droite et de gauche de façon à bien découvrir toute la poitrine; à la partie inférieure les vêtements sont relevés presque jusqu'en haut des cuisses, ensanglantés sur une large surface, la chemise surtout, et présentent quelques coupures très nettes. En arrière ils sont relevés jusqu'au-dessus des reins et tout ensanglantés presque du haut en bas.

Le sol sur lequel est étendu le cadavre est disposé en pente légère dans la direction des pieds, il est tout imprégné de sang depuis le dessus de la tête jusqu'à vingt centimètres plus bas que les pieds, une autre vaste tache de sang, au niveau de laquelle la terre est également imbibée de ce liquide, remonte à l'endroit où repose la cuisse droite jusque vers un point situé à trente centimètres environ de la main droite du côté de la porte de la bergerie. Il est probable que la tête de L. Marcel reposait d'abord sur ce dernier point et que son corps a été retourné et traîné là où il a été découvert, de la sorte s'expliqueraient tout à la fois la direction des deux mares de sang, le relèvement des vêtements en arrière et la souillure de terre du tablier.

Les pieds de L. Marcel sont environ à trente centimètres de distance de l'un des supports ou pieds d'une table qui se trouve dans l'angle de la bergerie, à droite de la porte d'entrée. Sur la table nous constatons plusieurs taches de sang et sur le support arrondi, qui est le plus rapproché des pieds du cadavre, nous relevons des taches de sang produites par une main droite qui, à deux reprises, a saisi ce support, le pouce en avant, les autres doigts en arrière.

Nous allons successivement décrire les nombreuses blessures que nous constatons sur le cadavre de L. Marcel.

1° *La tête* présente deux blessures siégeant à la face. Ce sont deux plaies linéaires et transversales de la lèvre supérieure et de la joue droite ; elles sont parallèles l'une à l'autre et distantes de deux à trois millimètres ; elles s'étendent du milieu de la lèvre supérieure au milieu de la *joue droite* et mesurent quatre centimètres et demi de longueur ; leurs bords et leurs angles, au sommet sont très nettement sectionnés ; la plaie supérieure n'intéresse que les parties molles, la plaie inférieure pénètre dans l'os maxillaire supérieur sur une longueur de deux centimètres et traverse même cet os de part en part sur une longueur d'un demi-centimètre, au niveau de la racine de la première grosse molaire, en produisant une fente osseuse très étroite, linéaire à travers laquelle la lame du bistouri pénètre à peine. Ces deux plaies n'ont donné lieu à aucune hémorragie, elles ont donc été faites quand la circulation du sang avait cessé, au moment même de la mort ou après la mort. Elles sont la conséquence de deux coups portés à l'aide d'un instrument tranchant à lame assez forte puisqu'elle a sectionné un os, et très finement aiguisée puisque la section osseuse reçoit à peine la lame d'un bistouri. Le meurtrier était au côté droit de la victime quand il lui a porté ces deux coups et celle-ci était déjà exsangue et étendue sur le sol.

2° *Au cou* nous constatons une vaste plaie transversale et béante, pénétrant dans le larynx et le pharynx ; si on en rapproche les bords maintenus écartés par la rétraction des tissus et la légère extension de la tête, on constate qu'elle est formée par deux plaies linéaires se réunissant à angle droit tout à fait au-dessous du menton ; de ce point une branche de la plaie, longue de trois centimètres, dont l'angle inférieur est très émoussé, descend verticalement en bas vers le sternum, l'autre branche est transversale et se dirige à droite jusque au-dessous de l'angle de la mâchoire (angle postérieur et inférieur du maxillaire supérieur) et mesure huit centimètres. Sur la même ligne que cette dernière branche, à deux centimètres au-dessous du lobule de l'oreille droite, existe une plaie linéaire à bords et à angles très nets qui semble faire suite à la précédente par sa direction et par la communication qu'elle a avec elle, cette petite plaie mesure un centimètre. Cette vaste plaie dont les bords sont très nets, ainsi que les angles, à l'exception de celui que nous avons signalé comme étant très émoussé, et la petite qui en est le prolongement sont les conséquences d'un coup porté à l'aide d'un instrument piquant et tranchant, dont la lame a été enfoncée son tranchant dirigé en haut, son talon en bas, obliquement de gauche à droite et d'avant en arrière du milieu du cou jusque sous l'oreille droite. La pointe a pénétré sous le menton et est allée ressortir sous l'oreille, ensuite le manche de l'instrument ayant été relevé en haut en décrivant un arc de cercle, le tranchant a sectionné les tissus de bas en haut et a produit la branche transversale de la blessure qui a huit centimètres.

C'est selon toute probabilité un fort couteau, un coutelas, qui a produit ces blessures du cou : sa lame doit mesurer au moins dix centimètres de long et trois centimètres de largeur près du manche. L'instrument a sectionné la veine jugulaire et la carotide externe ainsi que les vaisseaux laryngiens et thyroïdiens, il a produit une large saignée du cou. C'est par cette plaie que le sang de L. Marcel s'est écoulé.

La partie antérieure et supérieure des vêtements n'étant pas ensanglantée, il est probable que la victime était déjà étendue sur le sol quand le meurtrier, couché ou incliné sur elle, lui a porté ce coup qui a occasionné la mort en quelques minutes.

3° *La main gauche* est ensanglantée sur toute sa face palmaire, tous les doigts sont coupés sur une profondeur variant d'un demi-centimètre à un centimètre, obliquement du haut en bas, à la face palmaire de la première phalange, ces coupures sont irrégulières par suite probablement des différences de pression des divers doigts et aussi des mouvements imprimés à l'arme par le meurtrier pour la dégager, car la coupure du pouce est opposée à celles des doigts et toutes ces plaies digitales proviennent de ce que L. Marcel a saisi à un moment donné de la scène du meurtre la lame de l'instrument dont la frappait son meurtrier. Nous avons d'abord pensé que cette lame devait avoir deux tranchants mais nous pensons qu'en dégageant la lame très pointue d'un couteau, la pointe finement aiguisée peut-être des deux côtés a pu produire toutes les coupures des doigts. Ces plaies ont largement saigné et elles ont été produites quand la circulation était encore active, que la victime avait encore la force de serrer fortement. Le meurtrier était en face de L. Marcel quand celle-ci a saisi l'arme ; ils pouvaient être debout l'un et l'autre ou bien le meurtrier était incliné sur sa victime renversée à terre.

4° *La main droite* n'est pas ensanglantée, elle porte cependant deux coupures d'un centimètre et demi de longueur, l'une à la face palmaire de la première phalange du pouce, l'autre également sur la face palmaire de la première phalange de l'index. Elles sont opposées l'une à l'autre, bien que celle du pouce soit assez profonde, elles n'ont saigné ni l'une ni l'autre. Elles ont dû être produites, selon le même mécanisme que celles de la main gauche, par l'instrument tranchant saisi par L. Marcel durant la lutte, mais à un moment où la circulation cessait et où les forces lui manquaient pour serrer vigoureusement l'arme en se défendant. Les positions du meurtrier et de la victime devaient être les mêmes que lorsque se sont produites les coupures de la main gauche.

5° *La poitrine*, à sa partie antérieure, n'est qu'une vaste plaie s'étendant d'une aisselle à l'autre et allant du cou au creux de l'estomac. *Les deux seins* déjà très développés ont été complètement détachés par un instrument tranchant et piquant manié de façon à pénétrer obliquement de dehors en dedans, et d'avant en arrière de leur circonférence jusqu'au-dessous de leur partie centrale et promené en cercle tout autour, en rasant les côtes. De cette façon chaque sein a été enlevé en une fois, mais il y a eu un assez grand nombre de reprises dans le maniement de l'instrument ainsi qu'en témoignent les irrégularités et les encoches des bords de la section, parfois l'arme violemment conduite s'est échappée et a produit de profondes entailles dans les chairs voisines. Entre les deux seins l'instrument tranchant d'abord laboure profondément les tissus depuis le cou jusqu'au creux de l'estomac, divise la peau et le tissu circulaire jusqu'au sternum. Le sein droit renversé était replacé sur la plaie circulaire résultant de son enlèvement, le sein gauche avait été jeté à deux mètres cinquante de distance loin du corps, sous la table qui est dans le voisinage. Les deux énormes mutilations pratiquées ainsi sur la poitrine n'ont donné lieu à aucune hémorragie : elles ont été faites après la mort.

6° *A l'abdomen* nous constatons sept blessures que nous décrivons ci-après.

A. — La première de ces blessures, en allant de droite à gauche, est dirigée de l'hypocondre droit vers le bas de la région iliaque droite, elle mesure vingt centimètres de longueur, trois de profondeur, elle n'est pas pénétrante, ses deux sommets sont à angles très aigus et se prolongent par de fines sections épidermiques sur une longueur d'environ un centimètre en haut comme en bas, ce qui indiquerait que la lame tranchante a été promenée comme pour découper, de haut en bas, avec des pressions variables; les bords très nets n'ont donné lieu à aucune hémorragie.

B. — A deux centimètres plus en dedans de la plaie précédente existe une blessure non pénétrante de 3 centimètres en longueur et en profondeur, à bords nets, à angles très vifs, et n'ayant pas saigné, dirigée de haut en bas.

C. — Parallèlement aux deux plaies précédentes, à 1 centimètre à droite de l'ombilic, nous constatons une troisième plaie abdominale à section nette, décrivant une ligne légèrement brisée de 11 cent. 1/2 de longueur, pénétrante en haut seulement sur une longueur de 4 à 5 centimètres, son angle supérieur est légèrement émoussé, l'angle inférieur est très aigu. Plusieurs anses intestinales et le mésentère ont été traversés par l'instrument dont la pointe est allée s'arrêter contre la colonne vertébrale. Cette blessure paraît être le résultat d'un coup porté par un instrument tranchant et piquant, agissant obliquement de haut en bas et de droite à gauche, l'instrument ayant été ensuite promené dans la plaie en changeant de direction à chaque effort. L'arme a pénétré à 12 centimètres de profondeur. Le meurtrier devait être en face de sa victime qui était sans doute déjà couchée à terre quand il a porté ce coup. Elle a donné lieu à une hémorragie interne.

D. — Une quatrième plaie, peu profonde, siège à 2 centimètres au-dessus du mont de Vénus ; elle est verticale, à bords et angles nets et mesure 3 centimètres de long, sans hémorragie.

E. — A la région abdominale gauche existe une grande blessure presque triangulaire : de l'un de ses angles situé environ à 5 centimètres à gauche de l'ombilic, descendent deux plaies linéaires, pénétrantes, mesurant chacune 15 centimètres de longueur, l'une vers le milieu du pli de l'aine gauche, l'autre à l'extrémité externe de l'aine ; un troisième coup a sectionné à peu près complètement la base de ce V renversé, de sorte qu'un large lambeau de paroi abdominale flotte sur une masse d'intestins sortis par cette plaie béante. Cette plaie a saigné.

F. — A 4 centimètres plus en dehors, siège une sixième plaie abdominale, non pénétrante, n'intéressant qu'une partie de la peau, verticale, de 12 centimètres de longueur.

G. — Une septième plaie de l'abdomen existe encore à 2 centimètres en dehors de la précédente, au flanc gauche ; elle est à peu près verticale, mesure 8 centimètres de longueur et profonde de 3 centimètres ; elle est peu pénétrante, ces deux dernières blessures n'ont donné lieu à aucune hémorragie.

7° En arrière du corps, nous constatons une incision mesurant 44 centimètres de longueur et 12 centimètres de profondeur, descendant depuis l'hypocondre gauche jusque dans le milieu interfessier dans le voisinage de l'anus qui est intact. Cette blessure est oblique de dehors en dedans dans le sens de la direction et dans le sens de la profondeur. Les bords et les deux angles sont très nettement sectionnés. Dans la profondeur des tissus l'instrument tranchant, manié toujours comme pour découper, a été promené à quatre reprises différentes tout le long de la blessure, traçant quatre sillons en sections très reconnaissables. Le périoste de l'os iliaque a été légèrement entamé sur une longueur de 1 centimètre ; sa section est très nette.

Cette immense plaie n'a donné lieu à aucune hémorragie. Elle doit être la conséquence d'une tentative faite par le meurtrier, après la mort de sa victime, pour dépecer le cadavre et désarticuler la cuisse. L'instrument tranchant qui a produit la blessure doit avoir une lame très forte, ayant environ 12 centimètres de longueur et bien aiguisée. Le meurtrier a dû retourner le cadavre sur le ventre pour pratiquer cette blessure, et se trouver à droite du corps.

8° Sur le devant de la cuisse gauche, un énorme lambeau de peau, de tissu cellulaire et de muscles, s'étendant presque du pli de l'aine jusqu'à 5 centimètres au-dessus du genou, d'une épaisseur variant de 1 centimètre en bas à 3 centimètres en haut, ayant en bas, où il est arrondi, une largeur de 3 centimètres et en haut 12 centimètres, a été détaché par des sections multiples opérées à l'aide d'un instrument tranchant manié de bas en haut et de gauche à droite par le meurtrier placé à droite de sa victime. Les bords de la plaie présentent de nombreuses encoches provenant de nombreuses reprises dans les efforts de section. Cette mutilation n'a donné lieu à aucune hémorragie.

La région vulvaire ne présente aucune trace de violences, elle n'est souillée ni de sang ni d'autre liquide : la membrane hymen est intacte et l'anneau vulvaire ne paraît avoir subi aucune dilatation. Il n'y a pas traces d'autres attentats à la pudeur. Nous recueillons néanmoins par des tampons de coton hydrophile tout ce qui paraît lubréfié, sans être apparent, la vulve et le vagin.

L'estomac ne contient que deux ou trois cuillerées de matière demi-liquide en voie de chymification dans lesquelles nous avons reconnu du pain qui avait été mangé depuis peu.

Nous ne constatons aucune ecchymose, aucune trace de violence sur les autres parties du corps, il pourrait se faire que les légers épanchements sanguins qui constituent les ecchymoses et les meurtrissures, la circulation ayant été rapidement, presque dès le début de la lutte qui a dû se produire à un moment donné, ralentie et éteinte, n'aient pas eu l'importance qu'ils ont d'habitude et que leur production ait été troublée et tout à fait incomplète. Néanmoins nous avons pratiqué quelques incisions aux lèvres pour vérifier si la jeune L. Marcel avait subi des pressions violentes, si elle avait été bâillonnée, et nous n'avons rencontré aucune trace d'épanchement dans les tissus des lèvres ; il n'y a donc pas eu de pression violente sur la bouche.

La rigidité cadavérique est complète : elle l'était déjà ce matin à 10 h. 1/2 quand l'un de nous est venu faire les premières constatations. Il est 4 heures du soir quand nous procédons à l'autopsie. Il y a déjà quelques larves dans la plaie du cou.

De toutes ces constatations nous concluons en déclarant :

1° Que la jeune Louise Marcel qui devait être très robuste a été terrassée et a reçu d'abord un coup d'instrument tranchant qui a produit la plaie du cou, coupé de gros vaisseaux, ce qui a donné lieu à une hémorragie rapide et abondante ayant entraîné la mort en quelques minutes (de 5 à 10 minutes) ;

La partie antérieure et supérieure de ses vêtements n'ayant pas été largement ensanglantée, il est à peu près certain qu'elle était à terre quand elle a reçu ce coup mortel;

2° Que Louise Marcel, dans la lutte, a saisi à deux reprises l'arme du meurtrier, la première fois de la main gauche quand elle avait encore beaucoup de force et que la circulation était encore entière, la seconde fois de la main droite quand les forces l'abandonnaient et quand la circulation du sang ne se faisait plus ;

3° Que c'est au moins quinze minutes après que la saignée du cou a été faite que le meurtrier a pratiqué les nombreuses blessures et s'est livré aux mutilations décrites ci-dessus et c'est à la région abdominale qu'il a dû frapper d'abord, deux des plaies de cette région ayant donné lieu à de légères hémorragies internes ;

4° Que l'instrument qui a dû servir à commettre le crime est probablement un coutelas dont la lame forte et bien aiguisée, surtout à la pointe qui est peut-être à double tranchant, mesure environ 12 centimètres de longueur et 3 centimètres de largeur près du manche ;

5° Que le meurtrier doit être assez fort et assez bien musclé pour terrasser Louise Marcel et pratiquer sur elle les blessures et les mutilations que nous avons constatées ; qu'il a occupé successivement diverses positions par rapport à sa victime qu'il a frappée tantôt de face, tantôt du côté droit avec des obliquités variables ; qu'il a relevé les vêtements avant de frapper sur le ventre ;

6° Qu'il n'y a pas eu viol ; que s'il y a eu tentative de viol ou d'autres attentats à la pudeur, ces tentatives n'ont pas laissé de traces ; que l'examen microscopique du peu de liquide recueilli dans le vagin et à la vulve démontre qu'il n'est pas composé de sperme ;

7° Que la mort de Louise Marcel remonte à plus de douze heures et à moins de vingt-quatre heures.

Vidauban, novembre 1894.

3° AFFAIRE D'ÉTAULES OU DU BOIS DU CHÊNE (Côte-d'Or)

Je soussigné, docteur en médecine à Dijon, certifie m'être transporté, le 13 mai 1895, à Étaules sur la réquisition de M. le Juge d'instruction Tondut, à l'effet de pratiquer l'autopsie de Mlle Mortureux Augustine, âgée de dix-sept ans, assassinée la veille au *Bois du Chêne*, commune de Douai.

Il résulte de l'examen les faits suivants : en premier lieu, j'ai cherché à savoir si la victime avait été violée. La position des vêtements autorisait, en effet, cette hypothèse. Les jupes étaient relevées jusqu'au-dessus du genou ; de plus, le pantalon avait été écarté et la chemise remontée à un travers de main au-dessus du pubis. En outre, sur la peau de la partie inférieure du ventre, et sur le pantalon, on trouvait des traces légèrement rougeâtres, comme si une main incomplètement lavée du sang qui la tachait avait été promenée en ces points ; cependant les parties génitales externes n'offraient aucune trace de violence et d'écartement, la membrane hymen était intacte tout en étant largement ouverte à son centre. Il ne paraît donc pas y avoir eu de défloration, ou même d'intromission d'un doigt dans les parties génitales. En second lieu, j'ai cherché la cause de la mort.

La victime présentait au cou quatre plaies : la plus importante, d'une longueur de 0m,10 environ, oblique de gauche à droite et de haut en bas, avait tranché incomplètement la trachée-artère au-dessus du cartilage thyroïde et presque complètement la veine jugulaire et la carotide primitive droite. Cette plaie avait dû amener la mort très rapidement et immédiatement la chute de la victime, si elle ne s'était pas produite auparavant. Cette plaie a été évidemment causée par un instrument tranchant, appuyant davantage du côté droit de la victime ; au-dessus et à droite de cette plaie principale on en trouve deux autres, sous la mâchoire inférieure droite, de quatre centimètres environ de profondeur, n'ayant lésé aucun organe essentiel, et produites par un instrument tranchant et piquant enfoncé perpendiculairement dans le cou. Or, ces deux plaies s'adaptent exactement au couteau trouvé sur le lieu du crime, le meurtrier avait dû chercher à enfoncer celui-ci dans le cou, mais étant peu pointu, l'effet a été peu considérable, sauf beaucoup de sang. La quatrième plaie se trouve à l'angle de la mâchoire inférieure gauche et elle a été produite de la même manière que les deux précédentes dont elle présente du reste toutes les apparences. Il est probable que le meurtrier a attaqué la gorge de la victime par les coups dirigés de haut en bas, puisque celle-ci ayant été renversée, il a tranché la gorge par un deuxième coup à direction se rapprochant de l'horizontale.

La face porte du reste une plaie contuse superficielle au front et à gauche et une deuxième de même nature au bas de la joue gauche. Ces deux plaies contuses se sont produites par la chute de la victime sur les pierres plates que l'on trouve entremêlées à l'herbe, au niveau de la première mare de sang.

A la poitrine on constate deux plaies, l'une n'ayant été que très légère puisqu'elle ne consiste qu'en une éraillure de la peau à direction transversale, en arrière du sein droit; la deuxième a pénétré jusque dans la cavité thoracique en perforant la plèvre, mais non le poumon et le cœur; il y avait dans la cavité pleurale du côté gauche 250 grammes de sang environ dû à l'ouverture d'une artère intercostale. Cette plaie de poitrine à gauche, ainsi que la perforation du vêtement et du corset, avait les mêmes dimensions que le couteau mentionné plus haut, et qui s'y adaptait parfaitement. Il est probable que celui-ci a dû se casser sur une lame de corset, dans le coup porté à droite, puisque la plaie de ce côté a été très superficielle. Il est probable aussi que ces deux plaies de poitrine n'ont été effectuées qu'après celles du cou, étant donné que l'une se trouve en arrière du sein droit, l'autre à trois doigts au-dessus du sein gauche. Elles n'ont du reste pas entraîné de conséquences immédiatement graves vu leur peu de profondeur. On peut affirmer, du reste, qu'elles ont été faites la victime étant couchée, car le poumon gauche ne présentait aucune coloration dans toute sa moitié antérieure, tandis que la partie postérieure était teinte de sang venant de l'artère intercostale. Les doigts des mains ne présentent aucune blessure quelconque. Au poignet droit, deux petites plaies contuses de la dimension d'une pièce de 0 fr. 20, superficielles et symétriques, siégeant l'une dans la direction du pouce, l'autre, dans celle du petit doigt. Au bras droit on trouve également trois contusions au niveau du coude et de la face postérieure du bras. Ces deux petites plaies et les trois contusions nous paraissent avoir été produites soit par le choc contre les pierres dans les convulsions de l'agonie soit par les mouvements de la victime en se débattant contre son meurtrier.

Les deux oreilles présentaient des orifices pour boucles d'oreilles ; celles-ci avait été enlevées avec beaucoup de dextérité car on ne voyait à droite aucune lésion, et à gauche une très légère écorchure en avant du lobule, et rien en arrière de celui-ci.

L'estomac contenait environ 50 grammes de liquide blanchâtre paraissant constitué par du café au lait.

La mort est donc due à des coups de couteau portés au cou d'abord de haut en bas et d'avant en arrière, puis, la victime ayant été renversée, à un dernier coup qui a tranché la gorge presque horizontalement.

Dr J. Quioc.

Dijon, le 14 mai 1895.

P. S. — J'ai examiné très attentivement les cheveux saisis entre les doigts des deux mains de la victime. Ces cheveux par leur longueur et leur finesse sont certainement des cheveux de femme et par leur couleur, leur finesse et leur aspect, ils m'ont paru, ainsi qu'aux personnes présentes, appartenir à la victime dont les cheveux avaient été dénoués dans la lutte.

4° AFFAIRE DE SAINT-OURS (Savoie)

Nous soussigné, lauréat des Hôpitaux et membre de la Société de médecine légale de Paris, sur l'invitation en date du 24 août 1895 de M. Henry du Gardien, juge d'instruction, à l'effet de visiter le cadavre de la veuve Morand, d'en faire l'autopsie et de dire :

1° Quelles sont les blessures et lésions qui ont été remarquées;

2° A l'aide de quel instrument elles ont été faites;

3° Quelle a été la cause de la mort et à quel moment elle remonte;

4° S'il y a des indices de viol ou de tentative de viol ayant précédé ou suivi l'assassinat,

Nous nous sommes transporté le dit jour, en la commune de Saint-Ours, au domicile de la veuve Morand, et là, à 6 heures du soir, en présence des magistrats, avons constaté ce qui suit.

La veuve Morand est âgée de cinquante-huit ans ; elle est étendue sur la terre nue dans la première pièce de sa chaumière, la tête un peu déclive à cause des inégalités du sol. Auprès du cadavre est une assiette brisée avec une cuiller et des restes de soupe. Sa robe est relevée sur l'abdomen. La jambe droite est étendue ; la jambe gauche est demi-fléchie, en abduction. La cuisse droite et les genoux sont maculés de sang, bien qu'il n'existe aucune plaie dans ces régions.

Le doigt médius gauche porte à sa face palmaire une petite plaie transversale qui paraît avoir été faite avec un instrument tranchant.

Mais la lésion principale, qui a été la cause de la mort, consiste en une plaie béante énorme située au devant du cou, *parallèlement* à la mâchoire inférieure. L'instrument vulnérant a rasé le menton et tranché les tissus entre l'épiglotte et l'os hyoïde, en découvrant entièrement le larynx et le cartilage thyroïde. La peau et les muscles offrent plusieurs incisions; ils sont pour ainsi dire mâchés, et l'horrible ouverture résulte évidemment de plusieurs coups sauvages portés avec un instrument tranchant mal affilé, comme le mauvais couteau qui nous a été présenté. Les parties molles paraissent plutôt déchirées que coupées. Les gros vaisseaux latéraux du cou sont divisés, et une hémorragie considérable en a été la conséquence.

Le cadavre apparaît pâle et exsangue.

On trouve deux contusions sur la bosse frontale droite, des éraillures et de la terre au genou droit, beaucoup de sang au genou gauche.

Les poumons sont normaux. Le cœur est vide. L'estomac contient un demi-litre environ d'une soupe de farine et une certaine quantité de prunes.

Les autres organes n'offrent rien de particulier à noter.

Nous avons disséqué avec soin les organes génitaux, et spécialement le vagin et l'utérus dans toute leur étendue, nous n'y avons rien trouvé ressemblant au sperme, ou à une violence quelconque. Néanmoins nous avons recueilli le peu de mucus qui se présentait et nous l'avons mis entre deux plaques de verre, pour de là être soumis à l'examen histologique, suivant le cas.

Malgré la saison chaude, on ne remarque aucune trace de putréfaction.

En somme la veuve Morand a succombé à l'hémorragie causée par l'instrument tranchant de son agresseur.

La mort remonte à peu d'heures. Nous ne trouvons pas de traces de viol.

En foi de quoi, nous avons rédigé et signé le présent rapport que nous déclarons conforme à la vérité.

Chambéry, 30 août 1895.

Dr CARRET.

5. AFFAIRE DE BÉNONCES (Ain)

Nous soussignés, Ravet Gaston, docteur en médecine résidant à Lhuis (Ain), et Louis-Pierre-François, docteur en médecine résidant à Belley (Ain), sur la réquisition de M. le Procureur de la République à Belley, en date du 1er septembre 1895, serment préalablement prêté, certifions nous êtres rendus le 1er septembre 1895 à Bénonces au hameau d'Onglaz, à l'effet de visiter un cadavre trouvé en ce lieu la veille, et de rechercher quelle est la date de la mort et avons constaté ce qui suit.

En quittant le chemin de desserte nous arrivons sous un gros noyer situé dans une clairière près d'un champ de trèfle, à deux mètres de ce noyer nous observons une flaque de sang peu considérable ; il existe aussi à cette place des excréments frais et un petit chiffon d'étoffe pareil aux pièces qui raccommodent le pantalon que nous avons examiné plus tard.

A 10 mètres plus bas que le noyer existe une deuxième flaque de sang beaucoup plus large et plus importante que la première. Là, nous observons sur la terre des aliments à peine digérés où l'on reconnaît des baies de cornouilles, pulpe rouge et graines oblongues avec des débris de poire. Entre la flaque de sang située à 2 mètres du noyer et celle située à 10 mètres, il n'existe ni trace appréciable ni taches de sang. Mais à partir de la flaque de sang située à 10 mètres du noyer il existe une trace très visible d'herbes foulées, de cailloux et feuilles ensanglantés et de matières alimentaires.

Cette trace existe jusqu'à la place où a été trouvé le cadavre, c'est-à-dire à environ 60 mètres du noyer. Le terrain présente une déclivité très marquée du noyer à la place où est le cadavre. A 2 mètres plus bas que la deuxième flaque nous trouvons un testicule bien dépouillé, des débris du scrotum, plus un lambeau de tissu, offrant à l'une de ses extrémités des poils du pubis. Ce lambeau n'est autre que l'enveloppe cutanée de la verge et une partie du scrotum.

En suivant la trace toujours appréciable nous arrivons en vue du cadavre, cependant à 4 mètres avant le cadavre nous trouvons une chemise ensanglantée dont les manches sont retournées. Nous n'observons sur cette chemise aucune déchirure, ni trace d'instrument tranchant.

Enfin nous arrivons près du cadavre. Il est entre deux genévriers dans le décubitus dorsal légèrement incliné à droite. Le corps est nu, sauf des pantalons étirés, déchirés qui ne tiennent qu'aux malléoles, laissant à découvert les cuisses et les mollets, les pieds sont chaussés de vieilles chaussures, ils sont écartés l'un de l'autre d'environ 70 centimètres. Le membre inférieur gauche est allongé, la cuisse droite est en flexion forcée, le genou en l'air butant contre le tronc, le bras gauche fléchi à angle droit sur la poitrine, la paume de la main étendue sur une branche de genévrier non saisie par les doigts, le bras droit relevé verticalement, la joue droite appuyée contre le bras. Nous estimons que c'est un jeune homme âgé d'environ seize ans, les yeux sont ouverts, le globe de l'œil indemne, la mort paraît récente, les tissus sont encore frais, la putréfaction non encore commencée.

Ce qui frappe tout d'abord, ce sont les anses intestinales qui sortent par une vaste plaie, de l'extrémité inférieure du sternum au pubis, et se répandent sur le côté droit de l'abdomen et sur la cuisse fléchie.

C'est une éventration complète. Les parties sexuelles ont été enlevées avec un instrument tranchant, les bords de la plaie sont assez nets, sans hachures.

Dans une partie de cette plaie sur une surface d'environ 14 centimètres de longueur sur environ 5 centimètres de largeur, la peau seule est enlevée, les muscles abdominaux sont à nu, plaie faite vraisemblablement pour enlever les parties sexuelles. Dans l'autre partie de la plaie la paroi abdominale est nettement coupée. C'est par cette plaie que font issue les anses intestinales.

A l'épigastre existe une autre plaie qui pénétre dans l'estomac et dans laquelle on voit aussi des débris de poires. C'est vraisemblablement par cette plaie que sont sorties les matières alimentaires. Cette plaie est à bords nets, paraît produite par un instrument tranchant bien affilé et lancé avec violence, elle a environ 7 centimètres de long sur 4 de large. Au thorax nous observons une autre plaie d'environ 6 centimètres de long sur 3 centimètres de large, ayant sectionné les fausses côtes près du sternum en pénétrant dans le poumon un peu au-dessus de l'appendice xyphoïde, à droite. Un peu plus haut à la hauteur du mamelon, près du sternum à droite, existe une petite plaie linéaire d'environ 2 centimètres de long sur 8 millimètres de large, non pénétrante.

Au cou nous observons trois plaies ; à gauche à la partie moyenne du cou, il y a deux petites plaies rondes peu profondes, d'environ 1 centimètre de large, distantes l'une de l'autre d'environ 1 centimètre. La troisième plaie du cou est très profonde et a été portée avec beaucoup de violence.

Elle est ovalaire, large d'environ 4 centimètres, longue de 3 centimètres, située entre le larynx et le muscle sterno-cléido-mastoïdien dont elle intéresse une partie des fibres. L'artère carotide est sectionnée. Enfin à la partie inférieure et interne du bras droit, au-dessus du coude, existe une contusion jaune dure qui n'est autre qu'une sigillation cadavérique. Il y a aussi à droite du thorax à un travers de main de l'angle inférieur de l'omoplate une petite plaie superficielle, ronde, d'environ 1 centimètre de diamètre.

L'anus paraît intact. Nous n'avons observé ni égratignures, ni coup d'ongles, ni traces de lutte.

De ces faits nous concluons ce qui suit.

Ce jeune homme a été victime d'un assassinat consommé avec violence et à l'aide d'un instrument tranchant.

Il a dû recevoir une ou plusieurs blessures à 2 mètres du noyer, a vraisemblablement pu marcher jusqu'à la deuxième flaque où il a dû recevoir la blessure perforant l'estomac puisque ce n'est que là qu'on observe la trace de matières alimentaires et les traces laissées par le corps vraisemblablement traîné à partir de là. C'est également à partir de cette flaque de sang qu'on trouve le testicule, absolument énucléé, et le lambeau de scrotum auquel adhère encore une partie de la verge. Le deuxième testicule n'a pas été retrouvé.

Nous estimons que quatre des blessures que nous avons observées sont capables d'entraîner la mort presque immédiate.

Fait à Bénonces le 1er septembre 1895.

6° AFFAIRE DE TRUINAS (Drôme)

RAPPORT

Je soussigné Roch Martin, médecin, domicilié à Bourdeaux (Drôme), déclare m'être rendu aujourd'hui, 23 septembre 1895, vers midi, sur réquisition de M. le juge de paix du canton, sur le territoire de Truinas, à l'effet de constater le décès de la nommée Aline Alaise.

Après avoir soulevé le drap dont on avait recouvert le corps gisant sur le talus de la route, au levant, et à une profondeur de quatre mètres environ, au milieu d'arbustes et de ronces, nous avons procédé à l'examen du cadavre et constaté que cette jeune fille, étendue la face contre terre, portait sur la région temporale droite et les paupières de l'œil correspondant une ecchymose résultant d'un coup sur cette région. La joue droite était tachée de sang.

Les bras ramenés sur le dos, et les jambes à demi pliées indiquaient une lutte violente entre l'assassin et sa victime. Le commencement de putréfaction du corps devait faire remonter la mort à vingt-quatre heures au moins.

Devant la gravité du cas, nous avons cru prudent, de concert avec M. le juge de paix, de ne pas pousser plus loin notre examen, et de laisser le cadavre dans la même position en attendant l'arrivée du Parquet.

Bourdeaux, le 23 septembre 1895.

Je soussigné, docteur en médecine, demeurant à Die (Drôme, à la requête de M. Dambey-Beaupré, en date du 23 septembre 1895, par laquelle M. le juge d'instruction de l'arrondissement de Die me prie de me transporter, après serment préalable, dans la commune de Truinas, canton de Bourdeaux, pour procéder à la visite et à l'autopsie du cadavre de la nommée Aline Alaise, me suis aussitôt rendu sur les lieux et ai procédé aux constatations suivantes :

Nous sommes arrivés sur le lieu du crime à une heure assez avancée et avons dû nous servir de lanternes pour procéder aux premières constatations et à la première visite. Le cadavre d'Aline Alaise avait été découvert le matin même, dans un taillis épais d'acacias plantés sur le talus très en pente de la route et à 5 ou 6 mètres en contre-bas de cette dernière. Nous soulevons un drap dont on l'avait recouvert, sans le déplacer ; et à ce moment un véritable essaim de mouches s'en échappe. Nous devons enlever encore des branches d'arbres dont l'assassin avait recouvert pour le dissimuler le corps de sa victime et il nous apparaît dans la situation suivante : La tête est en bas, la face contre le sol, les jambes fléchies sur les cuisses, la main gauche derrière le dos et la droite engagée sous le corps. La rigidité cadavérique persiste. Il est nuit noire. Nous ordonnons le transport du cadavre à la mairie située à une heure de là et où l'autopsie sera pratiquée demain matin.

24 septembre, 6 heures du matin. Dans une des salles de la mairie de Truinas, assisté de MM. le procureur de la République, le juge d'instruction et un greffier, je dépouille le cadavre de ses vêtements et je mets à nu le corps d'une jeune fille de quinze à seize ans, forte et bien développée. La rigidité cadavérique a disparu ; la peau du ventre est bleuâtre sur les côtés ; tous les orifices naturels et les blessures sont pleins d'asticots. La mort paraît remonter à environ quarante-huit heures.

1° A la première inspection on est frappé par la vue d'une plaie linéaire, transversale, située immédiatement au-dessous du menton, intéressant toutes les parties molles de la région antérieure du cou jusqu'au corps de la vertèbre correspondante, sectionnant ainsi la peau, les muscles, le larynx, les vaisseaux, les nerfs et l'œsophage. Les bords en sont assez nets et la section assez franche; cependant à son extrémité gauche, la peau porte une boutonnière, trace du passage d'une lame de couteau qui indique que l'assassin s'y est pris à plusieurs fois pour scier littéralement le cou de sa victime.

2° Sur presque toute la longueur de la cuisse gauche et dirigée un peu obliquement en bas et en dedans, parallèlement au muscle couturier, siège une vaste plaie linéaire intéressant toute l'épaisseur de la peau et une partie des muscles de la cuisse, sans toutefois aller jusqu'à l'artère fémorale.

3° Dans la région latéro-postérieure du flanc droit et au-dessous de la dernière côte, on remarque une plaie pénétrante de l'abdomen, linéaire, transversale, large de trois centimètres, paraissant produite par un coup de couteau et que nous retrouverons tout à l'heure.

4° Je ne relève sur le corps aucune trace de lutte ni de souillure autre que du sang.

5° L'examen de la vulve et de l'hymen, à cause de l'état de décomposition avancée dans lequel se trouvent ces organes, par suite de la présence des vers, est absolument négatif.

6° La nature de la cause de la mort n'étant pas douteuse, l'ouverture des cavités splanchniques n'offre que peu d'intérêt. Toutefois cette opération nous apprend que les organes internes sont sains et bien conformés.

L'estomac est vide.

La plaie du flanc droit pénètre dans l'abdomen juste au-dessous du foie sans le léser et va jusqu'à la paroi postérieure de l'estomac sans perforer cet organe.

7° Aline était vêtue, au niveau de la blessure du flanc, au moment où elle a été surprise, en allant de dedans en dehors : 1° d'une chemise ; 2° d'un corset ; 3° d'un cache-corset ; 4° d'une taille en drap, et 5° de la taille de sa robe. Or, tous ces objets portent la trace d'un coup de couteau au niveau de la blessure du flanc excepté la taille de la robe, ce qui semble indiquer nettement que ce dernier vêtement avait été tiré par la jupe et relevé violemment, au point que, quoique bien ajustée et serrée au corps, la taille elle-même avait été déplacée. La chemise porte trois ouvertures : l'une au niveau de la plaie du flanc, comme les autres vêtements, les autres, dans le bas. Cette particularité s'explique en admettaut que ce vêtement s'est trouvé replié sur lui-même au niveau de la blessure au moment où le coup a été porté.

De toutes ces constatations, je conclus :

1° Aline Alaise est morte de trois blessures profondes, accompagnées d'hémorragie abondante et dont chacune devait suffire à amener la mort.

A cause de la forme des blessures, à cause de la boutonnière de la plaie du cou et surtout de la plaie pénétrante de l'abdomen, je pense que l'instrument qui a servi à produire les blessures est un instrument tranchant et pointu, tel qu'un couteau.

2° L'examen direct de la victime ne permet pas de dire s'il y a eu viol ; mais l'étude de la disposition de ses vêtements permet de supposer qu'il y a eu du moins tentative de viol.

Die, le 26 septembre 1895.

TENTATIVE DE VIOL

Sur Alphonsine-Marie-Joséphine Derouet, âgée de onze ans, domestique à Noyen (Sarthe).

Le 1er mars 1896, Alphonsine-Marie-Joséphine Derouet, âgée de onze ans, domestique à Noyen (Sarthe), chez les époux Robert, se rendait à la messe vers huit heures et demie du matin.

L'enfant était partie depuis quelques minutes à peine, quand ses maîtres l'entendirent crier. M. Robert, qui est garde particulier, sortit aussitôt et aperçut sur le chemin vicinal de Noyen à Avoise, à 150 mètres de chez lui, un individu désigné par lui sous le nom de rôdeur. L'inconnu avait de vingt à vingt-cinq ans, était de taille moyenne, de corpulence assez forte. Il était porteur de moustaches et vêtu d'une blouse bleue, d'un pantalon de velours marron, son chapeau était en feutre noir mou, il avait aux pieds des sabots. L'homme tenait la petite servante couchée à côté de lui contre le talus du fossé de la route. Le sieur Robert se précipita sur lui, mais reçut un violent coup de pied sur la joue droite. Cet acte de violence permit au vagabond de prendre la fuite et d'échapper au garde. Il abandonnait sur le lieu de la lutte un bâton et un sac rempli d'effets.

Ces objets représentés le lendemain par la gendarmerie aux consorts Commère Alexandre, cultivateurs à Avoise, furent reconnus comme appartenant à un individu qui la veille avait couché chez eux. Leur hôte leur avait raconté qu'il s'appelait Vacher Joseph, né en 1869 ou 1870, dans l'Isère, ex sous-officier au 60e ou 66e régiment d'infanterie. Il ajoutait avoir été réformé à la suite d'un coup de pied reçu à la figure. M. Commère avait remarqué la déformation de la bouche chez cet homme ; il avait vu sa tunique de sergent. Le signalement et des mandats d'arrêt furent bien lancés par le Parquet de la Flèche, mais sans résultat. Ils ne portaient pas le nom de Vacher. La petite Derouet n'avait eu aucun mal.

Un non-lieu intervint le 9 mai 1896 motivé sur l'impossibilité d'établir l'identité de l'inculpé :

Vacher a reconnu dans les termes suivants (interrogatoire du 18 octobre 1897) que ces faits criminels lui étaient imputables.

« En effet, quelque temps avant ma condamnation de Baugé, je me rappelle maintenant, parce que vous m'en faites souvenir, avoir rencontré sur une route une jeune fille paraissant avoir treize ou quatorze ans ; je me suis précipité comme d'habitude sur elle, dans un accès de rage ; mais un homme et une femme sont arrivés et m'ont forcé à lâcher l'enfant.

« Je me suis alors sauvé sur la route, j'ai rencontré une heure ou deux après un gendarme en vélocipède qui me cherchait ; il m'a demandé mes papiers et m'a laissé continuer ma route parce qu'il n'a pas cru que c'était moi. »

Fait au Parquet de Belley,

Le Procureur de la République,

7° AFFAIRE DE SAINT-ETIENNE-DE-BOULOGNE (Ardèche)

Nous soussigné Auguste Martin, docteur en médecine, demeurant à Aubenas, sur la réquisition qui nous a été faite par M. le juge de paix d'Aubenas après avoir préalablement prêté serment, nous nous sommes transporté en compagnie de cet officier de police judiciaire, le lundi 30 septembre 1895, à Saint-Etienne-de-Boulogne, canton d'Aubenas. à l'effet de procéder à la visite, examen et autopsie du cadavre du nommé Massot-Pelet, Pierre, âgé de quatorze ans, berger chez le sieur Pontal, propriétaire au dit lieu, dont la mort paraît tenir à un crime, lesquels visite, examen et autopsie auront pour objet de constater :

1° L'état général et extérieur du cadavre, et à quelle époque approximative remonte le décès ;

2° Quels sont les organes essentiels qui ont été lésés, la mort a-t-elle été instantanée ;

3° Est-elle le résultat des lésions faites ou des coups portés ;

4° Dans ce cas déterminer le nombre, l'étendue, le siège, la gravité et la nature des lésions constatées ;

5° Indiquer celles qui ont dû occasionner la mort et qui montrent qu'en frappant la victime, le meurtrier avait intention de tuer.

6° A l'aide de quels instruments les coups ont-ils été portés, les blessures faites et la mort donnée ?

7° Est-il possible d'après la direction et la forme des blessures, la position du cadavre après le crime, de reproduire la lutte et de dire comment la victime a été frappée, par surprise, inopinément, par derrière, assise ou debout; a-t-elle dû se redresser ou se retourner avant de tomber?

8° Les parties génitales de la victimes ont-elles été lésées?

Procéder en outre à l'examen des linges, hardes, effets et chaussures saisies sur la victime, décrire leur état, les froissements et les déchirures qu'elles peuvent porter et déterminer la nature, le caractère et l'origine des taches de sang qu'on y remarque.

Arrivé dans la commune de Saint-Étienne-de-Boulogne nous avons été conduit immédiatement au lieu où le cadavre avait été trouvé la veille vers 11 heures du matin, près d'une grange isolée appartenant au sieur Pontal gardien de l'enfant Massot, grange située à l'extrémité nord de la commune non loin du village de Gourdon et des confins de la commune du même nom. Le cadavre de la victime avait été gardé sans être dérangé, par les soins de M. le maire de Saint-Étienne-de-Boulogne, depuis le moment de sa découverte jusqu'à celui de notre arrivée.

Il gisait sur le sol étendu sur le côté droit, la partie antérieure du corps tournée vers le mur de la grange, un peu obliquement à la face de ce mur et à 25 centimètres environ, près de son extrémité nord. La tête au sud, les pieds au nord; du côté de la tète le sol caillouteux était abondamment imprégné de sang. La tête, la veste et la chemise étaient fortement imbibées de sang aussi; les pantalons étaient déboutonnés et tombaient sur les genoux, les pieds étaient chaussés de forts souliers; un morceau de pain intact et taché de sang gisait à côté du cadavre. Ce cadavre avait les cuisses à demi fléchies sur le ventre, les jambes complètement fléchies sur les cuisses. A un examen plus attentif et en se penchant fortement sur le cadavre on constatait:

1° Une large plaie, occupant toute la région antérieure du cou et intéressant les tissus jusqu'à la colonne vertébrale;

2° Une autre plaie intéressant toute l'épaisseur des parois du ventre du pubis au sternum, laissant passer toute la masse intestinale;

3° Une petite plaie intéressant la peau du scrotum non ouvert. Ni le pantalon, ni la chemise, ni la veste n'étaient déchirés ou coupés, mais seulement souillés de sang. A l'anus on voyait un morceau de matière fécale de la grosseur d'une cerise, cet organe dilaté par l'écartement des fesses était rempli de matières fécales. Pas de ces matières sur le sol autour de l'endroit occupé par le cadavre. Un vieux chapeau de paille appartenant à la victime se trouvait à deux pas du cadavre.

Cet examen étant fait, le cadavre a été enveloppé dans une couverture, qui le couvrait à notre arrivée, et transporté par quatre hommes sur un brancard improvisé, jusqu'à la salle de la mairie de Saint-Étienne-de-Boulogne où nous avons procédé à l'ouverture du corps sur une table improvisée.

Nous avons commencé par dépouiller le cadavre de ses vêtements : Une veste, un pantalon, une chemise et des souliers, dans la poche du pantalon, poche déchirée, se trouvait un petit couteau fermé et un mauvais mouchoir. Le tout a été remis, ainsi que le chapeau, le morceau de pain et une des pierres teintes de sang prise parmi celles qui entouraient le cadavre, à M. le greffier de la justice de paix.

AUTOPSIE

On remarque : 1° une plaie béante occupant toute la face antérieure du cou commençant en bas à 3 centimètres au-dessus du bord supérieur du sternum et allant en haut jusqu'à une ligne transversale passant à 4 centimètres au-dessous des oreilles, cette plaie mesure 15 centimètres de longueur sur 10 de hauteur, le fond est constitué par des muscles qui recouvrent en avant la colonne vertébrale. Les bords sont nets la section ayant été faite par un instrument tranchant manié avec une grande vigueur par une main assurée; car la peau, la partie inférieure du larynx, l'œsophage, les artères carotides, les muscles de la partie antérieure du cou ont été coupés (vraisemblablement d'un seul coup). Une pareille blessure amène la mort instantanément.

2° Une seconde blessure occupe le ventre. Toute l'épaisseur des parois abdominales a été sectionnée, du pubis à la partie inférieure du sternum, c'est-à-dire que le ventre a été ouvert du haut en bas. L'intestin grêle a été sectionné et a laissé échapper un liquide jaunâtre, gluant qui a coulé sur le ventre et les cuisses, jusqu'aux fesses. L'estomac ouvert par nous renfermait un peu de liquide épais, blanchâtre, résidu de la digestion de la veille. Les autres organes abdominaux n'étaient pas blessés, le rectum était plein dc matières fécales.

3° Une troisième plaie de la grandeur d'une pièce de deux francs intéressant la peau du scrotum, mais la vaginale était intacte, les testicules n'ont pas été enlevés, c'est un cas d'ectopie testiculaire.

La poitrine ouverte laisse voir des poumons sains, très pâles ; à la section on trouve du sang liquide en abondance dans la cavité pleurale. Les cavités du cœur sont absolument vides. Le crâne ne présente aucune lésion, ouvert il laisse voir le cerveau et ses enveloppes à l'état normal. La substance cérébrale sectionnée est un peu pâle.

De cet exposé nous devons conclure que :

1° L'enfant ayant été surpris au moment précis où il s'accroupissait pour se livrer à la défécation a été éventré de bas en haut après avoir été couché sur le dos, puis on lui a coupé la gorge. Cela fait on l'a roulé sur le côté dans la position où il a été trouvé. Tout cela s'est passé peu de temps après son arrivée sur les lieux du crime, car il n'a pas mangé son déjeuner ainsi que le montre son pain laissé intact et son estomac ne renfermant aucun aliment récemment ingéré. Ce sont des présomptions mais des présomptions très probables.

2° Les organes essentiels lésés sont : 1° Les intestins et le péritoine ; 2° le larynx, l'œsophage, les deux artères carotides dont la section a amené la mort instantanément.

3° La mort a été produite par la section des artères carotides; mais elle aurait été amenée également et sûrement par l'ouverture du ventre et la section de l'intestin et de l'œsophage.

4° Des blessures pareilles ne peuvent être faites accidentellement et elles prouvent clairement que celui qui les a faites voulait tuer.

5° Elles ont été faites avec un instrument tranchant manié avec une grande vigueur.

6° Il est probable que la victime a été surprise au moment ou elle allait se livrer à la défécation, qu'on l'a couchée sur le dos, qu'on lui a ouvert le ventre, puis la gorge.

7° Les parties génitales ont été blessées mais accessoirement, et ces lésions sont légères.

8° Les vêtements sont tachés, maculés, mais non sectionnés, ni déchirés. Le bouton principal du pantalon manque, mais il a été arraché par nous en voulant boutonner le pantalon quand on a transporté ce cadavre. Ce vêtement a aussi une pièce un peu décousue, mais cela paraît devoir être attribué à l'usure.

En résumé Massot a succombé à des blessures qui séparément auraient sûrement amené la mort, mais c'est celle de la gorge qui l'a déterminée. Ces blessures ont été faites par un instrument tranchant manié par une main forte et assurée.

Aubenas, 3 octobre 1895.

Dr Martin.

8° AFFAIRE DE CUSSET (Allier)

Je soussigné Jules Perrin, docteur en médecine, sur la réquisition de M. le juge d'instruction près le tribunal de Cusset, en date du 11 septembre 1896, me suis transporté le même jour en compagnie de ce magistrat et de M. le procureur de la République, au lieu dit les Blétières, commune de Busset, pour examiner le cadavre de Mme Moussier femme Lorut, qu'on avait trouvé dans un pré la veille à huit heures du soir, faire connaître la nature des blessures que portait ce cadavre, déterminer les causes de la mort, rechercher s'il y avait viol ou tentative de viol, en un mot procéder à toutes les recherches médico-légales ayant pour but d'éclairer la justice sur les circonstances de cette mort.

Lorsque j'arrivai sur les lieux en compagnie des magistrats désignés ci-dessus, je trouvai le cadavre couché sur le côté gauche dans des broussailles au pied d'un chêne, le long d'une haie servant de clôture au pré. Un examen sommaire me fit constater les faits suivants :

Une large plaie existait au côté gauche du cou, une autre blessure siégeait à l'extrémité du nez. Il y avait du sang desséché sur les lèvres et sur le bas du visage. Une vaste tache de sang encore humide imprégnait la partie des vêtements correspondant au côté gauche de la poitrine. Le corsage, la camisole et le corset étaient dégrafés.

Une des extrémités de la ceinture du corsage avait été rompue violemment ou coupée ; elle a été retrouvée par terre près de la victime. Les jupes et la chemise fendues sur le devant presque complètement de haut en bas étaient relevées au-dessus des cuisses. Les pieds étaient déchaussés ; un des sabots était près du corps et l'autre à une certaine distance. A quelques mètres de la victime il existait sur le sol une large tache de sang. Enfin j'ai ramassé à proximité du cadavre un petit fragment de chair de forme triangulaire que l'examen histologique pratiqué le surlendemain a démontré être un morceau du corps thyroïde, glande située sur le devant du cou.

Après ces constatations faites sur les lieux du crime, le corps a été transporté dans une des salles de la mairie de Busset où j'ai procédé à l'autopsie.

En dépouillant la victime de ses vêtements, j'ai remarqué qu'outre la large tache de sang encore humide provenant de la blessure du cou que présentait la chemise à sa partie supérieure gauche, elle était encore marquée à sa partie moyenne, sur le devant et sur le derrière, de taches sanguines sèches et paraissant plus anciennes. Une assez large surface de linge non maculée de sang séparait ces taches sèches de la tache humide du haut. Il est probable que ces taches de la partie moyenne de la chemise provenaient de ce que la femme Lorut avait eu ses règles quelques jours avant.

Je n'ai trouvé de taches de sperme ni sur le linge, ni sur le ventre et les cuisses de la victime.

La blessure du cou, longue de 5 à 6 centimètres, avait des bords nets qui indiquaient qu'elle avait été faite à l'aide d'un instrument tranchant. Sa direction était transversale.

Elle occupait la moitié antérieure du côté gauche du cou et s'avançait jusque sur la ligne médiane. La peau, le tissu cellulaire sous-cutané, le muscle sterno-mastoïdien, le bord inférieur du lobe gauche du corps thyroïde, l'artère carotide et les trois quarts antérieurs de la trachée avaient été sectionnés par l'instrument vulnérant. Il est probable que cette blessure avait été faite d'un seul coup en raison de la direction unique et rectiligne de ses bords, mais il est vraisemblable que l'instrument avait dû exécuter un mouvement de va-et-vient pour pouvoir détacher le petit fragment du corps thyroïde qui a été trouvé par terre.

La blessure du nez offrait les caractères suivants : La peau de l'extrémité de cet organe et le cartilage sous-jacent étaient divisés par une section à bords légèrement déchiquetés, descendant jusque près du milieu des ailes du nez. Le cartilage de la cloison était comme écrasé et présentait une section irrégulière dirigée d'avant en arrière et de haut en bas à la rencontre de la plaie dorsale. Tous ces caractères indiquent qu'il s'agit probablement d'une morsure.

Rien à signaler du côté des organes contenus dans la poitrine si ce n'est l'état de vacuité des cavités du cœur et des gros vaisseaux et la pâleur des poumons comme celle, du reste, de tous les autres organes.

Cette pâleur était due à l'hémorragie résultant de la blessure du cœur.

Le doigt annulaire de la main gauche était privé de son alliance. Une zone circulaire blanchâtre à la première phalange de ce doigt indiquait la place qu'avait occupée cette alliance peu auparavant.

A la partie inférieure du tronc, en arrière des hanches, il existait deux ou trois éraillures superficielles.

L'examen des organes génitaux n'a rien révélé d'anormal. Il n'y avait aucune trace de violence de ce côté. Le vagin ne contenait pas de sperme L'utérus était vide.

De l'exposé qui précède je conclus :

1° Que la mort de la femme Lorut a été occasionnée par l'hémorragie abondante résultant de la blessure du cou ;

2° Que cette femme n'a pas été violée, mais que la tentative de la part du meurtrier d'accomplir le viol paraît évidente en raison de l'état des vêtements de la victime, dont le corsage, la camisole et le corset étaient dégrafés, et dont les jupes et la chemise étaient fendues sur le devant presque complètement depuis la ceinture jusqu'au bas.

En foi de quoi j'ai signé le présent rapport.

Cusset, le 20 septembre 1896.

9° AFFAIRE DE SAINT-HONORAT (Haute-Loire)

Nous soussigné Guelle Alfred, docteur en médecine à Allègre, sur la réquisition de M. le juge de paix d'Allègre, nous nous sommes transporté aujourd'hui 1er octobre 1896 à Chenevilles, commune de Varennes-Saint-Honorat, à l'effet d'aller inspecter sur le lieu du crime le corps d'une jeune fille de treize à quatorze ans, Rosine Rodier, venant d'être trouvée assassinée et affreusement mutilée, dans un fourré de bois près de Chenevilles, et de vérifier par conséquent l'état du corps, constater le genre et la nature des blessures de la victime, et faire un rapport sur le tout.

Nous sommes donc partis d'Allègre avec M. le juge de paix, un peu avant la nuit et par un temps très brumeux, à notre arrivée sur les lieux du crime, il y avait une telle obscurité qu'on a été obligé de faire les constatations ainsi que la levée du corps avec un assez grand nombre de lanternes, et cela encore très difficilement.

État des lieux, situation de la victime et ses vêtements. — A 400 ou 500 mètres de Chenevilles, dans un pré dit des Sagnes, en contre-bas du chemin des Croses à Veinessal, on a trouvé d'abord avec un seul des sabots de la victime une petite mare de sang encore assez visible malgré l'obscurité de la nuit et la grande humidité du jour ; il y avait encore une traînée de sang, allant du point signalé plus haut au fourré composé de pins, genêts et bouleaux où l'on a trouvé le corps de la victime.

Elle était couchée sur le dos, ayant le visage seulement ensanglanté à droite, par le sang sortant de la bouche ; la face était inclinée à droite et les deux bras étaient étendus; le bras droit était perpendiculaire au reste du corps, tandis que le gauche était allongé le long du corps. Les mains étaient à demi-fermées des deux côtés, les deux jambes étaient couvertes de bas, et les pieds sans chaussure; les vêtements de la poitrine n'étaient pas ouverts et son caraco était complètement boutonné. La direction du corps était du nord-est au sud-ouest. Elle avait un tablier rouge, légèrement ensanglanté, robe, tablier, fichu; ainsi qu'une robe verte étant décousue sur certains points; le fichu de laine qui lui servait de coiffure pour la tête était de couleur de sang de bœuf, et légèrement ensanglanté également; il se trouvait à côté d'elle. Elle avait des pendants noirs en corne. Les vêtements d'en bas baissés jusqu'aux genoux, avaient été trouvés relevés.

Aspect du visage. — La langue reposait par la pointe sur les dents inférieures; le visage non ensanglanté, à part la commissure des lèvres à droite, respirait un air frappant de placidité, et avait l'aspect souriant; les yeux étaient complètement ouverts et comme non encore éteints.

Conformation de la jeune fille. — La jeune fille assassinée avait de treize à quatorze ans et était robuste, elle avait une taille bien au-dessus de l'ordinaire pour son âge, et était un vrai type de la fille de campagne dans la bonne acception du mot.

Quelques détails. — Cette jeune fille s'appelait Rosine et était la fille du nommé Félix Rodier de Sursac; vachère depuis trois semaines environ, chez M. Chossegros fils, elle était partie à 8 heures 1/2 du matin pour rentrer vers midi; elle a été très probablement assassinée entre 9 et 10 heures du matin; mais le point que je veux signaler est celui-ci :

Le pré dit des Sagnes étant en pente et vis-à-vis de Chenevilles, c'est la malheureuse brume du 1er octobre qui a favorisé et facilité en quelque sorte l'atroce assassinat de ce jour à Chenevilles, et après avoir inspecté soigneusement tout le corps autant que pouvait le permettre la nature des lieux et un éclairage presque insuffisant, je n'ai pas trouvé d'autre lésions à signaler que les trois suivantes qui sont essentielles.

Plaie du cou. — Cette plaie qui aurait été produite de gauche à droite à l'aide d'un couteau bien coupant est oblique par rapport à la direction du cou, et va de gauche à droite et de bas en haut; c'est une plaie largement béante; elle a environ 8 centimètres de long sur quatre de large; les gros vaisseaux ont été atteints et l'hémorragie a été rapidement mortelle.

2° *Plaie de l'abdomen.* — Cette plaie se trouve à droite et à environ 8 centimètres de l'ombilic; elle est à peu près dirigée de haut en bas; son extrémité inférieure est à 4 centimètres environ de la partie supérieure de la vulve qui a été enlevée, et par conséquent de la plaie qui l'a remplacée; elle se termine à droite de l'ombilic qu'elle touche presque. Par cette plaie s'échappe un paquet intestinal, composé d'une partie du gros intestin, d'une partie de l'intestin grêle, et d'une partie de l'épiploon, ce paquet formerait actuellement une masse d'environ 8 centimètres de bas en haut, de 10 en largeur; quant à l'épaisseur, elle serait de 5 en haut vers le gros intestin, et de 3 en bas vers l'intestin grêle.

Cette plaie qui aurait été mortelle consécutivement, n'a pu l'être d'elle-même celle du cou l'ayant été déjà.

3° *Plaie de la vulve.* — L'affreuse plaie de la vulve ou autrement dit des parties génitales externes est encore une plaie largement béante, malgré les cuisses rapprochées; la partie supérieure de cette plaie met complétement à nu le tissu adipeux, dans sa partie inférieure, la vulve a été enlevée au point d'entamer les deux cuisses également. Cette plaie a à peu près 10 centimètres de largeur au milieu et 8 centimètres en hauteur; cette plaie toujours produite avec le même couteau n'a pu contribuer à la mort de la jeune fille; elle l'a plutôt suivie, elle constitue un acte *post mortem.*

4° *Viol ou tentative de viol.* — Quant à la question de viol qui se pose tout naturellement malgré l'enlèvement des parties génitales externes, si elle ne peut être résolue affirmativement par l'effet même de cet enlèvement, elle n'en subsiste pas moins, et sa solution pourrait se déduire de l'ensemble des faits exposés; mais elle semble pour ainsi dire devenir une question subsidiaire devant la mutilation atroce des parties génitales, telle que nous venons de la faire ressortir.

En nous appuyant sur tous les éléments qui précèdent, nous pouvons tirer les conclusions suivantes :

1° La mort de la nommée Rosine Rodier a été une mort violente dans toute l'acception du mot.

2° Elle a suivi de près la plaie du cou ayant entraîné une hémorragie foudroyante.

3° La plaie de l'abdomen, ayant été postérieure à celle du cou, perd de son importance, bien qu'elle eût pu être d'une haute gravité par elle seule.

4° La mutilation des parties génitales n'a été qu'un acte de férocité *post mortem.*

5° L'arme qui a servi pour faire ces trois plaies a été une arme évidemment bien tranchante, telle qu'un fort couteau.

6° Le meurtrier a dû manier son arme sans hésitation, et même en quelque sorte avec une véritable rage.

7° Bien que la question de tentative de viol puisse être résolue, en la déduisant de l'ensemble des faits, malgré la mutilation des parties génitales externes elle me paraît subsidiaire par l'effet même de cette mutilation.

En foi de quoi nous avons dressé le présent rapport que nous déclarons sincère et véritable.

Fait à Allègre, le 1er octobre 1896.

10° AFFAIRE DE TASSIN-LA-DEMI-LUNE (Rhône)

Je soussigné Jean Boyer, etc., me suis transporté ce même jour, à la Demi-Lune, le lendemain et jours suivants au Laboratoire de médecine légale de la Faculté, pour examiner les débris humains qui ont été retirés d'un puits de la maison Dalmais et qui paraissent être ceux d'un jeune homme tué par le nommé Vacher.

La réquisition de M. le juge d'instruction stipule que :

« L'expert déterminera dans la mesure du possible, eu égard à toutes les circontances certaines au préalable, le minimum et le maximum du temps qui paraît s'être écoulé depuis la mort. Il recherchera par tous les moyens les traces certaines ou probables de section ou de blessures paraissant avoir été faites sur le vivant ou à une époque contemporaine de la mort ;

« Il déterminera le sexe, l'âge et la taille probable de l'individu dont les restes sont à examiner. Il relèvera minutieusement toutes les particularités quelconques qui seraient susceptibles d'aider à son identification.

« Il examinera les vêtements saisis dans la maison dont dépend le puits, il dira s'ils semblent pouvoir être ceux de l'individu trouvé dans le puits. Il recherchera dans toutes les taches de sang et aux particularités présentées par ces vêtements tout ce qui paraîtra correspondre à une lutte ou à des blessures ; enfin, il procédera à toutes constatations propres à la manifestation de la vérité. »

I. — DÉBRIS HUMAINS

1° *Description.* — Les débris qui ont été retirés du puits Dalmais consistent en différentes pièces du squelette dont voici l'énumération :

29 vertèbres ; 23 côtes ou fausses-côtes ; 2 omoplates ; 1 bassin complet ; 2 humérus ; 2 radius ; 2 cubitus ; 9 os de la main, à savoir : un os crochu, 8 phalanges ; 2 fémurs ; 2 tibias ; 2 péronés ; 28 os du pied, à savoir : 2 astragales, 2 calcanéums, 1 os du tarse, un gros métatarsien, 2 premières phalanges du gros orteil, 14 métatarsiens ou phalanges des orteils.

Le crâne avec un maxillaire inférieur.

Le maxillaire inférieur présente *à droite* : 2 grosses molaires dont 1 cariée, 1 canine et 1 incisive, entre ces deux dents une alvéole effacée et un intervalle très apparent dans lequel on voit le bord tranchant de l'incisive inclinée obliquement vers la canine ;

A gauche : la 2e grosse molaire ; à la place de la première une alvéole irrégulièrement excavée.

Le trou mentonnier est très bas. L'angle formé par les deux branches mesure 140 degrés. Ce sont là deux caractères de jeunesse très marqués.

La plupart des os sont dépouillés des parties molles.Cependant les cuisses et les jambes sont encore recouvertes de masses en pleine décomposition arrivées à la quatrième période de la putréfaction et se présentant sous l'aspect du gras de cadavre adipocire.

Dans ces masses saponifiées, on reconnaît encore des lames de peau friable, humide, chagrinée, granuleuse, blanchâtre et quelques vestiges de tissu musculaire lardacé.

Les os sont concavés, quelques-uns noirâtres. Les ligaments ont disparu. Les membres, les côtes, les vertèbres et le bassin sont désarticulés.

Le cerveau est réduit à un petit volume d'une masse gris-verdâtre et fluide. Tous les autres viscères ont disparu.

2° *Date de la mort.* — L'état de décomposition de ce cadavre ne saurait fournir des renseignements très précis sur la date de la mort.

Les premières phases sont soumises à de nombreuses variations et une fois détruits les viscères et les parties molles, la longue résistance du squelette ne permet plus de faire des calculs chronologiques.

Cependant en tenant compte du milieu dans lequel la putréfaction s'est effectuée, de la température certainement peu élevée de ce milieu, malgré la saison d'été que nous venons de traverser ; étant donné que la production du gras de cadavre dans l'eau ne commence guère qu'à la fin du deuxième mois par le tissu cellulaire sous-cutané, que ce produit n'envahit et ne détruit le tissu musculaire qu'après le troisième mois ; étant donné d'autre part, que les destructions massives des viscères et des parties molles et notamment des ligaments ne sont réalisées le plus souvent que vers le quatrième mois, on arrive à présumer que la mort peut remonter à une période comprise entre trois et quatre mois au minimum sans qu'on puisse fixer même approximativement un maximum.

3° *Traces de blessures.* — L'examen le plus minutieux de chacune des pièces du squelette et surtout des vertèbres cervicales et du crâne ne m'a permis de constater aucune section, aucune fracture, aucune trace de blessure.

4° *Age.* — Les extrémités épiphysaires des os longs sont pour la plupart détachées, celles qui persistent sont nettement séparées de la diaphyse par une ligne très apparente d'ossification. Plusieurs pièces du squelette sont encore divisées en leurs éléments primitifs de la vie fœtale. C'est ainsi que j'ai noté le défaut de soudure des trois parties de l'os iliaque, de l'apophyse coracoïde de l'omoplate, du grand trochanter, du fémur, de l'extrémité inférieure de l'humérus et des fémurs ; la non-ossification du calcanéum, l'absence des épiphyses du radius et de l'epiphyse supérieure d'un fémur.

Ce sont là des indices caractéristiques démontrant que le développement du squelette est encore incomplet et n'a pas franchi les dernières phases. Bon nombre de ces soudures s'effectuent entre quinze et dix-huit ans. Mais il en est quelques-unes plus précoces. C'est ainsi que l'apophyse coracoïde est réunie à l'omoplate à l'âge de quinze ans, que l'extrémité inférieure du radius est soudée et les trois pièces de l'os iliaque réunies à quatorze ans.

Or, ici elles de l'étaient pas. L'individu dont le squelette a été retiré du puits de la Demi-Lune n'avait donc pas ou avait à peine quatorze ans.

D'autre part, l'état de la dentition nous fournit un *minimum* d'âge.

En effet, ses deux premières grosses molaires étaient sorties, ainsi que je l'ai signalé plus haut. Or, l'éruption de ces deux dents a lieu de douze à quatorze ans. Il avait donc au *moins douze ans.*

Donc l'âge de ce sujet devait être *compris entre douze et quatorze ans.*

5° *Taille.* — Pour reconstituer la taille, j'ai pratiqué sur la planche ostéométrique de Broca la mensuration des os longs, en faisant aussi exactement que possible, par les comparaisons, l'équivalence des épiphyses absentes. J'ai ensuite rapporté les longueurs aux moyennes des tables de Rollet. J'ai obtenu les chiffres suivants ;

Longueur		Tailles correspondantes	
Fémur	40,5	de 1m48 à	1m50
Tibias	32	1, 45	1, 47
Péronés	29,5	1, 35	1, 37
Humérus	28	1. 41	1, 45
Radius	19	1, 30	1, 36
Cubitus	21	1, 34	1, 39
Totaux		8, 33	8, 54

Moyenne : $\frac{8,33}{6} = 1,38$

$\frac{8,54}{6} = 1,42$

D'où il résulte que la taille de l'individu était comprise entre *1 m. 38 et 1 m. 42*. Cette taille pouvait naturellement se rapporter à l'âge indiqué ; j'ai pu, dès les premiers jours de mon expertise, communiquer ces deux résultats à M. le juge d'instruction. J'ajoute que ces deux données d'une part, et d'autre part, la conformation particulière des dents du maxillaire inférieur, la déviation de l'incisive inférieure gauche, l'intervalle triangulaire séparant cette incisive de la canine voisine ont été reconnus plus tard comme s'adaptant au signalement du jeune Beaupied.

6° *Sexe.* — Le squelette de l'enfant et de l'adolescent présente toujours des caractères féminins quel que soit le sexe réel, de même que le squelette du vieillard prend plutôt des caractères masculins; à l'âge adulte seulement le diagnostic est le plus souvent facile à établir.

Je ne pouvais par conséquent fournir à ce sujet, aucun renseignement utile.

II. — Vêtements

Voici une description résumée des vêtements qui ont été soumis à mon examen :

1° *Une blouse* à carreaux bleus et blancs se boutonnant en avant, longueur 76 centimètres, tour du cou 44 centimètres, longueur des manches 54 centimètres, une déchirure longitudinale du côté gauche sur une longueur de 30 centimètres, en bas et à gauche déchirure longitudinale du côté gauche, sur une longueur de 30 centimètres, en bas et à gauche déchirure triangulaire, au poignet déchirures irrégulières, déchirures peu étendues au milieu de la manche gauche et sur l'épaule gauche, bouton arraché au poignet droit.

Taches de sang certaines au-dessous du col près de la déchirure, au-dessous de la quatrième boutonnière, au niveau des 7e et 8e boutons en avant.

Taches probablement sanguines au-dessous de la déchirure transversale, dans la région dorsale, vers le tiers inférieur au bord inférieur en arrière, sur le devant à droite, sur la manche à droite.

Taches probablement de matières fécales sur le revers en arrière.

Taches de boue disséminées.

2° *Gilet gris perle.* — Hauteur prise sur la couture dorsale 50 centimètres, tour de taille pris au milieu du gilet, 82 centimètres, tous les boutons sont enlevés; dans la poche gauche débris de tabac.

Taches très probablement sanguines en dedans du col, un peu à droite.

3° *Gilet bleu.* — Hauteur 52 centimètres. Tour de taille pris au milieu 85 centimètres. Ce gilet est donc un peu plus grand que le précédent. Il est en assez bon état. Taches de boue et de poussière sur le drap et la doublure. Taches de sang sur la doublure à droite près du revers, sur la doublure autour du col, sur la doublure en bas. Celles situées près du revers ont plutôt les caractères de taches d'essuiement.

Un morceau de bougie dans la poche de montre, un bouton en métal blanc dans la poche droite.

4° Chemise à carreaux *bleus et blancs* présentant en bas et un peu en arrière un morceau rapporté à fond blanc et à raies rouges, longueur, non compris le col, 94 centimètres, tour de cou 38 centimètres. Longueur des manches 45 centimètres. Cette chemise est fendue au milieu, en avant jusqu'en bas ; elle est décousue à gauche.

Taches probablement sanguines sur le plastron à gauche; près du col taches certainement sanguines, au dos, vers le milieu, sur la manche gauche. Taches de boue et taches probablement végétales sur la manche gauche.

Taches de matières fécales en arrière et en dedans, sur la peau, au même point un noyau de cerise.

5° *Pantalon* gris souris en mauvais état en partie rongé par les parasites ; boutons arrachés en avant.

Taches de sang sur la jambe droite, sur la doublure en dedans et en arrière au niveau des fesses.

Taches probablement sanguines sur la jambe gauche en arrière, sur la jambe droite en bas et aux environs de la poche, dans la poche droite. Taches de boue et probablement taches végétales près de la jambe droite.

Taches de matières fécales sur la doublure, en dedans, au niveau des fesses. Nombreux noyaux de cerises et couche épaisse de poussière dans la poche droite.

6° Béret bleu sombre, couvert de moisissure, de poussière et de quelques toiles d'araignée en dedans et en dehors, quelques taches rougeâtres suspectes, peut-être de nature sanguine.

Diamètre 28 centimètres, tour de tête 0.55 centimètres.

7° *Galoches* à gros clous rouillés couvertes de moisissures.

8° Un foulard encore noué, laissant une anse très grande, fond rouge rayé noir.

III. — Résumé

De cette description et de ces mensurations on peut déduire que les vêtements qui ont été trouvés dans la maison Dalmais ont pu appartenir à l'individu dont le squelette a été retiré du puits. Pour plus de précision, il eût été utile de faire endosser ces vêtements à un garçon du même âge et de la même taille.

Mes constatations établissent, d'autre part, que le porteur de ces vêtements a été atteint d'un certain nombre de blessures et que quelques-unes de ces blessures ont été produites dans la région postérieure, au niveau des fesses, probablement dans la région anale.

Ces constatations établissent enfin que le squelette retiré du puits appartenait à un individu de douze à quatorze ans, d'environ 1 m. 40 de taille, et ayant succombé environ quatre mois auparavant.

IV. — Conclusions

1° Les débris humains retirés du puits de la maison Dalmais, à la Demi-Lune, ont appartenu à un individu âgé de douze à quatorze ans, mesurant de 1 m. 38 à 1 m. 42 de taille et dont le sexe ne pouvait être déterminé.

2° Il s'est écoulé depuis la mort au moins trois ou quatre mois.

3° En l'absence des parties molles de la tête, du cou et du tronc, il n'a pas été possible de retrouver des traces de blessures. Le squelette n'en présentait pas.

4° Sur les vêtements soumis à mon examen existaient des taches de sang assez nombreuses et assez caractérisées pour indiquer que le porteur de ces vêtements a été atteint de blessures multiples.

5° Il n'était pas possible de dire s'il y a eu lutte et de déterminer le s circonstances dans lesquelles les blessures ont été produites.

6° Les vêtements en question ont pu appartenir à l'individu dont le squelette a été retiré du puits.

Lyon, le 8 décembre 1897.

10° AFFAIRE DE COURZIEU (Rhône)

Je soussigné J. Boyer etc., etc., sur la réquisition de M. Benoist, juge d'instruction, en date du 19 juin 1897, me suis transporté le 20 juin au hameau de Vachère, commune de Courzieu, pour procéder à la levée de corps et à l'autopsie du cadavre du nommé Pierre Laurent, paraissant avoir été assassiné dans la nuit du 18 au 19 juin ; décrire toutes blessures ou lésions, toutes traces de violences ou attentats quelconques ; dire à quelle heure et dans quelles conditions la mort paraît s'être produite et quelles en paraissent être les causes, si les violences et blessures paraissent être l'œuvre d'une seule ou de plusieurs personnes, avec quelles armes ou objets elles paraissent avoir été produites.

I. — Le cadavre a été transporté derrière une haie, dans un champ élevé, au-dessus d'un petit chemiu. Dans ce chemin qui aboutit à la route, nous trouvons des flaques de sang en partie desséché. Vers l'une de ces flaques nous remarquons un corps mou, gris blanchâtre, couvert de terre, qui, nous le constaterons tout à l'heure, n'est autre chose qu'un testicule avec une petite partie de son cordon. En passant du chemin dans le champ où est étendue la victime nous voyons des traces de pas qui ont glissé et piétiné.

Le cadavre est couché sur le ventre, derrière la haie, la tête enfoncée du côté des buissons. C'est celui d'un petit garçon de douze ans. Son pantalon est abaissé jusqu'aux plis fessiers. Des matières fécales s'échappent de l'anus. Les vêtements sont souillés de boue et de sang. En retournant le sujet, on découvre, à la face antérieure du cou, une large plaie transversale qui a sectionné tous les tissus de la région, et pénètre profondément.

II. — Pour procéder à un examen plus complet et à l'autopsie, nous faisons transporter le cadavre dans une maison isolée située à environ 300 mètres.

Nous complétons d'abord les constatations extérieures.

La rigidité cadavérique persiste aux quatre membres. Les vêtements, blouse, gilet, chemise, pantalon, sont maculés de sang et de boue.

1° Au moment de déshabiller le corps, nous remarquons, au niveau des bourses, une grande plaie de forme ovalaire, mesurant dans son grand axe vertical 9 centimètres, et dans le sens transversal 7 centimètres. Le scrotum est ouvert. Le testicule droit est enlevé ; c'est celui qui a été ramassé dans le chemin. Le cordon et tout le paquet vasculo-nerveux ont été coupés un peu au-dessous de l'anneau inguinal.

Toute cette région est infiltrée d'une ecchymose contenant des caillots adhérents, indiquant que la blessure a été faite pendant la vie.

La tunique qui enveloppe le testicule gauche a été découverte par la plaie du scrotum, mais de ce côté aucune mutilation n'a été faite.

2° En raison de ces premières constatations, de l'âge du sujet, de l'attitude dans laquelle il a été trouvé, et des premières présomptions de l'enquête, nous procédons à l'examen de la *région anale*. L'orifice étant au préalable débarrassé des matières fécales qui s'en échappent en assez grande quantité, nous constatons, en arrière, près de la ligne médiane, trois petites déchirures de la muqueuse, très nettes, de formes triangulaires, mesurant environ 6 millimètres de hauteur. L'orifice est fortement dilaté ; les plis sont effacés ; il y a un commencement de déformation en *infundibulum*. Tout en tenant compte des relâchements cadavériques, il est évident que ces relâchements indiquent un acte pédérastique récent et surtout des actes pédérastiques anciens et répétés.

3° Le cou est sectionné en avant par une plaie transversale, mesurant 8 cent. 1/2 de longueur et 4 centimètres de largeur, pénétrant jusqu'à la colonne vertébrale, ou du moins jusqu'aux muscles prévertébraux.

Les bords de cette plaie sont irréguliers, hachés par plusieurs encoches, dont deux très marquées à droite et en haut. Une plaie *secondaire* de 2 cent. 1/2 s'étend transversalement à gauche et au-dessus de la plaie principale. Cette petite plaie et les encoches de la grande blessure indiquent qne la section n'a pas été faite d'un seul coup et que le meurtrier a dû procéder en deux ou trois temps pour accomplir cet égorgement.

La recherche et l'examen des principaux organes du cou dans la profondeur et au pourtour de la grande plaie dénotent les lésions suivantes.

L'instrument tranchant a coupé le larynx au niveau de la glotte, l'œsophage, une partie des muscles des régions latérales du cou, et les jugulaires externes. La carotide gauche est intacte. La carotide droite est ouverte mais non sectionnée. Les nerfs pneumogastriques sont indemnes.

L'action de l'instrument a donc porté surtout sur la région médiane et un peu plus à droite. Cette intégrité relative des régions latérales du cou permet de croire que le couteau a été plongé d'abord par un coup direct d'avant en arrière un peu abaissé transversalement ; ces deux temps joints aux mouvements de la victime peuvent expliquer les encoches. Mais la petite plaie secondaire a dû être faite par un premier coup mal appliqué.

Les autres régions du corps ne présentent pas de lésion. Je note seulement dans un espace interdigital une petite érosion ayant l'aspect d'une crevasse ; au coude droit une éraflure de 3 centimètres, et sur le nez, qui a été aplati par le décubitus, une petite plaque parcheminée.

III. — L'ouverture du thorax et de l'abdomen ne révèle rien de particulier.

Les organes, poumons, cœur, foie, reins présentent les altérations habituelles aux grandes hémorragies.

Dens l'estomac, je trouve une assez grande quantité d'aliments, légumes, cerises, salade; leur demi-digestion peut indiquer qu'ils ont été ingérés environ deux heures avant la mort. Or les témoins nous apprennent que la victime avait fait un repas vers neuf heures du soir, ce qui placerait l'heure du meurtre vers *onze heures*, ou même, pour éviter toute précision en pareille matière, *entre onze heures et minuit.*

IV. — *Vêtements.* — Les vêtements de la victime, pantalon, gilet, tablier, blouse, chemise, chaussures, chapeau ont été soumis à un examen spécial.

Pantalon : taches de sang en arrière de la jambe droite avec des taches de boue, sur la doublure du fond taches de sang et de matière fécale ; en un point de cette doublure je remarque une large tache d'aspect blanchâtre n'empesant pas l'étoffe, n'ayant pas de contours accusés, cette tache a été découpée et après une macération prolongée soumise à une série d'examens microscopiques en vue de la recherche des éléments du sperme. Je n'y ai pas trouvé, par la réaction tri-iodurée, trace de cristaux de virispermine ; par l'effilochage et la coloration à la crocéine il m'a été impossible de découvrir aucun spermatozoïde.

Les constatations microscopiques confirment les résultats de l'examen à l'œil nu. Cette tache n'a pas les caractères d'une tache de sperme.

8

Dans la poche droite du pantalon se trouve un couteau ordinaire à manche noir, à deux lames couvertes de taches rouge clair.

Ces taches ont été traitées par la méthode des empreintes de Taylor et ensuite par le réactif de Van Déen. Le résultat a été négatif. Traitées ensuite par l'acide chlorhydrique et le ferrocyanure elles ont donné immédiatement la réaction de la rouille.

La doublure de la poche est occupée par une tache d'aspect rouillé. Découpée, macérée et soumise aux mêmes manipulations que les taches du couteau, elle a donné, elle aussi, la réaction de la rouille et non celle du sang.

Même résultat pour une tache trouvée sur le *mouchoir de la victime*, tiré de la poche droite. Je note que ce mouchoir est assez fin.

Sur le revers de la poche gauche, taches de sang.

Gilet : taches de sang : à gauche en dedans et en dehors ; à droite en dehors, et en avant, enfin sur le col en dehors.

Blouse : au cou larges taches de sang surtout à gauche au niveau de l'épaule, taches de sang et de boue au-dessous de l'épaule ; taches de sang et de boue au-dessous de l'épaule gauche, et sur la partie droite des vêtements ; la manche gauche est couverte de sang jusqu'au poignet ; la manche droite présente des taches de boue et de terre.

Chemise : Sur le plastron à gauche large traînée de sang, au poignet droit taches hémorragiques assez nombreuses, au poignet gauche peu de sang, quelques taches vertes.

Tablier couvert de boue et de sang ; une *ceinture multicolore*, en trois points maculée de sang.

V. – *Conclusions.* — 1° Le cadavre du nommé Pierre Laurent portait *au cou* une grande blessure fatalement mortelle — à l'anus trois déchirures récentes et des déformations révélant des actes sodomiques anciens — aux bourses une mutilation ayant enlevé le testicule droit.

2° La mort a été produite par égorgement, elle a été la conséquence nécessaire de la section d'organes essentiels et d'abondantes hémorragies.

3° Ces blessures ont été faites à l'aide d'un couteau assez solide, et d'un certain calibre, plongé à deux ou trois reprises dans le cou.

4° Une seule personne a pu les produire.

Lyon, le 10 juillet 1897.

VI. — QUELS SONT, PARMI LES CRIMES COMMIS DEPUIS DIX ANS ET RESTÉS IMPUNIS, CEUX QUI PEUVENT ÊTRE, AVEC QUELQUE VRAISEMBLANCE, ATTRIBUÉS A JOSEPH VACHER ?

CONSIDÉRATIONS GÉNÉRALES

Les crimes avoués par Vacher ne sont vraisemblablement pas les seuls qu'ait accomplis cet inculpé ; si l'on songe, en effet, qu'il reconnaît avoir commis cinq assassinats dans la seule période comprise entre le 12 mai et le 29 septembre 1895, tout porte à croire que, depuis cette date du dernier crime avoué pour l'année 1896, jusqu'au 10 septembre de l'année suivante, date du premier crime avoué pour 1896, c'est-à-dire dans un intervalle de près d'un an, l'assassin a dû, plus d'une fois, se livrer à son monstrueux penchant.

De même, il n'est guère possible d'admettre que du 1er octobre 1896, date avouée du dernier crime pour l'année 1896, jusqu'au mois de juin suivant, époque où se place le premier crime qu'il avoue avoir commis en 1897, c'est-à-dire pendant un espace de huit mois, Vacher soit resté inoccupé. Notons enfin ce propos de l'inculpé au magistrat instructeur : « Mon affaire n'est pas encore finie », propos qui peut parfaitement être interprété en ce sens qu'à l'heure par lui jugée opportune, l'inculpé Vacher fera de nouvelles révélations.

Il convient donc de rechercher, en consultant l'itinéraire suivi par l'assassin pendant les intervalles dont nous venons de parler, quels sont les crimes qui pourraient lui être imputés, eu égard aux similitudes existant entre le mode d'opérer adopté par lui et les circonstances dans lesquelles ont été accomplis certains assassinats perpétrés dans certaines régions au moment même où Vacher traversait précisément ces régions.

Cette méthode est rationnelle et nous l'avons suivie avec succès antérieurement.

Une question préjudicielle, cependant, se pose dès maintenant : celle de savoir si Vacher a commis des crimes antérieureurement à sa sortie de l'asile Saint-Robert.

L'importance de cette question est manifeste ; s'il était possible, en effet, d'établir d'une manière certaine qu'avant de tenter de tuer Louise Baraut et de se suicider, Vacher avait déjà quelque crime sur la conscience, le point de savoir si la balle qu'il s'est logée dans la tête a pu provoquer un dérangement cérébral, cause déterminante possible des crimes ultérieurs, ne ferait plus question et les experts élimineraient ainsi une cause de perplexité.

Pour nous, nous avons la conviction profonde que Vacher, à son arrivée au régiment, était déjà un assassin et nous indiquons comme suit les considérations qui nous ont amené à le penser et qui sont la déduction logique du système de défense de l'assassin.

Il est certain, d'abord, qu'à aucun moment de l'information l'inculpé n'a songé un seul instant à attribuer à la présence d'une balle dans sa tête les idées homicides qui, dit-il, le hantaient: Il n'a cessé au contraire d'attribuer à ses idées une origine plus ancienne puisqu'il les fait remonter d'abord à l'année 1889 et leur assigne comme cause la morsure qu'un chien enragé lui aurait faite dans son jeune âge ou le traitement empirique qu'il aurait suivi à cette occasion. Si l'inculpé s'est placé sur ce terrain, alors qu'il était plus rationnel et élémentaire pour lui d'invoquer l'excuse tirée de la tentative de suicide, c'est de deux choses l'une, ou bien qu'il a été sincère, ou bien que, redoutant d'être ultérieurement convaincu de crimes commis avant cet accident il n'a pas voulu s'exposer à être convaincu, du même coup, d'un mensonge préjudiciable à sa cause ; nous avons suffisamment observé Vacher pour être persuadé qu'un tel raisonnement n'est pas hors de la portée de son intelligence.

Si l'on se reporte, maintenant, à cette partie de l'information qui a trait au tempérament, au caractère et aux habitudes de Vacher, on est frappé de l'unanimité des témoignages qui le représentent, dès l'enfance, comme un être profondément dissimulé et méchant. « Il n'eût pas été prudent, dit Mme Declérieux, de Saint-Genis-Laval, qui l'a eu à son service, de le laisser seul avec des enfants.» Et quand on demande au témoin de préciser ce qu'il entend par là, il répond :« Il leur aurait fait du mal.» On en arrive dès lors à se demander si le vagabond âgé d'environ 16 ans, aperçu à Éclose (Vienne) le 18 juillet 1884, le jour où le jeune Amieux Joseph, de cette localité, âgé de 10 ans, est trouvé étranglé dans une grange, le corps dissimulé sous de la paille, ne serait point déjà Vacher, mais ce n'est là qu'une hypothèse.

1888 — Juin-Août

C'est en novembre 1887 que Vacher quitte l'établissement des frères de Saint-Genis-Laval. De là, il se rend à Beaufort, son village natal où il se trouve encore au mois de *juin 1888,* pendant la saison des foins : C'est à ce moment qu'a lieu l'acte de pédérastie tenté par lui sur le jeune Bourde Marcellin.

L'information n'a pu établir le moment précis où quittant alors Beaufort, il s'est rendu à Grenoble ; ce qu'il y a de certain, c'est qu'il se trouvait en cette ville au moment où le président Carnot la visita et il est probable que c'est en août qu'il y arriva ; d'où la possibilité de supposer qu'il a pu commettre deux crimes accomplis dans la période comprise entre le mois de juin et le mois d'août de cette même année, voici ce dont il s'agit :

1° Dans les derniers jours de juin, une femme inconnue, paraissant âgée de 35 ans est assassinée à Joux (Rhône) : la tête a été séparée du tronc ; un couteau de boucher qui a servi au crime est à côté ; le cadavre est dissimulé sous des fougères dans un bois, à trois mètres d'un chemin, or, la *section du cou* et la dissimulation du cadavre à *trois mètres* d'un *chemin* dans un bois sont bien des procédés familiers à Vacher.

2° Le 1er juillet, à Chambérac (Haute-Loire), la jeune Clémence Grangeon, âgée de 14 ans, est assassinée, une large et profonde blessure intéresse la *partie gauche* du cou ; *l'artère carotide est tranchée, pas de viol.* Ici, la manière d'opérer est bien celle qu'emploie Vacher ; l'emplacement de la blessure est bien celui que l'on observe sur la plupart de ses victimes et dès l'instant où ni le vol, ni le viol n'ont été le mobile du crime, une présomption s'établit en faveur de la culpabilité de Vacher. L'inculpé est en effet un pédéraste avéré; or, l'examen des médecins au rapport, lorsqu'il s'agit de meurtre d'une femme, porte sur les parties sexuelles mais a rarement pour objet l'état de l'anus. On a pu voir que les expertises médico-légales n'ont conclu au viol que pour une seule des sept femmes tuées par Vacher (crimes avoués), mais comme celui-ci n'a été guidé ni par la vengeance, ni par l'appât du gain, la conclusion qui s'impose c'est qu'en raison de ses instincts pervers, il a tué pour se livrer à des actes de pédérastie et faire disparaître les seuls témoins de ces actes. Au surplus l'imputation à l'inculpé des deux assassinats ci-dessus n'est qu'une hypothèse mais il faut convenir que cette hypothèse n'est pas dépourvue de vraisemblance.

1889 — 25 avril-novembre

Du 24 septembre 1888 au 25 avril 1889, Vacher est successivement à Grenoble, à Marcollen (Saint-Marcellin), à Lyon, mais à partir de cette dernière date on perd sa trace jusqu'en novembre 1889 : C'est pendant cette période (avril-novembre) qu'au cours d'un voyage à Genève, il déclare à son frère Auguste, *qu'il lui prend par instants des envies de tuer* ». De fait, son frère lui trouve un air étrange, égaré. Il est malheureusement probable que ces funestes envies dont il parle avaient déjà été satisfaites au moment où il en fait part à son frère. Ce propos ne semble-t-il pas révéler le besoin d'un aveu de quelque chose qui obsède sa conscience ?

Pendant cette période si l'on ajoute foi à ses déclarations Vacher aurait séjourné deux mois à Aix-les-Bains et fait un voyage à Paris, puis serait revenu à Lyon où, en novembre, il serait entré au service de MM. Piquet frères, papetiers.

Le 25 avril, Vacher qui a quitté le service de MM. Piquet pour se placer chez un sieur Guinet, à Saint-Genis-Laval, abandonne cette petite ville après avoir manifesté l'intention d'aller à Lyon fêter le 1er mai avec les socialistes. Que devient-il du 1er mai au 20 octobre 1890 ? on l'ignore.

1890 — 1er mai-2 octobre

Pendant cette période (1er mai-2 octobre) se place l'assassinat, à la date du 30 juin, à Moirans (Isère), de Perrin (Augustine-Mélanie), âgée de 23 ans, fille de mœurs légères qui fréquentait les roulants et dont on trouve le cadavre dans une cabane. Cette fille portait une blessure à la tête et avait été étranglée. Serait-ce là encore une victime de Vacher, on peut le supposer mais rien ne l'établit.

Nous en arrivons maintenant à l'examen d'un crime dont, parmi tous les assassinats sur lesquels ont porté nos recherches, le mode de perpétration ressemble le plus à la manière d'opérer de Vacher. On y retrouve d'une manière frappante le tour de main de l'accusé.

Olympe Buisson, Varacieux (Isère) — 29 septembre 1890

Dans la soirée du 29 septembre 1890, jour de la fête de Varacieux (Isère) la jeune Olympe Buisson, âgée de 9 ans, sortit vers 9 heures du soir pour aller visiter les baraques foraines ; vers dix heures, ses parents, ne la voyant point revenir, s'émurent et on finit par trouver le cadavre de l'enfant horriblement mutilé, dans un ruisseau au pied d'un talus escarpé contre lequel le crime avait eu lieu. L'enfant avait reçu au cou plusieurs coups de couteau qui avaient fait des plaies affreuses et terribles ; son visage était couvert d'égratignures et de sang, le ventre était largement ouvert et par l'horrible blessure s'échappaient les entrailles. L'assassin avait pratiqué une entaille au couteau dans le corps de la victime et y avait introduit son membre viril pour assouvir sa passion. A côté du cadavre se trouvait un verre ayant contenu des pralines ainsi qu'en vendent les marchands qui fréquentent les foires. Olympe Buisson avait été vue a côté d'une baraque foraine un peu après 9 heures. Les soupçons se portaient sur un jeune homme qui avait été aperçu causant avec la victime entre 9 heures et 10 heures. Des charges graves pesaient sur lui : son pantalon était maculé de boue aux deux genoux : on trouva caché dans le grenier où il couchait un tablier qui avait été l'objet d'un lavage récent et portait quelques taches de sang ; enfin, il ne put indiquer la raison pour laquelle il avait gardé un couteau qui lui avait été prêté la veille. Cet individu ne cessa de protester de son innocence : La chambre des mises en accusation de la cour de Grenoble ordonna successivement deux compléments d'information et l'inculpé finalement fut remis en liberté. La lecture du dossier nous ayant révélé que cet individu était un roulant arrivé à Varacieux quelques semaines avant le crime, nous avons appelé l'attention de notre collègue de Saint-Marcellin sur le point de savoir si cet individu n'était point Vacher lui-même mais il paraît que l'identité du roulant dont il s'agit a pu être établie et qu'il n'y a pas lieu de le confondre avec Vacher.

Ce crime était commis le 29 septembre; or, le 2 octobre, trois jours après, on constate, pour la première fois depuis le mois de mai, la présence de Vacher à Lyon, chez un logeur du nom Piaso, demeurant rue Grolée, 26. Vacher a nié être l'auteur de ce crime, mais nous avons de sérieuses raisons de penser qu'il ne dit pas la vérité sur ce point. L'âge de la victime, l'éventration, la section du cou constituent, nous semble-t-il, de graves présomptions à l'encontre de Vacher. Il convient aussi de rapprocher de la circonstance que l'enfant avait été attirée par l'appât d'un verre rempli de bonbons cette particularité qu'à la fin du mois de juin dernier, Vacher, à Valence, chez un sieur Gérente, tenancier d'un bar, a été occupé une après-midi à remplir de pralines un certain nombre de verres sur lesquels il collait ensuite des ronds de papier.

Enfin, et ce détail a son importance, un sieur Harter, entendu sur commission rogatoire par le juge d'instruction de Marmande, a déclaré que se trouvant en compagnie de Vacher dans une auberge de l'Isère où il était question de ce crime, l'inculpé lui avait confié que le jour de l'assassinat d'Olympe Buisson il se trouvait précisément à la vogue de Varacieux en compagnie d'un vagabond du nom de Jean Fourè.

Le 16 novembre, Vacher part pour le régiment. On sait que dans les moments de fureur où il s'emportait contre ses camarades, son premier mouvement consistait toujours à saisir un rasoir qu'il portait dans sa poche en même temps que sa menace favorite consistait à dire à son adversaire qu'il lui couperait le cou. Or, si l'on se rappelle le propos de Me Declérieux relaté plus haut, puis la confidence faite par Vacher à son frère Auguste et que, d'autre part, on rapproche des circonstances qui précèdent les paroles proférées par l'inculpé au régiment, une nuit qu'enfiévré par la colère, il ne pouvait s'endormir : « Du sang... Je le tuerai... Ils ne savent pas ce dont je suis capable.... » on est bien, il faut en convenir, tenté d'admettre que Vacher avait déjà fait des victimes. Nous estimons qu'ainsi doit être interprétée cette dernière phrase de Vacher et nous avons la conviction que cet inculpé était déjà un assassin lorsqu'il est arrivé au corps le 16 novembre 1890.

Aucun des crimes qui nous ont été signalés et ont eu lieu pendant les années 1891, 1892, 1893, période pendant laquelle Vacher accomplissait son service militaire, ne nous paraît lui être imputable.

Du 1er avril 1894, sortie de Saint-Robert, au 4 août 1897, arrestation à Champis

Deux tentatives de viol ou meurtre de Beaurepaire 17, 18 mai 1894

Le 1er avril 1894, Vacher quitte l'asile de Saint-Robert et le premier crime qu'il commet ensuite (19 mai) est celui à Beaurepaire mais le 17 et le 18, il avait tenté d'assaillir aux environs de cette petite ville, deux femmes qui se trouvaient dans les champs. Notre collègue de Vienne avec lequel nous avons correspondu relativement à ces deux tentatives nettement caractérisées et que nous n'avons pas hésité à attribuer à l'inculpé, possède les procès-verbaux qui en relatent les circonstances et d'où il résulte que les victimes auxquelles la photographie de Vacher a été représentée l'ont reconnu sans hésitation pour être leur agresseur des 17 et 18 mai 1895.

Aucun fait imputable à Vacher ne nous a été signalé pendant la période qui s'étend du 19 mai au 20 novembre, date du crime de Vidauban (Var) avoué par Vacher.

Le 6 décembre 1894, c'est-à-dire seize jours après le crime de Vidauban, deux vieillards, les époux Honorat, habitant Chateaudouble, même arrondissement, le mari âgé de soixante-quinze ans et la femme de soixante et onze ans, étaient trouvés assassinés dans leur habitation. Le cadavre de la femme était étendu au milieu de la cuisine ; les assassins l'avaient recouvert d'un vieux manteau. Quant au corps du mari, il avait été placé entre son lit et la muraille : le mari avait été vraisemblablement surpris au moment où il se mettait au lit, car il était à moitié déshabillé et l'un de ses pieds était déjà déchaussé : les deux victimes avaient été assommées à coup de barre de fer. On a vu, dans la journée du crime, rôder aux environs deux individus ; l'un, brun, répondait à peu près au signalement de Vacher ; l'autre était blond et plus grand. Il est probable que ces deux individus sont les auteurs du crime de Châteaudouble si l'on songe que, leur forfait une fois accompli, les assassins ont bu et mangé dans la maison de leurs victimes et que dans l'une des deux assiettes restées sur la table se trouvaient des poils blonds.

Mais Vacher était-il l'un des deux individus ?

Il est diffiicile de se prononcer sur ce point, ce que l'on peut affirmer seulement, c'est que Chateaudouble se trouve sur le chemin que Vacher devait suivre pour revenir, par les Basses-Alpes et les Hautes-Alpes, à Saint-Ismier, près Grenoble, où nous le voyons arriver chez le sieur Rey-Perolle, le 30 décembre. Notons enfin cette particularité que de 1894 à 1897, nous retrouvons Vacher, à différentes reprises, en compagnie d'un jeune blond vendant des chaussons : on le voit avec cet inconnu notamment à Lhuis, trois jours avant l'affaire de Bénonces (28 août 1895), à Brives, le jour de l'assassinat de Louradour (11 novembre 1896), à Valence, chez Gérente, tenancier d'un bar où tous deux remplissent de pralines des verres sur lesquels ils collent ensuite des ronds de papier (fin juin 1897).

Ici se place la question intéressante de savoir : 1° si, indépendamment des crimes qu'il a commis pour satisfaire ses goûts de perversion sexuelle, Vacher n'a pas tué pour voler ; 2° s'il a été quelquefois assisté par quelque complice dans l'accomplissement de ses crimes. L'intérêt de la question est manifeste, car tout à l'heure nous attribuerons à Vacher certains crimes suivis de vol et d'autres dans lesquels il a eu des complices. Selon nous, il est arrivé à Vacher de dépouiller ses victimes et il n'est pas impossible qu'il ait agi avec l'assistance de quelque complice.

Seulement le souci de ne pas compromettre son système d'une impulsion subite et irrésistible le poussant au crime a été un obstacle à l'aveu par lui des assassinats suivis de vol.

L'information établit d'ailleurs qu'il a volé les objets contenus dans son sac et qu'il a volé 200 francs à un M. Gautrain assassiné par lui dans le Tarn.

C'est le 12 mars 1895 que Vacher quitte le service du sieur Rey-Perolle pour prendre la direction de Lyon ainsi qu'il l'a déclaré lui-même dans l'un de ses interrogatoires et c'est de Lyon précisément qu'il s'achemine ensuite vers Dijon.

Tentative de viol et de meurtre sur une marchande d'oranges 14 avril 1895

Le 14 avril, une marchande forraine vendant des oranges, était assaillie dans le quartier de Surville, par un individu dont le signalement est bien celui de Vacher. L'agresseur tente de violer cette femme et la menace de son couteau. Celle-ci a toutes les peines du monde à lui échapper. Il est fort possible que cet agresseur soit Vacher.

Une confrontation serait de nature à faire la lumière sur ce point.

Le 12 mai, Vacher est à Dijon (voir le crime d'Étaules) et le 13, à Semur. Il prétend ensuite être revenu sur Lyon ; ce qu'il y a de certain, c'est qu'en juillet il essaie d'attirer dans un bois à Corbonod (Belley) un jeune garçon qui le reconnut formellement au cours d'une confrontation récente. Le 24 août a lieu le crime avoué de Saint-Ours et le 31, celui de Benonces, On sait que de Bénonces Vacher passe dans l'Isère.

Autun : 6, 7 septembre 1895. Francine Rouvray, assassinat, viol ou tentative.

Cependant, vers cette époque, se place dans l'arrondissement d'Autun, un assassinat commis dans des circonstances telles que l'on serait tenté de l'attribuer à Vacher. Dans la nuit du 6 au 7 septembre, une fille d'une trentaine d'années, Francine Rouvray, est trouvée morte la gorge coupée, la tête presque détachée du tronc. Le meurtrier avait tenté de violer la victime, sur les cuisses de laquelle on observait des traces de doigts humectés d'huile. L'une des victimes de Vacher, la veuve Morand, portait aussi des empreintes de doigts sur les cuisses, et il est à noter que Vacher était toujours porteur d'un petit flacon d'huile, il en reste encore un actuellement dans son bagage.

S'il est l'auteur de ce crime, ce qui n'est pas absolument impossible, il serait revenu de là dans l'Isère et la Drôme.

Hauterive (Drôme) : septembre 1895. Assassinat d'une vieille femme, incendie

Peut-on lui imputer un crime commis dans ce même mois de septembre (le 22) à Four (Vienne) sur Madeleine Martelat, Ve Bacconnet, 64 ans, assommée à coups de pierre et volée ? La déposition du sieur Harter dont il a été question plus haut tend à le faire croire. Il résulte de cette déposition que Vacher connaissait la veuve Bacconnet, qu'il était passé de son propre aveu à plusieurs reprises près de la maisen et que le susdit Harter entretenant Vacher de ce crime, celui-ci véritablement embarrassé lui aurait dit: « Ne parlons pas de cette affaire. » On pourrait avec non moins de vraisemblance, semble-t-il. supposer que Vacher est l'auteur d'un assassinat commis à la même époque à Hauterive (Drôme) sur la personne d'une vieille femme, assassinat non suivi de vol ni de viol, mais d'incendie. Le maire de la localité, en effet, a fait l'aumône à un roulant qui passait ce jour-là et qu'il prétend aujourd'hui être Vacher, depuis qu'il a vu la photographie de l'inculpé. Ce qui ne peut être mis en doute toutefois, c'est la présence de Vacher dans la Drôme en septembre, puisque le 24 de ce mois a lieu à Truinas (Die) l'assassinat d'Aline Aloïse (crime avoué).

Parnans (Drôme) : 29 octobre 1895, Veuve Donger (Marie Ageron), 66 ans, assassinat

Le 29 octobre, a lieu l'assassinat à Parnans, même région, de Marie Ageron, Veuve Donger, soixante-six ans, dont le cadavre est trouvé dans un bois, à trois cents mètres de son habitation et à trois mètres d'un sentier, la tête séparée du tronc, le cœur enlevé. Si l'on considère que, d'une part, Vacher est dans la région, que d'autre part à Parnans même, la veille du crime les sieurs Jassoud, rentiers, et Gauthier, directeur d'usine, donnent quelque menue monnaie à un roulant dont le signalement correspond exactement à celui de Vacher ; que de plus le mode de perpétration du crime est celui-là même que l'on retrouve dans les crimes avoués, ni vol, ni viol, section du cou, mutilation, cadavre dissimulé sous bois, à trois mètres du chemin (Eugénie Delhomme à Beaurepaire est portée à quelques mètres du chemin ; il en est de même du cadavre de Louise Marcel à Vidauban, de celui d'Augustine Mortureux à Dijon ; de celui d'Aline Aloïse à Bourdeaux ; de celui de Pierre Laurent, à Courzieu) on est fortement tenté d'attribuer ce crime à Vacher.

La Beaume-d'Hostum : 23 septembre 1895. Assassinat d'une vieille femme, incendie

Semblablement, l'assassinat par strangulation, le 23 septembre, à la Baume-d'Hastum, même arrondissement, d'une vieille femme, assassinat suivi d'incendie, ni vol, ni viol, pourrait encore avec quelque vraisemblance être attribué à Vacher, lequel répétons-le se trouve précisément dans les environs à la même époque.

Il est assez difficile de savoir à quel moment Vacher a quitté la région de la Drôme et de l'Ardèche, mais il a déclaré que de là il s'était dirigé vers la Bretagne.

De fait, le 1er mars, on le retrouve au Mans où il tente de violer, peut-être de tuer la jeune Alphonsine Derouet et, le 9 mars, il est arrêté à Baugé où il subira une peine d'un mois d'emprisonnement. Est-ce encore Vacher qui, en décembre 1895, se dirigeant vers le Mans, et avant son arrivée à Loches, avait assassiné à coup de poinçon, une vieille femme à La Baronnière, arrondissement de Guéret? les plus graves présomptions ont pesé sur un autre inculpé et l'absence de similitude entre le mode de perpétration de ce crime et la manière d'opérer de Vacher permet d'en douter (1).

Du 8 avril, date de sa sortie de la maison d'arrêt de Baugé, au 9 juillet, Vacher parcourt successivement les départements de Maine-et-Loire, Sarthe, Orne, Eure, Seine-et-Oise; il passe à Paris, et entre, le 9 juillet au service du sieur Lecoq, cultivateur à Précy-sur-Marne.

Maria Clément, 17 ans : assassinat, Reims, 24 août 1896

Le 23 juillet, l'inculpé quitte la maison du sieur Lecoq : L'assassinat par lui le 24 août suivant, à Reims, de Maria Clément, 17 ans, jetée dans un canal après avoir été assommée à coup de souliers (cas d'Eugénie Delhomme, crime avoué) est tout ce qu'il y a de plus vraisemblable surtout si l'on rapproche de cette circonstance que Vacher était un pédéraste avéré ce fait que la victime portait des traces de violence à l'anus ; d'ailleurs, parti de Seine-et-Marne le 23 juillet, Vacher pouvait très bien se trouver à Reims un mois plus tard et il avait ensuite le temps nécessaire pour se rendre le 10 septembre dans l'Allier. Vacher accomplissait aisément dans un seul jour une marche de 80 kil. les experts en présence desquels il nous a tenu ce propos ne l'ont point contredit après avoir examiné l'état de ses jambes : Or les 14 jours qui séparent la date du crime de Reims de

(1) Le voyage dans la Loire-Inférieure, le Morbihan et la Mayenne est antérieur à l'affaire de la forêt de Pescheseul.

celle du crime avoué de Busset étaient un espace de temps largement suffisant pour lui permettre de se rendre de Reims à Busset.

Vacher serait-il l'auteur du meurtre d'une vieille femme, la veuve Charlot, assommée à l'aide d'un instrument contondant, à Moux (Nièvre), le 26 septembre, époque à laquelle il passe dans la région. Si l'on en croit le fils de la victime — d'ailleurs accusé de ce crime — qui a prétendu formellement reconnaître dans la photographie de Vacher un roulant qu'il avait aperçu chez lui la veille de la mort de sa mère, on serait peut-être tenté d'attribuer ce crime à Vacher. Mais il ne faut pas oublier que cinq jours après, seulement, a lieu le crime avoué de Varenne-Saint-Honorat (Le Puy). Vacher a vraisemblablement, de Busset, continué sa route vers le sud au lieu de revenir en arrière.

Vacher a prétendu que de Varenne-Saint-Honorat, il s'était acheminé vers Lourdes, en passant par le Cantal, la Corrèze, etc.

Assassinat d'un sieur Louradour, à Brives, novembre 1896

L'assassinat du jeune Louradour à Brives, dans les premiers jours de novembre, par un individu répondant au signalement de Vacher, que des témoins ont cru reconnaître dans la photographie qui leur a été adressée, paraît imputable à l'inculpé.

Il s'agit là, toutefois, d'un coup de couteau donné dans une rixe et non d'un assassinat selon la méthode de Vacher.

Célestin Gautrain, quarante ans, assassinat et vol, Lacaune (Tarn), 23 février 1897

Mais il est un crime qui est manifestement l'œuvre de Vacher; c'est l'assassinat de Gautrain Célestin, âgé de quarante ans, assommé à Lacaune à cette époque ; de plus, dans la soirée du crime, il a été vu buvant avec la victime dans un café de cette localité et le lendemain de cet assassinat il disparaissait brusquement du hameau de Couloubrac (commune de Lacaune) où il était installé depuis un certain nombre de jours. Gautrain avait été dépouillé d'une somme de 200 francs.

Nous avons reçu de notre collègue de Castres les pièces d'exécution d'une commission rogatoire que nous lui avions adressée, desquelles piéces il résulte que Vacher assistait à l'autopsie du corps de Gautrain et se répandait en invectives contre les habitants de Lacaune qu'il accusait du meurtre de la victime. De plus, un sieur Gasce, négociant à Castres, a vu la veille du crime Gautrain en compagnie de Vacher.

Enfin l'inculpé, auquel nous avons déclaré au cours d'une visite que nous lui avons faite à la maison d'arrêt que nous le considérions comme l'assassin de Gautrain et qu'antérieurement il avait déclaré ne pas connaître d'individu de ce nom, nous a répondu : « C'est sans doute parce que je suis revenu avec lui de Lourdes que l'on prétend que je l'ai tué... Sait-on s'il a été victime d'un vol ? » Sur notre réponse affirmative : « Alors je n'avoue rien. »

Adrienne Reuillard, neuf ans, assassinat, tentative de viol Belfort, 18 mars 1897

Le 1er mars on retrouve la trace de Vacher à Cublize et à Anse (Rhône), et il aurait été vu ensuite à Sigy-le-Chastel, arrondissement d'Autun, par le curé de cette commune : dès lors il ne serait pas impossible qu'il fût l'auteur de l'assassinat et viol commis à Belfort le 18 du même mois, sur Adrienne Reuillard, âgée de neuf ans. Cette enfant a été étranglée et violée. Le bruit a circulé à Belfort qu'un individu de taille moyenne, moustache noire, coiffé d'un chapeau gris, portant un bâton blanc recourbé, aurait été aperçu au moment du crime vers le lieu où il avait été commis, c'est-à-dire près d'un hangar. L'enfant a été violée après avoir été dépouillée de ses vêtements ; son béret portait une longue tache d'huile ; les ecchymoses observées sur le corps indiquaient que le meurtrier devait avoir des ongles assez longs. La présence dans le bagage de Vacher d'un chapeau gris, d'un bâton blanc recourbé, d'une petite fiole d'huile et cette circonstance qu'il portait les ongles très longs, tout cela peut être une indication. A noter également ce point important que des excréments s'échappaient du rectum de la victime, détail observé déjà sur Victor Portalier, la victime de Bénonces et sur Massot-Pelet, la victime de Saint-Étienne-de-Boulogne.

Geneviève Cadet, femme Heymain (vieille femme), assassinat. Les Haies, près Condrieu (Rhône), 11 avril 1897

Geneviève Cadet, femme Heymain, fut trouvée morte dans son habitation, l'artère carotide et la colonne vertébrale tranchées ; les sections paraissaient avoir été faites avec un instrument volumineux, tranchant et contondant, tel qu'une hache ou un fort couperet. Il est à remarquer que Vacher a été trouvé nanti, lors de son arrestation, arrivée trois mois plus tard, d'une hachette ou goyarde et de plus il était bien dans la région, puisque le 14, il écrivait de Lyon la lettre au sieur Genin, à Saint-Symphorien, près Tours, et que le 18, il était vu à Tartaras, près de Rive-de-Gier. Enfin de nombreux témoins auxquels sa photographie a été présentée affirment avoir vu Vacher aux Haies le jour du crime.

Léonie Soyer (jeune fille), tentative de meurtre et viol Greffigny (Haute-Marne), 26 avril 1897

Il paraît établi d'une façon à peu près certaine que l'inculpé se trouvait dans l'arrondissement de Chaumont (Haute-Marne), à la fin d'avril. Le 26, à Graffigny, même arrondissement, la jeune Léonie Soyer, qui garde son bétail dans un pré-bois, est brusquement assaillie par un roulant sorti de la forêt, qui la saisit au cou, passe une main sous ses jupes, puis la voyant résister la menace d'un tranchet, et prend enfin la fuite à la vue de paysans qu'il aperçoit non loin de là.

Blanche-Marie Humbert (jeune fille), tentative d'assassinat et viol. Daillecourt (Haute-Marne), 1er mai 1897

Cinq jours plus tard, le 1er mai, la jeune Blanche-Marie Humbert, de Daillecourt, même canton, gardant son bétail dans un pâturage, est également victime d'une semblable tentative de la part d'un vagabond sorti brusquement du bois. Un certain nombre de témoins de Daillecourt et Clefmont (le chef-lieu du canton), qui ont aperçu le vagabond se dirigeant vers Vrécourt, l'ont reconnu formellement dans les photographies de Vacher qui leur ont été représentées. L'inculpé a été vu alors vêtu d'un pantalon gris qu'il a racommodé au-dessous de la braguette, en présence d'un témoin auquel il avait demandé du fil à cet effet), coiffé d'un chapeau de feutre mou de même couleur. Or dans le bagage de Vacher, se trouve un chapeau de feutre mou gris et l'inculpé porte, sous son pantalon de velours, un pantalon gris qui a été précisément racommodé près de la braguette.

C'est à 11 heures 1/2 du matin, le 1er mai, qu'un témoin aperçoit le vagabond, qu'il déclare aujourd'hui être Vacher, se dirigeant vers Vrécourt distant de 18 kilomètres.

Jeanne Henrion, quatorze ans, assassinat et viol. Vrécourt (Vosges), 1er mai 1897

Or le soir même du jour vers 6 heures, en cette dernière localité, Jeanne Henrion, âgée de quatorze ans, a été victime d'une tentative de viol et d'un assassinat. Elle a été étouffée et portait au cou des traces d'égratignures. Une confrontation de Vacher avec les témoins de Clefmont nous a permis d'imputer avec une quasi-certitude à l'inculpé les tentatives de Graffigny et Daillecourt, et l'assassinat de Vrécourt. Ces témoins ont reconnu à la fois l'inculpé, son chapeau gris et sa grosse canne recourbée.

Les procès-verbaux de l'information que nous avons prescrite à Clefmont et qui nous ont révélé ce qui précède ont été envoyés par nos soins à notre collègue de Neufchâteau.

Le 20 mai, Vacher est aperçu à Clinchamp (Chaumont), par un sieur Leseur. Le 8 juin, il est à Craponne (Rhône), d'où il écrit au sieur Genin ; du 7 au 14 on le voit à Chaponost ; le 18 il est à Courzieu où il tue Pierre Laurent; dans l'intervalle il a commis le crime de Tassin-la-Demi-Lune ; puis on le voit successivement à Anse (Rhône), à Auberives (Vienne, Isère), à Valence, à Montel-de-Gelat (Puy-de-Dôme), où il poursuit plusieurs femmes et jeunes filles qui lui échappent à grand'peine.

Les renseignements donnés par les nombreux témoins de Montel-de-Gelat établissent nettement qu'il s'agit bien de Vacher lui-même; au surplus, de cette localité, le vagabond que l'on croit être Vacher se dirige vers l'ouest, or, un témoin confronté à la maison d'arrêt de Belley avec ce dernier l'a reconnu nettement pour être un vagabond qui avait travaillé une journée à la fin de juin chez M. de Vars son patron, à Lascamp près Brives (Corrèze). Le 1er juillet on retrouve Vacher à Taponos, arrondissement de Villefranche (Rhône).

Veuve Lagier, soixante ans, assassinat. Volvent (Drôme), 4-5 juillet 1897

Le 8 et le 9, sa présence est constatée à Arras, canton de Tournon (Ardèche). Or, dans la nuit du 4 au 5, une certaine veuve Lagier, âgée de de soixante ans, est assassinée dans une bergerie, dans un ravin, porte au ventre une large plaie laissant passer les intestins, et au sternum une autre plaie. C'est bien là le genre de blessure que l'on observe sur le corps de la plupart des victimes de Vacher : d'autre part, ni vol, ni viol, et enfin il faut admettre que l'inculpé, qui se trouvait le 1er dans le Rhône et le 8 dans l'Ardèche, a très bien pu être dans l'intervalle, le 5, dans la Drôme. Toutefois ce n'est encore là qu'une hypothèse, mais combien vraisemblable. Le moment de l'arrestation est proche : du 13 au 20, Vacher circule entre Tournon et Valence, en se dirigeant toutefois vers le sud ; le 21 il est vu à Baix, par le sieur Malartre qui l'a reconnu au cours d'une confrontation à la prison de Belley, et tout porte à croire qu'il sera l'un des auteurs de l'assassinat commis à 20 kilomètres de là au Crouzet, commune de Coux (Ardèche); trois jours plus tard, le 24 juillet, sur la personne de la veuve Laville, âgée de soixante et un ans.

Veuve Laville, soixante et un ans, assassinat et viol
Le Crouzet, commune de Coux (Ardèche), 24 juillet 1897

La victime a été assommée avec un caillou, étranglée avec un cordon de son tablier et elle a eu la gorge tranchée.

L'assassinat a été suivi de viol. Les soupçons se sont portés sur quatre individus aperçus dans les environs le jour du crime. Or le signalement de l'un d'eux paraît s'appliquer à Vacher.

L'inculpé nous a déclaré qu'un jour, dans l'Ardèche, au moment où il venait d'entrer, pour y passer la nuit, dans une maison abandonnée, il s'était tout à coup trouvé en présence de trois individus, dont la masure était le refuge habituel. L'aîné, qui semblait plus âgé que les deux autres et paraissait être le chef de la bande, se serait disposé à tuer Vacher avec un revolver, lorsque l'intervention du plus jeune disant : « laisse-le donc, c'est un trimard comme nous » aurait sauvé la vie audit Vacher. Le signalement que Vacher nous a donné de ces trois individus, un jour qu'étant seul à la maison d'arrêt, nous essayons d'obtenir de lui les éclaircissements qu'il refusait de nous donner en présence de notre greffier, et le trouble dans lequel l'inculpé nous a paru être lorsque nous lui avons annoncé notre intention de faire rechercher les trois individus, nous ont amené à penser que Vacher pouvait bien assister, comme quatrième complice, les trois individus dont il s'agit dans l'assassinat de la veuve Laville. Mais Vacher était alors entré dans la période du mutisme à l'instruction : un interrogatoire eût été vain ; il a pris soin de nous en avertir, et songeant au bon résultat que nous avions obtenu en ne le contrariant jamais, nous avons préféré attendre une occasion plus favorable et pousser plus avant notre investigation relativement à l'assassinat dont il s'agit.

En résumé, le nombre d'assassinats qui, parmi les 86 crimes que nous avons eu à examiner, pourraient avec quelque vraisemblance être attribués à Vacher ne serait pas inférieur à 16, sans parler des tentatives auquelles il convient d'ajouter une tentative de viol nettement caractérisée, dont a été victime une femme habitant Brioude.

Les procès-verbaux de gendarmerie, relatifs à cette affaire figurent au dossier de l'affaire Vacher (liasse des P.-V. relatifs à des crimes qui nous ont été signalés, à la fin de l'année 1896, dans les environs de cette ville).

Cette femme, dont le nom nous échappe en ce moment, voyant une photographie de Vacher l'a reconnu sans la moindre hésitation pour son agresseur de 1896.

Le juge d'Instruction,
FOURQUET.

VI. — PIÈCES EXTRAITES DU DOSSIER

7e Corps d'armée — 13e Division — 25e Brigade — Place de Besançon.

60e RÉGIMENT D'INFANTERIE

Rapport sur le sergent Vacher, établi le 30 juillet 1893, par le médecin-major de 1re classe Grandgury, chef de service au 60e régiment d'infanterie.

Le sergent Vacher, incorporé au corps le 15 novembre 1890, fut mis à l'infirmerie pour la première fois le 9 octobre 1891. Il était en ce moment soldat à la 3e compagnie du 3e bataillon.

A la suite de vives contrariétés il avait, dans un accès d'excitation alcoolique, paraît-il, cherché à se couper la gorge avec un rasoir.

Observé à l'infirmerie, il fut pendant quelques jours sous le coup d'idées noires avec délire des persécutions.

Envoyé en permission dans sa famille, je n'avais plus eu occasion de le revoir jusqu'au moment où il fut nommé sergent. C'est alors qu'il fut envoyé à l'infirmerie pour la seconde fois. Je remarquai que le sergent Vacher sans être effectivement malade était dans un état d'affaissement nerveux que j'attribuai au travail fourni par lui au moment de ses examens pour le grade de sous-officier.

Depuis ce jour, cet état nerveux morbide n'a cessé de progresser, les idées de persécutions déjà observées en 1891 viennent de nouveau tourmenter Vacher à tel point qu'il fut nécessaire de l'évacuer sur l'hôpital avec le diagnostic de troubles psychiques.

En raison de la prochaine libération de ce sous-officier, le médecin traitant lui fit obtenir un congé de convalescence de quatre mois afin qu'il n'eût plus à reparaître au corps. C'est pendant ce congé que, sous le coup d'une nouvelle crise d'excitation cérébrale avec idées délirantes, il commit l'acte criminel qui motiva son internement.

Il est manifeste actuellement que le sergent Vacher est atteint de délire des persécutions, qu'il est absolument hors d'état de continuer à servir et qu'il y a lieu de le proposer pour la réforme.

Signé : GRANDGURY.

Vu le chef de corps

Pour copie conforme,
Le médecin-major de 1re classe,
D. RAVENEZ.

Rapport médico-légal constatant l'état mental du sieur Vacher Joseph inculpé de tentative d'assassinat.

Je soussigné, Guillemin Léon, médecin-adjoint de l'asile public des aliénés du Jura, domicilié à Saint-Yllie, commis par M. le juge d'instruction de l'arrondissement de Baume-les-Dames à l'effet d'examiner l'état mental du sieur Vacher Joseph, âgé de vingt-trois ans, sergent au 60e régiment d'infanterie, actuellement en congé, inculpé de tentative d'assassinat, faire connaître si l'inculpé jouit de la plénitude de ses facultés intellectuelles ; s'il a conscience des actes qu'il commet et s'il doit être considéré comme responsable et dans quelle mesure.

Après avoir pris connaissance des pièces de la procédure et avoir interrogé le prévenu à plusieurs reprises, serment préalablement prêté, ai rédigé le rapport suivant.

FAITS ET RENSEIGNEMENTS

Étant au régiment l'inculpé fit la connaissance de la nommée Barraud Louise et des promesses de mariage furent échangées entre eux. Vacher fut envoyé en congé de convalescence ; il se rendit dans sa famille mais revint bientôt à Baume-les-Dames, pays de la fille Barraud, et sur les instances de celle-ci. Le prévenu vivait chez les parents de sa fiancée depuis quelques jours, quand cette dernière le congédia sans aucun motif, en refusant de lui rendre les cadeaux qu'elle avait reçus. Rendu furieux, Vacher tira sur elle plusieurs coups de revolver.

Au régiment, l'accusé a donné à différentes reprises des inquiétudes au point de vue de son état mental. A deux reprises différentes il fut envoyé en congé de convalescence, comme ayant des propensions au délire des persécutions.

Cet état maladif s'était montré chez le prévenu depuis son arrivée au corps. Un des capitaines s'exprime en ces termes : « Vacher a souvent fait preuve d'une grande surexcitation qui se traduisait par des querelles sans motif avec ses camarades. Il avait la manie de la persécution. A cet état nerveux a succédé un affaissement moral qui dura un certain temps. Il m'écrivait des lettres où il m'exposait ses soi-disant malheurs. A plusieurs reprises, il a témoigné de son dégoût de la vie et il laissait volontiers hanter son esprit par l'idée de suicide. »

Un peu plus tard il essaya de se précipiter par une fenêtre du deuxième étage.

M. le lieutenant Greilsemmer commandant la compagnie où Vacher était sergent n'est pas moins categorique sur l'état mental de l'inculpé. Celui-ci était d'un caractère concentré, peu communicatif avec ses camarades ;

ceux-ci cherchaient à le faire sortir des idées mornes qui le hantaient mais sans y parvenir. (*Voir lettre jointe.*)

Ses chefs reconnaissent qu'il était d'une conduite régulière, sa moralité était parfaite, son honorabilité et son honnêteté ne peuvent être mises en doute, il était d'une grande sobriété.

Cette tendance d'esprit se manifestait déjà chez l'inculpé dès son jeune âge, dans sa famille, il se montrait tel qu'il est aujourd'hui, violent, emporté, soupçonneux, mécontent ; à six ans il est mordu par un chien enragé. Dès l'âge de neuf ans, il se fait remarquer par des extravagances. On lui confie une voiture, il la met en pièces pour se distraire ; il s'amuse à couper les jambes aux bestiaux dont il a la garde. Plus tard, que sa famille lui adresse une remontrance, un faible reproche, il s'emporte, accuse ses parents de lui vouloir du mal, leur reproche de lui avoir refusé les moyens pour continuer ses études, part de chez lui et on ne le revoit pas de huit jours. Il occupe plusieurs places et partout ce sont des querelles.

A quinze ans, il entre comme novice dans la congrégation des frères de Saint-Genis-Laval près de Lyon. Il y reste trois ans. Vacher voulait entrer dans l'enseignement, devenir une autorité, un chef dans le couvent, mais pour des motifs pécuniaires ses supérieurs se bornaient à l'occuper aux travaux des champs. Il en conçut un vif chagrin, il s'adressa alors à sa famille qui ne put ou ne voulut pas adhérer à ses désirs. De là ces idées de haine contre sa famille.

Comme antécédents héréditaires, une de ses sœurs aurait eu des accès de lypémanie avec idées de suicide, un de ses oncles aurait fait des extravagances.

EXAMEN DIRECT

Lors de son entrée à l'asile, Vacher se présente à nous dans l'état suivant :

De constitution robuste, malgré un amaigrissement assez marqué. Nous observons une dépression au niveau de la suture lambdoïde, une asymétrie faciale produite par la paralysie de la septième paire du côté droit. De ce côté nous notons un abaissement de la commissure labiale ; la joue est flasque et cédant dans les expirations à la pression de l'air du dedans au dehors, s'enfle pour retomber ensuite ; par suite de la paralysie de l'orbiculaire des paupières, l'œil ne peut se fermer complètement. A l'angle de la mâchoire inférieure existe un orifice par lequel on conduit un stylet jusqu'au maxillaire inférieur, suivant un trajet perpendiculaire à cet os et d'une longueur de trois centimètres environ. Cette plaie est le siège d'une suppuration abondante. Au lobe de l'oreille est aussi un orifice, mais qui ne conduit dans aucun trajet. La bouche ne peut s'ouvrir, la voix est nasillarde et peu distincte, la parole traînante, la mastication très difficile. L'état de l'inculpé est si précaire que nous sommes obligés de le placer à l'infirmerie.

Les premiers jours il est abattu, bouleversé ; la plaie l'occupe seule et il faut le panser à chaque instant sous peine de subir ses doléances. Puis viennent des plaintes continuelles ; il nous accuse de vouloir le faire mourir, de ne pas nous occuper de lui alors que nous nous intéressons plus à lui qu'aux autres malades. Chaque matin à la visite il nous demande si on veut bientôt l'opérer. Accédant à ses désirs nous préparons tout pour le 15 juillet. Amené dans la salle d'opération, Vacher se débat, il ne veut pas respirer le chloroforme et refuse de se laisser opérer. Le lendemain il écrit à sa sœur une lettre dans laquelle il s'exprime en ces termes : « Comme je peux encore supporter mes souffrances, j'aime mieux attendre parce que je sais bien qu'ils veulent me tuer, mais non me guérir, car il y a longtemps qu'ils auraient fait cette opération, s'ils avaient voulu me soulager. » Dans cette lettre il menace d'attenter à ses jours si on le retient à l'asile après sa guérison. D'ailleurs, sans l'amitié qu'il avait pour cette fille il se serait déjà détruit, car il y a des moments où il ne sait ce qui le retient sur terre.

A nous il se plaint d'avoir un caractère porté à l'ennui, on lui en veut, mais là se bornent les confidences qu'il consent à nous faire.

Le 20 juillet un véritable accès d'agitation se déclare. Au réveil il est un peu excité, accuse les médecins de le négliger, de vouloir le laisser mourir ses balles dans la tête, aussi demande-t-il son transfert à l'hôpital militaire de Besançon. A la visite il s'assied sur son lit, parle avec animation, réclame des juges, peu lui importe la peine qui lui sera infligée, il connaîtra au moins le jour de sa liberté.

Il n'est pas fou, il ne doit pas rester à l'asile ; si cependant on continue à le tenir enfermé, l'ennui le gagnera et il mettra fin à ses jours malgré la surveillance dont il sera l'objet. Puis il entre dans des récriminations contre sa fiancée ; celle-ci l'a indignement trompé, mais elle a dû être poussée par un autre.

Il n'avait cependant pas l'intention de la tuer, mais celle de se tuer en chemin de fer.

Nous parvenons cependant à le calmer et nous obtenons de lui les aveux suivants : au régiment son caporal lui en voulait et cherchait par tous les moyens à l'empêcher de parvenir. Quand on passait à côté de lui on chuchotait, on le regardait d'un mauvais œil, on le dénigrait auprès de ses supérieurs pour retarder son avancement. Il ignore depuis combien de temps il est à l'asile et à quelle époque il a commis sa tentative d'assassinat. A partir de ce moment l'inculpé se maintient devant nous, il avoue même qu'au régiment il s'était fait de fausses idées. Les frères deviennent ses ennemis. Les trois ans passés dans leur maison sont la cause si sa vie est remplie de malheurs. C'est à eux qu'il doit le caractère sombre, inquiet, porté à la tristesse qui lui interdit un instant de bonheur ; s'il n'avait pas été chez les frères il ne serait pas comme ça.

Telle n'est pas sa conduite devant les surveillants et les malades. Il leur raconte que nous nous moquons de lui, que nous passons devant son lit sans le regarder, le négligeant plus que les autres malades, que nous serions heureux de l'envoyer au cimetière, que nous ne voulons pas l'opérer.

Pendant la nuit il se relève pour écrire, accuse deux malades de vouloir le perdre dans l'estime du surveillant, les menace même ; à certains moments il lève la tête, fixe les yeux comme s'il entendait des voix invisibles. Le 25 août on le voit s'élancer plusieurs fois en avant, comme s'il voulait tomber sur quelqu'un ou prendre sa course, il lève les yeux comme si quelqu'un l'interpellait, ses traits sont troublés.

DISCUSSION

Il importe maintenant d'établir sur quel terrain morbide se trouve placé Vacher. Celui-ci est un délirant par persécution à la première période.

Cet état maladif remonte déjà à plusieurs années. Dans sa famille il était violent, emporté, soupçonneux, au couvent il a l'ambition de devenir supérieur, mais ses moyens pécuniaires ne lui permettant pas de continuer ses études, il est obligé de quitter cet établissement ; de retour dans sa famille il accuse ses parents d'avoir entravé son avenir ; viennent-ils à lui adresser une observation, il prétend qu'ils lui en veulent. L'inculpé se rend à Lyon, entre dans différentes places qu'il quitte bientôt. A peine arrivé au régiment il manifeste les mêmes idées de persécution ; simple soldat, un caporal le persécute, veut l'empêcher de parvenir ; sergent, ses camarades parlent mal de lui, le regardent d'un mauvais œil, chuchotent quand il passe à côté d'eux ; tous le dénigrent auprès de ses supérieurs, aussi écrit-il plusieurs lettres à ses chefs pour se disculper. Sur ces entrefaites il fait la connaissance de la fille Barraud, son état s'aggrave, il profère des menaces contre les sergents qui habitent la même chambre que lui.

A l'asile cet état maladif suit la marche progressive. Tout le monde s'est ligué contre lui. Nous avons pour lui toute sorte de bontés, loin de nous en savoir gré il nous accuse de vouloir le tuer et non le guérir. Nous nous moquons de lui, nous passons devant son lit sans le regarder, nous serions heureux de l'envoyer au cimetière.

Les malades sont ses ennemis, ils le mouchardent, aussi profère-t-il des menaces contre eux. Quoique l'inculpé nie les actes désordonnés auquels il s'est livré le 25 août dernier, nous estimons qu'alors Vacher agissait sous l'influence d'hallucinations de l'ouïe.

CONCLUSIONS

De ce qui précède nous concluons : Le sieur Vacher Joseph est atteint d'aliénation mentale caractérisée par le délire des persécutions.

Saint-Ylie, le 12 septembre 1893.

Signé : GUILLERMIN.

Lettre du lieutenant Greilsemmer, commandant la 2e compagnie du 2e bataillon, au colonel du 60e régiment d'infanterie

Besançon, le 30 juin 1893 (1).

La conduite du sergent Vacher pendant son séjour dans la compagnie a toujours été très bonne ; jamais aucune irrégularité n'a été constatée, sa moralité était parfaite, son honnêteté et sa probité ne peuvent être mises en doute, il était d'une grande sobriété.

D'un caractère concentré en lui-même, il était peu communicatif avec ses camarades ; ceux-ci cherchèrent au début à le faire sortir des idées noires qui le hantaient mais sans y parvenir.

Poursuivi par cette manie de la persécution, Vacher ne voyait autour de lui que des mouchards ou des gens qui cherchaient à lui nuire.

D'une force musculaire considérable, Vacher sentait le besoin de la dépenser au dehors et il éprouvait un plaisir sauvage à soulever à bras tendu des objets mobiliers du casernement (bancs de troupe, chaises attachées ensemble) ; il serait allé autrefois, avant son arrivée à la compagnie, lutter dans les foires, poussé par le seul besoin de faire agir sa force.

L'état d'énervement dans lequel il se trouvait lui causait des insomnies pendant lesquelles il monologuait avec des gestes menaçants et le moindre froissement qu'il avait pu éprouver avec ses camarades ne faisait qu'augmenter cet état de surexcitation ; Vacher parlant alors de leur couper le cou avec un rasoir, ses camarades ne se couchaient plus sans craindre pour leur vie et plaçaient leur épée-baïonnette à côté d'eux.

J'ajouterai que lorsque Vacher se trouvait dans cet état, il leur paraissait être un somnambule en proie à une idée fixe, il exprimait alors le besoin qu'il avait de voir couler leur sang.

Depuis son arrivée à la compagnie, Vacher avait fait connaissance d'une femme habitant Baume-les-Dames.

L'amour qu'il éprouvait pour elle semble encore avoir augmenté son état en le compliquant de jalousie. C'est sous l'influence de cette jalousie qu'il a menacé de mort le soldat Loyonnet (actuellement caporal à la compagnie et qu'il soupçonnait de vouloir lui enlever sa femme).

Lorsque Vacher proféra ces menaces de mort contre ses camarades, le commandant de la compagnie demanda qu'il fût mis en observation, et le résultat de cette surveillance fit l'objet d'un rapport spécial de M. le médecin-major, chef de service.

Signé : GREILSEMMER.

(1) Se rappeler que Vacher a commis la tentative d'assassinat de Baume-les-Dames le 24 juin.

ASILE PUBLIC D'ALIÉNÉS DE SAINT-ROBERT

Copie de lettres adressées et écrites par le nommé Vacher Joseph à M. le médecin-directeur du dit asile.

Asile de Saint-Robert, le 15 janvier 1894.

MONSIEUR LE DIRECTEUR,

Je vois que vous êtes un peu dans l'indécision pour me faire l'opération, c'est pour le motif que je me fait un devoir de m'approcher aujourd'hui de vous pour vous causer à ce sujet et vous rassurer par mon courage sur le danger et les souffrances que je dois m'attendre.

A mon idée, M. le Directeur, il y a certainement une grande porte laissée ouverte pour me sauver, mais faut-il pour cela que je ne sois pas abandoné, comme je l'ai été pendant 6 mois à l'asile de Dôle.

L'opération est dangereuse, je le reconnais, mais je vous dirais, M. le Directeur, que j'ai déjà suporté une toute aussi délicate que celle-là : c'est vrai j'avais affaire à des hommes qui s'occupaient sérieusement de moi, qui étaient capables et qui ne se contentaient pas de regarder et laisser grandir le danger.

Fort heureusement, M. le Directeur je suis loing d'avoir affaire aujourd'hui aux personnes qui mon négligé pendant 6 mois. Je puis même vous dire, avec plaisir, que depuis mon arrivée j'ai été surpris d'être entré dans une nouvelle asile aussi bien administré, aussi je puis le répéter; j'ai cru rentrer *dans un Paradis* lorsque pour la première fois j'ai senti sous quelle direction jallais nouvellement vivre.

Dans votre dernière visite, M. le Directeur, je vous ai dis que je serais bien heureux si vous pouviez me faire envoyer à l'Hôtel-Dieu, à Lyon, pour me faire faire cette dangereuse opération, car là, je l'espère, jaurai affaire à quelques bons spécialistes chirurgiens, et ce qui me ferais encore plus plaisir, je pourrais, en les avertissant, *revoir certains Parents qui me sont les plus chers avant le moment de l'opération.*

Veuillez donc, M. le Directeur, vous occuper sérieusement de moi pendant qu'il fait une température froide, car plus tard il serait peut-être impossible de recourir à la dernière espérance.

Dans l'espoir que M. le Directeur accueillera favorablement mon humble lettre. Je reste son très humble et fidèle serviteur.

Signé : VACHER.

Asile Saint-Robert, le 29 janvier 1894.

MONSIEUR LE DIRECTEUR,

A chaque visite que vous passé vous me demandez bien si je vai mieux; si je peux vous répondre oui, c'est bien, mais si je suis obligé de dire le contraire vous me parlé de m'électriser une partie de la tête, vous passez et tout est fini, vous n'ignorez cependant pas M. le Directeur la dangereuse situation dans laquelle je me trouve, vous savez aussi et mieux que personne que ma place pour le moment n'est point ici, mais bien dans un hospice ou je pourais attendre avec confiance les soins que réclame mon état. De plus, vous savez que depuis de longs mois je souffre, c'est vrai de ma faute, mais aussi de celle de ceux qui sont payés pour me soigner. Pour tous remède je n'ai eu jusqu'à présent que ces quelques paroles *consolantes:* l'opération est dangereuse. J'ai souvent répondu à ceux qui me parlaient ainsi : si elle est dangereuse, j'ai du courage ? et c'est un motif pour ne point m'oublier, me mettre au plus tôt entre des mains capables qui certainement ne feront pas les mêmes réflections et qui auront donné la vie à d'autres pauvres abandonnés que moi, mais voilà, j'ai laissé échapper de ma bouche quelques fâcheuses paroles lors de mon transfert et c'est pour ce motif là que vous évitez à obéir à votre conscience et ne me mettez pas au lieu que mon état réclame. M. le Dr Boinet m'a bien dit qu'il avait écrit à un chirurgien de venir, mais si ce chirurgien juge bon de me faire l'opération, ce n'est toujours pas ici qu'il pourra me la faire et me donner les jours suivants les soins que lui seul sera dans la possibilité de me donner. Si vous le faites venir pour m'examiner seulement, c'est très bien, mais ce n'était pas la peine d'attendre si longtemps et de me laisser dans la souffrance pour attendre une personne vers laquelle vous devriez m'envoyer.

Il y a quelques jours je vou ai demandé, M. le Directeur, l'autorisation d'aller me reposer dans mon lit quand la tête me ferait trop souffrir. Vous me l'avez permis en présence de mon chef surveillant. Celui-ci me refuse cette grâce que je lui demande le soir après la soupe, car c'est le soir que la tête me fait le plus souffrir. *Il a peur que je me suicide* en son absence me répondit-il ? Vous mettant un instant à ma place, ne croiriez-vous pas M. le Directeur *qu'il est temps que de tels idées* et de pareilles *remèdes changent?* Ne penseriez-vous pas comme moi qu'il faut qu'il y ai une grande porte pour me sauver pour que dans l'état où je me trouve j'ai pu endurer pendant six mois la misère et la faim dans mon ancienne asile, oui la faim, car je me contentais souvent de manger mon morceau de pain seul pour me tenir la vie, plutôt que de manger la mauvaise nourriture qu'on nous donnait et je *n'étais malheureusement pas le seul* aussi était-il facile à comprendre les motifs qui m'ont poussé aux incidents qui me sont arrivés dans mon ancienne asile ou lors de mon transfert. *Quant à la faiblesse morale que j'ai eu à Beaume-les-Dames, je l'ai réparé depuis longtemps par les souffrances que je me suis mérités* et combien aurait-il, peut-être, mieux vallu qu'un jugement me soit rendu, car vu mes antécédents et les conditions dans lesquelles mon malheur m'était arrivé (surtout qu'il *n'y avait que moi qui avait du mal*) j'avais tout à croire que le jugement rendu par la Cours d'assises m'aurait acquitté. J'en ai vu acquitté d'autres qui avait fait bien plus du mal que moi. En tout cas on m'aurait mis de suite au lieu que mon état réclamait, mais on a cru bien faire en m'envoyant à l'asile de Dôle pensant que là j'y trouverai les remèdes physiques et mentals que mon état réclamait. J'y ai *trouvé*, malgré les orgies que j'ai vu s'y dérouler le *remède à mon esprit* et vous pouvez M. le Directeur *en juger aujourd'hui par vous-même*, maintenant à vous de me mettre au lieu que je dois être pour tenter à ma guérison ou à me remettre à mes parents.

J'aime à croire que vous accueillerez favorablement mon humble lettre et que vous ferez M. le Directeur votre possible pour améliorer ma triste situation.

Votre très humble et très respectueux serviteur,

Signé : Vacher.

Asile Saint-Robert, le 5 mars 1894.

Monsieur le Directeur,

Il y a une quinzaine de jours vous m'avez demandé ou j'irais en sortant d'ici, si ma sœur ne venait me chercher ? Il est facile à comprendre que vu les conditions ou je me trouve je n'ai pu vous répondre de suite à une telle question posée à l'improviste. Il faut donc aujourd'hui que j'ai réfléchi à ce cas là, vous faire connaitre mes intentions, car je pense bien que quoique ma sœur ne viendrait pas me chercher je ne serait pas plus condamné qu'un autre à rester ici. *La grande question est de savoir si j'ai l'amour du travail et assez d'esprit pour en trouver au besoin.*

Vous pouvez M. le Directeur, juger de celà *d'après mes antécédents*, d'après le plaisir que vous me ferez en me rendant ma liberté après tant de souffrance !...

Maintenant M. le Directeur, nous sommes seize enfants dans notre famille (deux mères) et tous sont à peu près à leur aise et mariés. Je n'aurais qu'un frère je serais peut-être que plus tôt retirer, car chaqu'un doit se discuter ma responsabilité (puisqu'ils doivent se rendre responsables de moi pour me retirer) quoique celà, je suis bien sûr qu'aucun ne me laissera dans le besoin une fois sorti d'ici et que tous en seront heureux. Tout ceux qui sortent d'ici n'ont toujours pas cet avantage. Tous n'ont pas une petite somme d'argent et ne sont pas si bien habillé que moi. Tous n'ont pas une pièce de terrain bien vendable avec laquelle ils peuvent faire naître au besoin une pièce de 600 francs en attendant de se fixer dans une place suivant leur conditions ou de se créer un domicile le lendemain même de leur sortie. Mieux que çà, ma sœur de Menton qui mieux que toute autre ne me laisseras pas dans le besoin une fois dehors, a une maison qui lui revient de l'héritage de mon père à Beaufort et cette maison qui n'est pas habitée depuis près de six ans me suffit largement si je la veux pour mon domicile. D'ailleurs elle me l'a promis quand elle est venu me voir à Beaumes-les-Dames lors de mon malheureux évènement.

Maintenant, penseriez-vous qu'elle m'en empêcha (ce qui n'arriveras assurément pas) que je me créérais une autre domicile avec le secour de mon argent. Tout celà ce n'est que pour *vous rassurer* après ma sortie d'ici. Pour quant à moi *je suis sur* qu'une fois dehors, ma sœur de Menton pour la première fois ne me *laissera point* dans le besoin. Tout le mal qu'il y a, c'est que mes frères ou sœur se font peut-être une idée trop grande de leur responsabilité vis-à-vis de moi.

Il est probable que je recevrais une réponse de ma sœur de Menton ces derniers jours, mais dans le cas contraire, je compte sur votre bonté et votre justice pour tous.

Dans la confiance que vous daignerez, Monsieur le Directeur, prendre ma lettre en considération, je reste votre très humble et très respectueux serviteur.

Signé : VACHER.

Asile Saint-Robert, le 30 mars 1894.

MONSIEUR LE DIRECTEUR,

Comme je dois bientôt vous quitter, il m'est *un devoir rigoureux* de venir en dernier lieu près de vous pour vous remercier ainsi que *M. Boinet des services que vous m'avez rendus depuis que je suis dans votre asile et vous témoigner toute la reconnaissance que je vous dois pour la grâce que votre bonté et votre justice a bien voulu me faire accorder.*

Je ne regrette qu'une chose, Monsieur le Directeur, celle qu'on ne m'est pas envoyé directement dans l'asile de mon département après mon malheur, car j'aurais ainsi échapper à bien des souffrances et autant que je puis le croire j'aurais regagné ma liberté depuis longtemps.

Comme je vous l'ai dit, Monsieur le Directeur, *je vais aller trouver les frères Maristes* en sortant d'ici et faire tout mon possible pour *entrer domestique chez eux, où ce cerait si bien ma place.* Je serais bien heureux si cela vous était possible de me faire une petite recommandation qui certainement m'aiderait beaucoup pour y rentrer. Je vous remercie à l'avance si vous avez l'obligeance de me le faire.

M. Berlioz m'avertit l'autre jour que vous aviez donné ordre de me retirer mon revolver et mon couteau (1). J'ai été un peu étonné que vous m'ayez retiré le couteau ; quant au revolver ni *je n'aurais osé le regarder ni le toucher.* Ma première pensée quand M. Berlioz m'en a parler était de m'en débarrassé en le lui donnant et c'est ce que je désirerais que vous fassiez si cela vous est possible. Si vous ne pouvez vous en débarrassé de cette manière veuillez avoir l'obligeance de le faire envoyer à mes frais, à un de mes neveu, à l'adresse: Perret Pétrus, propriétaire à Saint-Genis-Laval, quartier de Nève, Rhône.

(1) Par précaution et par crainte de nouvelles tentatives de suicide au dehors.

Dans le cas où je n'aurais pas le plaisir de vous dire adieu avant mon départ, j'ai l'honneur de vous serrer cordialement la main et de rester votre très humble et très respectueux serviteur.

Signé : VACHER.

Pour copie, certifié conforme :

Le médecin-directeur,
J. DUFOUR.

Asile de Saint-Robert, le 12 novembre 1897.

RAPPORT DE M. LE DOCTEUR DUFOUR

Le nommé Vacher Joseph est entré à l'asile de Saint-Robert, le 21 décembre 1893, par transfèrement de l'asile de Dôle.

Ce transfert fut opéré, sur l'ordre de M. le préfet de l'Isère, en date du 1er décembre 1893, par les agents de l'asile de Saint-Robert.

Les renseignements contenus au dossier établissent que Vacher, jeune soldat de la classe de 1889, a été réformé le 2 août 1893, sans autre indication sur le motif de la réforme, ni sur ses antécédents au régiment.

Le certificat qui a été délivré par l'asile de Dôle, le 3 décembre 1893, à l'occasion du transfert, est ainsi conçu : « Vacher Joseph, militaire réformé, entré le 7 juillet 1893, est toujours hanté par des idées de suicide. A fait une tentative vers la fin d'octobre. Se jetait la tête contre les murs. Est très disposé à recommencer à la première occasion. En veut aux médecins, parce qu'ils ne l'ont pas opéré, et croit qu'autour de lui on le jalouse, on le persécute, etc. Peut être transferé, mais, en raison de la ténacité des idées de suicide, exigera une surveillance rigoureuse et de tous les instants. »

La veille du transfert, les agents de l'asile de Saint-Robert virent Vacher à Dôle; il était calme et promit de se comporter convenablement, pendant le trajet qu'il allait faire. Il se montrait satisfait de partir, espérant qu'on le ferait opérer à Saint-Robert et qu'on le rendrait ensuite à sa famille.

Cela était du reste son seul désir, nous écrivait notre collègue de Dôle, à la date du 11 décembre 1893. Vacher fut très calme de l'asile à la gare de Dôle. Au départ, étant gardé à vue et de très près, il demanda à aller satisfaire un besoin, et se dirigeant vers les cabinets, il se mit à courir à toutes jambes. Poursuivi par nos agents, il fut arrêté 100 mètres plus loin par des poseurs qui se trouvaient sur la voie. Des liens lui furent placés aux mains et aux pieds et il fut porté dans le compartiment, d'où il chercha encore à s'évader, en se précipitant par la portière, au moment du départ du train.

Dans le compartiment, il poussait des cris de : vive l'anarchie et se plaignait de prétendus mauvais traitements à l'asile de Dôle, sans chercher à frapper ses conducteurs, qui eurent beaucoup d'embarras avec lui à la gare d'Ambérieu.

A chaque station, il proférait les mêmes cris, pour émouvoir le public et faire connaître, disait-il, les prétendus sévices dont il avait eu à se plaindre.

A Ambérieu, il promit d'être calme si ses liens étaient desserrés et il tint parole. Il fut en effet très calme depuis.

Ces faits prouvent que Vacher était parfaitement maître de lui à ce moment.

A l'asile de Saint-Robert, nous apprenons de sa bouche qu'à la suite de la rupture d'un projet de mariage et de l'abandon par sa fiancée, il avait tiré sur cette dernière, sans l'atteindre, plusieurs coups de revolver et qu'il avait ensuite essayé de se suicider.

Il nous dit également qu'au régiment on lui voulait du mal.

Il se plaignait de souffrir de céphalalgie; il présentait de l'otorrhée et de la paralysie faciale à gauche. Il prétendait avoir une balle dans la tête.

Nous le fîmes examiner par M. le Dr Comte, chirurgien en chef des hôpitaux de Grenoble, qui ne découvrit aucun corps étranger, mais seulement une carie du rocher, avec suintement par l'oreille. Vacher s'est toujours comporté d'une façon convenable avec les gardiens et avec les malades, sans avoir jamais parlé d'anarchie ou de doctrines anarchistes pendant son séjour pas plus que de toute autre chose pouvant avoir un rapport éloigné avec les faits dont il est accusé aujourd'hni. Il n'a commis aucune tentative de suicide.

Il n'a jamais eu aucun accès d'aucune nature, n'a jamais été obscène, immoral ou impulsif en quoi que ce soit, pendant le séjour qu'il a fait à l'asile, dans le quartier de sûreté où il a été maintenu en raison de ses tendances à l'évasion.

Il passait son temps à lire, ou isolé, se plaignant de céphalalgie et de son écoulement par l'oreille, et parlant surtout de son désir d'être opéré.

Il ne nous a jamais entretenu de la morsure d'un chien enragé, ni des breuvages qui lui avaient vicié le sang, pas plus que des accidents spéciaux qui ont motivé son admission à l'Antiquaille et à l'hospice de Grenoble.

Nous n'avons eu aucun renseignement sur ses antécédents, et rien dans ses allures ne permettait de supposer qu'ils fussent mauvais ; au contraire, puisqu'il avait été sergent au 60e de ligne.

Il avait bien soin d'invoquer en sa faveur sa qualité d'ancien sous-officier, pour démontrer la réalité de sa bonne conduite et la possibilité d'occuper dans la société une situation lui permettant de vivre honorablement de son travail.

En réalité, j'ai considéré qu'à la suite des chagrins résultant de la rupture de son mariage, Vacher avait pu devenir mélancolique avec tendances au suicide; ces tendances étant confirmées par les faits antérieurement constatés.

Nous ne pouvons nous prononcer sur l'état mental de Vacher avant son entrée à Saint-Robert, notre observation personnelle ne nous ayant jamais fait constater chez lui des signes bien positifs de folie.

Les opinions que nous avons formulées dans nos certificats sont basées sur des faits antérieurs que nous n'avons pas eu à contrôler.

En présence de l'insistance de Vacher pour obtenir et sa sortie et son transfert à l'Hôtel-Dieu de Lyon, pour être opéré, nous avons dû nous poser la question de savoir si son état actuel permettait de faire droit à sa demande.

Il était doux, docile, poli, inoffensif et convenable avec tout le monde, nullement incohérent, lucide. Il avait séjourné, soit à Dôle, soit à Saint-Robert, neuf mois en traitement dans un asile, c'est-à-dire pendant un laps de temps dépassant de beaucoup la durée moyenne du séjour des aliénés guéris. Considérant qu'il ne donnait plus de signes de folie, et constatant son état de conscience parfaite et par suite de responsabilité, nous n'hésitâmes pas à proposer sa sortie qui fut ordonnée.

La seule crainte que ses antécédents pouvaient faire naître en notre esprit était que Vacher eût une rechute et qu'il ne recommençât ses tentatives de suicide.

Si l'on examine les lettres existant à son dossier, dont nous remettons copie, on peut voir avec quelle lucidité et quelle convenance elles sont écrites.

Nous avons, à plusieurs reprises, essayé d'intéresser la sœur de Vacher sur sa situation, comme nous avons l'habitude de le faire, au moment de la sortie de nos malades, pour leur assurer des conditions de milieu plus favorables.

Nous n'avions pas eu, en dernier lieu, à nous préoccuper, au delà de ce que nous avons fait, de ses moyens d'existence pour le lendemain, puisqu'il est sorti nanti d'une somme de cent soixante-trois francs vingt.

Nous n'hésitons pas à déclarer que *Vacher, au moment de sa sortie, n'était pas aliéné, et qu'il était entièrement responsable.*

En admettant qu'il ait été aliéné auparavant, ce qu'on peut supposer d'après les faits, nous avons pu croire que le chagrin d'amour était la cause de sa maladie mentale.

Cette dernière ne s'est jamais manifestée d'une façon positive à Saint-Robert: les premières appréciations que nous avons formulées reposent uniquement sur les faits antérieurs et sur ses propres allégations. Il n'a jamais rien manifesté de pareil à Saint-Robert en dehors des plaintes contre l'asile de Dôle et le régiment.

La question de responsabilité, dans la période du séjour que Vacher a fait à Saint-Robert, ne s'est posée qu' *in fine ;* elle a été résolue affirmativement par la proposition de sortie.

Vacher était très réservé, il parlait peu et ne revenait sur les faits relatifs à la rupture de son mariage que lorsqu'on l'interrogeait. Il paraissait les regretter, ainsi qu'on peut le voir dans sa lettre du 29 janvier 1894, par laquelle il fait allusion à sa faiblesse morale de Baume et à sa réparation par suite des souffrances « qu'il s'est méritées ».

Il ne manifestait aucun mauvais sentiment contre les personnes, à l'exception de ceux dont il se plaignait à Dôle.

Néanmoins, on verra par sa correspondance qu'il prétendait avoir été guéri dans cet établissement, et y « avoir trouvé le remède à ses maux ». (Lettre du 29 janvier 1894.)

En pathologie mentale, on considère que le fait d'avoir conscience de sa guérison et de son état antérieur de maladie est un des meilleurs signes de la guérison d'un aliéné.

Ce signe, nous le mentionnons clairement dans notre dernier certificat ; on en constate l'existence dans la lettre du 29 janvier 1894, où Vacher dit avoir trouvé à l'asile de Dôle « le remède à son esprit ». Réel ou simulé, nous l'avons tenu pour ce qu'il valait.

Ses sentiments à l'égard des siens étaient excellents, comme on peut le voir par sa correspondance.

J'ignore quelle est exactement l'opération que Vacher a subie à Lyon Tout choc physique ou moral peut être une cause de folie. Dans l'espèce, nous ne voyons pas la relation qu'on croit exister entre cette opération et la folie de Vacher.

Il y aurait lieu, par contre, d'examiner plus attentivement les rapports pouvant exister entre son état mental et l'affection du rocher qu'il présentait. Il serait toutefois exagéré de croire que toute personne atteinte d'une carie du rocher est forcément menacée de devenir aliénée. C'est une question d'espèce à juger pour chaque cas.

Je n'ai constaté aucun signe de dégénérescence physique, morale ou intellectuelle, pendant le séjour qu'il a fait à Saint-Robert. Je n'ai aucun renseignement sur son hérédité mentale.

L'état d'abandon ou d'éloignement, confirmé après sa sortie, dans lequel il paraît avoir été de la part de sa famille, est évidemment une condition fâcheuse, mais il est bien difficile de dire dans quelle mesure on peut lui imputer le crime ou la folie, dans l'espèce.

Il n'est pas douteux qu'en essayant de renouer, en sa faveur, des relations de famille et d'y rechercher un appui moral et matériel s'il le fallait, nous avons eu la préoccupation de mettre Vacher dans les meilleures conditions de milieu, au moment de sa sortie. C'est une sorte de patronage que nous pratiquons toujours avant de mettre nos malades guéris en liberté.

Vacher ne parlait pas politique, il lisait très attentivement, tous les jours, le *Lyon Républicain*, et n'a jamais formulé, pendant son séjour à Saint-Robert, des opinions anarchistes ou autres.

Ce changement d'attitude nous confirmait dans notre opinion que Vacher, s'il avait été aliéné, était aujourd'hui guéri.

Vacher n'a jamais montré à Saint-Robert la moindre perversité, ni les moindres penchants à la violence. Il était calme, docile, bienveillant, poli, de très bon rapport avec tout le monde, mais généralement réservé.

Vacher est sorti le 1er avril 1894, ne donnant plus de signes de folie et par suite responsable, comme nous l'avons déjà dit.

La question de simulation n'ayant eu, pour nous, aucun motif d'être posée, pendant le séjour de Vacher à Saint-Robert, nous n'avons pas eu à nous préoccuper de sa responsabilité avant l'époque où nous avons dû songer à sa sortie, le tenant, par suite des faits antérieurs, pour malade et par suite irresponsable à son arrivée.

Nous déclarons que nous n'entendons point par là prononcer un jugement quelconque sur les faits dont il s'agit, que nous n'avons pu apprécier qu'en partie, ni sur les conséquences qu'ils peuvent présenter au point de vue de la responsabilité à cette époque.

J'ai considéré, sans avoir eu aucune autre indication que les explications de Vacher, que l'attentat de Baume-les-Dames était un drame d'amour fort ordinaire. C'est ainsi que Vacher nous l'a lui-même expliqué, abandon par une jeune fille qui lui avait promis le mariage, désespoir, tentative de meurtre et de suicide ensuite. Cela se voit tous les jours, sans qu'on invoque l'aliénation mentale.

Quant aux circonstances autres de l'affaire, nous ne pouvons nous étendre sur une question aussi générale, en l'absence de faits précis à examiner; n'ayant en l'espèce qu'à fournir notre appréciation sur le séjour de Vacher à Saint-Robert.

Dr DUFOUR.

13 novembre 1897.

RAPPORT DE M. LE DOCTEUR BOZONNET

Le nommé Vacher, détenu, vingt-huit ans, est atteint de débilité mentale, d'idées fixes voisines des idées de persécution, de dégoût profond pour la vie régulière.

Il présente une otite suppurée et une paralysie faciale consécutives à un coup de feu.

Il affirme avoir deux balles de revolver dans la tête.

La responsabilité de Vacher est très notablement diminuée.

Prison de Belley, le 19 septembre 1897.

LETTRE D'AVEUX

DIEU — DROITS — DEVOIRS

Belley, le 7 octobre 1897.

A la France

Tampis pour vous si vous me croyez responsable...

Votre seule manière d'agir me fait prendre pitié pour vous...

Si j'ai conservé le secret de mes malheurs c'est que je le croyais dans l'intérêt général, mais vu que peut-être je me trompe, je viens vous faire savoir toute la vérité : *Oui c'est moi qui est comis tous les crimes que vous m'avez reprochés...* et cela dans des moments de rage. Comme je l'ai dit à M. le Docteur chargé du service médical de la prison de Belley, j'ai été mordu par un chien enragé vers l'âge de 7 ou 8 ans, mais dont je ne suis pas sûr moi-même bien que cependant je me souvienne très bien d'avoir pris des remèdes pour cet effet. Mes parents seuls peuvent vous assurer des morsures, pour moi j'ai toujours cru depuis que j'ai du réfléchir à cet évènement que ce sont les remèdes qui m'ont vicié le sang, à moins que réellement ce chien m'est mordu.

Si j'en ai voulu pendant un certain temps au clergé c'est que bien des personnes voyant mon ridicule caractère me disait que j'avais un reste des frères, moi me voyant en effet ridicule par moi-même je l'ai cru presque jusqu'à présent, mais après tout réfléchi, si j'en ai pris l'air un peu *triste et réfléchi* ce n'est toujours pas chez eux qu'on m'a mordu ou vicié le sang, car le seul souvenir de deux évènements auquels j'ai pensé depuis que je suis à la prison de Belley ont tellement frappé mon esprit que j'ai oublié dessuite cette terrible rancune secrète et les voici : Je me souviens 1er, d'avoir dit à un de mes frères que j'avais été voir à ma sortie de chez les frères, à Genève : je ne sais pas ce que j'ai, il y a des moments que ça me ferai au temps de tuer.... 2me mais avant que d'entrer chez les frères, étant petit domestique chez un nomé Déclerieux bien en face de la porte des frères (c'est de là que j'y suis entré) je me souviens dis-je que lorsque je me voyait seul, j'avais à cet époque 14 ans, a travailler je ne pouvait vaincre des idées qui me venaient à la tête et tout d'un coup je partais à travers les champs, je faisais plus ou moins de 9 kilomètres et quand j'étais las je me ramenait à mon travail. Il faut que je vous dise que je me serais attaqué et aurais déjà fait des bêtises dans des accès mais le hasard voulait que je ne rencontrace personne à travers les terres de M. Declérieux près de Chaponos. Pour bien vous fixer sur ce dernier cas il faut que je vous dise que dès que cela me prenait je ne regardais ni chemin ni sentier loin de là il me semblait *mieux* me soulager à travers les terres.

Voilà, messieurs, ce qui est pour moi à cette heure mon impérieux devoir de vous faire savoir, bien que me condamnerier vous encore innocent.... Si je me suis cru coupable par moments c'est que je n'avais pas encore réflechir sur ces évenements, et si dans mon instruction j'ai dit plusieurs fois ce mot : c'est malheur, c'est au sujet du souvenir de ces évenements.

Il faut que je vous dise aussi que les abominalités que j'ai vu se dérouler sous mes yeux à l'asile de Dôle ont certainement accentués ma maladie ou plus tôt ma rage.

Je craignais aussi que *le méchant monde* ne fassent retomper ces fautes sur mes pauvres parents qui ont dû tant souffrir d'un pareille silence depuis que je traverse la France comme un enragé me guidant sur le soleil seul.....

Que ceux qui croient pleurer sur moi pleurent donc sur eux.....

Il vaudrait mieux peut-être pour eux être à ma place.....

Aidez-vous, Dieu qui permet tout et dont nul humains en connaissent ses vues vous aidera.

Signé: VACHER J.

(*Orthographe conforme*).

Manifestations et tendances anarchistes de Vacher

Arrestation a Champis

« Les riches en font plus que moi : ils se sortent de peine avec leur argent. »

(*Déposition Issartel du J. de P. Saint-Peray, 15 novembre 1897.*)

« Tu me la paieras plus tard, je ne reviendrai pas mais il en viendra d'autres. »

(*Dép. Charlon du J. de P. Saint-Peray.*)

« Les riches en font plus que moi et leur argent les sauve de peine, mais moi je suis malheureux. »

(*Dép. V. Merle de J. de P. Saint-Peray, 15 novembre.*)

« Il y en a tant d'autres qui en font plus que moi mais ils sont riches et l'argent les sort d'embarras. »

(*Dép. de Nodin Henri, 15 novembre.*)

Décembre 1893.

« *D.* — Le spectacle de toutes ces choses (les misères vues à l'asile de Saint-Ylie) ne vous a-t-il pas donné la haine de la société ?

« *R.* — A ma sortie de l'asile, j'aurais voulu « voir couler le sang partout ».

« *D.* — N'avez-vous pas réfléchi quelquefois à toutes les déconvenues et à tous les malheurs dont vous avez été victime et ne vous y êtes-vous pas appesanti au point d'en vouloir à la société ?

« *R.* — Cela est certain. »

(*Interrog. du 4 novembre 1898*).

« S'il m'est arrivé à plusieurs reprises et dans plusieurs voyages de crier « Vive l'anarchie » c'était au souvenir des injustices que j'avais vu commettre contre des malheureux dans l'asile d'aliénés de Dôle. »

(*Interrog. du 2 novembre 1897.*)

A Tournon, le 9 septembre 1897.

En attendant l'arrivée du train de 7 h. 1/2 du matin ce prisonnier (Vacher) s'est mis à crier de toutes ses forces : « Vive l'anarchie ; le gouvernement de la République est moins que rien : Ceux qui gouvernent sont des canailles. »

A Lyon (au changement de train).

Vacher crie : « Vive l'anarchie », puis dit aux gendarmes : « Je vous emm... tas de cochons, propres à rien, si je crie, cela à un but, de cette façon mes camarades sauront où je suis. »

(Proc.-verb. des gendarmes qui accompagnaient Vacher pendant son transfert à Belley, le 9 novembre 1897.)

Avril 1890.

« Au commencement d'avril, Vacher a changé : il tenait constamment des conversations anarchistes, il effrayait les gens de la maison par ses théories ; je n'étais pas satisfait, j'ai profité de la déclaration qu'il m'avait faite de s'absenter pour fêter le 1er mai pour essayer de m'en débarrasser lui ayant déclaré que je m'opposais formellement à ce qu'il allât à cette manifestation.....

« Son neveu m'a dit qu'il était aller fêter le 1er mai et qu'en rentrant il avait bu plus que de coutume et était très surexcité et qu'on avait beaucoup de peine à le calmer.

« Il était très sombre, réfléchissait constamment, à en juger par ses conversations, il devait être vicieux. »

(Dép. de M. Guine, cons. municipal à Saint-Genis-Laval, du 29 octobre 1897.)

14 juillet 1897.

« Il (Vacher) a fait une vive sortie sur les bourgeois qui, possédant tout le confort d'une belle habitation, ne s'inquiètent guère des malheureux et de savoir comment un pauvre étranger peut passer la nuit. Si plus tard, ajouta-t-il, il leur arrive malheur (aux bourgeois) ils n'auront que ce qu'ils méritent. Tout cela dit avec une vive irritation et de grossières expressions. »

(P.-V. de la Gie de Lamastre, déposition du né Feugier (Henri), pror Saint-Barthélemy-le-Pin, 4 novembre 1897).

« Je ne relève que de Dieu : Je faisais œuvre de justice, c'est la France qui est coupable : il y a trop d'inégalités et trop d'injustices : on m'a trop fait souffrir à l'asile de Dôle.

« Quand je voyais maltraiter des détenus à côté de moi, cela me révoltait et me faisait souffrir horriblement.

« La société est mauvaise : je ne préconise aucune forme de gouvernement ; avec tous, les mêmes abus se voient. Je suis anarchiste, mais anarchiste à ma manière. »

Interrog. du 9 octobre 1897.

Du 1er décembre 1897.

Le sieur Deléris Jean, 63 ans, propriétaire au hameau Lestidié, commune de Rayssac, canton de Labessonnié (Tarn), dit : « Vers la fin de février dernier, je ne puis exactement préciser la date, Vacher, le même que vous me représentez en photographie, se présenta à mon domicile comme ouvrier sans travail. Je l'hébergeai pendant une journée et demie, mais ses allures me parurent tellement suspectes que je le fis partir de chez moi. Il faisait souvent l'apologie des crimes commis par les anarchistes..... Ayant remarqué qu'il avait une grande cicatrice à la joue je lui demandai comment il avait été blessé ; il me répondit qu'il avait reçu un coup de pied de cheval étant soldat et me montra un brevet militaire au nom de Vacher.

(*Rapp. de la gendarmerie.*)

Procès-verbal d'information judiciaire du canton de Vabre (Tarn), 20 novembre 1897.

Vers la fin de l'hiver dernier, Vacher répondit à la nommée Armengaud, Rachel, ménagère à Vabre, qui lui demande pourquoi étant encore si jeune il ne travaille pas : « Je ne suis pas né pour travailler. »

Procès-verbal de la gendarmerie de Lacaune, 6 novembre 1897.

Le sieur Assemat Philippe et sa femme reconnaissent la photographie pour être le portrait d'un homme venu chez eux en février dernier. Il voulait se chauffer et prétendait avoir été mal reçu par une voisine. Il manifestait l'intention d'y revenir pour lui ficher un coup de poing dans le nez.

Rapport de la gendarmerie de Labessanié, 5 décembre 1897.

La nommée Malaterre, Eulalie, soixante-deux ans, épouse du sieur Déléris, déclare : En février ou janvier dernier, j'ai hébergé Vacher pendant deux jours, mais ses allures nous ayant paru suspectes ma fille, épouse du sieur Vassier, le congédia. Cet individu fut vexé et menaça ma fille en lui disant : Si nous étions tous les deux seuls, nous nous en verrions une. »

Interrogatoire du 2 novembre 1897, à Belley.

Le juge demande à Vacher : « Quel est votre sentiment sur les théories anarchistes ?

« R. — Les camarades que j'ai rencontrés quelquefois et qui s'entretenaient de ce sujet résumaient leur théorie dans ces mots : ni Dieu, ni maître; or, moi j'ai eu toujours la croyance en Dieu, et quant aux maîtres, je les admets, à condition qu'ils remplissent fidèlement leurs devoirs à l'égard des citoyens. »

AUTRE FAIT D'IMMORALITÉ

Rapport de la gendarmerie de Lacaune (Tarn), du 7 novembre 1897.

Le sieur Andrieu, Jean-Pierre, quarante-deux ans, marchand de primeurs, fait la déclaration suivante :

« Je ne puis exactement préciser la date, mais je me rappelle fort bien (*ayant des motifs pour cela*) m'être trouvé à l'hôtel Muratat à Bessière (Haute-Garonne) et y avoir rencontré l'individu dont les journaux reproduisent la photographie.

« Lorsque nous avons eu dîné, cet individu qui pourrait bien être le nommé *Vacher*, me proposa une promenade que j'acceptai ; étant près de la rivière « Le Tarn », il voulait m'attirer sur le bord de la rivière, lui ayant demandé les motifs, en faisant remarquer que l'endroit où il voulait me prendre n'était guère un lieu propice pour se promener, il me répondit : nous nous amuserons ; il était alors environ quatre heures du soir, je lui répondis qu'il fallait laisser amuser la jeunesse ou les enfants, mais qu'à moi cela m'avait passé depuis longtemps.

« Dans la nuit qui suivit, couchant dans la même chambre que cet « homme, ce dernier se leva, il était environ minuit ou une heure du matin « et à toute force voulait venir coucher avec moi ; voyant que tout ce que je « pouvais lui dire était inutile, je me levai en colère et, saisissant une « chaise, l'ai menacé de la lui casser sur les reins, s'il ne restait tranquille, « ajoutant que nous n'étions pas en Afrique. »

« Comme signalement, je me rappelle qu'il avait la bouche de travers et qu'il faisait la grimace en parlant. »

INTERROGATOIRE DU 15 DÉCEMBRE 1897

D. — Je dois vous donner avis, conformément aux dispositions de la loi du 8 décembre 1897, que vous avez le droit de choisir un défenseur parmi les avocats inscrits au tableau ou admis au stage, ou parmi les avoués, et que le défenseur que vous aurez choisi pourra vous assister lors de vos interrogatoires et des confrontations que nécessitera l'information.

Je dois de plus vous faire connaître que vous êtes libre de ne faire aucune déclaration en réponse aux questions que je pourrai vous poser hors la présence de votre conseil.

R. — Je refuse de recourir à l'assistance d'un avocat dont je prétends n'avoir pas besoin. D'ailleurs, je verrai plus tard ce que j'aurai à faire.

Je vous avertis en outre que je ne répondrai pas plus que je ne l'ai fait en ce qui concerne mes derniers interrogatoires, aux questions que vous pourriez me poser aujourd'hui.

En présence du refus de l'inculpé de se faire assister par un conseil, nous avons passé outre et procédé à son interrogatoire.

D. — Il résulte des interrogatoires que vous avez subis que votre unique souci est de faire croire que vous avez obéi à une force irrésistible qui vous poussait à tuer; que vous êtes par suite inconscient de vos actes et partant irresponsable.

L'inculpé garde le silence.

D. — Pour atteindre ce but, vous avez eu soin au cours de l'information :

1° De soutenir que vous marchiez sans itinéraire prévu, sans but, à l'aventure ;

2° De prétendre que vos victimes se sont trouvées par hasard sur votre passage, sans que vous ayiez jamais cherché à les rencontrer ;

3° D'invoquer un défaut absolu de mémoire chaque fois que l'on vous demandait de quelle façon vous aviez tué vos victimes, de quels instruments vous vous étiez servi, d'où vous veniez, où vous alliez, etc. ;

4° De dégager vos crimes de toute préoccupation de haine ou de passion ;

5° De n'avouer en conséquence que des crimes non suivis de vol ;

6° De ne vous reconnaître coupable en faits d'attentats aux mœurs que de viols supposant une sorte d'aberration du sens génésique (le viol d'une vieille femme, un acte de pédérastie sur un jeune garçon);

7° D'affirmer que votre volonté était impuissante à réagir contre la force qui vous poussait à tuer.

Tel est votre système de défense. Or, je vais vous démontrer que ce système est en contradiction formelle avec les faits :

1° Il est si peu vrai que vous erriez à l'aventure et n'aviez pas de but, que vous suiviez les grandes voies, que votre voyage en Bretagne était, de votre propre aveu, voulu, prémédité, qu'il en a été de même de votre voyage du Mans à Paris, et de Precy (Seine-et-Marne) dans le Midi ; que dans plusieurs de vos lettres soit à votre famille, soit au gendarme Genin, soit à Louise Barraud, vous dites que vous avez fait votre tour de France, en citant même les départements que vous avez traversés ; enfin, ce qui prouve le mieux que vous saviez parfaitement où vous alliez, c'est la présence dans vos bagages d'une carte routière de France que vous avez divisée en plusieurs sections afin de la rendre plus maniable ;

2° Loin de vous contenter des victimes que le hasard plaçait sur votre chemin, vous faisiez au contraire aux bergers et aux bergères, tout en parcourant la France, une véritable chasse, et tout en mendiant dans les villages voisins des grandes routes que vous suiviez, vous ne manquiez pas d'explorer en passant les pâturages et la lisière des bois pour y découvrir quelque pâtre isolé. En somme, vous avez pris vous-même la qualification que vous jugiez la plus en harmonie avec l'existence que vous avez menée depuis quatre ans, en vous désignant dans une de vos lettres sous ce surnom que nul ne vous avait donné : *le chasseur de bergers et de bergères.*

Même silence.

D. — Voulez-vous les faits à l'appui de mon objection? Eh bien, à Bénonces, à Saint-Étienne-de-Boulogne, à Busset, à Varenne-Saint-Honorat vous quittez le chemin que vous suiviez pour aller trouver vos victimes à une certaine distance dans le pâturage. Il ne s'agit donc pas d'une impulsion subite : l'acte est au contraire réfléchi, prémédité? Qu'avez-vous à répondre à cela ?

Même silence.

D. — De plus, comment se fait-il que votre force irrésistible, qui vous pousserait à tuer, ne se manifeste que lorsque vous apercevez une victime isolée et plus faible que vous, et seulement encore, lorsque cette victime est éloignée des habitations, là où personne ne vous verra accomplir votre sanglante besogne ?

Même silence.

D. — A qui ferez-vous croire que ces fausses crises subites ne pouvaient se manifester que dans le voisinage des bois? C'est en effet le cas qui s'est présenté pour toutes les victimes.

Même silence.

D. — Chaque fois que je vous ai posé des questions relativement à la manière dont vous avez abordé vos victimes, dont vous les avez frappées, vous avez protesté un défaut de mémoire, un trouble résultant d'un véritable état d'exaltation, de la fameuse impulsion subite. Or, il est facile de constater, au contraire, que vous êtes servi par une mémoire des plus heureuses. Vous êtes, en effet, arrivé à vous rappeler : les endroits exacts ou vous aviez mis vos victimes après le crime comme à Étaules, Truinas, Saint-Étienne-de-Boulogne, Courzieu, Vidauban ; la distance qui séparait leur cadavre des chemins voisins comme à Beaurepaire, Vidauban, Étaules ; — le temps qu'il faisait comme à Varenne-Saint-Honorat ; — l'essence des arbres qui avoisinaient le lieu du crime comme à la Demi-Lune.

Vous vous rappelez encore que la veuve Morand mangeait sa soupe lorsque vous l'avez tuée, et que Louise Marcel était la plus jolie des jeunes filles que vous avez assassinées, que quelques minutes avant de tuer Augustine Mortureux, vous avez causé au bord de la grande route avec un berger qui faisait paître des moutons, etc..... Or, l'existence de pareils détails dans vos souvenirs dénote qu'au moment où vous donniez la mort à vos victimes, vous aviez une parfaite lucidité d'esprit et la notion exacte des choses qui vous entouraient.

Ne persistez donc pas à soutenir que vous ne vous rappelez pas les détails de vos crimes.

Même silence.

D. — Au cours de vos sanglantes pérégrinations, vous avez la précaution de cacher tout ce qui pourrait attirer l'attention sur vous: tantôt vous ne portez que la moustache, tantôt toute la barbe, tantôt vous ne gardez que la barbe au menton et la moustache; puis, vous changez sans cesse de vêtements, de coiffure, de chaussure, vous avez constamment dans votre volumineux sac de quoi opérer ces transformations ; à deux jours d'intervalle, on vous verra coiffé d'un béret, puis d'un chapeau de paille, comme à Bénonces ; d'un chapeau noir et d'une casquette comme à Varennes-Saint-Honorat, etc..., puis, pour expliquer votre infirmité de la bouche, aux uns, vous déclarez que vous avez reçu un coup de pied de cheval ; à d'autres que vous vous êtes estropié dans les mines ; à d'autres encore, comme aux environs de Vidauban, que vous tombiez du haut mal (*sic*) ; à Saint-Ours, ce sont des douleurs de reins qui vous empêchent de travailler, tandis qu'à

Truinas, à un voiturier qui vous aperçut couvert du sang d'Aline Alaise, vous répondez, en vous tenant la tête, que vous êtes sujet à des saignements de nez extrêmement violents.

En somme, votre présence d'esprit ne vous abandonne jamais.

Même silence.

D. — Et puis, au moment de l'impulsion subite, votre couteau est toujours prêt, et si vous n'avez pas tué à Champis, c'est que, par extraordinaire, vous aviez laissé l'instrument dans votre sac, et qu'au moment où vous le cherchiez, Plantier est heureusement venu dégager sa femme.

Qu'avez-vous à dire à cela?

Même silence.

D. — Il est certain que, si quelqu'une de vos victimes avait survécu à ses blessures, elle viendrait vous dire comme la femme Plantier, comme Alphonsine Derouet, et c'est ici l'écroulement de votre système, que la prétendue impulsion subite dont vous arguez n'était autre que le désir intense d'assouvir votre passion de la femme, que vous portiez toujours la main aux parties sexuelles de vos victimes avant de la porter à votre couteau, que c'était après avoir tenté de les violer que vous leur donniez la mort.

Même silence.

D. — Loin donc d'être le résultat d'une impulsion, le meurtre n'était que la conséquence, le châtiment de la résistance de vos victimes, en même temps qu'il avait pour résultat de faire disparaître l'unique témoin du viol ou de la tentative de viol.

Même silence.

D. — Que les assassinats avoués par vous soient aussi le résultat de votre passion de la femme combinée avec le souci de n'être point dénoncé et, en même temps, avec l'esprit de méchanceté et de vindication qu'ont observé chez vous, à l'unanimité, tous les témoins de l'information, le fait n'est pas douteux.

En ce qui concerne la première de ces deux raisons, il est à remarquer que sur douze crimes avoués par vous, onze ont été commis sur de jeunes filles ou de jeunes garçons de treize à dix-huit ans. C'est donc un véritable choix que vous avez fait et loin d'avoir cédé à une force impérieuse, vous avez obéi en réalité à cette passion dont vous parliez devant les témoins de Champis, et qui vous faisait désirer surtout, vous l'avez dit vous-même, les jeunes bergères de treize à quatorze ans.

Même silence.

D. — Ce qui ruinerait encore votre système de l'impulsion, c'est que vous ne vous êtes attaqué traîtreusement qu'à de jeunes personnes ou à des vieillards, c'est-à-dire à des gens plus faibles que vous, et par suite hors d'état de vous résister et d'aller ensuite dénoncer vos crimes.

Même silence

D. — Vous n'avez avoué que des assassinats non suivis de vol, mais cela prouve-t-il que vous n'avez jamais tué pour voler ? On constate cependant des faits de vol avoués par vous : le vol des souliers d'Augustine Mortureux, celui de la bague de Marie Moussier, le vol de presque tous les objets contenus dans votre sac et d'une partie de vos vêtements, mais il est vraisemblable que c'est uniquement pour ne pas préjudicier à votre système de défense que vous n'avez pas avoué être l'auteur de l'assassinat de Gautrain à Lacaune, de la veuve Laville à Coux et d'autres crimes encore qui ont été suivis de vols et relativement auxquels de graves présomptions pèsent sur vous et où l'on retrouve votre tour de main.

Dans le même ordre d'idées vous vous êtes bien gardé d'avouer les tentatives de viol commises par vous sur les bergères et qui n'ont manqué leur effet que par des circonstances indépendantes de votre volonté. Là encore, vous avez compris que les avouer serait compromettre singulièrement votre théorie de l'impulsion subite dont viendraient alors faire justice les dépositions des victimes.

Même silence.

D. — En somme, vos actes ont été réfléchis et par suite, il ne pouvait s'agir d'effort de volonté à réaliser pour réagir contre un soit-disant besoin de tuer ; mais en admettant même cette hypothèse, il n'est pas difficile de découvrir en cherchant dans votre passé que vous saviez très bien maîtriser votre nature violente lorsque votre intérêt était en jeu. Ainsi, la plupart de vos camarades du régiment n'ont-ils pas dit et vous-même n'avez-vous pas avoué que, si votre amour-propre ou votre orgueil était froissé, vous en veniez même à pleurer devant vos hommes tout en contenant votre colère. Les mêmes témoins affirment que, dans le but de gagner vos galons de caporal d'abord, puis de sergent, vous arriviez parfaitement à maîtriser la force qui vous poussait à la révolte.

Vous voyez donc bien que lorsque vous le voulez vous êtes doué d'une force de volonté capable de réagir contre les tendances les plus violentes de votre tempérament.

Même silence.

D. — Reste enfin, et c'est par là que je termine, le point de savoir si la morsure qui vous avait été faite par un chien enragé et le traitement empirique qui aurait suivi aurait altéré votre tempérament au point de faire de vous un assassin ?

Or, dans un rapport qu'il nous a adressé et qui résume l'enquête faite par lui à Beaufort sur ce point, M. le juge de paix de Roybon s'exprime ainsi : « Le fait d'avoir absorbé des remèdes violents à la suite de la morsure d'un chien enragé n'a pas produit sur Vacher des effets aussi fâcheux que ceux qu'il veut bien attribuer lui-même à ces remèdes ; car les voisins de Vacher eux-mêmes ne se rappelaient pas même cette circonstance, et il a fallu tout le retentissement que les journaux ont donné à cette affaire pour que leurs souvenirs aient été rafraîchis à cet égard, mais il est certain que ces effets n'ont pas été désastreux comme il le prétend. »

Au surplus, d'après la déposition de votre frère Auguste, c'est à votre traitement à l'Antiquaille que vous auriez attribué devant lui votre envie de tuer; si toutefois le propos a réellement été tenu ; et d'ailleurs, les nombreuses objections que je vous ai posées au cours de cet interrogatoire suffisent à résoudre cette question.

Même silence.

LE VAGABONDAGE EN FRANCE

par Alexandre Bérard, député de l'Ain.

Depuis quelques années, l'opinion publique est vivement émue par les nombreux crimes et délits à la charge des vagabonds qui parcourent les campagnes de France. L'effroyable odyssée de Vacher, ce sinistre trimardeur, qui est allé perpétrer ses épouvantables forfaits dans quinze départements, a fini par exaspérer nos populations rurales. Vacher, du reste, a de nombreux imitateurs et, dans le seul département de l'Ain, où ce bandit est venu finir ses pérégrinations, depuis son arrestation, deux crimes semblables aux siens ont été commis par ses pareils (1).

Parcourez toutes nos campagnes et partout vous entendrez nos braves et laborieux paysans se plaindre des vagabonds, soit de ceux, trimardeurs isolés, qui, un sac loqueteux sur le dos, vont seuls, le long des grands chemins, travaillant au hasard de la route quand la faim les tenaille par trop et qu'ils ne peuvent trouver le pain nécessaire à leur existence fainéante par quelque mauvais coup, soit des familles de rouleurs, aux enfants nu-pieds, en haillons, traînant une roulotte disloquée, grapillant les récoltes, pillant les cours, mendiant et volant à tour de rôle.

Ah! certes, quand on les voit de près, nos chemineaux n'ont pas la poésie charmante et l'allure gracieuse de l'oiseau insouciant, dont les a parés, en un style merveilleux, un de nos poètes modernes! Le chemineau, en dehors de la scène de l'Odéon, n'est ni bon, ni honnête; ce n'est jamais un ami pour la maison où il entre; c'est avec raison que le cultivateur l'y voit toujours avec terreur pénétrer et avec soulagement en sortir.

Et c'est bien l'expression vraie de toutes nos populations agricoles

(1) A Saint-André-de-Corcy et au Grand-Abergement.

que ces vœux nombreux qui, chaque année, sont émis par les conseils généraux demandant à ce que les pouvoirs publics prennent des mesures énergiques pour défendre la tranquillité des bergers dans nos champs, la sécurité de nos grandes routes, la propriété de nos récoltes et de nos maisons contre tous ces nomades, parasites, gens peut-être très experts comme le croit M. Richepin, qui ont beaucoup appris en voyageant, qui se sont beaucoup développés au contact des populations les plus diverses, mais qui ne se sont développés, qui n'ont appris, qui ne sont experts que pour le mal.

Qui donc les pousse à errer ainsi, tous ces nomades, non point à l'exemple de ces oiseaux migrateurs que, pour des raisons admirablement déduites, la nature guide par leur instinct merveilleux à travers les espaces pour la fécondité de la terre, mais comme les feuilles tombées des arbres ou les sables mouvants des déserts que disperse l'incertitude des vents ? Qui donc les entraîne à n'avoir jamais un coin du monde auquel ils s'attachent, où ils puissent se reposer, qu'ils puissent aimer comme l'étroit espace le plus cher et le plus aimé ?

Ils sont les victimes de l'atavisme, du vieil instinct qui a entraîné les peuples primitifs à travers les steppes, les forêts et les déserts pour peupler la terre, créer les nations, fonder les empires. L'instinct des peuples primitifs, depuis la légendaire tour de Babel, en passant par les hordes qui successivement ont poussé sur le sol de notre vieille Europe, se chassant les unes les autres, Ibères, Celtes, Pélasges, Cimbres, Teutons, Vandales, Goths, Burgondes, Francs, Huns, Normands, s'est perpétué, en notre monde civilisé et stable, ayant remplacé par la demeure de pierre la tente plantée chaque jour, cet instinct des primitifs s'est perpétué dans le nomade de nos grands chemins.

Oui, celui que, trop souvent, nous rencontrons le long de nos grandes routes, couvert de haillons, une pauvre besace sur le dos, un bâton à la main, qui va cheminant, venant on ne sait d'où, allant où il ne le sait lui-même, mendiant à chaque pas un morceau de pain, un verre d'eau, l'entrée d'une grange pour passer la nuit, oui, celui-là, c'est l'éternel nomade, qui a conservé l'instinct vagabond des peuples primitifs, amoureux de l'oisiveté, promenant leur paresseuse et incertaine humeur à travers le monde, errant par les forêts, les steppes et les déserts.

Sans doute, à l'heure actuelle où l'univers est tout entier conquis par la civilisation, l'esprit d'aventure qui guide les émigrations salutaires des tribus et des peuples les entraînant au fond des terres ignorées ou précipitant les flots d'un sang nouveau et vigoureux dans les corps des nations tombant en décrépitude, l'esprit d'aventure qui guida les grands explorateurs des nations européennes vers les continents inconnus et qui, à l'heure actuelle, pousse les Brazza, les Stanley vers les profondeurs de l'Afrique mystérieuse, sans doute l'esprit d'aventure n'a plus guère à s'exercer utilement et l'on peut affirmer que le vagabond de nos grands chemins n'est plus que la représentation parfaite du défaut de ce qui fut, de ce qui est encore une qualité nécessaire à l'humanité.

Ils 'allaient, les nomades d'autrefois, peupler le monde ; ils vont encore les héroïques pionniers de la civilisation, porter le flambeau de l'humaine science dans les ténèbres des terres sauvages; le vagabond, lui, qui est à l'audacieux et glorieux explorateur ce que l'avare est à l'économe, il erre inutilement, paresseusement, parasite inutile, sinon dangereux de notre vieux continent.

Ils sont encore quelques-uns qui, à travers les divers pays de l'Europe, sont restés constitués en tribus nomades, gardant une sorte de nationalité propre, indéterminée : ce sont ces tziganes, ces bohémiens, fils d'habitants de l'antique presqu'île hindoue, chassés de la terre natale par des conquérants barbares et qui, depuis des siècles, traînent leur misérable existence sur tous les chemins de France, d'Allemagne, d'Italie et d'Espagne, sans se mêler au mouvement à la vie des nations, pareils, en leur singulier isolement au milieu des peuples, à ces astres bizarres, fantastiques qui apparaissent en leur capricieuse destinée, passant au milieu du système des étoiles sans en déranger la marche régulière et la merveilleuse harmonie. Ceux-là, ces tziganes, ces bohémiens, sont des êtres à part, qui ne rentrent à aucun titre dans le cadre de cette courte étude : ils n'appartiennent pas à la France, ils appartiennent à l'Europe tout entière.

A côté d'eux, les imitant, copiant leur genre de vie, vivant à leur image, il y a encore ces tribus nomades venues des bords du Danube, surtout de la Roumanie et de la Bulgarie, qui, sur nos routes, se promènent en bandes, faisant de multiples commerces et pratiquant trop souvent le vol, saltimbanques, montreurs d'ours, etc. Ce sont des industriels nomades au même titre que nos forains, nos organisateurs de cirques, nos bateleurs.

On voit encore, sur les chemins, des familles de malheureux ouvriers qui, transportées à l'autre bout de la France, se mettent lentement en route, malgré la longueur du chemin, et font d'humbles métiers, tout en voyageant, afin de vivre jusqu'au jour où elles reverront le clocher de la ville natale ou du hameau ardemment désiré : ceux-là s'ils sont vagabonds, ce ne sont que des vagabonds d'occasion et des vagabonds qui travaillent : ce ne sont que des voyageurs malheureux et que la misère oblige à voyager lentement.

Le véritable vagabond, celui qui constitue un réel danger pour la sécurité publique, celui contre lequel nos populations rurales demandent aux pouvoirs administratif et judiciaire de particulièrement sévir, c'est le chemineau, c'est le trimardeur, coureur des grandes routes, venant on ne sait d'où, allant on le sait encore moins, lui-même l'ignore le plus souvent, à l'affût de tous les mauvais coups, de toutes les mauvaises actions, en rébellion contre la société, prêt à tous les crimes, vraie bête fauve égarée en un pays civilisé : c'est le paresseux, c'est l'oisif, ne cherchant jamais à travailler, s'abandonnant au gré des vents et des étoiles, courant les grands chemins, demandant le pain quotidien alternativement à la rapine et à la mendicité : à la main du vagabond tout outil est pesant comme toute gêne sociale est lourde à la vie. Pour lui, à ses yeux, combien meilleur est le gîte incertain que fournit un heureux hasard venant le disputer à la grande hôtellerie de la belle étoile ! Combien il vaut mieux n'être pas sûr de ne pas s'endormir le ventre vide que de peiner, du soir au matin, sous le brûlant soleil des champs ou auprès du feu haletant de la forge, et d'être certain de manger un morceau de pain noblement conquis !

La paresse est la caractéristique du vagabond et, comme un vieux proverbe, fils de la sagesse des nations, déclare que la paresse est la mère de tous les vices, on peut, sans crainte de se tromper, affirmer que le vagabond est mûr pour tout ce qui est mal.

Dans sa haine de toute gêne, il redoute tout lien social : aussi est-il un solitaire comme il est un paresseux : de même qu'il ne veut pas demander son pain au travail, de même il ne veut avoir à discuter avec personne la direction que doit prendre son humeur vagabonde. Aussi peut-on être à peu près certain lorsque l'on rencontre des malheureux errant à deux ou trois sur les grandes routes que l'on se trouve en face non de vagabonds, mais de pauvres ouvriers cherchant du travail, ne demandant qu'à gagner leur pain, tendant péniblement vers la ville où ils espèrent trouver aide, asile, embauchage. Le vrai vagabond est un solitaire : il ne veut avoir à rendre compte à personne ni de sa conduite, ni de son passé, ni de ses projets, ni des mauvais coups qu'il prémédite, ni du gain de la rapine ou de la mendicité à partager : c'est un égoïste : ni famille, ni amis, ni camarades.

Il n'aime que lui et il se soigne : lorsque le printemps revient, il retourne vers le Nord, et, quand les frimas viennent le faire grelotter sous ses haillons, il retourne vers le Midi, cherchant soleil et chaleur. Aussi, les routes les plus fréquentées par les vagabonds sont-elles celles qui constituent les grandes lignes de circulation entre le Nord et le Midi, celle entre autre qui, à travers la Bourgogne, le long de l'Yonne, de la Saône et du Rhône, va des bords de la Seine aux rives bleues de la Méditerranée : à Lyon, par exemple, où j'ai été magistrat durant de longues années, l'équinoxe de printemps et celui d'automne étaient les deux principaux temps de passage des migrations de ces singulières hirondelles, et c'est à ce moment que les prisons devaient ouvrir leurs portes le plus largement à ces hôtes d'habitude.

Le nombre des vagabonds est en raison directe de la situation économique d'un pays, car, il faut bien le dire, beaucoup de ceux qui ont pris des habitudes de vagabondage ont commencé par vouloir sérieusement travailler et ce sont les chômages forcés qui les ont amenés peu à peu à ne plus avoir le courage de prendre un outil et à se laisser vivre dans le crapuleux *farniente* de l'oisive et vaine promenade à travers le monde.

Ce ne sont point les statistiques pénales qui peuvent donner une idée d'une absolue exactitude du développement du vagabondage dans un pays : elles ne peuvent donner qu'une certitude approximative : en effet, le vagabondage est un délit fort élastique — si l'on veut bien me pardonner cette expression. — Délit de pure appréciation et de pure convention, il est plus ou moins sévèrement réprimandé suivant les temps, suivant les lieux : dans le même pays, à la même époque, on peut dire que, non pas dans l'application de la peine, mais dans la constatation même de son existence, il est jugé très diversement : il est ou n'est pas, selon l'indulgence du magistrat, d'après le degré de sa bonté ou de son énergie, d'après même ses principes économiques. Dans tel tribunal de France, jamais — et, à mon humble avis, on a raison — on ne condamne pour vagabondage l'ouvrier en chômage, cherchant en vain depuis plusieurs semaines ou même plusieurs mois, du travail, et forcé par la nécessité et la faim à mendier et à coucher à la belle étoile ; dans tel autre, au contraire, ce malheureux, alors même qu'il n'a encouru nulle condamnation antérieure, est impitoyablement envoyé en prison.

Quelquefois même, lors des crises économiques graves et continues, les vagabonds étant de plus en plus nombreux, les tribunaux se lassent de sévir et le développement anormal de la misère fait presque disparaître le délit; mais ce n'est là toutefois qu'une exception.

Un fait à noter : c'est, malgré leur vie isolée, la solidarité très réelle qui unit les vagabonds entre eux ; ils sentent qu'ils font partie en quelque sorte de la même confrérie — on ne peut dire du même corps de métier, puisque leur vie est l'oisiveté même, — et ils s'entr'aident fraternellement – tant l'esprit de sociabilité est puissant dans le cœur humain, même chez les individus qui paraissent les plus rebelles à toute idée de sociabilité ! — Ils se donnent, quand ils se rencontrent sur les grandes routes, d'utiles renseignements sur les maisons hospitalières du chemin, sur les logis des gens charitables et aussi, il faut bien le dire, sur les mauvais coups qu'il y a à faire. On est stupéfait en voyant combien au milieu de ces isolés la réputation de charité d'une ferme ou d'une maison est rapidement faite ! On est stupéfait en apprenant combien tous sont bien renseignés sur les moindres êtres de telle maison ou de tel château !

De nos statistiques correctionnelles on ne peut donc tirer une conclusion mathématiquement absolue, le nombre des vagabonds condamnés correctionnellement démontrant d'abord l'existence d'une police plus rigoureusement faite ; — néanmoins les chiffres de ces statistiques fournissent une base d'appréciation très précieuse.

Ces statistiques officielles ne remontent qu'à 1826 : et en 1880, il en a été fait un grand résumé jusqu'à cette époque ; en voici les chiffres qu'elles donnent pour le délit de vagabondage.

Nombres moyens annuels par période quinquennale, de 1826 à 1880, des affaires et des prévenus jugés en matière de vagabondage (art. 271 du Code Pénal) :

	Nombre des affaires	Nombre des prévenus
De **1826** à **1830**. . . .	2,544	2,910
De **1831** à **1835**. . . .	2,885	3,204
De **1836** à **1840**. . . .	3,700	3,445
De **1841** à **1845**. . . .	4,138	4,401
De **1846** à **1850**. . . .	6,089	6,661
De **1851** à **1855**. . . .	7,180	7,763
De **1856** à **1860**. . . .	5,833	6,255
De **1861** à **1865**. . . .	5,631	6,001
De **1866** à **1870**. . . .	7,902	8,419
De **1871** à **1875**. . . .	9,263	9,865
De **1876** à **1880**. . . .	10,000	10,429 (1)

(1) *Compte général de l'administration de la justice criminelle en France.* Rapport du garde des sceaux, 1882, p. CXLII et CXLIII.

Deux remarques à faire sur ce tableau : la première c'est que, après 1856, de cette date à 1866, de l'inauguration d'un régime économique nouveau, régime de liberté commerciale à l'extérieur, de création de voies ferrées à l'intérieur, le nombre des délits de vagabondage diminue considérablement, preuve évidente, certaine, de la corrélation qui existe entre le développement industriel et commercial d'un pays et le fait de vagabondage, preuve très précise de ceci, à savoir que c'est la misère bien plus que la paresse qui au début fait les vagabonds : en cette matière comme en toute autre, on peut dire que l'occasion fait le larron.

La seconde remarque que nous voulons tirer de cette statistique est celle-ci, c'est que la proportion entre le nombre des affaires et celui des prévenus diminue à mesure que les nations s'élèvent en civilisation : c'est-à-dire que de plus en plus les vagabonds cessent de vivre en bandes pour errer à l'état d'individualités isolées.

Les statistiques des années qui suivent 1880 ne font que confirmer ces remarques : le vagabondage est en rapport direct avec la situation économique d'un pays et le vagabondage en bande disparaît peu à peu : il arrivera bientôt à ne plus être qu'à l'état de souvenir. Les bandes de vagabonds, devant la police mieux faite, ont disparu comme les bandes de brigands, dont elles n'étaient, du reste, que les sœurs cadettes.

Nous sommes loin heureusement des bandes de vagabonds qui, à la fin du XVIIIe siècle, rançonnaient nos villages ou même de celles qui, il y a cinquante ans encore, s'établissaient pour quelques jours en conquérantes dans nos hameaux perdus !

Voici, depuis 1880, la statistique du vagabondage donnée par le ministre de la justice :

Individus traduits en police correctionnelle en vertu de l'article 271 du Code Pénal :

Années	Nombre des affaires	Nombre des prévenus
1881. . . .	12,452	12,926
1882. . . .	13,583	14,069
1883. . . .	15,076	15,534
1884. . . .	16,110	16,580
1885. . . .	18,433	19,038
1886. . . .	18,357	18,942
1887. . . .	17,626	18,210
1888. . . .	17,787	18,414
1889. . . .	19,116	19,715
1890. . . .	19,418	19,971
1891. . . .	17,437	17,887
1892. . . .	18,816	19,356
1893. . . .	18,067	18,628
1894. . . .	19,123	19,723

L'accroissement du nombre des vagabonds est donc aussi certain qu'est certaine la disparition du vagabondage en bande.

Cet accroissement tient, il n'en faut pas douter, à la crise économique qui sévit depuis de longues années, non seulement sur la France, mais sur l'Europe entière, un bouleversement social causé par l'invasion toujours plus grande du machinisme privant de travail un certain nombre de bras, les en privant pour le progrès et le bien-être définitif même de l'humanité, mais créant pour quelques-uns des heures difficiles.

Oui, cet accroissement douloureux du nombre des vagabonds tient tout à la fois à la crise industrielle et à la crise agricole : des usines se sont fermées soit par suite de la trop grande abondance des marchandises jetées sur le marché, soit par suite du nouveau régime commercial qui peu à peu en élevant les barrières douanières aux frontières de tous les pays, a fermé les débouchés commerciaux de la France; durant quinze ans le phylloxéra a dévasté en fléau terrifiant la moitié de nos départements, chassant du sol natal et de leurs chaumières des populations entières, dépeuplant nos cantons viticoles; l'agriculture, d'autre part, subissant tout à la fois une vraie transformation industrielle dans ses procédés et une rude concurrence des Indes, des rives de la mer Noire, d'Amérique et d'Australie, a, chaque jour, diminué le nombre de ses manœuvres, rendant ainsi à l'oisiveté une foule de bras ruraux.

Parlant de l'accroissement du nombre des vagabonds, M. le garde des sceaux écrivait en 1884 :

« Il est la conséquence évidente de la crise agricole et industrielle qui sévit depuis plusieurs années. »

Son successeur de 1887 persistait dans cette manière de voir et dans la même explication de cette augmentation de délits :

« L'augmentation du nombre des délits de vagabondage et de mendicité, qui s'est produite surtout à partir de 1883, écrivait le garde des sceaux de 1887, coïncide avec la crise économique dont souffre le continent depuis cette époque. Si l'on compte 731 affaires de vagabondage de moins en 1887 qu'en 1886, c'est sans doute à la loi du 27 mai 1885 sur la relégation qu'il faut, en partie, attribuer ce résultat; car les vagabonds récidivistes n'étant, en général, condamnés qu'à de courtes peines, ce sont eux qui les premiers ont été envoyés dans les colonies. »

Mais il est une autre cause de l'accroissement du nombre des vagabonds, auquel, je crois, jamais on n'a pris garde. Cet accroissement, il tient aussi au fait suivant, qui est capital en la matière. Par le développement des moyens de transport, par la facilité sans cesse plus grande de voyager, que tous les paresseux de nos villes, de nos bourgs et de nos villages sont invités à s'éloigner du lieu natal, où autrefois, méprisés, ils croupissaient en mendiant ; ils préfèrent, aujourd'hui, inconnus de tous, courir au loin des aventures, rêvant, comme le veut la paresse, au mirage de l'inconnu, du lointain, en l'attente de la fortune capricieuse et des coins merveilleux à leurs yeux parce qu'ils leur sont ignorés. — Hélas! ils oublient que, suivant un vieil et sage proverbe : « Pierre qui roule n'amasse pas mousse ! »

Depuis 1826, on peut constater la progression à peu près régulière et constante du vagabondage ; un seul saut brusque suivi d'une baisse le lendemain, après 1851, c'est-à-dire après le coup d'État du 2 décembre: il y a là un fait de persécution politique qui fausse la statistique : le délit de vagabondage a servi à couvrir bien des actes arbitraires, bien des crimes du gouvernement napoléonien contre la liberté individuelle.

Un fait à noter, qui change quelque peu les termes de la statistique générale, c'est que les vagabonds étant tous des incorrigibles — la paresse est le vice dont l'homme se corrige le moins — ils sont condamnés multiples fois durant leur vie: or, les tribunaux étant de plus en plus indulgents, les durées des peines étant de moins en moins longues, les vagabonds se font reprendre de plus en plus souvent, repassent de plus en plus souvent sur les bancs de la correctionnelle comme des soldats de cirque, d'où — comme conséquence naturelle et forcée — les statistiques enregistrent un nombre de plus en plus grand de condamnations pour vagabondage.

Une statistique que l'on n'a pas et qui aurait le plus grand intérêt, ce serait celle des crimes et des délits commis par les vagabonds; on ne l'a pas et c'est infiniment regrettable; mais l'expérience de tous les magistrats est unanime pour reconnaître et déclarer que les vagabonds ont à leur charge un nombre énorme de crimes et de délits— en 1890, 78 p. 100 des prévenus récidivistes avaient été condamnés pour vagabondage et, d'autre part, 3 p. 100 des prévenus de vagabondage ont été relégués (1) — je le répète, l'odyssée de Vacher est caractéristique à cet égard. Les vagabonds étant tout à la fois des récidivistes et des malfaiteurs commettant toutes sortes de délits, le législateur avait pu croire que l'application de la loi de 1885 sur la

(1) *Compte général de l'administration de la justice,* année 1890, p. xxv et xxvi.

relégation diminuerait leur nombre, et, en 1886, le nombre des vagabonds condamnés étant tombé de 18,433, où il s'élevait en 1885, à 18,357, le garde des sceaux écrivait :

« Le mouvement de décroissance devra s'accentuer d'année en année sous l'influence de la loi relative à la relégation. »

Hélas ! le garde des sceaux était le jouet d'une décevante illusion : le nombre des condamnés pour vagabondage remontait, en 1887, à 17,626, pour s'élever encore plus haut, en 1888, à 17,787 et ne plus redescendre.

Les faits accidentels pèsent lourdement sur la marche de la criminalité : c'est ainsi que l'on peut constater un accroissement sensible du nombre des délits de vagabondage en 1889 : c'est l'année de l'Exposition universelle : les malfaiteurs affluent vers la capitale, où se précipite la foule des étrangers et où le travail abonde : cela est tellement vrai que c'est dans la Seine surtout que croît le chiffre des vagabonds condamnés. Et, comme les vagabonds sont venus de tous les pays en France, ils y restent.

Les pouvoirs publics s'en émeuvent : le garde des sceaux et le ministre de l'intérieur envoient des circulaires pour signaler les vagabonds à la rigueur de la police et à la sévérité des tribunaux : de suite, on constate une baisse dans le nombre de délinquants ; le chiffre de 19,418 en 1890, tombe, en effet, à 18,816, en 1892, et à 18,067 en 1893.

Le nombre des étrangers condamnés pour vagabondage est également considérable, mais les statistiques sont muettes sur ce point.

Les départements où proportionnellement le nombre des vagabonds est le plus considérable sont ceux qui renferment de grandes villes : — les grandes villes offrent aux vagabonds plus de ressources et plus d'attraits, et, il faut bien l'ajouter aussi, la police y est plus rigoureuse ; — une exception doit être faite pour la région du sud-est, où la beauté du climat permet de rivaliser avec l'attrait des grandes villes et où, en outre, l'invasion des vagabonds italiens est considérable.

En 1889, par exemple, le nombre des condamnés pour vagabondage a été dans le Nord de 509, dans le Rhône de 680, dans la Seine-Inférieure de 527, dans la Gironde de 211 et dans la Seine de 2,957 ; il a été de 282 dans les Alpes-Maritimes et de 275 dans le Var — chiffre énorme étant donnée la population de ces deux départements ; — il n'a été que de 14 dans le Cantal, de 19 dans la Haute-Loire, de 28 dans les Hautes-Pyrénées, de 94 dans le Doubs.

Même remarque pour 1890, où nous trouvons les chiffres suivants :

Rhône, 472 ; Nord, 320 ; Bouches-du-Rhône, 766 ; Seine, 2,668 ; Alpes-Maritimes, 330 ; Var, 289 ; Doubs, 91 ; Cantal, 37 ; Haute-Loire, 34 ; Hautes-Pyrénées, 22 ; Seine-Inférieure, 558 ; Gironde, 224.

Cette question si terrible du vagabondage et de son accroissement sur notre territoire a vivement sollicité l'attention des jurisconsultes, des économistes et des pouvoirs publics.

Ces dernières années, les Chambres et le Gouvernement s'en sont particulièrement émus.

Le 18 février 1898, le Sénat était saisi d'une proposition de loi pour assurer la sécurité des campagnes et le rapporteur, rappelant les antécédents, disait :

Le vagabondage, associé presque toujours à la mendicité, est un fléau pour les campagnes. Il constitue un péril social contre lequel nos lois sont en fait impuissantes. C'est ce que constatait notre collègue, l'honorable M. Gomot, ancien ministre de l'agriculture, dans une étude publiée par le journal l'*Agriculture moderne* (n° 72, 16 mai 1897). « Nos lois répressives, disait-il, sont mal faites. Telles qu'elles existent cependant, elles permettraient de diminuer le nombre des mendiants vagabonds si on les appliquait avec plus de discernement. Les agents de répression chargés de la police des campagnes devraient être plus nombreux et mieux dirigés. Il appartiendrait aux tribunaux de prononcer des peines plus longues. Mais le meilleur moyen serait de rendre la détention plus sévère, car l'expérience démontre que si cette catégorie de prisonniers s'accommode assez aisément de la vie en commun, elle redoute par-dessus tout l'emprisonnement cellulaire. C'est peut-être là qu'il faut en venir. »

M. Gomot, tout en présentant l'emprisonnement cellulaire comme le meilleur moyen de répression du vagabondage, exprime aussi cet avis que les agents chargés de la police des campagnes devraient être plus nombreux et mieux dirigés. Mais il ne demande pas la constitution d'une armée de 36,000 gardes coûtant 25 millions par an. Toutes les communes ne sont pas également exposées aux méfaits des vagabonds et la France n'est pas encore infestée de brigands.

Quelques semaines après, le 21 juin, le ministre de l'intérieur adressait aux préfets une circulaire sur la même question :

D'après les enquêtes ouvertes et les renseignements particuliers recueillis par la commission extra-parlementaire, disait-il, il paraît établi qu'une des principales causes de l'insécurité des campagnes provient de l'inertie ou de la négligence des agents investis d'une fonction de police, et notamment des maires et des gardes champêtres.

Les maires, en effet, semblent avoir perdu de vue l'importance de leur mission et les devoirs rigoureux que leur impose la loi, soit comme représentants de la commune, soit comme agents de l'État. Vous aurez à leur rappeler que parmi les fonctions inhérentes au pouvoir municipal qu'ils détiennent, la plus essentielle est, comme l'exposait le décret du 14 décembre 1789 sur la constitution des municipalités, de faire jouir leurs mandants des avantages d'une bonne police et d'employer en conséquence toute leur vigilance à prendre les mesures nécessaires pour garantir la sécurité des personnes et des propriétés, et surtout à tenir la main à ce que ces mesures soient exactement appliquées.

Il n'importe pas moins que les maires s'efforcent de faire observer les arrêtés réglementaires qu'en exécution de l'article 99 de la loi du 5 avril 1884 vous avez cru devoir prendre dans l'intérêt de la sûreté et de la tranquillité publiques. Trop souvent, les arrêtés de cette nature, et particulièrement ceux qui concernent soit les nomades et la défense de stationnement sur les voies de communication et les terrains communaux, soit la réglementation des professions ambulantes, restent lettre morte ; si bien que les efforts tentés par l'autorité administrative pour la défense des communes rurales demeurent stériles.

Les maires ne doivent pas oublier qu'ils sont toujours, comme par le passé, des agents directement subordonnés à votre autorité pour l'exécution de toutes les mesures de sûreté générale, ainsi que le porte expressément l'article 92 de la loi de 1884, et qu'ils sont tenus étroitement de veiller avec le plus grand soin à l'application de vos arrêtés réglementaires.

Il faut que les maires se pénètrent bien de cette idée que l'inobservation d'une mesure de police générale ou de sûreté, quel que soit l'objet qu'elle concerne, est préjudiciable aux intérêts moraux et matériels non seulement de la localité où les règlements sont transgressés, mais encore des autres communes. L'ordre public exige impérieusement que l'autorité de la loi ne soit nulle part affaiblie, et le premier devoir du maire est d'y veiller avec la plus grande sollicitude.

Il est de toute évidence que les magistrats municipaux ont besoin d'être secondés dans leur tâche par des auxiliaires permanents, par des agents zélés et capables d'exercer la surveillance constante du territoire communal. A cet égard, on doit reconnaître que l'accomplissement des devoirs municipaux est trop souvent entravé, soit parce que la commune est dépourvue de garde champêtre, soit même parce que le garde investi est inapte à remplir ses fonctions.

Sans doute, les communes ont aujourd'hui le droit de n'avoir pas de garde champêtre, et il serait impossible d'arriver à bref délai à rétablir le principe de l'obligation, supprimé par l'article 102 de la loi du 5 avril 1844, après avoir été maintenu jusqu'à cette époque depuis la législation de l'an III. Mais si on ne peut les contraindre comme autrefois, il faut néanmoins faire en sorte d'amener les municipalités à consentir, dans l'intérêt bien entendu des habitants et de leurs propriétés, les sacrifices nécessaires pour la création d'un poste dans les localités qui n'ont pas de garde champêtre.

Oui, il est nécessaire de prendre des mesures rigoureuses et sévères contre ces vagabonds d'habitude ; c'est une œuvre de sécurité générale, à laquelle les pouvoirs publics doivent veiller avec vigilance ; mais, en dehors de cela, en face de ceux qui, parmi les vagabonds, sont des malheureux, des vieillards, des infirmes, des enfants abandonnés il est du devoir de la nation de développer les œuvres de solidarité sociale : cela est le devoir absolu et l'intérêt bien entendu.

Et maintenant si, au point de vue du vagabondage, nous comparons notre pays aux autres nations, aux pays d'Europe et d'Amérique, nous pouvons encore nous féliciter d'être parmi les moins frappés par ce triste fléau.

Nous n'avons point ces foules immenses de l'Allemagne et de l'Italie qui, par familles entières, après avoir erré, aux pieds des Apennins ou sur les rives de l'Elbe, ne sachant comment vivre dans leurs pays, vont par milliers, chaque année, vagabondant sur l'Océan, chercher au delà des mers une existence incertaine ; nous n'avons point ces bandes de paysans errants en haillons des plaines du Danube, du Dnièpr ou du Volga, ni les vagabonds religieux qui, sous les auspices de la foi, vont mendier de porte en porte à travers la Russie ; nous n'avons pas vu sur notre sol national cette armée de sans travail, forte de milliers d'hommes, se grossissant à chaque étape, allant, en rangs pressés, des rives du Pacifique à celles de l'Atlantique, de San-Francisco à Washington. L'Angleterre et le Pays de Galles eux-mêmes qui, d'après des statistiques récentes, comptent 1,372,000 personnes âgées de plus de soixante-cinq ans, sur lesquelles un tiers sont obligées de recourir à l'Assistance publique ; l'Angleterre et le Pays de Galles eux-mêmes sont, au point de vue de la misère, moins favorisés que la France. Quant à l'Irlande, il est inutile de rappeler sa misérable situation, son douloureux état économique.

Et, si notre pays est moins éprouvé que les nations voisines, si la misère étreint moins férocement nos populations, c'est que, grâce à nos lois nées des principes salutaires et féconds de la Révolution, la propriété est morcelée, c'est que la France est une terre essentiellement démocratique.

Aussi est-il nécessaire, dans l'intérêt suprême de la patrie, pour le bien-être de la masse des citoyens, non seulement de maintenir dans notre législation les règles qui partagent également les biens paternels entre tous les enfants nés sous le même toit, mais encore, par une plus équitable répartition des impôts, de dégrever les petits et les humbles et de considérablement surcharger les riches tant pour obéir à ce principe de stricte justice que pour briser les grandes fortunes et abattre les puissances financières.

C'est ainsi que notre législation républicaine, en aidant à l'amélioration de tous, en faisant œuvre suprême de justice sociale, placera notre démocratie à l'abri des monstrueuses théories et des attaques épouvantables de ceux qui, criminellement, rèvent de rénover le monde à l'aide du poignard et de la dynamite.

Tout se tient dans l'édifice social : la solidarité et l'application des sublimes principes de la fraternité inscrits dans la devise de la Révolution, c'est encore la source la plus féconde de la richesse nationale et la meilleure sauvegarde de la paix publique.

ALEXANDRE BÉRARD.

LES TRANSFORMATIONS DE L'IMPUNITÉ

par G. TARDE.

Les rapports du crime et de la peine sont de trois sortes : 1° le coupable est puni — c'est le cas normal, ce qui ne veut pas dire le cas habituel, comme nous le verrons ; 2° l'innocent est puni au lieu du coupable — c'est ce qu'on appelle l'erreur judiciaire, en n'envisageant cette expression que par l'une de ses faces, comme la plus émouvante ; 3° le coupable reste impuni. Ces trois cas méritent d'être traités séparément, et deux d'entre eux, en effet, le premier et le second, ont fait l'objet de savants travaux. La pénalité, l'erreur judiciaire ont donné lieu à des recherches et à des discussions sans fin. Mais l'Impunité, le troisième côté de la question pénale, a été négligée, et je crois que c'est à tort.

Spécialement, les transformations de la peine au cours des âges, ses différences d'un pays à l'autre, ont été étudiées à fond, même avant la philosophie de l'Évolution. Mais personne, à ma connaissance, ne s'est avisé d'appliquer son attention aux *transformations de l'Impunité*, qui ne sont ni moins curieuses ni moins importantes.

D'un si vaste sujet je ne prétends donner qu'une simple esquisse. La criminalité totale d'un pays, à ce point de vue, se divise en deux fractions inégales : la criminalité punie et la criminalité impunie. A vrai dire, d'après les statisticiens, la proportion des crimes ou délits qui échappent au châtiment ne dépasserait guère 50 pour 100. Mais ils négligent absolument, dans leurs calculs, les crimes et délits collectifs, les abus de la force collective, rapines en grand, exactions commises par les civilisés sur leurs colons, par les majorités sur les minorités, spoliation du public par des sociétés véreuses, entreprises de chantage ou de diffamation par des journaux, etc. ; et c'est là certainement la source la plus abondante et la plus intarissable de criminalité impunie et impunissable, de criminalité triomphante. On peut se demander, d'abord, à quels caractères, à quelles circonstances, à quelles causes est dû le privilège d'impunité attaché à certaines catégories de crimes ou de criminels, et quelles sont les formes multiples, soit coexistantes, soit successives, que revêt ce privilège. On peut se demander, en second lieu, question plus pratique et plus anxieuse, si la proportion de la criminalité impunie va en croissant ou en décroissant au cours de la civilisation, et sous l'empire de quelles causes elle croît ou décroît. En d'autres termes, la question qui nous occupe a deux côtés, l'un qualificatif, l'autre quantitatif, et nous allons les indiquer séparément.

I

Il ne faut pas être grand clerc pour s'apercevoir que, le pouvoir partout et toujours permettant de se mettre dans certains cas au-dessus de la loi, l'évolution de l'impunité s'explique en partie par l'évolution du Pouvoir. Or, en quel sens évolue le Pouvoir? Sans entrer à fond dans l'examen de cette question difficile, disons seulement qu'un peuple, partout et toujours, a besoin de *protection* et de *direction*, de protection contre les dangers divers et successifs du dehors et de l'intérieur, et de direction pour l'emploi de son activité en vue d'obtenir la satisfaction de ses besoins, eux-mêmes multiples et changeants. La succession de ces dangers, comme celle de ces besoins, n'est pas entièrement fortuite, elle est en rapport avec le changement des idées et des moyens d'action, qui tient à la série — non pas rectiligne, mais réglée dans son ensemble par une certaine logique — des découvertes et des inventions, des initiatives fécondes. C'est la nature et la suite de celles-ci qui déterminent la nature et la suite des croyances régnantes, des besoins dominants. Si donc l'homme de pouvoir est quiconque répond le mieux, par ses aptitudes, aux besoins et aux croyances de son pays et de son temps, autant dire qu'il est suscité, en dernière analyse, par des découvertes et des inventions. Parmi des tribus chasseresses et fétichistes, le chasseur le plus habile à utiliser les ruses de chasse ou les instruments de chasse déjà inventés était l'homme le plus puissant, à moins que ce ne fût le sorcier le plus persuasif, le plus heureux dans ses prédictions conformes aux superstitions de ses compatriotes, nées d'hypothèses extravagantes et accréditées. Ailleurs, c'était le guerrier le plus redoutable et le plus rusé, étant données les armes et la tactique de son temps. Après les premières inventions relatives à la domestication des animaux, les hommes qui ont su le mieux les monopoliser se sont fait une autorité d'espèce nouvelle, le pouvoir patriarcal, comme, plus tard, après les premières inventions agricoles, relatives à la domestication des plantes, est né le pouvoir de l'aristocratie terrienne, et, plus tard encore, après les inventions industrielles, le pouvoir de l'aristocratie bourgeoise. Le pouvoir assurément le plus absolu de notre âge, celui de la Presse, n'est-il pas né de l'invention de l'imprimerie et des inventions auxiliaires de celle-ci ? Je n'ai point parlé des inventions militaires, parce qu'ici le lien entre l'invention et le Pouvoir est palpable : il suffit d'un progrès dans l'armement ou dans la tactique pour assurer à la nation qui l'innove ou se l'approprie la prépondérance militaire. Les historiens savent bien que l'invention des armes à feu, en donnant l'avantage à l'attaque sur la défense, a favorisé l'extension du pouvoir royal et précipité la chute de la féodalité.

J'ai tenu à montrer que le Pouvoir avait, en somme, malgré tous les abus de la force, une source honorable, le génie humain, et non pas seulement ni surtout, comme on le suppose,la servilité humaine. Mais, s'il en est ainsi, l'impunité elle-même, si injuste qu'elle soit, a originairement une cause qui lui fait honneur, puisque son origine est la même. A chaque grande manifestation nouvelle du génie inventif de l'homme, nous voyons le privilège de l'impunité se déplacer comme le pouvoir : du *patriarche* antique, irresponsable de tous les crimes qu'il peut commettre contre tous les siens, ce privilège passe ou s'étend au monarque absolu, puis, en s'atténuant par degrés, à la noblesse, au clergé, à l'aristocratie financière, à la Presse surtout, ce véritable gouvernement des temps nouveaux, enfin aux majorités électorales, nées de l'invention de la souveraineté du peuple et du suffrage universel. Les majorités électorales, par un sentiment exagéré de leur droit, peuvent commettre des abus criminels de leur force, et ces crimes collectifs sont impunis et impunissables comme l'étaient les exactions commises jadis par les monarques absolus, dont elles ont pris la place.

Mais l'impunité n'a pas eu toujours pour unique source le Pouvoir. Ou, pour mieux dire, il y a ou il y a eu deux sortes d'impunités dont l'évolution historique ne doit pas se confondre. Il y a eu d'abord, et il y a toujours l'impunité qui, en tout temps et en tout pays, garantit les forts contre le juste châtiment de leurs violences ou de leurs rapacités, et celle-là, née de la puissance politique, s'est déplacée dans le même sens qu'elle. Mais il y a eu aussi, dans l'antiquité classique comme au moyen âge chrétien, et, à vrai dire, partout dans le passé, jusque dans les tribus les plus sauvages, une autre espèce d'impunité, d'une origine bien différente, qui, à raison de certaines idées religieuses ou superstitieuses et de leur empreinte sur la notion du droit, protégeait parfois le faible contre le fort, le coupable sans appui contre le justicier barbare et sans pitié. Cette impunité-là s'attachait non à certaines personnes mais à certains lieux plutôt, à des lieux appelés asiles où se réfugiaient les malfaiteurs ou les innocents traqués par la justice. Elle s'attachait quelquefois même à certaines époques, à certaines fêtes de l'église, où il était d'usage de délivrer des prisonniers.

Or, autant la première espèce d'impunité, qui s'est perpétuée jusqu'à nous, déplacée plutôt que diminuée, a été un affront et un obstacle au cours de la Justice pénale, autant la seconde, qui peu à peu a disparu dans la pénalité adoucie, a servi au progrès du droit pénal. Chez tous les peuples primitifs, il y a des lieux *tabous* où il est interdit de porter la main sur un criminel ; l'antiquité grecque ou romaine a eu ses colonnes de refuge, ses temples, ses palais sacrés, qui suspendaient ou qui arrêtaient les poursuites de l'accusateur et qui, en donnant du moins aux passions le temps de se calmer, empêchaient l'exercice abusif de la vengeance légale. Notre moyen âge, dans ses églises et ses monastères d'abord, dans les résidences royales, plus tard, à l'exemple de ceux-ci, dans les châteaux des seigneurs, dans l'enceinte de ses villes franches, dans ses *sauvetés*, a fait revivre et a multiplié les asiles du crime. Et l'on peut dire que leur multiplication a été un grand bien relatif, ce qui n'empêche pas que la violation graduelle, de plus en plus multipliée, de ces asiles par la justice royale, n'ait été ensuite un grand progrès aussi.

Le plus pernicieux effet du crime, au moyen âge surtout, mais en général dans tout le passé, a été peut-être de susciter son contraire et son antidote, la justice criminelle, qui était un mal à la fois opposé et ajouté au sien. Contre ce mal de la peine, aussi criminelle que le crime, sinon plus, les asiles et les sauvetés, d'abord religieuses, puis laïques, d'abord royales, puis seigneuriales (par contagion imitative), furent un remède dangereux, mais le seul pratique alors. Ces monastères, ces églises où le voleur et le serf fugitifs, le meurtrier même, étaient assurés d'échapper aux poursuites, étaient le premier pas vers l'adoucissement du Droit pénal, d'une férocité sauvage. En se multipliant, ces îlots de sécurité dans un océan de trouble, ces lieux fortifiés non par des remparts, mais par la châsse d'un saint et la foi à ses miracles, par la peur de l'excommunication, étendaient le privilège de l'impunité — c'est-à-dire de la simple pénitence chrétienne — non pas aux plus forts, mais aux plus faibles, et, en ce sens, préparaient les voies à l'égalité devant la loi pénale, idéal des temps nouveaux. Voilà pourquoi il n'est pas contradictoire, après avoir loué comme une amélioration réelle cette extension du droit d'asile, de regarder comme une amélioration plus grande leur suppression par la justice royale, à mesure que celle-ci, ayant abaissé les grands vassaux, effaçait les rangs sous son joug niveleur. Par deux voies différentes et successives, opposées en apparence, en réalité convergentes, la même tendance se réalisait.

L'*immunité* a été souvent rapprochée de l'*asile*, et, en effet, il existe un lien entre ces deux institutions contemporaines l'une de l'autre. Mais elles ne doivent pas être confondues. Quand, après la dissolution de l'empire romain, et, mieux encore, de l'empire de Charlemagne, l'autorité monarchique tomba en miettes, les fonctionnaires royaux, les comtes, firent de leurs pouvoirs judiciaires un moyen d'oppression et d'extorsion tel que tout le monde s'efforça de s'y soustraire. Les grands propriétaires y parvinrent seuls en se faisant octroyer par le roi des chartes d'immunités. Ces chartes interdisaient aux agents du comte l'entrée de leur domaine pour l'instruction et la répression des crimes qui pouvaient y être commis. C'était là un avantage incontestable pour le propriétaire qui, devenant de la sorte un petit despote dans l'étendue de ses propriétés, rendait la justice à sa convenance, et, en outre, pouvait commettre impunément tous les crimes et délits possibles sur son territoire privilégié. Par cet aspect, on le voit, l'immunité crée une impunité qui rentre dans la première des deux catégories d'impunités distinguées par nous : elle affranchit de la peine les détenteurs du pouvoir territorial, de la propriété, le seul vrai pouvoir du temps.

Mais l'immunité constituait-elle aussi un avantage pour les serfs et les colons du maître, pour les hommes libres résidant à un titre quelconque sur ses terres ? C'est douteux. Pourtant, si oppressif que pût être par nature ce tyranneau, il avait intérêt à l'être moins que le comte, et à ne pas se priver de bras utiles en sacrifiant à la légère ses justiciables, en les pressurant outre mesure. En somme, ceux-ci devaient considérer leur sort comme privilégié aussi relativement à celui des malheureux soumis à la juridiction du comte. Bien souvent il devait arriver que les grands propriétaires, bénéficiaires de l'immunité, mettaient un certain orgueil à étaler l'impunité de leurs sujets, comme une sorte de marque de noblesse au même titre que l'exemption d'impôts. Que de meurtres alors, que de rapines ont dû être impunis !

Ainsi l'immunité est, pour ainsi dire à cheval à la fois sur les deux sortes d'impunités, l'une au profit des forts, l'autre au profit des faibles, et elle participe à leur double évolution. Son histoire est fort ancienne : elle commence aux temps mérovingiens, et l'on peut dire qu'elle n'est pas encore achevée ; en effet, toutes les justices d'exception, celles du moins qui attribuent à une corporation, à une fraction de la population, telle que le clergé ou l'armée, le privilège de juger ses propres membres, soustraits de la sorte aux tribunaux ordinaires, toutes ces exceptions ou ces anomalies, qui ont eu leur utilité évidente, et dont quelques-unes survivent encore à leur raison d'être, dérivent du même principe que les immunités mérovingiennes. « Une étude attentive des sources, dit M. Flach, m'a démontré que ce privilège (le privilège des clercs de ne relever que de l'*officialité*) procède essentiellement de la même origine que les diverses immunités personnelles que nous venons de passer en revue, immunités des propriétaires d'alleux, des possesseurs de fiefs, etc. Le clerc est justiciable de son évêque au même titre que le vassal est justiciable de son suzerain féodal, l'homme propre de son maître. »

Ce privilège clérical est assurément la plus importante des immunités, la plus étendue, la plus durable, celle qui, par son extension envahissante, par son influence contagieuse, et en somme bienfaisante, sur la justice laïque à laquelle les officialités ont servi de modèle, et en même temps par l'orgueilleuse puissance qu'elle atteste, présente au plus haut degré les deux caractères signalés. Cette immunité, née de la puissance du clergé, le met au-dessus de la loi commune; mais, en même temps, elle place sous sa protection une foule de petites gens qui, grâce à une tonsure et à un rabat, évitent le tortionnaire et le bourreau.

Des deux impunités que nous avons distinguées, l'une a été en diminuant sans cesse depuis l'ère moderne et a fini par s'éliminer complètement, c'est celle qui protégeait les faibles. Tous les lieux d'asile ont été supprimés, et des tribunaux d'exception il ne reste guère plus, en matière criminelle, que les tribunaux militaires, en général plus rigoureux que les tribunaux ordinaires. Tout en étant la protection de la faiblesse, l'impunité dont il s'agit n'en était pas moins une injustice, et elle a dû disparaître fort heureusement devant les progrès de la justice royale, devenue à la fois plus forte, plus une, plus égale pour tous. — Dirons-nous de même que l'impunité des forts a disparu ? Non. Elle a diminué, c'est certain, en principe du moins, et c'est beaucoup. Mais elle est loin de s'être évanouie. Si nous suivons ses transformations, nous y pouvons noter les phases suivantes, dont la succession témoigne d'un progrès réel, quoique insuffisant.

En premier lieu, dans la phase la plus grossière de l'état social, l'impunité des forts est cyniquement avouée, proclamée comme un droit. Telle était celle du maître antique dans ses rapports criminels avec ses esclaves, du *paterfamilias* tuant impunément ses enfants, du roi nègre ou même du roi mérovingien mettant à mort ses sujets de sa propre main sans soupçonner qu'il puisse encourir un blâme. Il n'est pas jusqu'à Christine de Suède qui, en faisant tuer sous ses yeux avec des raffinements de cruauté son amant Monaldeschi, n'ait cru agir dans la plénitude de ses droits. Jusqu'au dernier siècle, les soldats victorieux se croyaient tout permis, en fait de crimes, contre les habitants d'une ville prise d'assaut ; et je ne répondrais pas que toutes les armées du XIXe siècle fussent exemptes de cette conviction.

Mais ce cynisme est si révoltant que les protestations de la conscience finissent par mettre un terme à cette impunité de droit et ne laissent plus subsister que l'impunité de fait. Toutefois une phase de transition s'interpose ici : à la complète impunité de droit se substitue la demi-impunité de droit sous la forme soit des tribunaux d'exception dont nous venons de parler, soit de procédures et de peines différentes édictées à l'égard de la noblesse et du reste de la population. Les officialités, par la douceur et l'équité habituelles de leurs peines, qui ont devancé les nôtres, paraissaient absoudre à demi ceux qu'elles condamnaient avec tant de bénignité relative. Dans certains pays, on peut se faire remplacer pour la peine, comme jadis chez nous pour le service militaire. En Chine, on achète des remplaçants pour la peine de mort (1), ce qui est l'impunité légale assurée aux riches, ou plutôt la demi-impunité, puisqu'il faut compter pour quelque chose, pour une amende si l'on veut, l'achat du remplaçant. — Une forme très répandue de demi-impunité de droit, qui a subsisté jusqu'à nos jours et dont les derniers vestiges ne sont pas extirpés, est la protection légale dont les fonctionnaires sont ou étaient naguère encore couverts contre les poursuites judiciaires. La Constitution de l'an VIII nous régissait il n'y a pas si longtemps encore.

(1) On me fait remarquer très justement que l'équivalent du remplaçant chinois existe dans notre loi sur la Presse, qui dirige contre le gérant du journal, bouc émissaire, les poursuites méritées par les journalistes. Cette véritable *chinoiserie* a été étudiée avec beaucoup de verve par M. Cruppi dans son livre sur la *Cour d'assises*.

Arrivons à l'impunité *de fait*. Celle-ci est hypocritement niée, démentie de bouche par la proclamation de l'égalité absolue devant la loi. N'importe, regardons-y de près. Cette impunité de fait est de deux sortes; volontaire ou involontaire. Volontaire, quand, tout en étant avisé d'un fait délictueux, le parquet refuse de poursuivre, ou attend, pour faire semblant d'agir, l'expiration des délais de la prescription, qui rendra la poursuite illusoire (c'est ce qu'on a reproché, à tort ou à raison, à des magistrats français, dans une affaire célèbre). Involontairement, quand le fait délictueux n'est pas dénoncé aux agents de police judiciaire, ou quand, faute de preuves suffisantes, sa dénonciation aboutit à un *classement sans suite*, à une ordonnance de non-lieu ou à un acquittement.

Volontaire ou involontaire, cette impunité des crimes est une si grande honte pour la société, une telle injure pour la justice, qu'on a de tout temps essayé de la dissimuler sous des simulacres de poursuites ou de pénalités. De là les exécutions par effigie en usage chez nos aïeux. On raconte que, parfois, le coupable, perdu dans la foule, assistait à la comédie pénitentiaire de sa propre décapitation sur un tableau peint par un barbouilleur de village. — Pour être moins ridicules, nos condamnations par coutumace ne sont pas inspirées par un mobile bien différent. Mais on renonce de plus en plus à ces vaines apparences de procès criminel, comme on a renoncé depuis longtemps aux exécutions par effigie.

Ajoutons une dernière observation. L'impunité, nous l'avons vu, s'attache soit à certains *lieux*, soit à certains *temps*, soit à certaines catégories de *personnes*. Elle s'attache aussi à certaines catégories de *faits*, qui varient au cours de la civilisation, mais qui sont toujours les délits les plus caractéristiques d'une époque quelconque, ceux par conséquent qu'il serait le plus urgent de réprimer, mais qui, à raison de leur prépondérance même, de leur force (encore le privilège du plus fort !) bénéficient de l'indulgence la plus assurée de la part des juges. L'évolution sociale allant, au point de vue criminel, de la brutalité vindicative à l'astuce cupide et voluptueuse, les homicides au début, les vols ensuite, les escroqueries enfin et les abus de confiance, même les plus gigantesques, les avortements et les infanticides, ont joui successivement du privilège de l'impunité. De nos jours encore, c'est dans les provinces où le meurtre sévit le plus, dans le sud de l'Italie, en Sardaigne, en Corse, qu'il est traité avec le plus d'indulgence par le jury. C'est sur les meurtriers que s'exerce là le plus souvent la faveur judiciaire, tandis qu'elle n'épargne jamais les voleurs et les escrocs, précisément parce qu'ils y sont très rares. Au

XVIe siècle, si sanguinaire, la justice fermait souvent les yeux sur les assassinats, jamais sur les vols ; à présent, au contraire, si la justice était tentée de se montrer partiale et aveugle, ce serait en faveur des grands escrocs plutôt que des assassins. La criminalité collective — presque toujours impunie — était surtout sanglante et brutale dans le passé, maintenant elle est surtout astucieuse et perfide (affaire du Panama, chantages du journalisme, sociétés véreuses de tout genre). Le brigandage urbain, impuni et impunissable, s'est ainsi substitué au brigandage rural d'autrefois, devenu légendaire.

II

Cela dit, demandons-nous si le domaine de l'impunité, dans son ensemble, va s'élargissant aux dépens du domaine de la Peine, ou si l'inverse est plutôt démontré.

Pour l'impunité de droit il n'y a pas de doute. Elle a reculé sans cesse devant la civilisation et il n'en reste plus que de faibles vestiges. De la loi conçue comme un privilège on a passé nécessairement — par la multiplication des relations et des emprunts réciproques d'homme à homme — à la loi regardée comme égale pour tous, comme droit et devoir universels. Les demi-impunités de droit, elles-mêmes, les justices d'exception, disparaissent peu à peu. Sur ce point, dont l'importance n'est pas contestable, le progrès est évident.

Mais pour l'impunité de fait, est-il aussi manifeste ? Non. La question vaut la peine d'être examinée. Distinguons, comme nous l'avons fait, entre l'impunité de fait volontaire et l'involontaire. La première, si l'on remonte haut dans le passé, a certainement beaucoup décru elle-même ; mais, s'il ne s'agit que de notre siècle, il n'est pas sûr que, au moment actuel, elle soit en voie de diminution plutôt que d'accroissement. Certes, à cet égard, notre âge, comparé au moyen âge, et même à l'ancien régime, leur est infiniment supérieur. Un roi mérovingien, d'après Fustel de Coulanges, « menace de la peine de mort les fonctionnaires qui par cupidité relâcheraient les coupables ». Cette défense royale montre la fréquence du fait. Au XVe siècle, Loyseau écrivait : « Quant aux crimes, c'est chose notoire que la plupart demeurent impunis. Le gentilhomme n'a garde de laisser faire un procès à un homme sans moyens : c'est lui qui paierait l'appel et la conduite du prisonnier. S'il est homme de moyens, *il compose avec lui* de la confiscation et de l'amende. S'il ne veut pas composer, se sentant innocent, et que le seigneur lui veuille du mal, le seigneur trouvera des témoins pour arriver à une confiscation. »

Quand, au XVIIe siècle, les monarques absolus substituent à l'inique justice de ces innombrables petits despotes leur justice relativement équitable et uniforme, une grande amélioration se fait sentir. Et l'on peut se demander si la justice a jamais été plus puissante, plus indépendante qu'alors, plus forte contre les grands, appuyée qu'elle était sur le pouvoir immense du roi. Je sais bien qu'à cette époque il subsistait encore beaucoup de cas d'impunité ou de demi-impunité légale qui n'existent plus. Mais l'impunité judiciaire, imputable à la faiblesse ou à la complaisance des magistrats, était-elle plus fréquente qu'à présent ? C'est douteux. Dans l'ancienne législation le ministère public était inamovible, et, comme le remarque justement M. Larnaude (1), cette garantie essentielle d'impartialité, d'indépendance, de hardiesse contre le fort, lui serait de nos jours plus nécessaire que jamais à raison du caractère de plus en plus politique de ses fonctions, ou plutôt à raison des influences politiques qui s'exercent avec un cynisme de plus en plus effronté sur le cours de la justice criminelle pour l'arrêter ou le dévier.

Le grand siècle a eu ses grands scandales aussi, mais ils ont servi à mettre en lumière la puissance des magistrats. L'affaire de la Voisin dans laquelle furent impliqués 226 accusés, presque tous du plus haut rang, inculpés d'empoisonnement ou de complicité de ce crime, fut en quelque sorte le panama de Louis XIV. Mais avec cette différence que le roi, dès le début, donna à La Reynie, son Lieutenant criminel, l'ordre d'exercer les poursuites les plus rigoureuses contre tout le monde sans exception, et de pousser l'affaire à bout. Il n'y eut d'infraction apparente à cette règle qu'en faveur de Mme de Montespan, déjà mère de deux enfants légitimés, et qui, je crois, avait été abusivement mêlée à ces abominations. 30 accusés moururent par le fer ou le feu ; le reste, à part 2 ou 3 exilés, fut détenu dans les prisons d'État (2). Empressons-nous d'ajouter cependant que si l'on entrait dans le détail des instructions criminelles de l'époque, on y découvrirait sans peine, surtout en des provinces écartées, loin de l'œil royal, une foule d'iniquités et d'impunités dont notre siècle n'a plus l'idée. Les *Grands jours d'Auvergne* n'en ont révélé qu'une faible partie. A ce point de vue même, donc, il y a eu progres.

(1) *Revue pénitentiaire*, mai 1897.
(2) Voir *la Police sous Louis XIV*, par Pierre Clément.

Mais le problème est complexe. D'une part, nous avons vu un lien intime entre le pouvoir et l'impunité. Une classe, un parti au pouvoir, échappe aisément aux mains des juges, et d'autant plus aisément qu'il est plus puissant. Or, la quantité de pouvoir dont les gouvernants disposent va croissant, sinon en durée et en stabilité, du moins en moyens d'action rapide et générale que lui fournissent les inventions civilisatrices. Un ministre éphémère d'à présent, à cet égard, l'emporte sur Colbert. Ainsi, par ce côté, l'impunité de fait, due à l'impuissance des magistrats, tendrait à grandir. Mais, d'autre part, cette tendance est combattue par la socialisation croissante, par le développement de la sympathie réciproque, effet nécessaire du rayonnement et de l'échange des exemples dans une société qui se civilise. C'est déjà beaucoup qu'en principe tout le monde soit jugé punissable, alors même qu'en fait certains détenteurs de l'autorité publique en abusent pour se soustraire à un juste châtiment. A la longue, la force du droit finit par prévaloir sur le droit de la force.

Ajouterons-nous, nous faisant l'écho d'une banalité, que la Presse rend désormais impossible l'impunité des crimes tant soit peu notoires ; qu'en les publiant elle les impose aux poursuites, et qu'à sa lumière toutes les iniquités du passé doivent s'évanouir comme des fantômes au point du jour ? Le malheur est que la Presse est bénéficiaire d'une impunité légale ou illégale énorme, qu'elle peut impunément prêcher l'assassinat, l'incendie, la spoliation, la guerre civile, organiser le chantage en grand, élever la diffamation et la pornographie à la hauteur de deux institutions intangibles. Car elle est la Puissance souveraine des temps nouveaux. Mais on peut me répondre que, malgré sa situation privilégiée, ou peut-être à raison de cette situation même, comme un monarque absolu à qui son absolutisme permet d'être un bon justicier, elle empêche l'étouffement de beaucoup d'affaires scandaleuses. Si un groupe influent, si un corps puissant, cherche à couvrir la faute de l'un de ses membres, de peur que la honte ne rejaillisse sur tous, un journal veille et jette le cri d'alarme.

Cela est vrai, mais l'intervention indiscrète et abusive de la Presse dans les opérations de la Justice, la curiosité malsaine qu'elle éveille et alimente dans le public et qu'elle satisfait par des nuées de reporters est-ce là une condition toujours favorable à l'impartialité judiciaire ? Notre âge, amoureux de la lumière, est très porté à penser, par une exagération des plus excusables, que la publicité en tout et pour tout ne saurait jamais avoir que de bons effets. Nos aïeux ne pensaient pas de même, et parfois avec raison. Il est curieux de remarquer que le système de l'instruction écrite et *secrète*, emprunté par l'ancien régime aux officialités, a été adopté pour battre en brèche le régime féodal et assurer la liberté des citoyens, ainsi que leur égalité devant la loi. C'est ce que dit Allard dans son ouvrage classique sur les tribunaux ecclésiastiques. L'instruction publique et orale, en plein air pour ainsi dire, était intimidante pour le faible. « Il était, dit-il, impossible de convaincre un accusé puissant. Il se présentait accompagné d'un nombreux cortège de parents et d'amis, de vassaux, d'hommes de loi ; la crainte fermait la bouche à ceux qui l'avaient vu commettre un crime. » Beaumanoir remarquait que les dépositions *n'étaient pas libres parce qu'elles étaient publiques*. Et c'est pour délier la langue du témoin, pour délivrer son cœur de toute crainte, que l'instruction secrète a été établie. Mais, à présent, est-ce que l'immixtion de la Presse dans toutes les affaires criminelles un peu importantes ne tend pas à terroriser de même les témoins et les plaignants dans certaines causes où les journaux les plus répandus ont établi un courant d'opinion, tantôt dans un sens, tantôt dans un autre ? Les avantages incontestables de la publicité, de l'éclairage universel par la Presse, ne sont donc pas sans inconvénients, et il était bon de les indiquer sans y insister trop.

Arrivons à l'impunité de fait involontaire. Celle-ci tient à trois causes : ou bien les autorités judiciaires n'ont pas été informées du fait délictueux, ou bien le coupable est resté inconnu ou s'est évadé, ou enfin les charges recueillies contre lui ont été insuffisantes. La question de savoir si ce genre d'impunité a augmenté ou diminué d'une époque à une autre revient donc à se demander : 1° si, dans l'intervalle de ces deux époques les changements sociaux qui sont survenus ont rendu les autorités judiciaires de plus en plus ou de moins en moins renseignées sur les infractions aux lois commises dans leur juridiction ; 2° si ces changements sociaux ont favorisé ou entravé l'incognito et la fuite des coupables ; 3° si la tâche du magistrat chargé de recueillir les preuves en est devenue plus difficile ou plus aisée.

Sur le premier point, pas de doute. Il est certain que, lorsque les voies de communication entre les hommes, routes, postes, et, à plus forte raison, chemins de fer, télégraphes, se multiplient, le magistrat criminel court moins de risques de n'être pas avisé d'un crime ou d'un délit important. A l'inverse, si les relations entre hommes se resserrent, comme il est arrivé de l'Empire romain aux temps Mérovingiens, de l'Empire de Charlemagne à l'époque féodale, on voit l'ignorance du juge à l'égard des faits les plus graves devenir plus fréquente, plus habituelle. Du moyen âge à l'ancien régime, de l'ancien régime à nous, du commencement de ce siècle à la fin, le progrès des informations judiciaires ou autres a marché sans interruption et d'un pas accéléré. C'est seulement en ce qui concerne des contraventions ou des délits sans importance, et à titre exceptionnel, que se produisent certains abus signalés par M. Picot dans une séance de la Société des Prisons. Dans une ville qu'il connaît, la municipalité « reçoit chaque matin les procès-verbaux des commissaires de police, se livre à une sélection et supprime ceux qui déplaisent ». Ce singulier *classement sans suite* au profit des amis précède celui du Parquet qui n'est averti de la sorte que d'une partie des faits dont il devrait avoir connaissance. Au fond, cela prouve tout simplement l'inconvénient qu'il y a à faire dépendre la police du ministère de l'intérieur et non du ministère de la justice. En somme, le Parquet est de mieux en mieux renseigné, et ce qui le prouve, c'est la progression numérique des procès-verbaux, plaintes et dénonciations, qui lui sont adressés. Leur nombre a quadruplé de 1830 à nos jours.

Toutefois, il y a bien des restrictions à cette vérité générale. Par exemple, la mortalité des enfants illégitimes est si supérieure à celle des enfants légitimes qu'on est en droit de voir dans ce rapprochement l'indice de très nombreux infanticides dissimulés et latents, dont jamais le Parquet n'entendra parler. Et le nombre de ces crimes a dû aller croissant si nous en jugeons par ce fait que la proportion des naissances naturelles, en France, relativement aux naissances légitimes, a doublé depuis le commencement de ce siècle. Les avortements, les incendies volontaires, les vols domestiques, etc., se multiplient aussi sans que la magistrature en soit avertie. Le vagabondage reste inconnu des Parquets 9 fois sur 10.

Sur le point de savoir si les transformations sociales, celles de l'âge moderne spécialement, donnent plus ou moins de facilités aux coupables de rester inconnus ou d'échapper aux recherches de la justice, le doute est permis. D'un côté, l'agrandissement des États depuis le moyen âge, leur centralisation croissante, l'extension de leurs relations internationales, opposent un spectacle toujours plus fort à la fuite des malfaiteurs. Quand la justice impériale de Charlemagne se fractionna, s'émietta en une infinité de petites justices particulières, personnelles, locales, spéciales, cet émiettement eut pour effet reconnu non seulement une abondante floraison de délits, mais une proportion grandissante de délits impoursuivis et impunis. Il était si aisé d'échapper à la punition quand on n'était justiciable que d'un particulier, propriétaire, évêque, abbé, seigneur quelconque, dont les moyens de poursuites effectives expiraient au delà d'un rayon si court ! La seule compensation, non négligeable, à ce désastreux état de choses est qu'il y avait alors, par exception, un tribunal, un seul, d'une juridiction universelle et universellement redoutée, le tribunal de la Pénitence, image du tribunal de Dieu. Partout le coupable évadé se sentait justiciable du justicier divin, devant qui l'impunité n'existait pas. Mais combien, par son contraste même avec cette justice mystique et souveraine, d'une supériorité si éclatante, la misérable petite justice terrestre inspirait de mépris ! Plus tard, quand cette poussière de juridictions minuscules commença à se solidifier en petites glèbes, en justices provinciales, puis en justice royale, la criminalité et l'impunité out dû décroître du même pas. On peut généraliser cette observation. Tout fractionnement de la justice pénale favorise — toutes choses égales d'ailleurs — l'accroissement de l'impunité ; et toute extension, toute unification de la justice pénale tend à rendre l'impunité moindre. Par ce côté donc, notre civilisation moderne et contemporaine a collaboré heureusement à l'œuvre de la justice ; car la centralisation et l'uniformisation de la justice pénale continuent sans cesse et ne s'arrêtent pas même aux limites des États ; elles les débordent, et vont formant, par un réseau de traités d'extradition d'une part, et, d'autre part, grâce à un échange continuel d'emprunts d'institutions, une sorte de justice internationale qui a les bras démesurément longs.

Oui, mais les mêmes causes qui ont allongé les bras du magistrat instructeur ont allongé pour ainsi dire les jambes du malfaiteur qui, emporté par un train rapide ou un navire à vapeur, passe la frontière, franchit l'Océan, et, disposant du télégraphe, lui aussi, l'utilise à son gré. Même sans se déplacer, il trouve dans la densité des masses humaines entassées dans les grandes villes une condition favorable à son incognito. Or, la proportion de la population urbaine, de celle des très grandes villes surtout, grandit sans cesse aux dépens de la population rurale. Il est si facile au criminel de donner le change sur son identité dans les milieux urbains qu'il a fallu créer de nos jours une institution importante, le système anthropométrique, pour remédier à ce danger né de l'émigration vers les grands centres.

Le problème revient à se demander : les grandes inventions civilisatrices de l'âge moderne sont-elles, dans leur ensemble, plus avantageuses au crime qu'à la justice criminelle ou à la justice criminelle qu'au crime ? Le sont-elles soit au point de vue de la fuite du coupable, soit au point de vue de la preuve de ses fautes? Sous ces deux rapports, les malfaiteurs ont-ils trouvé plus ou moins de ressources que la police et les juges d'instruction dans le développement des routes, des postes, des chemins de fer, des télégraphes, de la photographie, de la Presse, et des connaissances médico-légales? Le raisonnement ici ne peut servir à rien, la statistique seule peut répondre. Quand la poudre a été inventée, quel logicien aurait pu prévoir d'avance que les conséquences nécessaires de cette invention favoriseraient l'attaque au détriment de la défense des places et qu'il s'ensuivrait le recul du régime féodal devant la monarchie envahissante? Maintenant il s'agit de savoir si l'attaque de la société par le crime est plus favorisée que sa défense pénale, et *a priori* c'est douteux. Mais la réponse des chiffres semble être jusqu'ici assez nette, et, malheureusement pessimiste. De 1831 à 1895, le nombre des faits délictueux ou criminels dénoncés au Parquet s'étant élevé de 114,000 environ à 509,012, c'est-à-dire ayant plus que quadruplé, le nombre des affaires classées sans suite par le Parquet a grandi beaucoup plus vite encore : il a passé de 31,563 en 1831 à 267,763 en 1895. Et l'on peut voir, par l'affaire Vacher, la gravité fréquente des affaires classées sans suite par les Parquets. Quand il a été arrêté, on a découvert une vingtaine d'assassinats horribles qui n'ont pas même été instruits, qui n'ont pu l'être faute de tout indice. Mais détaillons et prenons notre point de départ un peu moins haut. En 1861, le nombre des vols impoursuivis de la sorte était de 30,581; graduellement, il est monté à 86,874 en 1895. Celui des escroqueries impoursuivies, dans le même laps de temps, en 35 ans, a passé du chiffre de 1,070 à celui de 8,395; il a deux fois quadruplé pendant que la proportion des non-poursuites pour vols doublait ou triplait. Pour les homicides volontaires, comme tous ou à peu près, quand ils sont dénoncés (1), sont mis à l'instruction, regardons aux ordonnances rendues par les magistrats instructeurs. Dans la période de 1861 à 1865, le nombre moyen par an des ordonnances de non-lieu motivées de ce chef pour cause d'insuffisance de preuves, ou d'impuissance à découvrir l'auteur de l'homicide, le fait d'ailleurs étant certain, était de 194. Peu à peu il a grandi et, en 1895, il était de 471.

On a dit que la diminution très considérable du chiffre des empoisonnements volontaires était due aux progrès de la chimie, qui

(1) Ils ne le sont pas tous : Il y a bien toujours un certain nombre de suicides ou de morts accidentelles qui sont, en réalité, des meurtres ou des assassinats déguisés.

auraient rendu ce crime plus difficile à exécuter impunément. L'œil de lynx des experts épouvanterait si fort les Locustes et les Brinvilliers d'aujourd'hui qu'elles n'oseraient plus empoisonner personne. Ce n'est pas l'avis de M. Goron. Jamais, dit-il dans ses Mémoires, « jamais les crimes de ce genre n'ont été plus nombreux et aussi plus impunis, attendu que la science a fait de tels progrès qu'il est possible aujourd'hui d'empoisonner son semblable sans que la plus minutieuse des autopsies amène la découverte de la moindre trace de poison ». La découverte de nouveaux explosifs, en même temps qu'elle a décuplé, centuplé la puissance malfaisante des criminels, a augmenté notablement leurs chances d'impunité.

Serait-il donc vrai que la science moderne a fait œuvre mauvaise, et nous joindrons-nous à ceux qui l'accusent de nos maux ? Non, car fût-il suffisamment démontré, par les chiffres qui précèdent, que l'impunité de quelques milliers de malfaiteurs a été l'une des conséquences de son rayonnement civilisateur, qu'est-ce que ce mal, après tout secondaire, mis en balance des bienfaits merveilleux que nous lui devons ? Mais, malgré les résultats numériques en question, il n'est pas même certain, ni probable, que le mal signalé et bien réel soit imputable au progrès scientifique ou industriel. Il l'est, bien plutôt, à l'absence des progrès judiciaires que l'outillage plus perfectionné du crime rendrait nécessaires et qui sont rendus impossibles par la puérile préoccupation gouvernementale de faire des économies sur le budget de la Justice, le plus misérable et le plus indispensable de tous les budgets. De là cette réduction étrange du personnel des cours et tribunaux, pendant que la tâche du Parquet doublait ou triplait ; de là cet abus de substituer l'information officieuse, comme moins coûteuse, à l'information officielle plus lente, mais plus sûre, aussi longtemps du moins qu'on n'a pas été obligé de la confier, véritable scandale, aux mains inexpérimentées de jeunes juges suppléants. Enfin, il est notoire que le nombre des brigades de gendarmerie est insuffisant, et que ce corps excellent, le meilleur auxiliaire de la Justice, est de plus en plus entravé dans l'exercice de ses fonctions essentielles par les corvées administratives ou militaires dont on le surcharge. Le jour où on le voudra fermement, je suis persuadé qu'on remédiera sans peine à la progression des délits impoursuivis.

Quoi qu'il en soit, cette progression se poursuit sans interruption depuis que notre statistique existe, et l'on voit par là que, si l'impunité ou la demi-impunité légale a en grande partie disparu, si l'impunité de fait volontaire a diminué, l'impunité de fait involontaire présente une augmentation considérable, depuis le commencement de ce siècle au moins.

Mais nous n'avons considéré jusqu'ici que les crimes individuels. La question de l'impunité change de face quand on a égard à la criminalité politique et collective. Celle-ci, qui est liée à une impunité à peu près générale et constante, à une impunité de droit ou de fait, volontaire ou inévitable, est-elle en voie d'augmentation ou de diminution? D'augmentation, à n'en pas douter.

Toutefois, comme la statistique n'a rien à voir ici, et qu'on ne saurait apporter que des considérations d'ordre subjectif, le sujet doit être abordé avec réserve. Nous n'en dirons que quelques mots.

La criminalité collective est complexe et l'on n'a étudié que quelques-unes de ses manifestations, précisément les plus anciennes, et non les plus en voie de progrès. Il y en a autant d'espèces qu'il y a de groupes sociaux. Si les *crimes familiaux* sont en décroissance, ainsi que les *crimes de sectes religieuses*, sinon de *sectes politiques*, si même les *crimes de foules* ne progressent pas ou se raréfient en dépit de la turbulence de nos sociétés démocratiques, les *crimes professionnels*, inspirés par le sentiment croissant de la solidarité entre membres d'une corporation industrielle ou militaire, n'ont-il pas une tendance à se réveiller plutôt qu'à s'éteindre?

Et notre époque n'a-t-elle pas connu des *crimes de partis*, des *crimes de classes?* N'a-t-elle pas connu des *États de proie* qui commettent, inconsciemment peut-être, contre des peuples barbares qu'ils prétendent coloniser, des *crimes nationaux?*

Ce groupe tout nouveau, datant de la presse périodique, que j'ai spécifié ailleurs sous le nom de « public » en un sens spécial du mot, n'est-il pas susceptible aussi de devenir criminel parfois, ou de pousser ses publicités à de vrais attentats contre l'honneur ou la vie des citoyens. Embrassée dans toute sa généralité, la criminalité collective apparaîtrait stupéfiante, et nullement en train de décliner.

Bornons-nous, pour le moment, à rapprocher l'évolution de l'impunité, telle qu'elle vient d'être esquissée en quelques traits bien secs et bien rapides, de l'évolution de la peine, qui se déroule parallèlement. Celle-ci nous donne le spectacle d'un adoucissement graduel qui va jusqu'à ne laisser subsister de la peine que son ombre, moins que son ombre, une simple menace, sous la forme du sursis conditionnel. Il est vrai que, par le fait même de ces adoucissements, l'*âme* de la peine, en ce qu'elle a d'essentiel, le blâme énergique de l'opinion attesté par le jugement apparaît mieux et s'accentue. Mais, si de la sorte la peine se spiritualise, — pendant que la criminalité se raffine, se civilise, va de la brutalité à l'astuce, du vol grossier à l'escroquerie, de l'escroquerie à l'abus de confiance, aux chantages de la Presse, aux exploitations du public par les sociétés véreuses, — le *corps* de la peine ne cesse de s'amincir, de s'atténuer, de disparaître. Considérée, donc, sous son aspect matériel, la pénalité évanouissante est destinée à être résorbée par l'impunité grandissante. Et l'on peut se demander comment il se fait que, cette digue étant abattue, le courant de la criminalité ne déborde pas davantage. Il faut faire honneur de ce résultat au développement de la mutuelle sympathie que la civilisation allume et attise parmi les hommes. Sous sa forme urbaine, il est vrai, la civilisation alimente à la fois l'égoïsme et la sociabilité, qu'elle concilie étrangement; mais, en somme, même dans les plus grandes capitales, elle nourrit la sociabilité plus encore que l'égoïsme, et, fût-elle sans bourreau ni justicier, elle parviendrait à contenir dans certaines limites infranchissables le fléau du Délit. Le malheur est que cette vertu *antiseptique* en quelque sorte de la civilisation, grandit moins vite (comme le prouvent nos statistiques) que ne décroît la pénalité, et il serait urgent de ralentir cette dernière évolution pour mettre fin à cette fâcheuse anomalie.

G. Tarde.

LE
MARQUIS DE SADE ET LE SADISME

par le Dr Marciat

On peut accepter comme suffisante et assez précise la définition que donne du sadisme M. Thoinot, dans son livre récent (1).

« Trouver, dans une souffrance de degré très variable, tantôt légère, tantôt grave ou d'un raffinement atroce, qu'on *fait* infliger, qu'on *voit* infliger ou qu'on *inflige* enfin soi-même à un être humain, la condition toujours nécessaire, et parfois suffisante, de la jouissance sexuelle: telle est la perversion de l'instinct génital qu'on désigne sous le nom de *sadisme.* »

Le parrainage par le marquis de Sade d'une telle perversion sexuelle est-il justifié? La réponse est affirmative. Le marquis de Sade, s'il n'est en rien comparable dans la vie pratique à Gilles de Rays, a été dans ses écrits le théoricien ingénieux et le peintre épouvantablement imaginatif du plaisir sexuel accompagné de douleur.

Le personnage et ses livres méritent même plus d'attention qu'il ne leur en a été accordé par les médecins. Surtout il est nécessaire de rectifier les légendes qui se transmettent *pieusement* de livre à livre depuis Brière de Boismont (1849). Là est la justification de cette étude quadruple:

1° La vie du marquis de Sade ;
2° Ses écrits avoués avec ses théories publiques ;

(1) L. Thoinot. — *Attentats aux mœurs et perversions du sens génital.* — Paris, Oct. Doin, 1898.

3° Ses écrits clandestins avec ses théories du sens sexuel ;

4° Les actes sadiques imaginés.

Pour un tel travail, j'ai dû le plus souvent, et certes à regret, emprunter les documents à des biographies. L'histoire définitive de de Sade et de son sadisme restera à écrire et ne pourra s'écrire qu'après de longues recherches dans les archives judiciaires ou les manuscrits des bibliothèques. Les documents authentiques sont en effet actuellement insuffisants.

Un grand nombre d'études sur le marquis de Sade sont purement fantaisistes et c'est avec celles-ci, surtout, que les médecins ont jugé de Sade. Je donnerai à la fin de ce mémoire les indications bibliographiques des sources auxquelles j'ai puisé, ainsi que la bibliographie des ouvrages de de Sade lui-même.

I

La vie du marquis de Sade

Son hérédité. — L'absence de renseignements sur la vie intime des aïeux du marquis de Sade enlève l'intérêt que présente la longue liste qui en est connue. Il suffira, pour démontrer la bonne noblesse et les tendances littéraires de cette famille, de nommer quelques-uns de ses membres :

Hugues de Sade, mari de la Laure de Pétrarque ;

Paul de Sade (1355-1433), fils du précédent, évêque de Marseille ;

Jean de Sade, neveu dudit évêque, premier président du Parlement de Provence ;

Jean-Baptiste de Sade (vers 1565-1568), évêque, auteur de *Réflexions chrétiennes sur les devoirs pénitentiaux ;*

L'abbé de Sade, oncle du marquis de Sade, auteur de *Mémoires sur la vie de Pétrarque,* 1764-1766, 3 vol., in-4° ;

Chevalier de Sade, officier de marine, auteur de *Tydologie ou Science des marées*, Londres, 1810, 2 vol. in-8° ;

Le père du marquis de Sade, Jean-Baptiste-François-Joseph de Sade, capitaine de dragons, puis diplomate, enfin lieutenant-général de Bresse, Bugey et Valromey, a laissé des lettres diplomatiques inédites.

Le marquis eut un fils : Louis-Marie de Sade, qui lieutenant au régiment de Soubise, en 1783, émigra en 1791 et servit dans l'armée de Condé. De retour en France, il se fit graveur. On a de lui une histoire de la nation française (1805).

Son enfance. — Donatien-Alphonse-François de Sade naquit à Paris le 2 juin 1740, dans l'hôtel de la princesse de Condé, dont sa mère était dame d'honneur.

Ses premières années se passèrent à l'abbaye d'Ébreuil, sous la direction de son oncle, l'abbé de Sade, et à dix ans il fut placé au collège Louis-le-Grand. M. Octave Uzanne ajoute, se fondant sur je ne sais quel document, probablement sur aucun, que de Sade était « à cette époque, un adorable adolescent dont le visage délicieux, pâle et mat, éclairé de deux grands yeux noirs, portait déjà cette empreinte langoureuse du vice qui devait corrompre tout son entourage. Il avait ce je ne sais quoi de traînant et de caressant dans la parole qui attirait vers lui d'une sympathie invincible et cette tournure bercée sur les hanches, cette grâce mollement féminine qui lui procurèrent, dès l'internat, ces amitiés honteuses sur lesquelles on ne saurait insister ».

Plusieurs auteurs ont donné de de Sade, enfant et adolescent, des portraits probablement aussi retouchés, sinon imaginés. « Il avait la figure ronde, les yeux bleus, les cheveux blonds et frisés », écrit P. Lacroix. « Sa figure était charmante et lorsqu'il n'était qu'un enfant, toutes les dames qui le rencontraient s'arrêtaient pour le regarder. Il mettait dans ses moindres mouvements une grâce parfaite et sa voix harmonieuse pénétrait jusque dans le cœur des femmes » raconte *en 1874*, un auteur allemand.

Sa vie de garnison. — Au sortir du collège, à quatorze ans, de Sade entra dans les chevau-légers, d'où il passa comme sous-lieutenant au régiment du roi. Il gagna sur le champ de bataille, pendant la guerre de Sept ans, en Allemagne, son grade de capitaine de cavalerie (P.-L. Jacob). Il rentra à Paris en 1766, selon le bibliophile Jacob, et son père qui lui reprochait ses folies de jeunesse se hâta de le marier la même année.

Cette date de 1766, répétée un peu partout, est inexacte. La *Biographie universelle des contemporains* (Paris 1838) a donné à juste titre la date de 1763.

Dans la collection d'autographes de M. Michelet (de Bordeaux), vendue à Paris en mai 1880, une lettre de de Sade datée de Vincennes,

2 novembre 1763, indique que la date de son mariage a été le 17 mai 1763.

Un autre argument en faveur de la date 1763 est fourni par la naissance d'un fils du marquis. Ce fils, Louis-Marie de Sade, était lieutenant au régiment de Soubise en 1783. S'il était né en 1767, comme l'indiquent certains biographes, il aurait été lieutenant à l'âge de seize ans.

Son mariage. — Le bibliophile Jacob, en 1838, a donné de ce mariage un long récit d'après, semble-t-il, un contemporain, M. Lefébure. Ce récit, a, au point de vue psychologique, un grand intérêt et il fournit l'explication de la déviation morale de de Sade. Je vais résumer la narration du bibliophile Jacob tout en faisant quelques réserves sur la parfaite exactitude des faits racontés, réserves qui me sont inspirées par l'allure trop romanesque, trop littéraire du récit.

M. de Montreuil, président de la cour des aides, ami du père du marquis de Sade, avait deux filles âgées l'une de vingt ans, l'autre de treize ans. Un mariage pour le marquis de Sade avec l'aînée était fixé de longue main par les deux familles.

Lors de sa première visite chez M. de Montreuil, de Sade vit seulement la plus jeune des filles, l'autre étant indisposée.

Cette jeune fille de treize ans était très développée et remarquable par « une expression de douceur angélique et de grâce suave que réfléchissaient ses yeux en harmonie avec sa peau blanche et sa blonde chevelure ».

L'aînée, au contraire, brune de teint, grande, majestueuse, remplie de talents, était exclusivement occupée de dévotion, négligente de plaire et dépourvue de toute chaleur de cœur.

Dès la première soirée, de Sade fut amoureux de la sœur cadette qui en outre de ses charmes physiques « chantait d'une manière ravissante et pinçait de la harpe avec tant de feu qu'elle prenait un air inspiré dès qu'elle touchait les cordes qui s'animaient et parlaient sous ses doigts ». Or, le marquis de Sade aimait beaucoup la musique.

De Sade ne ressentit dès la première entrevue que de l'aversion pour la sœur aînée, la jeune personne aux qualités solides et modestes. Aussi déclara-t-il qu'il n'épouserait que la cadette; le père de de Sade aurait consenti à ce changement dans le mariage projeté, mais M. de Montreuil s'y refusa absolument.

Le comte de Sade enjoignit alors à son fils d'épouser Mlle de Montreuil aînée. « Il lui donna à opter entre une prompte soumission et un prompt départ pour l'armée, avec la perspective d'un dénument absolu et d'un abandon perpétuel. »

Après avoir encore supplié en vain son père, puis M. de Montreuil, puis Mme de Montreuil « qui lui ferma la bouche avec une réponse froide et impérieuse, il (le marquis de Sade) supplia enfin la plus jeune des demoiselles de Montreuil de l'aider à vaincre ces difficultés insurmontables, et il la vit elle-même, tout en larmes, intercéder son père qui chancelait, sa mère qui la maltraitait, sa sœur qui ne pouvait que pleurer avec elle ».

Tout à coup le marquis de Sade sembla changer d'avis et épousa la fille aînée de M. de Montreuil.

Il semble avoir conçu à ce moment le projet de continuer à aimer celle qui allait devenir sa belle-sœur; Mme de Montreuil défiante éloigna celle-ci, et l'enferma dans un couvent.

Même si ce récit du bibliophile Jacob est un peu arrangé par rhétorique, comme le fond en paraît exact, on peut bien considérer que l'abus du pouvoir paternel d'une part, d'autre part la situation vraiment tragique de mari d'une femme détestée et d'adorateur passionné de la sœur de celle-ci vont troubler profondément la conscience d'un jeune officier, conscience probablement déjà assez vide de principes directeurs.

La haine de la société et de l'opinion va s'y implanter d'autant plus aisément et plus profondément que le désir ardent de posséder la jeune fille « à l'expression angélique » va lui aussi s'accentuer, parce que sa satisfaction deviendra difficile.

De Sade va se transformer en un débauché aigri, haïssant la femme, comme revanche des souffrances qu'il endure pour une femme aimée dont il est séparé. Cette première phase de l'évolution sadique se fera d'autant plus aisément que le milieu y prédispose.

Jusqu'à la mort de Louis XIV, comme l'écrivent les Goncourt, la France a travaillé à diviniser l'amour, à en faire un culte, à en masquer la matérialité par une langue sacrée, par des formules d'adoration, par des pratiques d'agenouillement.

Au contraire du siècle précédent, le XVIIIe siècle traite l'amour avec persiflage. La volupté seule compte, l'amour sentimental se cache honteusement.

L'ironie qu'il est de bon ton d'affecter conduit facilement de la pointe de méchanceté à la méchanceté.

Le petit-maître, après avoir perdu une femme de réputation, ajoute : « Je l'ai forcée d'adorer mon mérite, j'ai pris mille plaisirs avec elle, et je l'ai quittée en confondant son amour-propre (1). »

Le machiavélisme, codifié dans les *Liaisons dangereuses* de Laclos, domine les relations sexuelles.

Puis vers la fin du siècle les « noirceurs » cédant la place à la « scélératesse », le petit-maître devient le roué, qui, sans moralité et sans remords, s'efforce de dépraver, de faire souffrir, de faire « expirer la vertu d'une femme lans une lente agonie et de la fixer sur ce spectacle ».

Le marquis de Sade va ainsi vivre dans une société qui, pratiquant la cruauté morale, glisse vers la cruauté du corps. « On avait trop joué avec la souffrance du cœur de la femme pour n'être pas tenté de la faire souffrir plus sûrement et plus visiblement.

« Pourquoi, après avoir épuisé les tortures sur son âme, ne pas les essayer sur son corps? Pourquoi ne pas chercher tout crûment dans son sang les puissances que donnaient ses larmes? C'est une doctrine qui naît, qui se formule, doctrine vers laquelle tout le siècle est allé sans le savoir..... (2) ».

PREMIÈRES DÉBAUCHES. — *Premier emprisonnement à Vincennes (1763).*

Le bibliophile Jacob complète son récit, en nous montrant de Sade perdant son père un an après le mariage imposé (1867 pour cet auteur) et devenu comte de Sade et très riche se livrer à toutes les débauches, en belle compagnie d'ailleurs, avec le duc de Fronsac, le prince de Lamballe, etc.

Un ouvrage allemand, très fantaisiste, représente même le marquis comme le « maître secret des plaisirs » de Louis XV.

Le document que j'ai cité pour établir la date du mariage de de Sade est d'une haute valeur psychologique, puisque quelques mois après son mariage (mariage 17 mai 1763 ; lettre du 2 novembre 1763) le marquis, âgé de vingt-deux ans seulement, était emprisonné à Vincennes pour des excès commis dans une petite maison.

Dans cette lettre, après avoir demandé qu'on informe sa femme de son arrestation et sollicité la permission de voir un prêtre, il prie de ne pas instruire sa famille du sujet de sa détention et ajoute : « Tout malheureux que je me trouve ici, Monsieur, je ne me plains point de mon sort, je méritais la vengeance de Dieu, je l'éprouve ; pleurer mes fautes, détester mes erreurs est mon unique occupation. »

(1) LE GRELOT, Londres, 1781.
(2) ED. ET J. DE GONCOURT, *La Femme au XVIIIe siècle*, Paris, 1862.

Il va de soi que des regrets ainsi exprimés dans une lettre au gouverneur des prisons avait des chances de manquer de sincérité.

Dénonciations de la veuve Keller (1768). — *Deuxième emprisonnement.*

Le 3 avril 1768, une prostituée, Rose Keller, veuve Valentin, fut conduite par le marquis de Sade dans sa maison d'Arcueil. Elle « y fut garrottée et fustigée avec des circonstances obscènes que Mme du Deffant n'a pas osé décrire dans ses lettres à Horace Walpole, mais que les femmes les plus prudes se faisaient raconter sans rougir à l'époque où cette affaire eut tant d'éclat ». Le bibliophile Jacob ajoute à ce récit que vraisemblablement de Sade voulant se divertir de la crédulité et de la peur de cette fille avait réuni un appareil extraordinaire de tortures ; que celle-ci effrayée sauta par la fenêtre dans la rue et se blessa. « Le sang qui coulait de ses blessures émut d'indignation le peuple rassemblé auprès de la victime, nue, toute bleue de coups et criant vengeance. On eût mis en pièces le marquis de Sade qui se sauva de table à moitié ivre et fut poursuivi à travers la campagne par les paysans furieux. »

En réalité on connaît mal la scène qui épouvanta Rose Keller. Le bibliophile Jacob, plus tard, en 1875 (le récit ci-dessus est de 1838, même 1837), dans sa bibliographie des ouvrages de Restif de la Bretonne, a donné de cette scène deux versions :

Selon l'une qui eut cours, Rose Keller eut tout le corps déchiqueté à coups de canif et les lambeaux furent rattachés avec de la cire.

A la même version se rattache le récit de Brière de Boismont (*Gazette médicale de Paris,* 2 juillet 1849) reproduit par Moreau de Tours dans *Aberrations du sens génésique* et depuis par tous les médecins. « Peu d'années avant la Révolution, plusieurs personnes qui passaient dans une rue isolée de Paris entendirent de faibles gémissements qui partaient d'une pièce sise au rez-de-chaussée. Elles s'approchèrent et après avoir fait le tour de la maison, découvrirent une petite porte qui céda à leurs efforts. Elles traversèrent plusieurs pièces et arrivèrent dans une chambre du fond ; là sur une table qui occupait le milieu de la pièce était étendue une jeune femme entièrement nue, blanche comme de la cire, pouvant à peine se faire entendre ; ses membres et son corps étaient fixés par des liens ; le sang lui coulait de deux saignées faites aux bras, les seins légèrement tailladés laissaient échapper un liquide ; enfin les parties sexuelles, également incisées, étaient baignées de sang. Lorsque les premiers secours lui eurent été prodigués et qu'elle fut revenue de l'espèce d'anéantissement dans lequel elle se trouvait, elle raconta à ses libérateurs qu'elle avait été attirée dans cette maison par le fameux marquis de S... Le souper terminé, il l'avait fait saisir par ses gens et dépouiller de ses vêtements, coucher sur la table et attacher. Par ses ordres un homme lui avait ouvert les veines avec une lancette et pratiqué un grand nombre d'incisions sur le corps. immédiatement tout le monde s'était retiré et le marquis se déshabillant s'était livré sur elle à ses débauches habituelles. Son intention, disait-il, n'était pas de lui faire du mal, mais comme elle ne cessait de crier et qu'on entendit du bruit dans les environs de la maison, le marquis se leva brusquement et descendit vers ses gens. »

Brière de Boismont n'a pas indiqué les origines de ce récit.

L'autre version, donnée par Restif, cependant ennemi déclaré de de Sade, dans ses *Nuits* (194me), est fort différente. Le marquis ayant rencontré la femme Valentin lui offrit une place de concierge et la conduisit le soir même chez lui.

Là il l'aurait fait entrer dans une salle d'anatomie et devant une nombreuse réunion, il aurait proposé de la disséquer. « Que fait cette malheureuse sur la terre? avait dit le comte (le marquis portait alors son titre de comte), elle n'y est bonne à rien; il faut qu'elle nous serve à pénétrer tous les mystères de la structure humaine. On l'avait donc attachée sur la table de dissection et le comte, faisant office de dissecteur, avait examiné toutes les parties du corps de la patiente, en annonçant à voix haute les résultats que donnerait l'opération anatomique. La femme poussait des cris terribles et la compagnie s'étant retirée pour éloigner les domestiques avant de commencer la dissection, la malheureuse avait brisé ses liens et s'était enfuie par la fenêtre. Elle racontait qu'elle avait vu dans la salle où elle fut soumise à des expériences chirurgicales trois corps humains.

Quoi qu'il en soit, l'affaire fit du bruit, Rose Keller déposa une plainte. Le marquis de Sade fut enfermé au château de Saumur, puis au château de Pierre-Encize à Lyon.

Cette captivité ne dura que six semaines, Rose Keller retira sa plainte moyennant 100 louis.

Exil en Provence. — Selon le bibliophile Jacob, après son emprisonnement le marquis de Sade délaissa la haute aristocratie, fréquenta les comédiens et les gens de lettres les plus mal famés, s'entoura de femmes perdues et ouvrit libre carrière à ses goûts pervers.

M. de Montreuil le fit reléguer, par un ordre de police, en Provence au château de la Coste.

Toujours selon Jacob, de Sade y transporta ses habitudes dépravées mais au milieu de ses vassaux garda un air de bonne compagnie, recevant la noblesse des environs. Une aventurière jouait le rôle de marquise de Sade. Celle-ci demanda au marquis la permission d'habiter le château de Saumane, pour se rapprocher, et eut l'imprudence de lui dire qu'elle emmènerait sa sœur récemment sortie du couvent. En revoyant, après six ans, sa belle-sœur, de Sade feignit l'oubli devant sa femme et fit des serments.

« Mais, ajoute le bibliophile Jacob avec son ordinaire usage d'embellir, sinon d'imaginer, la première fois qu'il put amener un tête-à-tête entre Mademoiselle de Montreuil et lui, ce fut un langage bien différent : il lui jura qu'il n'avait jamais aimé qu'elle, et que les fautes mêmes dont il s'avouait coupable n'étaient que le résultat de cet amour poussé au désespoir, il la menaça de se frapper de son épée. »

Mlle de Montreuil ne répondit pas, mais le marquis devina aux signes extérieurs que son amour était partagé. il aurait alors imaginé le plan suivant : commettre un crime spécial, fléchir par la menace du suicide sa belle-sœur et la décider ainsi à fuir avec lui.

L'AFFAIRE DE MARSEILLE, JUIN 1772. — Le bibliophile Jacob qui a indiqué le plan ci-dessus a fait le récit suivant dont je donne un résumé fidèle :

Le marquis de Sade se rendit à Marseille accompagné d'un domestique et s'étant procuré des pastilles de chocolat à la cantharide, alla les expérimenter dans une maison publique. Une des femmes sauta par la fenêtre et se blessa mortellement. Les autres à demi nues se livrèrent « aux plus infâmes prostitutions, à la vue du peuple accouru devant la maison. Deux filles moururent des suites de leur fureur impudique ou plutôt des blessures que ces infortunées s'étaient faites dans une épouvantable mêlée ».

Dénoncé et poursuivi, de Sade se fit écrire par un conseiller du parlement une lettre lui annonçant l'issue inévitable du procès. Muni de cette lettre, il se rendit auprès de sa belle-sœur et lui baisant les pieds, se nomma un monstre indigne de pitié et qui allait se punir par le suicide. Il ajoutait que ne pouvant vivre sans son amour il avait à dessein voulu, avant de mourir, immoler quelques unes des complices de sa vie infâme. C'est Mlle de Montreuil, émue, qui supplia de Sade de fuir. Il ne consentit que si elle l'accompagnait.

« Une heure après Mlle de Montreuil toute pâle, toute tremblante, était assise à côté du marquis de Sade, dans une chaise de poste, autour de laquelle les amis de celui-ci venaient le féliciter de sa conquête et faire des vœux pour qu'il la conservât longtemps. »

Cette version, que le bibliophile Jacob dit tenir d'un vieillard digne de foi, atténue singulièrement certains récits.

Les Mémoires secrets de Bachaumont, à la date du 25 juillet 1772, racontent une grave histoire d'inceste perpétré à la faveur de cantharides. Voici le document in-extenso : « On écrit de Marseille que M. le comte de Sade, qui fit tant de bruit en 1768 pour les folles horreurs auxquelles il s'était porté contre une fille, sous prétexte d'éprouver des topiques, vient de fournir dans cette ville un spectacle d'abord très plaisant mais effroyable par les suites. Il a donné un bal où il a invité beaucoup de monde et dans le dessert il avait glissé des pastilles au chocolat si excellentes que quantité de gens en ont dévoré. Elles étaient en abondauce et personne n'en a manqué mais il y avait amalgamé des mouches cantharides. On connaît la vertu de ce médicament : elle s'est trouvée telle, que tous ceux qui en avaient mangé, brûlant d'une ardeur impudique, se sont livrés à tous les excès auxquels porte la fureur la plus amoureuse. Le bal a dégénéré en une de ces assemblées licencieuses si renommées parmi les Romains : les femmes les plus sages n'ont pu résister à la rage utérine qui les travaillait. C'est ainsi que M. de Sade a joui de sa belle-sœur, avec laquelle il s'est enfui, pour se soustraire au sup. plice qu'il mérite. Plusieurs personnes sont mortes des excès auxquels elles se sont livrées dans leur priapisme effroyable et d'autres sont encore très incommodées. »

Dans sa 284me *Nuit*, sous le titre : *Les Passe-temps du..... de S...* Restif de la Bretonne transporte à Paris la scène de Marseille, selon le bibliophile Jacob (celui de la bibliographie de Restif). Le récit a en effet des analogies, mais il n'est pas démontré que l'auteur de *Monsieur Nicolas* ait voulu décrire la scène de Marseille d'une façon précise. Il peut s'agir tout aussibien d'un scandale nouveau que d'un récit fantaisiste d'un événement ancien.

Les personnages d'après cette version sont des paysans et des paysannes se livrant à l'orgie chez de Sade à Paris, des voisins intrigués par le bruit délivrèrent les victimes de la cantharide. Il faut ajouter que Restif ne signale pas de mort consécutive à cette scène, fait qui a quelque importance étant donnée la haine de Restif pour de Sade.

En réalité il semble bien que la débauche de Marseille n'ait pas eu les terribles conséquences indiquées par Bachaumont.

De Sade fut bien condamné par le Parlement d'Aix le 11 septembre 1772 à mort par contumace ainsi que son valet de chambre, comme coupables tous deux du crime de sodomie et d'empoisonnement (bibliophile Jacob in-*Bibliogr. de Restif*) mais six ans après,

30 juin 1778 l'arrêt fut cassé et le comte de Sade put racheter sa tête par une amende de 50 francs au profit de l'œuvre des prisons (bibliophile Jacob, *Les Procès du marquis de Sade*) et même selon la *Biographie des Contemporains* fut condamné seulement à être admonesté par le premier président. L'article consacré à de Sade dans cette publication (1838) est fait avec soin et paraît bien documenté. L'affaire de Marseille y est affirmée comme peu importante et la rigueur du premier arrêt aurait été due surtout au chancelier Maupeou qui voulait donner une certaine réputation de sévérité à la magistrature qu'il venait de réorganiser.

Séjour en Italie. — Le marquis de Sade, selon le bibliophile Jacob, mena en Italie une vie très édifiante, à l'inceste près. Mais Mlle de Montreuil mourut à l'âge de vingt et un ans, et le marquis rentra en France.

Je n'ai trouvé aucun autre renseignement sur ces six ans de la vie du marquis.

Séjour a la prison de Vincennes. — A sa rentrée, de Sade fut enfermé à Vincennes par lettre de cachet. Il demanda la revision de son procès, et obtint l'annulation (30 juin 1778). Mais il fut par lettre de cachet réintégré à Vincennes, après une évasion qui lui avait réussi grâce à sa femme pendant son transfert d'Aix à Vincennes (août 1778). Sa femme aurait déjà une première fois favorisé une évasion de de Sade de la forteresse de Miolans près de Chambéry où il avait été conduit à sa rentrée en France.

Séjour a la Bastille (1784-1789). — En 1784 de Sade fut transféré de Vincennes à la Bastille. Trois jours avant le 14 juillet, de Sade ameutait le peuple autour de cette prison en affichant des placards sur les créneaux des tours. La veille du 14 juillet il fut transféré à Charenton et enfermé dans un cabanon. Il en sortit le lendemain selon le bibliophile Jacob; selon la *Biographie des contemporains*, il fut délivré en mars 1790 par décret de l'Assemblée constituante libérant les prisonniers d'État.

De Sade en prison. — *Ses premiers écrits.* — A y regarder de près, le marquis de Sade avant le début de sa détention avait eu une vie de débauché mais ne différant pas de la vie d'un grand nombre de jeunes aristocrates, expression qui allait devenir fameuse.

C'était probablement là l'avis de sa femme qui, à deux reprises, l'avait fait évader pendant sa captivité (Dictionnaire Larousse) et lui portait ses repas et l'encre qui servit à écrire *Justine*.

Une tendance à la cruauté, peut-être un peu plus accentuée que chez les autres, un grand mépris de la femme, un tempérament à besoins sexuels impérieux me paraissent constituer, à cette époque de sa vie, la personnalité du marquis de Sade.

Un tel homme, intelligent plus que ses compagnons de débauche, ne subira pas une détention arbitraire de treize ans de durée, ne vivra pas de trente-huit ans à cinquante-et-un ans privé de toute satisfaction génitale sans révolte contre la société et ses lois, sans subir un éréthisme sexuel violent. Pourquoi s'étonner si l'écrivain qui est né de cette double influence est l'auteur de *Justine*, ce mélange de négations enragées de toutes les lois humaines et morales et d'actes sexuels furieux.

Mirabeau, à la même époque, détenu aussi à Vincennes écrivait des livres aussi licencieux que ceux de de Sade (*Érotika Biblion, Rideau levé*, etc).

Il faut d'ailleurs ajouter que le marquis de Sade devint dès cette période réellement un littérateur, et un littérateur fécond, comme le montrera la bibliographie de ses œuvres, et que sa production littéraire n'a pas été seulement érotique mais, comme celle de Mirabeau très variée.

Pendant cette longue détention, le marquis de Sade a-t-il présenté des signes d'aliénation ou simplement de déséquilibre mental ? Il est difficile de répondre car, en dehors des livres eux-mêmes, on possède peu de documents. A propos de l'analyse de ces ouvrages la question sera réexaminée à nouveau.

Dans la *Biographie des contemporains*, sans donner la preuve du jugement, on dit que les facultés intellectuelles du marquis se ressentirent de l'exaltation sensuelle. « On en voit les traces dans un journal très détaillé qu'il a tenu pendant son séjour à la Bastille, journal qui ne renferme d'ailleurs que le compte de l'uniformité de la vie d'un prisonnier : il est tout rempli d'une espèce de calcul mystique qui paraissait avoir rapport avec l'heure de sa délivrance. »

Le caractère du prisonnier paraît avoir été assez difficile. La *Revue rétrospective* a publié une curieuse lettre, précisément de Mirabeau, codétenu du marquis à Vincennes, lettre que voici, à M. Boucher, premier commis de police :

« M. de Sade a mis hier en combustion le donjon et m'a fait l'honneur, en se nommant, sans la moindre provocation de ma part, comme vous croyez bien, de me dire les plus infâmes horreurs; j'étais, disait-il moins décemment, le favori de M. de Rougemont (le gouverneur du château) et c'était pour me donner la promenade qu'on la lui ôtait ; enfin, il m'a demandé mon nom afin d'avoir le plaisir de me couper les oreilles à sa liberté. La patience m'échappe et je lui dis : Mon nom est celui d'un homme d'honneur qui n'a jamais disséqué ni emprisonné de femmes, qui vous l'écrira sur le dos à coups de canne, si vous n'êtes roué auparavant, et qui n'a de crainte que d'être mis par vous en deuil sur la Grève (il y avait des liens de parenté entre de Sade et Mirabeau). Il s'est tû et n'a pas osé ouvrir la bouche depuis. Si vous me grondez, vous me gronderez, mais, pardieu ! il est aisé de patienter de loin et assez triste d'habiter la même maison qu'un tel monstre habite. »

De tels faits ne suffisent pas à démontrer les troubles intellectuels.

Quelques documents montrent le marquis sous un jour différent au point de vue sentimental. Dans une lettre écrite au gouverneur de Vincennes (je ne saurais toutefois dire si la lettre se rapporte comme celle que j'ai citée déjà à l'année 1763 ou au deuxième séjour à Vincennes), il demande à revoir sa femme. « Donnez-moi la douceur de me réconcilier avec une personne qui m'est si chère et que j'ai eu la faiblesse d'offenser si grièvement; je vous en supplie, Monsieur, ne me refusez pas de voir la personne la plus chère que j'aie au monde. Si elle avait l'honneur d'être connue de vous, vous verriez que sa conversation, bien plus que tout, est capable de mettre dans le bon chemin un malheureux qui est au désespoir de s'en être écarté. »

D'autre part dans la vente du comte H. de M. faite par Charavay (avril 1854) a figuré une lettre à M. le marquis de Sade, mestre de camp de cavalery, écrite à l'encre sympathique, par une de ses maîtresses, le 18 septembre 1778 (2 pages in-4°). La lettre es annotée par le marquis.

Au point de vue philosophique, de Sade était clairvoyant. Dans *Aline et Valcourt*, écrit un an avant la Révolution, il prophétise. « O France, tu t'éclaireras un jour, je l'espère ; l'énergie de tes citoyens brisera bientôt le sceptre du despotisme et de la tyrannie ; et foulant à tes pieds les scélérats qui servent l'un et l'autre, tu sentiras qu'un peuple libre par sa nature et son génie ne doit être gouverné que par lui-même. (tome II) et plus loin (tome II, p. 448) » : « Une grande révolution se prépare dans la patrie (France) ; les crimes de vos souverains, leurs cruelles exactions, leurs débauches et leurs inepties ont lassé la France ; elle est excédée du despotisme ; elle est à la veille de briser ses fers. »

S'il est vrai que pendant sa captivité le marquis de Sade ait écrit son journal de 1777 à 1790 en treize cahiers, dont onze seulement furent retrouvés, il est fort regrettable que ces manuscrits aient été brûlés (Michaud, in *Biographie universelle*) par ordre. Car « tout ce que le marquis a dit, fait ou entendu, lu, écrit, senti ou pensé, pendant ces treize années, se trouve dans ce recueil, mais les choses les plus remarquables sont écrites en chiffres dont lui seul avait la clef ».

Le marquis de Sade en liberté, sa participation a la Révolution. — Au sortir de la prison, le marquis de Sade, âgé de quarante-neuf ans, avait commencé à écrire et surtout conçu en prison le plan de livres nombreux. Jusqu'à sa nouvelle détention (1800), pendant une période de dix ans par conséquent, de Sade a produit de nombreux ouvrages : romans érotiques et philosophiques ; essais critiques, pièces de théâtre. On en trouvera la liste dans un chapitre ultérieur ainsi que l'indication du sujet traité. Je n'aborde, pour le moment, que la vie privée et la vie publique ou politique du marquis.

Sur *sa vie privée*, les renseignements précis et authentiques manquent comme pour les périodes précédentes.

Dans une lettre (Vente du comte H. de M. faite par M. Charavay, avril 1864) adressée au représentant Rabaut Saint-Étienne avec renvoi signé de ce dernier et une recommandation signée Ant. de Bernard-Saint-Afriques, Paris 8 ventôse, an III, il sollicite un emploi de bibliothécaire ou de conservateur de muséum parce qu'il se trouve hors d'état d'exister, ses propriétés littéraires ayant été perdues au siège de la Bastille, et son bien saccagé par les brigands de Marseille. « On ne doit pas douter, ajoute son protecteur, que les effets de sa reconnaissance ne raniment alors dans son cœur le foyer de toutes les vertus qui constituent le républicain. » L'état précaire de de Sade est affirmé implicitement encore dans une lettre reproduite plus loin, dans laquelle il prie d'envoyer rapidement le prix d'une comédie. Cependant en 1801 le rapport du préfet de police le qualifie d'homme riche.

Restif de la Bretonne semble avoir, dans ses *Nuits de Paris*, visé assez fréquemment le marquis de Sade, qu'il détestait et jugeait exécrable bien que lui-même après *Justine* eût publié, en l'attribuant à Linguet, une *Anti-Justine* d'un libertinage sans limites.

Les récits de Restif n'ont donc qu'une valeur très relative. C'est pour ce motif que je n'ai pas relevé tous ceux qui ont trait à la vie de de Sade avant sa captivité à Vincennes. Pendant la Terreur Restif, redoutant « le monstre », le désigne sous le nom de M. Bénavent. A la date du 3 juin 1794, Restif fait un récit de trois sœurs, marchandes de brosses, qui furent envoyées par leur père, qui était un libertin, porter des brosses chez un M. Bénavent aux arcades du Palais-Royal, près le passage Penthièvre, n° 16. « J'arrivai chez le citoyen Bénavent à 9 heures du matin, raconte la première sœur. Il était encore au lit. « Ha, ha ! c'est vous, Placidie ? — Vous savez déjà mon nom ? — Oh ! que oui, ma petite, et mieux que cela, que vous chantez comme une serine. Passez là... » Il me fit avancer sur un petit carré ! Aussitôt une poulie me tira : je voulus sortir, mais je me vis environnée de fils de fer, qui formèrent une cage, et je fus enlevée du plancher sur la poulie. Il entra une jeune fille qui me joua un air, sur une serinette et le Monsieur me dit qu'elle jouerait jusqu'à ce que je le susse. « Oh ! je le sais, lui criai-je, citoyen ! » et je le chantai, recommençai au moins dix fois, pendant que... Puis on me descendit, on me paya, je m'en allai. »

La seconde sœur envoyée aussi par son père : « Je fus encagée tout comme ma sœur, pendant que...

« Mais quand je fus descendue il y eut une petite différence. Comme je passais sur un autre carré pour aller recevoir mon payement quatre crochets s'attachèrent à mes jupes et je fus enlevée du plancher. L'homme prit une machine qu'il appelait un télescope... Après cela je fus redescendue doucement ; on me paya et je m'en allai. »

« Pour moi, dit la troisième sœur, après que tout ce qu'elles vous ont conté là me fut arrivé, que j'eus été encagée, que j'eus chanté, que j'eus été mise au croc, l'homme me fit entrer dans un cabinet tout en glaces, où je fus mise au bain. Au bout d'une demi-heure on retira la cuve et je me trouvai là, seule et nue, pendant un autre quart d'heure. »

Dans le rapport du préfet de police qui arrêta le marquis de Sade toutes ces machines ne sont pas mentionnées alors que cependant on lui reproche son cabinet « tapissé de grands tableaux représentant les principales obscénités du roman de *Justine* ».

D'autre part, selon le bibliophile Jacob, au sortir de prison, de Sade avait choisi une maîtresse en titre qui faisait les honneurs de sa maison car sa femme s'était retirée dans un couvent, à sa sortie de prison, et avait obtenu du Châtelet une séparation.

Il demeurait rue Pot-de-Fer, près de Saint-Sulpice, où il donnait des dîners et d'excellents soupers aux hommes politiques.

Donc, si l'on peut croire facilement avec le bibliophile Jacob que de Sade avait repris et mené une vie de débauche, aucun fait précis n'a été relevé pendant cette période révolutionnaire d'actes sanguinaires, ceux racontés par l'ingénieux Restif ne pouvant passer pour tels contre le marquis qui s'occupait d'ailleurs aussi activement de théâtre que de politique.

Une lettre de la collection de M. de la Porte nous le montre, en l'an VI, jouant lui-même ses pièces.

Voici cette lettre d'après l'*Isographie des hommes célèbres* ou *Collection de fac-simile* (1823-1843, 4 vol.).

Vive Dieu ! Voilà au moins une lettre qui me plaît et je vous en remercie. C'est tout ce que je demandais. J'accepte l'arrangement proposé par M. Vaillant. C'est celui dont il m'avait parlé et qui a fait la matière de ma lettre d'hier. Voilà mon poème, et j'attends l'argent le plus tôt possible.

Voici maintenant ce qui concerne la comédie. Je vous envoie franc de port deux exemplaires d'une comédie que je viens de faire représenter à Versailles et qui, j'ose le dire, a eu le plus grand succès; je remplissais moi-même dedans le rôle de Fabrice. L'un de ces exemplaires est pour vous ; je vais vous dire l'usage que je vous prie de faire de l'autre.

Je vous prie de le présenter au chef de votre meilleure troupe, et de lui dire que vous êtes chargé, de la part de l'auteur, de lui proposer la représentation de l'ouvrage. Vous lui direz que s'ils veulent je remplirai le même rôle que j'ai joué à Versailles (celui de Fabrice) mais que de toute façon je m'engage à aller moi-même le leur faire répéter.

J'ai l'honneur de vous remercier et de vous saluer de tout mon cœur.

10 pluviôse an VI, Versailles.

Dès sa sortie de prison en 1790, de Sade écrivait une série de lettres à la Comédie-Française pour faire recevoir des pièces de théâtre en certain nombre.

Ces lettres ont été communiquées à M. Octave Uzanne (Notice pour *Idée sur les romans*, 1878) par MM. F. Coppée et G. Monval ; elles sont aux archives du Théâtre-Français.

A mon avis, elles ne diffèrent en rien de celles que la plupart des auteurs ont écrit ou auraient pu écrire au sujet de la réception de leurs pièces. Les quatre lettres que M. Octave Uzanne a publiées ne justifient en rien son opinion. « Ces lettres offrent un intérêt d'autant plus vif qu'elles présentent le marquis de Sade comme un des nombreux auteurs dramatiques monomanes. Nous avons pris copie des plus originales ; les autres ne témoignent que d'une obséquiosité et d'une platitude étonnantes. »

Voici quelques fragments de ces lettres, en notant que dans la transcription de M. Uzanne une erreur de date au moins a dû se glisser. La première lettre fait allusion à une pièce reçue « depuis longtemps »; en note M. Uzanne indique comme telle le *Misanthrope par amour*, septembre 1790 et la lettre de de Sade serait datée du 2 mai 1790.

Lettre du 2 mai 1790.

·MESSIEURS,

Permettez que j'aie l'honneur de vous rappeler sans cesse les sentiments d'estime et d'attachement qui depuis des années me lient à votre théâtre. J'en ai fait profession dans tous les temps, j'ose dire même (et les preuves existent) que pour avoir pris votre parti avec trop de chaleur lors de vos derniers troubles, vos ennemis m'ont écrasé dans des papiers publics, sans que jamais rien m'ait découragé, la récompense de mon attachement a été votre refus du dernier ouvrage que je vous ai lu et qui, j'ose le dire, n'était pas fait pour être traité aussi sévèrement.

Quelque chagrin que m'ait fait éprouver ce refus formel, rigoureux et général, je ne vous en consacre pas moins à l'avenir ce qui reste dans mon portefeuille et ce qui le remplira de nouveau.

Vous avez depuis longtemps une pièce à moi unanimement reçue par vous ; dès que j'accepte tous les arrangements nouveaux qu'il vous a plu de faire avec les auteurs, je vous demande avec instance, Messieurs, de la faire passer le plus tôt possible...

L'autre faveur implorée par moi, Messieurs, parce que vous me l'avez promise en dédommagement de la mauvaise réception que vous fîtes à ma dèrnière comédie, consiste à vous prier de vouloir bien entendre le plus tôt possible la lecture de trois ou quatre ouvrages tout prêts à vous être présentés et que je voudrais ne pas donner ailleurs...

Lettre datée du 16 mars 1793.

Si la Comédie-Française, Messieurs, n'agrée point l'offre que je lui ai faite d'une petite pièce en un acte et que j'ai eu l'honneur de vous envoyer dernièrement, je vous prie de me la renvoyer; je n'imaginais pas qu'il fallût être soumis aux mêmes délais pour ce que l'on *donne* que pour ce que l'on *vend*.

En un mot, Messieurs, je vous prie de m'instruire du sort de cette négociation et de me croire avec tous les sentiments possibles,

Votre concitoyen,

SADE.

La première édition de *Justine* (1791) diffère sensiblement des éditions ultérieures qui ont été surchargées de détails obscènes et sanguinaires et il faut noter l'influence probable du milieu sur ces aggravations, ce milieu qui était la société libertine du Directoire.

Même à cette époque le marquis de Sade, qui n'a jamais publiquement avoué ses ouvrages licencieux, les reniait. A plusieurs reprises il a vivement protesté contre ceux qui à juste titre lui attribuaient *Justine*.

Dans un petit opuscule, *l'Auteur des Crimes de l'amour à Villeterque, folliculaire*, il dit :

Cependant, sans l'avoir lu (je viens de le prouver), Villeterque débute par traiter mon ouvrage de détestable et par assurer charitablement que cet ouvrage détestable vient d'un homme soupçonné d'en avoir fait un plus horrible encore.

Ici, je somme Villeterque de deux choses..., ensuite je le somme de *prouver* que je suis l'auteur de ce livre plus horrible encore. Il n'y a qu'un calomniateur qui jette ainsi, sans preuve aucune, des soupçons sur la probité d'un individu...

Quoi qu'il en soit, j'ai dit et affirmé que je n'avais point fait de *livres immoraux* et que je n'en ferais jamais ; je le répète encore ici et non pas au folliculaire Villeterque, j'aurais l'air d'être jaloux de son opinion, mais au public dont je respecte le jugement autant que je méprise celui de Villeterque.

En note, de Sade ajoute :

C'est ce même mépris qui me fit garder le silence sur l'imbécile rapsodie diffamatoire d'un nommé Despaze qui prétendait aussi que j'étais l'auteur de ce livre infâme que pour l'intérêt même des mœurs on ne doit jamais nommer. Sachant que ce polisson n'était qu'un chevalier d'industrie vomi par la Garonne pour venir stupidement dénigrer à Paris des arts dont il n'avait pas la moindre idée, des ouvrages qu'il n'avait jamais lus et d'honnêtes gens qui auraient dû se réunir pour le faire mourir sous le bâton, parfaitement instruit que cet homme obscur, ce bélître n'avait durement forgé quelques détestables vers que dans cette perfide intention des effets de laquelle le mendiant attendait un morceau de pain, je m'étais décidé à le laisser honteusement languir dans l'humiliation et l'opprobre où le plongeait incessamment son barbouillage, craignant de souiller mes idées en les laissant errer même une minute sur un être aussi dégoûtant. Mais, comme ces Messieurs ont imité les ânes qui braient tous à la fois quand ils ont faim, il a bien fallu, pour les faire taire, frapper sur tous indistinctement.

Voilà ce qui me contraint à les tirer un instant par les oreilles du bourbier où ils se pourrissaient, pour que le public les reconnaisse au sceau d'ignominie dont se couvre leur front ; ce service rendu à l'humanité, je les replonge d'un coup de pied l'un et l'autre au fond de l'égout infect où leur bassesse et leur avilissement les feront croupir.

A vrai dire ces protestations enflammées datent de l'an IX et la lettre de Villeterque visée par de Sade (d'après l'indication de de Sade lui-même) étant du 30 vendémiaire an IX, de Sade était déjà emprisonné (15 ventôse) d'après le rapport du préfet de police, et elles sont, de ce fait, suspectes. Cette date d'arrestation ne correspond d'ailleurs pas avec celle donnée par tous les auteurs, qui est 1801.

Mais dans son *Idée sur les romans* qui sert de préface aux *Crimes de l'amour* (an VIII), les mêmes protestations vertueuses se retrouvent : « Je dois enfin répondre au reproche que l'on me fit quand parut *Aline et Valcourt.* Mes pinceaux, dit-on, sont trop forts, je prête au vice des traits trop odieux ; en veut-on savoir la raison ? Je ne veux pas faire aimer le vice, je n'ai pas, comme Crébillon et comme Dorat, le dangereux projet de faire adorer aux femmes les personnages qui les trompent... » et plus loin : « Qu'on ne m'attribue donc plus, d'après ces systèmes, le roman de... ; jamais je n'ai fait de tels ouvrages, et je n'en ferai sûrement jamais ; il n'y a que des imbéciles ou des méchants qui, malgré l'authenticité de mes dénégations, puissent me soupçonner ou m'accuser encore d'en être l'auteur et le plus souverain mépris sera désormais la seule arme avec laquelle je combattrai leurs calomnies. »

Dans une lettre (vente de M. Font... 1861) il écrit : « Il circule dans Paris un ouvrage *informe* ayant pour titre *Justine ou les Malheurs de la vertu.* Plus de deux ans auparavant j'avais fait paraître un roman de moi *Aline et Valcourt ou le Roman philosophique.* Malheureusement pour moi il a plu à l'exécrable auteur de *Justine* de me voler une situation, mais qu'il a obscénisée, luxuriosée de la plus dégoûtante manière... »

Ces protestations contre toute vérité étaient familières aux écrivains du XVIIIe siècle, à Voltaire comme à Mirabeau. Je ne crois pas qu'on puisse sérieusement en faire un grief contre le caractère de de Sade.

Ce qu'il faut y voir surtout, à mon avis, c'est que le marquis de Sade n'a pas été le fanfaron du vice, comme on l'a souvent écrit. Je ne veux pas dire qu'il ait renié dans les conversations privées *Justine* ou *Juliette* et il semble prouvé qu'il ait adressé à chacun des cinq directeurs un exemplaire de luxe de sa nouvelle édition de *Justine et Juliette* en dix volumes de 1797 (d'après des notes de l'*Intermédiaire des Chercheurs et des Curieux*, on a retrouvé les pérégrinations de quelques-uns de ces volumes). De ce fait, du fait aussi de l'état d'esprit de la société sous le Directoire, société qui laissait éditer tous les livres pornographiques les dénégations de de Sade témoignent plus certainement contre l'opinion qui le représente comme un perverti sexuel affichant ses débauches, se vantant de ses livres.

J'ai donné des extraits un peu étendus des protestations de de Sade en raison du curieux mélange de style qu'elles dénotent, style de grand seigneur qui menace de bâtonner, style de club révolutionnaire avec toutes ses redondances.

La violence des termes ne dépasse pas le ton des polémiques de l'époque et il ne serait pas exact d'en inférer des conséquences psychologiques, de conclure à un état d'exaltation morbide de l'auteur.

En somme pendant la période révolutionnaire, le marquis de Sade dans sa vie privée a été probablement un débauché, le fait n'est cependant pas prouvé.

Le théâtre l'a attiré vivement et il en a été un des fournisseurs les plus féconds.

Quelques documents concordants que j'ai cités, auxquels il faut ajouter que le fils du marquis, à son retour de l'émigration, a fait de la gravure, peuvent faire admettre que de Sade avait été réellement ruiné par la Révolution et cherchait dans ses écrits une source de revenus.

Si sa conduite privée avait été réellement scandaleuse, il aurait difficilement pu, avec ses antécédents, son nom et un fils émigré, jouer un rôle politique ; grâce à ce rôle il put sauver de l'échafaud son beau-père et sa belle-mère. Il y a loin de ce trait à la cruauté.

Or, la *vie politique* du marquis de Sade a été assez active quoiqu'elle n'ait pas franchi les portes du club.

Dès sa détention, il prévoyait la Révolution et quelques jours avant le 14 juillet 1789, il ameutait par des propos révolutionnaires la populace autour de la Bastille. Pour ce fait, il fut enfermé à Charenton. Si l'on en juge par sa conduite à sa libération, sa folie n'a guère dû être qu'un grand désir de liberté et un commencement de révolte. Il a d'ailleurs été délivré, avec les autres prisonniers d'État, par un décret et non par un exeat du médecin d'asile.

On a mauvaise grâce à reprocher à un des vieux prisonniers de la Bastille de s'être donné tout entier à la Révolution, quoique marquis, d'autant plus que la réflexion pendant sa réclusion l'avait conduit à formuler les principes de la société nouvelle, dès avant 1789.

Une lettre de de Sade, datée du 14 juin 1793 (vente faite par Charras 1839), est écrite en qualité de secrétaire de la commission de la Section des Piques réunie à l'évêché.

Au bas d'un portrait de Marat, il écrivit et signa quatre vers :

Du vrai républicain unique et chère idole,
De ta perte, Marat, ton image console ;
Qui chérit un grand homme adopte ses vertus,
Les cendres de Scevole ont fait naître Brutus.

qui témoignent de son admiration ; cette admiration paraît avoir été vive.

Le document suivant, d'ailleurs remarquable à d'autres titres, en est une preuve ainsi que du rôle actif de de Sade dans le club. Ce document, bien composé, traduit sans doute les sentiments d'une collectivité d'une époque, plutôt que les sentiments intimes d'un individu. Il mérite cependant d'être transcrit en entier, au point de vue de la psychologie de de Sade.

Section des Piques

DISCOURS

Prononcé à la fête décernée, par la Section des Piques, aux mânes de MARAT et de LE PELLETIER, par Sade, citoyen de cette Section, et membre de la Société Populaire.

Citoyens,

Le devoir le plus cher à des cœurs vraiment républicains est la reconnaissance due aux grands hommes ; de l'épanchement de cet acte sacré naissent toutes les parties nécessaires au maintien et à la gloire de l'État. Les hommes aiment la louange, et toute nation qui ne la refusera pas au mérite trouvera toujours dans son sein des hommes envieux de s'en rendre dignes ; trop avares de ces nobles tributs, les Romains, par une loi sévère, exigeaient un long intervalle entre la mort de l'homme célèbre et son panégyrique ; n'imitons point cette rigueur : elle refroidirait nos vertus ; n'étouffons jamais un enthousiasme dont les inconvénients sont médiocres et dont les fruits sont si nécessaires : Français, honorez, admirez toujours vos grands hommes. Cette effervescence précieuse les multipliera parmi vous, et si jamais la postérité vous accusait de quelque erreur, n'auriez-vous pas votre sensibilité pour excuse ?

Marat ! Le Pelletier ! ils sont à l'abri de ces craintes, ceux qui vous célèbrent en cet instant, et la voix des siècles à venir ne fera qu'ajouter aux hommages que vous rend aujourd'hui la génération qui fleurit

Sublimes martyrs de la liberté, déjà placés au temple de Mémoire, c'est de là que, toujours révérés des humains, vous planerez au-dessus d'eux, comme les astres bienfaisants qui les éclairent, et qu'également utiles aux hommes, s'ils trouvent dans les uns la source de tous les trésors de la vie, ils auront aussi dans les autres l'heureux modèle de toutes les vertus.

Étonnante bizarrerie du sort! Marat, c'était du fond de cet antre obscur où ton ardent patriotisme combattait les tyrans avec autant d'ardeur, que le génie de la France indiquait ta place dans ce temple où nous te révérons aujourd'hui.

L'égoïsme est, dit-on, la première base de toutes les actions humaines; il n'en est aucune, assure-t-on, qui n'ait l'intérêt personnel pour premier motif, et, s'appuyant de cette opinion cruelle, les terribles détracteurs de toutes les belles choses, en réduisent à rien le mérite. O Marat! combien tes actions sublimes te soustraient à cette loi générale! Quel motif d'intérêt personnel t'éloignait du commerce des hommes, te privait de toutes les douceurs de la vie, te reléguait vivant dans une espèce de tombeau? Quel autre que celui d'éclairer tes semblables et d'assurer le bonheur de tes frères? Qui te donnait le courage de braver tout... jusques à des armées dirigées contre toi, si ce n'était le désintéressement le plus entier, le plus pur amour du peuple, le civisme le plus ardent, dont on ait encore vu l'exemple?

Scévole, Brutus, votre seul mérite fut de vous armer un moment pour trancher les jours de deux despotes, une heure au plus votre patriotisme a brillé; mais toi, Marat, par quel chemin plus difficile tu parcourus la carrière de l'homme libre! Que d'épines entravèrent ta route avant que d'atteindre le but. C'était au milieu des tyrans que tu nous parlais de liberté; peu faits encore au nom sacré de cette déesse, tu l'adorais avant que nous la connussions; les poignards de Machiavel s'agitaient en tous sens sur ta tête, sans que ton front auguste en parût altéré; Scévole et Brutus menaçaient chacun leurs tyrans: ton âme, bien plus grande, voulut immoler à la fois tous ceux qui surchargeaient la terre, et des esclaves t'accusaient d'aimer le sang! Grand homme, c'était le leur que tu voulais répandre; tu ne te montrais prodigue de celui-là que pour épargner celui du peuple; avec autant d'ennemis ne devais-tu pas succomber? Tu désignais les traîtres, la trahison devait te frapper.

Sexe timide et doux, comment se peut-il que vos mains délicates aient saisi le poignard que la sédition aiguisait?... Ah! notre empressement à venir jeter des fleurs sur le tombeau de ce véritable ami du peuple nous fait oublier que le crime put trouver un bras parmi vous. Le barbare assassin de Marat, semblable à ces êtres mixtes auxquels on ne peut assigner aucun sexe, vomi par les enfers pour le désespoir de tous deux, n'appartient directement à aucun. Il faut qu'un voile funèbre enveloppe à jamais sa mémoire; qu'on cesse surtout de nous présenter, comme on ose le faire, son effigie sous l'emblème enchanteur de la beauté. Artistes trop crédules, brisez, renversez, défigurez les traits de ce monstre, ou ne l'offrez à nos yeux indignés qu'au milieu des Furies du Tartare.

Ame douce et terrible! Le Pelletier, que tes vertus viennent un instant adoucir les idées qu'ont aigries ces tableaux. Si tes heureux principes sur l'éducation nationale se suivent un jour, les crimes dont nous nous plaignons ne flétriront plus notre histoire. Ami de l'enfance et des hommes, que j'aime à te suivre dans les moments où ta vie politique se consacre tout entière au personnage sublime de représentant du peuple ; tes premières opinions tendirent à nous assurer cette liberté précieuse de la presse sans laquelle il n'est plus de liberté sur terre ; méprisant le faux éclat du rang où des préjugés absurdes et chimériques te plaçaient alors, tu publias que s'il pouvait exister des différences entre les hommes, ce n'était qu'aux vertus, qu'aux talents qu'il appartenait de les établir.

Sévère ennemi des tyrans, tu votas courageusement la mort de celui qui avait osé comploter celle de tout un peuple ; un fanatique te frappa, et son glaive homicide déchira tous nos cœurs ; ses remords nous vengèrent, il devint lui-même son bourreau : ce n'était point assez... Scélérat, que ne pouvons-nous immoler tes mânes ! Ah ! ton arrêt est dans le cœur de tous les Français. Citoyens, s'il était des hommes parmi vous qui ne fussent pas encore assez pénétrés des sentiments que le patriotisme doit à de tels amis de la liberté, qu'ils tournent leurs regards sur les derniers mots de Le Pelletier, et remplis à la fois de douleur et de vénération, ils éprouveront plus que jamais la haine due à la mémoire du parricide qui put trancher une si belle vie.

Unique déesse des Français, sainte et divine Liberté, permets qu'aux pieds de tels autels nous répandions encore quelques larmes sur la perte de tes deux plus fidèles amis ; laisse-nous enlacer des cyprès aux guirlandes de chêne dont nous t'environnons. Ces larmes amères purifient ton encens et ne l'éteignent pas ; elles sont un hommage de plus à tous ceux que nos cœurs te présentent... Ah ! cessons d'en répandre, citoyens ; ils respirent, ces hommes célèbres que nous pleurons ; notre patriotisme les revivifie ; je les aperçois au milieu de nous... Je les vois sourire au culte que notre civisme leur rend. Je les entends nous annoncer l'aurore de ces jours sereins et tranquilles où Paris, plus superbe que ne fut jamais l'ancienne Rome, deviendra l'asile des talents, l'effroi des despotes, le temple des arts, la patrie de tous les hommes libres. D'un bout de la terre à l'autre, toutes les nations envieront l'honneur d'être alliées au peuple français. Remplaçant le frivole mérite de n'offrir aux étrangers que nos coutumes et nos modes, ce seront des lois, des exemples, des vertus et des hommes que nous donnerons à la terre étonnée, et si jamais les mondes bouleversés, cédant aux lois impérieuses qui les meuvent, venaient à s'écrouler... à se confondre, la déesse immortelle que nous encensons, jalouse de montrer aux races futures le globe habité par le peuple qui l'aurait le mieux servie, n'indiquerait que la France aux hommes nouveaux qu'aurait recréés la nature.

SADE, *rédacteur*.

L'Assemblée générale de la Section des Piques, applaudissant aux principes et à l'énergie de ce discours, en arrête l'impression, l'envoi à la

Convention nationale, à tous les départements, aux armées, aux autorités constituées de Paris, aux quarante-sept autres Sections et aux Sociétés populaires.

Arrêté en Assemblée générale ce 29 septembre 1793, l'an II de la République française une et indivisible.

VINCENT, *président.*
GÉRARD, MANCIN, PARIS, *secrétaires.*

Peu après (décembre 1793) ce discours aux mânes de Marat, le marquis de Sade aurait été emprisonné par ordre du Comité de la Sûreté générale à la prison des Madelonnettes, puis à celle des Carmes, enfin à Picpus et aurait été rendu à la liberté le 9 thermidor.

Depuis thermidor jusqu'au consulat de Napoléon, il paraît avoir vécu sans incident et s'être retiré de la vie politique oratoire. D'ailleurs la domination des clubs et des sections était finie.

Le marquis de Sade cependant resta mêlé comme écrivain aux luttes. En thermidor de l'an VIII, il publia, sans nom d'auteur, *Zoloé et ses deux acolytes* qui est un pamphlet très violent contre Joséphine de Beauharnais (Zoloé), Mmes Tallien (Laureda) et Visconti (Volsange), Barras (Sabar), Bonaparte (d'Orsec), un sénateur (Fessinot), etc. Ces personnages se livrent à des débauches variées, dans une petite maison organisée dans ce but. Pour finir, de Sade écrit :

« Qu'on se rappelle que nous parlons en historien. Ce n'est pas notre faute si nos tableaux sont chargés des couleurs de l'immoralité, de la perfidie et de l'intrigue. Nous avons peint les hommes d'un siècle qui n'est plus. Puisse celui-ci en produire de meilleurs et porter à nos pinceaux les charmes de la vertu ! »

N'est-elle pas curieuse cette conclusion d'un écrit pour lequel de Sade va finir sa vie en prison ou à Charenton, sans mise en jugement, comme monstre d'immoralité.

Arrestation du marquis de Sade le 15 ventôse an IX. — Emprisonnement sans jugement. — Transfert de Sainte-Pélagie à Bicêtre et de Bicêtre à Charenton.

Les livres de de Sade pendant la Révolution se vendaient à peu près publiquement chez tous les libraires et, en 1800, la librairie n'avait pas encore été expurgée des innombrables publications libertines ou pornographiques que les éditeurs avaient multipliées à la faveur du régime de liberté de la presse.

Il faut tenir pour certain que de Sade a été arrêté pour *Zoloé* et non pour les motifs qu'indique le ministre de la police, dans le rapport transcrit ci-dessous. La *première phrase du rapport est fausse de tous points.* Le marquis de Sade ne pouvait en 1800 se préparer à publier *Juliette* puisque cet ouvrage avait paru en 1791 (2 volumes), en 1796 (4 vol in-4°) et en 1797 (6 vol. avec 60 gravures).

De Sade n'avait pu trouver d'éditeur pour *Zoloé*, sans doute en raison des craintes qu'inspirait déjà Bonaparte. Ce refus, si les causes n'en sont pas précisées, est indiqué dans la préface et au bas du titre du pamphlet on peut lire: A Turin; se trouve à Paris chez tous les marchands de nouveautés, de l'Imprimerie de l'auteur, thermidor an VIII. Le pamphlet a d'ailleurs été saisi.

Le rapport du ministre de la police renferme encore d'autres inexactitudes, sans doute voulues. Ainsi de Sade est qualifié d'homme très riche, ce qui est contredit par les documents que j'ai cités, et contredit encore dans la préface même de *Zoloé* où il raille avec amertume le libraire qui ne veut pas payer l'auteur.

La partie réellement intéressante de ce rappport est bien plutôt celle qui met en si pleine lumière les procédés arbitraires de la police.

Voici tout d'abord ce document :

RAPPORT

du Conseiller d'État, Préfet de police, à Son Excellence le Sénateur, ministre de la police générale, le 21 fructidor an XII

Son Excellence, par sa note du 6 de ce mois, me demande un rapport sur le nommé Sade, détenu à Charenton.

Dans les premiers jours de ventôse an IX, j'avais été informé que le nommé Sade, ex-marquis, connu pour être l'auteur de l'infâme roman de *Justine*, se proposait de publier bientôt un ouvrage plus affreux encore, sous le titre de *Juliette*. Je le fis arrêter le 15 du même mois, chez le libraire-éditeur de son ouvrage, où je savais qu'il devait se trouver muni de son manuscrit.

L'auteur et l'éditeur furent amenés à ma préfecture. La saisie du manuscrit était importante, mais l'ouvrage était imprimé et il s'agissait de découvrir l'édition. La liberté fut promise à l'éditeur, s'il livrait les exemplaires imprimés.

Celui-ci conduisit nos agents dans un lieu inhabité que lui seul connaissait et ils en enlevèrent une quantité assez considérable d'exemplaires pour que l'on pût croire que c'était l'édition entière.

Sade, dans son interrogatoire, reconnut le manuscrit, mais il déclara qu'il n'était que le copiste et non l'auteur. Il convint même qu'il avait été payé pour le copier, mais il ne put faire connaître les personnes de qui il tenait les originaux.

Il eût été difficile de croire qu'un homme qui jouissait d'une fortune considérable eût pu devenir copiste d'ouvrages aussi affreux moyennant un salaire. On ne pouvait douter qu'il en fût l'auteur, lui dont le cabinet était tapissé de grands tableaux représentant les principales obscénités du roman de *Justine*.

Le 23 ventôse, j'eus l'honneur de rendre compte de toute l'opération à Son Excellence le ministre de la police générale et de lui demander quelle marche j'avais à suivre pour parvenir à la punition d'un homme aussi profondément pervers. Après diverses conférences que j'eus avec Son Excellence, desquelles il résulta qu'une poursuite judiciaire causerait un éclat scandaleux qui ne serait point racheté par une punition assez exemplaire, je le fis déposer à Sainte-Pélagie le 12 germinal de la même année pour le punir administrativement.

Au mois de floréal suivant, Son Excellence le ministre de la justice me demanda les pièces relatives à cette affaire, pour aviser, m'écrivait-il, aux moyens qu'il serait convenable de prendre et en référer aux consuls.

J'eus l'honneur de rendre compte à Son Excellence, qui connaissait déjà tous les délits que Sade avait commis avant la Révolution, et, convaincu que les peines qui pourraient lui être appliquées par un tribunal seraient insuffisantes et nullement proportionnées à son délit, il fut d'avis qu'il fallait l'oublier pour longtemps dans la maison de Sainte-Pélagie.

Sade y serait encore, s'il n'eût pas employé tous les moyens que lui suggéra son imagination dépravée pour séduire et corrompre les jeunes gens que de malheureuses circonstances faisaient enfermer à Sainte-Pélagie et que le hasard faisait placer dans le même corridor que lui.

Les plaintes qui me parvinrent alors me forcèrent à le faire transférer à Bicêtre.

Cet homme incorrigible était dans un état perpétuel de démence libertine. A la sollicitation de sa famille, j'ordonnai qu'il serait transféré à Charenton et son transfèrement eut lieu le 7 floréal an XI.

Depuis qu'il est dans cette maison, il s'y montre continuellement en opposition avec le directeur, et il justifie par sa conduite toutes les plaintes que peut donner son caractère ennemi de toute soumission.

J'estime qu'il y a lieu de le laisser à Charenton où sa famille paye sa pension et où, pour son honneur, elle désire qu'il reste.

Le conseiller d'État, préfet de police.

A la marge est écrit :

Approuvé, Dubois.

Il ne faut pas se hâter d'approuver le procédé de Napoléon vis-à-vis du marquis de Sade.

Dès le Consulat, de nombreuses détentions arbitraires furent effectuées. M. Aulard (*Revue du Palais*, août 1897) dans un article : *La Liberté individuelle sous Napoléon Ier*, en a rappelé un grand nombre dont plusieurs véritablement issues d'un scandaleux despotisme policier.

Il semble que l'imputation de folie avec internement à Charenton ait également été un des moyens hypocrites d'usage courant pour se débarrasser d'un ennemi.

Ainsi le poète Th. Desorgues ayant composé une chanson contre Napoléon :

Oui, le grand Napoléon
Est un grand caméléon.

fut enfermé à Charenton où il mourut en 1808.

Aussi l'on est bien en droit de conclure, comme je l'ai fait, que les raisons données dans le rapport sont des prétextes pour expliquer l'emprisonnement sans jugement aussi bien que celles invoquées pour son internement à Charenton.

Si le marquis de Sade n'avait pas publié un pamphlet contre Joséphine de Beauharnais, ses livres, d'ailleurs abominables mais moins dangereux que le grand nombre de publications licencieuses contemporaines de *Justine*, ne lui auraient pas attiré l'effroyable supplice d'un emprisonnement de quatorze ans.

Cependant la police ne paraît jamais avoir avoué ce motif et a toujours invoqué surtout auprès de de Sade la raison de livres immoraux.

Dans une lettre datée du 5 nivose an X (Vente Charron, février 1839) il écrit au ministre : « Détenu depuis neuf mois à Pélagie (la date que j'ai donnée pour l'arrestatien de de Sade, d'après le rapport de police, est donc bien exacte et non celle de 1801 donnée par certains auteurs), comme prévenu d'avoir fait le livre de *Justine*, qui pourtant n'émana jamais de moi, je souffre et ne dis mot, comptant chaque jour sur la justice du gouvernement; mais lorsque les méchants, désespérés de mon silence et de ma résignation, cherchent à me nuire par tous les moyens possibles, je les démasque. » Il n'est pas besoin d'insister sur l'analogie de cette protestation avec la protestation que j'ai citée de la lettre de Villeterque. C'est une preuve de plus comme je l'avançais que cette lettre a été écrite de la prison.

Dans la même lettre autographe dont je viens de citer un fragment, de Sade se plaint qu'un prisonnier lui a volé des poésies dont certaines contre le premier consul et veut les faire imprimer.

La *Revue rétrospective* a également cité une lettre de protestation que voici :

Sade, homme de lettres, au ministre de la justice

Pélagie, ce 30 floréal an X.

L'innocence persécutée n'a que vous pour appui. Chef suprême de la magistrature française, c'est à vous seul qu'il appartient de faire exécuter les lois et d'écarter loin d'elles l'arbitraire odieux qui les mine et les atténue.

On m'accuse d'être l'auteur du livre infâme de *Justine* ; l'accusation est fausse, je vous le jure au nom de tout ce que j'ai de plus sacré !

Massé, imprimeur et éditeur de l'ouvrage, pris sur le fait, est d'abord arrêté et enfermé avec moi, puis relâché pendant qu'on continue à me détenir ; il est libre lui qui a imprimé, qui a vendu, qui vend encore et moi je gémis... Je gémis depuis quinze mois dans la plus affreuse prison de Paris, tandis que, d'après la loi, on ne peut retenir plus de dix jours un prévenu sans le juger, je demande à l'être. Je suis ou non l'auteur du livre qu'on m'impute. Si l'on peut me convaincre, je veux subir mon jugement ; dans le cas contraire, je veux être libre.

Quelle est donc cette arbitraire partialité qui brise les fers du coupable et qui en écrase l'innocent ? Est-ce pour arriver là que nous venons de sacrifier pendant douze ans nos vies et nos fortunes ? Ces atrocités sont incompatibles avec les vertus que la France admire en vous. Je vous supplie de ne pas permettre que j'en sois plus longtemps la victime. Je veux en un mot être *libre* ou *jugé*, j'ai le droit de parler ainsi. Mes malheurs et les lois me le donnent, et j'ai lieu de tout espérer quand c'est à vous que je m'adresse.

Salut et respect. SADE.

Il n'y a ce me semble rien à reprendre à la protestation de de Sade, sauf la dénégation, et je ne crois pas qu'on puisse trouver dans un tel document une ébauche de dérangement d'esprit.

DE SADE A CHARENTON. — Quel était l'état d'esprit de de Sade, un an après la lettre précédente lorsqu'il fut transféré à Charenton (7 floréal an XI) ?

Le rapport du ministre de police invoque « un état perpétuel de démence libertine ».

Je ne connais pas de fait certain pour en témoigner.

Par contre voici *in extenso* un document des plus importants qu'a publié la *Revue rétrospective*, un rapport de Royer-Collard daté de 1808, c'est-à-dire six ans après le début de l'internement. Le Dr Royer-Collard demande précisément que le marquis de Sade soit éloigné de Charenton, parce qu'il « n'est point aliéné » mais seulement vicieux.

Paris, 2 août 1808.

Le médecin en chef de l'hospice de Charenton à son Excellence le Sénateur, ministre de la police générale.

Monseigneur,

J'ai l'honneur de recourir à l'autorité de Votre Excellence pour un objet qui intéresse essentiellement mes fonctions ainsi que le bon ordre de la maison dont le service médical m'est confié.

Il existe à Charenton un homme que son audacieuse immoralité a malheureusement rendu trop célèbre et dont la présence dans cet hospice entraîne les inconvénients les plus graves : je veux parler de l'auteur de l'infâme roman de *Justine. Cet homme n'est point aliéné. Son seul délire est celui du vice et ce n'est* point dans une maison consacrée au traitement médical de l'aliénation que cette espèce de délire peut être réprimée. Il faut que l'individu qui en est atteint soit soumis à la séquestration la plus sévère, soit pour mettre les autres à l'abri de ses fureurs, soit pour l'isoler lui-même de tous les objets qui pourraient entretenir et exalter sa hideuse passion. Or, la maison de Charenton, dans le cas dont il s'agit, ne remplit ni l'une ni l'autre de ces deux conditions. M. de Sade y jouit d'une liberté trop grande. Il peut communiquer avec un assez grand nombre de personnes des deux sexes encore malades ou à peine convalescentes, les recevoir chez lui ou les visiter dans leurs chambres respectives. Il a la faculté de se promener dans le parc et il y rencontre souvent des malades auxquels on accorde la même faveur. Il prêche son horrible doctrine à quelques-uns, il prête des livres à d'autres ; enfin le bruit général dans la maison est qu'il est avec une femme qui passe pour sa fille.

« Ce n'est pas tout encore. On a eu l'imprudence de former un théâtre dans cette maison, sous prétexte de faire jouer la comédie par les aliénés, et sans réfléchir aux funestes effets qu'un appareil aussi tumultueux devait nécessairement produire sur leur imagination. *M. de Sade est le directeur de ce théâtre. C'est lui qui indique les pièces, distribue les rôles et préside aux répétitions. Il est le maître de déclamation des acteurs et des actrices et il les forme au grand art de la scène. Le jour des représentations publiques, il a toujours un certain nombre de billets d'entrée à sa disposition et, placé au milieu des assistants, il fait en partie les honneurs de la salle.*

Il est en même temps auteur dans les grandes occasions; à la fête du directeur, par exemple, il a toujours soin de composer ou une pièce allégorique en son honneur, ou au moins quelques couplets à sa louange.

Il n'est pas nécessaire de faire sentir à Votre Excellence le scandale d'une pareille existence et de lui représenter les dangers de toute espèce qui y sont attachés. Si ces détails étaient connus du public, quelle idée se formerait-on d'un établissement où l'on tolère d'aussi étranges abus ? Comment veut-on que la partie morale du traitement de l'aliénation puisse se concilier avec eux ? Les malades, qui sont en communication journalière avec cet homme abominable, ne reçoivent-ils pas sans cesse l'impression de sa profonde corruption et la seule idée de sa présence dans la maison n'est-elle pas suffisante pour ébranler l'imagination de ceux mêmes qui ne le voient pas?

J'espère que Votre Excellence trouvera ces motifs assez puissants pour ordonner qu'il soit assigné à M. de Sade un autre lieu de réclusion que l'hospice de Charenton. En vain renouvellerait-elle la défense de le laisser communiquer en aucune manière avec les personnes de la maison; cette défense ne serait pas mieux exécutée que par le passé, et les mêmes abus auraient toujours lieu. Je ne demande point qu'on le renvoie à Bicêtre, où il avait été précédemment placé, mais je ne puis m'empêcher de représenter à Votre Excellence qu'une maison de santé ou un château fort, pour lui, conviendrait beaucoup mieux qu'un établissement consacré au traitement des malades qui exige la surveillance la plus assidue et les précautions morales les plus délicates.

Royer-Collard, D. M.

Le rapport de Royer-Collard n'eut pas d'effet. De Sade demeura à Charenton.

Certaines présomptions permettent de penser qu'il préférait ce séjour à celui d'une prison, peut-être même à sa liberté. D'après la biographie de Michaud, il était le protégé de l'abbé Coulmier, directeur de Charenton.

On s'explique ainsi cette « liberté trop grande » dont parle Royer-Collard et ce rôle de directeur de spectacle qui devait singulièrement satisfaire les goûts d'auteur dramatique du marquis de Sade.

Le Dr Royer-Collard paraît avoir fait de nouveaux efforts pour le faire expulser. La *Revue rétrospective*, en effet, a publié l'adresse suivante qui en est une preuve.

Mme Delphine de T... a l'honneur d'envoyer à Son Excellence M. Fouché, les pétitions dont elle a eu l'honneur de lui parler ce matin.

La première pour M. de Sade afin qu'il veuille bien donner les ordres les plus prompts afin que M. de Sade reste indéfiniment à Charenton, où il est depuis huit ans, où il reçoit les soins que sa santé exige; *ses supérieurs sont parfaitement contents de sa conduite.*

Mme de T... joint à sa pétition un certificat de médecin qui prouve que l'état de M. de Sade demande qu'il reste à Charenton.

Ne semble-t-il pas que de Sade ait été l'inspirateur de cette pétition « pour de Sade », et qu'une partie des accusations de Royer-Collard s'explique par la divergence d'opinion sinon la rivalité du médecin de l'asile et du directeur? Cette divergence de vues est attestée par les réclamations successives de Royer-Collard contre les spectacles à Charenton. Ceux-ci furent interdits mais remplacés par des concerts et des bals. Royer-Collard revint à la charge et ces divers divertissements furent supprimés par un arrêté du 6 mai 1813.

Le rôle du marquis de Sade dans l'organisation des spectacles était bien celui qu'a indiqué Royer-Collard. La *Revue anecdotique* (1860, premier semestre) a publié à ce sujet de curieux documents inédits que voici (1).

(1) *A Madame Cochelet, dame de la reine de Hollande.*

Spectacle du 23 mai 1810.

MADAME,

L'intérêt que vous avez paru prendre aux récréations dramatiques des pensionnaires de ma maison me fait une loi de vous offrir des billets à chacune de leurs représentations.

Des spectatrices telles que vous, Madame, sont d'une si grande puissance sur leur amour-propre, qu'ils trouvent, rien que dans l'espoir de vous posséder et de vous plaire, tout ce qui doit exalter leur imagination et nourrir leurs talents.

Ils donnent lundi prochain 28 du courant *l'Esprit de contradiction*, *Marton et Frontin* et *les Deux Savoyards*.

J'attends vos ordres pour l'envoi des billets que vous pourriez désirer, et vous supplie de vouloir bien présenter mes respects aux dames de la cour de Sa Majesté la reine de Hollande, princesse dont les qualités rares et précieuses réunissent si délicieusement près d'elle le cœur de tous les Français à l'hommage sacré de ceux qu'elle régit.

SADE.

A Monsieur de Coulmier, directeur de la maison de Charenton.

J'ai l'honneur de saluer M. de Coulmier et de lui envoyer le répertoire tel que nous l'avons arrêté entre nous.

Il est instamment prié de vouloir bien l'approuver, personne ne voulant faire aucune sorte de frais et surtout de mémoire sans avoir l'approbation de son chef au bas de ses projets.

Voilà, Monsieur, la demande en forme de M. et Mme de Roméi dont j'ai eu l'honneur de vous parler et qui sont inscrits sur la liste que je vous ai présentée.

Vous m'obligerez sensiblement de ne pas les refuser.

Agréez l'hommage de votre dévoué serviteur.

SADE.

Liste rectifiée par Monsieur le Directeur

M. Trillard.	3	places
Mme Ronchoux, rue de Choiseul, n° 13. . .	2	—
Mme Cochelet, dame de la reine de Hollande .	8	—
Mme d'Houdelot	3	—
Le médecin Irlandais . .	1	—
La maison Sauvan. . . .	4	—
La maison Finot	2	—
La maison de Guise . . .	3	—
Mme Lambert	3	—
Mme Gonax	2	—
Le curé pour M. Novert .	3	—
Le maire de Charenton .	2	—
Celui des Carrières . . .	1	—
M. Milet.	1	—
Mme Quesnel.	7	—
M. de Sade	7	—
M. du Camp.	3	—
Mlle Adélaïde	3	—
Mme de Huteuil.	5	—
A reporter. . .	63	places

Report. . .	63	places
M. Le Roi	2	—
Mme Urbltandos	6	—
M. Vivel	2	—
M. Chapron.	3	—
M. Veillet.	4	—
Mme Marchand.	2	—
M. Le Couteux.	2	—
M. Floumond	2	—
Trois dames de Nogent. .	3	—
M. Flandrin	1	—
Employés de la maison .	36	—
Malades.	60	—
	186	places

Récapitulation

Loges d'en bas. . . .	30	personnes
— d'en haut. . .	38	—
Bancs de côtés . . .	24	—
Bancs.	36	—
Chaises	20	—
	208	personnes

Toujours littérateur et aimant à parader, de Sade profitait de toutes les occasions.

On connaît entre autres les couplets chantés à Son Éminence Mgr le cardinal Maury, archevêque de Paris, le 6 octobre 1812, à la maison de santé près de Charenton, couplets d'ailleurs sans mérite, mais sans bizarrerie :

Votre âme, pleine de grandeur,
Toujours ferme, toujours égale,
Sous la pourpre pontificale
Ne dédaigne point le malheur.

J'ai systématiquement laissé de côté les récits très inexacts et très fantaisistes que certains auteurs, tels que Jules Janin, ont donné du séjour de de Sade à Charenton. Les documents authentiques que j'ai reproduits permettent, ce semble, au moins deux conclusions :

1° Que de Sade n'était pas un aliéné au sens exact du mot. On peut le taxer de folie morale mais seulement en s'appuyant sur ses écrits évidemment très particuliers, d'un érotisme sanguinaire et raisonné, or, il faut se souvenir que Mirabeau, Musset et bien d'autres ont publié des livres très licencieux.

2° Que, malgré les accusations de Royer-Collard, le marquis de Sade gardait hors de l'asile des relations nombreuses, peut-être des amitiés.

Aussi on peut ne pas partager l'étonnement du bibliophile Jacob qui écrit :

J'ai souvent interrogé des personnes respectables, dont quelques-unes vivent encore plus qu'octogénaires ; je leur ai demandé, avec une indiscrète curiosité, d'étranges révélations sur le marquis de Sade, et je n'ai pas été peu étonné que ces personnes, que leur moralité, leur position et leurs honorables antécédents mettent à l'abri de toute espèce de honteux soupçons, *n'éprouvassent aucune répugnance à se souvenir de l'auteur de Justine et à en parler comme d'un aimable mauvais sujet.*

On peut également tenir pour suspect le récit de la nouvelle biographie générale, — qui renferme au sujet de de Sade déjà d'autres erreurs, — récit où l'on voit que Sade conserva jusqu'à sa mort ses goûts et ses habitudes ignobles. Se promenait-il dans la cour, il traçait sur le sable des figures obscènes. Venait-on le visiter, sa première parole était une ordure, et cela avec une voix très douce, avec des cheveux blancs très beaux, avec l'air le plus aimable, avec une admirable politesse ». On ajoute que de Sade était un vieillard robuste et sans infirmités. Comment concilier cette attitude de de Sade avec les relations qu'il avait gardées ?

Le récit que Nodier dans ses souvenirs a donné de son entrevue au Temple avec de Sade paraît de pure imagination. Il décrit un de Sade très obèse, gardant cependant « un reste de grâce et d'élégance ».

Mort de de Sade (2 décembre 1814). — *Son testament.*

Selon les biographes, de Sade, âgé de soixante-quinze ans, mourut sans secousses, sans infirmités.

Je n'ai rencontré aucun document sur ce point.

O. Uzanne, sans indiquer l'origine de la citation, reproduit une étude crâniologique du cerveau de de Sade d'après « un savant disciple de Gall », étude très fantaisiste où il est dit que les organes de la tendresse maternelle (*sic*) sont aussi développés que « sur la tête d'Héloïse, ce modèle de tendresse et d'amour » !

A la suite d'un article grotesque, dans *le Livre* (1870), Jules Janin, ordinairement mieux inspiré, a reproduit la dernière page du testament de de Sade « ce codicille hideux » ! N'ayant aucune preuve de la véracité ou de la fausseté de la citation de Jules Janin, je la reproduis sous toutes réserves, inclinant cependant à la croire exacte.

Je défends que mon corps soit ouvert sous quelque prétexte que ce puisse être, je demande avec la plus vive instance qu'il soit gardé quarante-huit heures dans la chambre où je décéderai, placé dans une bière de bois qui ne sera clouée qu'au bout des quarante-huit heures prescrites ci-dessus à l'expiration desquelles la dite bière sera clouée ; pendant cet intervalle, il sera envoyé un exprès au sieur Lenormand, marchand de bois, boulevard de l'Égalité, n° 101, à Versailles, pour le prier de venir lui-même, suivi d'une charrette, retirer mon corps pour être transporté sous son escorte et dans la dite charrette au bois de ma terre de la Malmaison, commune de Mancé près d'Épernon, où je veux qu'il soit placé, sans aucune espèce de cérémonie, dans le premier taillis fourré qui se trouve à droite dans le dit bois, en y entrant du côté de l'ancien château par la grande allée qui le partage. La fosse pratiquée dans ce taillis sera ouverte par le fermier de la Malmaison, sous l'inspection de M. Lenormand, qui ne quittera mon corps qu'après l'avoir placé dans ladite fosse ; il pourra se faire accompagner dans cette cérémonie, s'il le veut, par ceux de mes parents ou amis qui, sans aucune espèce d'appareil, auront bien voulu me donner cette dernière marque d'attachement ; la fosse une fois recouverte, il sera semé dessus des glands, afin que par la suite le terrain de la dite fosse se trouvant réuni et le taillis se trouvant fourré comme il était auparavant, les traces de ma tombe disparaissent de dessus la surface de la terre ; comme je me flatte que ma mémoire s'effacera de l'esprit des hommes.

Fait à Charenton-Saint-Maurice, en état de raison et de santé, le 30 janvier 1806. D.-A.-T. Sade.

Ainsi, celui qu'on a qualifié de fanfaron du vice et de l'impiété se serait montré, au déclin de sa vie, ennemi de toute ostentation et en tout cas, sans défaillance sénile, serait resté fidèle à son athéisme.

II

Ses écrits avoués avec ses théories publiques

Si dans sa vie le marquis de Sade apparaît plutôt comme la victime expiatoire d'une société débauchée, il faut avouer que ses écrits le désignaient à ce rôle. Dans *Aline et Valcour* comme dans *Justine et Juliette*, dans les livres avoués comme dans ceux niés, l'on trouve le même procédé d'opposition brutale entre le personnage d'une vertu et d'une sensiblerie à la mode alors, et le personnage qui au nom de la philosophie a répudié en théorie et en pratique tout principe moral, la même façon de mêler au récit de longues discussions. On retrouve aussi la description d'actes érotiques les plus singuliers avec la tendance constante à faire manifester la volupté au milieu de la souffrance, et avec l'aide de la perversité ou du crime.

Parmi les ouvrages publiés par de Sade, un grand nombre — tout son théâtre entre autres — n'ont pas été imprimés. Deux sont réellement importants et permettent un jugement sur ce que j'appellerais volontiers le *petit sadisme*. Ce sont *Aline et Valcour* (1), écrit à la Bastille 1792-1793 (8 volumes) et *Les Crimes de l'Amour*, parus l'an VIII (4 volumes).

Aline et Valcour ou le Roman philosophique, comme beaucoup d'ouvrages de l'époque de Clarisse Harlove, est un roman épistolaire.

L'intrigue fondamentale est la suivante:

Valcour, jeune homme pauvre et complètement vertueux, aime et est aimé d'Aline, modèle des jeunes filles, comme Mme de Blamont, sa mère, est le modèle des femmes honnêtes. Mme de Blamont veut donner sa fille à Valcour. Mais le président de Blamont est un « monstre » et il veut marier sa fille à son compagnon de débauches, Dorbourg, fermier général. Blamont veut ce mariage surtout parce qu'il a déjà livré comme maîtresse au même Dorbourg Sophie qu'il croit sa fille. Il avait obtenu de la nourrice de sa première fille Claire que le décès

(1) Les indications bibliographiques exactes sont données à la fin de ce travail.

de celle-ci fut déclaré, voulant, disait-il, à l'insu de sa femme, élever cette fille pour l'envoyer en Amérique. La nourrice prévoyant un sort fortuné avait substitué à Claire de Blamont sa propre fille Claudine et Claire de Blamont était devenue Élisabeth de Kerneuil, celle-ci étant réellement morte en nourrice.

Le drame se déroule autour de cette intrigue avec des complications nombreuses, avec surtout des scènes de petit sadisme et des tirades philosophiques.

Le président de Blamont est le personnage sadique qui philosophe. On ne saurait mieux le peindre ni résumer la doctrine du « petit sadisme » qu'en citant quelques traits de ses discours.

Comme président de tribunal, il écrit: « Jette les yeux sur la multitude de détours que nous savons mettre en usage quand il s'agit par exemple de faire périr un innocent... La main du juge dégoutte sans cesse du sang que lui font verser les apparences. Heureusement que nous sommes au-dessus de ces misères-là et qu'un être de moins par le monde n'est pas pour nous une affaire bien grande. »

« Pour peu qu'on ait fait rouer magistralement une demi-douzaine de malheureux, on peut mériter de l'être vingt fois soi-même si l'on veut, sans le plus petit danger. »

Il essaie de dévêtir sa fille pour la montrer à Dorbourg, et à sa femme qui proteste: « Décence, voilà toujours votre mot à vous autres femmes ! Il y a longtemps que je cherche à pénétrer la vraie signification de ce mot barbare, sans y avoir encore réussi... » Contre ses objections au mariage de sa fille avec Dorbourg :

« A partir de l'état actuel de nos mœurs, une fille me fait rire quand elle dit qu'elle craint de ne pas trouver le bonheur dans les nœuds de l'hymen ; eh! qui la force de le chercher là ? » Quant à l'adultère: « Le délit n'est relatif qu'au mari; il devient nul lorsque l'époux le tolère ou le nie »; et pour l'estime du monde : « Qu'est-ce que l'estime ? L'approbation des sots accordée aux sectateurs de leurs petits vilains préjugés, tyranniquement refusée à l'homme de génie qui les foule. » L'homme sage ne place sa félicité « que dans lui-même, dans ses opinions, dans ses goûts ».

De Sade qui avait eu à se plaindre des magistrats fait soutenir par de Blamont une théorie très voisine de certaines opinions de la philosophie anarchiste, à savoir que l'autorité dégrade.

« Il y a ici quelque chose de bien singulier, c'est que de la science d'interroger périodiquement naît celle de séduire criminellement ; car, que sont nos interrogatoires capitaux? que sont-ils autre chose que des subornations et des séductions épouvantables?

« Ainsi, voilà donc un de ces cas plaisants où l'art de la vertu d'éclat qui nous élève et nous fait respecter conduit à l'art du crime secret qui nous dégrade et qui nous salit. »

De Blamont a peu d'estime pour les femmes : « Il y a bien longtemps que je dis que les femmes ne sont bonnes qu'au lit et encore... hors de là, il ne faut y compter pour rien. » Il enseigne entre temps un procédé de suggestion : « J'ai quelquefois vu la tête étroite d'une femme avoir besoin d'être allumée par le tempérament pour l'exécution de ces sortes de choses. Il est inouï ce qu'on obtient d'elles dans ces moments d'ivresse, leur âme plus près de l'état de méchanceté pour lequel les a créées la nature accepte alors plus facilement toutes les horreurs qu'on peut avoir besoin de leur proposer. »

Le respect de la mort est pour de Blamont une petitesse. En face du cadavre de sa femme, qu'il a fait empoisonner, il songe à marier sa fille. « Une femme qui vient de mourir n'empêche pas qu'on en mette une autre dans le cas de donner la vie... au contraire. »

« Petitesse » aussi les regrets puisque la mort termine tous les maux et rien de plus légitime « que des nations entières aient pour usage de se réjouir à la mort de leurs proches et de se dérober à la naissance de leurs enfants ».

« C'est une chose sitôt remplacée que le vide d'une femme, d'une maîtresse, d'un parent, d'un ami. »

Un des projets de Blamont était de livrer sa femme à son ami Dolbourg auquel il voulait donner sa fille en mariage en se proposant d'en faire sa maîtresse.

De Blamont reproche à Dolbourg d'avoir sauté par-dessus les préjugés sans en détruire aucun et de se préparer une fin de vie avec signes de croix. Pour moi, dit-il, « infiniment plus sage, j'ai étayé mes écarts par des raisonnements, je ne m'en suis pas tenu à douter, j'ai vaincu, j'ai déraciné, j'ai détruit dans mon cœur tout ce qui pouvait gêner mes plaisirs... »

Il ne redoute pas la mort : « Dois-je craindre d'être puni pour avoir cédé mollement sous le joug si flatteur des lois qui m'entraînaient : mourons tranquille, tout finit avec moi... *Rien n'est à moi, rien n'est de moi, toujours guidé par une force aveugle, que m'importe ce qu'elle m'a fait suivre...*

« Un seul préjugé en arrière suffit à notre désolation et c'est à tous, mon ami, à ceux mêmes qui paraissent les plus respectables aux yeux des hommes qu'il faut déclarer guerre ouverte. »

Il n'existe aucune partie positive dans les théories de Blamont hormis la recherche de la volupté « La douleur de Pierre, dit-il à sa femme, est nulle pour moi; elle n'atteint aucunement mon âme; que Pierre dîne ou ne dîne pas, il n'en peut sagement résulter pour moi nul chagrin. »

Le but de la vie est la recherche du plaisir — il faut choisir le chemin de tous les vices si ce chemin conduit au plaisir.

De Blamont ne donne pas la justification philosophique du crime d'une façon absolue. « Vous feriez pendre avec raison le malheureux qui penserait comme vous, lui dit Deterville, un honnête homme du roman. — D'accord, reprit ce scélérat (Blamont), mais le bonheur d'être au-dessus des autres donne le droit de ne pas penser comme eux; voilà le premier effet de la supériorité; le second est d'en abuser. »

Les remords ne sont pas niés, mais « l'habitude du mal les énerve ».

Blamont après avoir fait table rase de toute morale, professe qu'il faut profiter de tout. « Quand le chameau baisse les reins et s'agenouille, le voyageur monte dessus et le gouverne sans s'aviser de calculer ses forces, il ne s'étonne que de l'ineptie de l'animal qui ne sait pas connaître les siennes. » « De la considération, mon ami, du crédit, de l'argent, une place, voilà tout ce qu'il faut pour faire ce qu'on veut. » Or Blamont éprouve du plaisir dans la contemplation de la souffrance d'autrui, en prévision d'une vengeance il s'écrie : « Heureuse faute ! Quelle source de délices je vais trouver dans votre punition; chaque branche est une volupté.» Ou encore: « C'est une chose bien plaisante que les inspirations de la nature... n'est-il pas déjà très singulier qu'elle nous chatouille intérieurement d'une manière inexprimable rien qu'au désir d'un mal projeté... »

De cette manière de sentir au petit sadisme il n'y a qu'une nuance. De Blamont, alors qu'il combine de noires machinations contre sa femme, reprend le chemin dès longtemps oublié de la chambre conjugale. Il en écrit à Dolbourg :

« N'est-il pas affreux, dira-t-on, de chercher des plaisirs avec celle qu'on accable de chagrins? Elle ne conçoit pas la liaison de tout cela, la chère dame; elle *n'entend pas d'abord que l'ébranlement causé par le chagrin sur la masse des nerfs détermine sur-le-champ à la volupté*, dans les femmes, les atomes du fluide électrique et qu'un individu de ce sexe n'est jamais plus voluptueux que quand il est saisi dans les pleurs. N'y eût-il d'abord que cela, un vieux mari comme moi serait très excusable d'employer, auprès de sa tendre épouse, tous les ressorts qui peuvent lui rendre ce qu'il ne doit plus attendre de sa vigueur... Voilà donc déjà pour le physique, mais la petite méchanceté de *donner du chagrin a bien une autre jouissance morale*..... Ces voluptés (rapports sexuels avec sa femme) seraient nulles pour moi sans l'aiguillon de la perfidie.

« Hein, Dolbourg, tu n'entends pas plus cela que du grec?..... Ne suis-je donc pas plus heureux que toi, en raffinant comme je fais, en ne me *composant jamais de jouissances physiques qu'elles ne soient accompagnées d'un petit désordre moral.* »

De Blamont tient un langage très semblable à Valcour, en lui intimant l'ordre de renoncer à sa fille. « L'amour n'est que l'épine de la jouissance, le physique seul en est la rose... Je vous étonnerais bien si je vous disais qu'il est peut-être possible de goûter des plaisirs plus vifs avec une femme qui vous hait qu'avec celle qui vous aime... » Il veut donner sa fille Aline à Dolbourg, car il désire la posséder comme il a possédé Sophie (qu'il considérait comme sa fille). « Tu ne t'imagines pas, mon ami, écrit-il à Dolbourg, l'envie que j'ai de posséder cette chère Aline; je lui crois des détails d'un piquant... qu'elle doit être délicieuse à saisir dans les pleurs... Sophie était bien, mais Aline... »

Ce sadisme, de Blamont le met en pratique vis-à-vis de sa femme et de ses filles. Le livre laisse pressentir quelle est sa règle de conduite dans sa vie sexuelle ordinaire, mais à part quelques scènes de flagellation, dans *Aline et Valcour* on ne rencontre pas de description d'actes de volupté dans le sang.

La conclusion du volume est des plus morales. Le crime est vaincu, sinon châtié (Blamont doit fuir), la vertu illumine les âmes des petits criminels (Dolbourg) et même des philosophes (Léonore). Il faut remarquer cependant que Mme de Blamont est morte empoisonnée par les ordres de Blamont, qu'Aline, sur le point d'être livrée à Dolbourg par son père, s'est tuée; que Valcour, par désespoir, est entré dans un couvent et que Léonore est devenue bienfaisante précisément en faveur de son père de Blamont qui ainsi, sinon corrigé, mais plus prudent sans doute, « a joui quelques années en paix de plus de cinquante mille livres de rentes, à Londres qu'il avait choisi pour sa retraite ».

Un long épisode est surajouté (tomes II et III en entier) à l'histoire précédente. La fille de Mme de Blamont, crue morte mais existant sous le nom de Kerneuil et de Léonore, vient un jour demander l'hospitalité au château de Blamont en compagnie de son amant. Les discussions philosophiques les plus complètes sont placées par le marquis de Sade à l'occasion du récit des mésaventures des deux personnages, mésaventures assez analogues à celles racontées par Voltaire, dans *Candide*. On y retrouve la fuite, la prise par les Turcs, l'emprisonnement chez les sauvages, la vertu de Léonore fréquemment en danger et d'autres épisodes sur lesquels il est oiseux d'insister.

Plus dignes d'attention sont les théories soutenues par Léonore et par un autre personnage incident, Zamé, car ces théories positives sont autre chose que des négations, ce qui est rare dans l'œuvre de de Sade. La pieuse et vertueuse Mme de Blamont écrit de sa fille Léonore, à Valcour : « O mon ami, celle qui érige l'insensibilité en système, l'athéisme en principe, l'indifférence en raisonnement... pourra peut-être ne se livrer à aucun écart mais il n'en jaillira jamais une vertu. » Cette Léonore pour se conserver pure pour celui qu'elle aime a cependant accompli « des choses au delà des forces humaines », telles que de passer pour morte et de se laisser enterrer, d'aller séduire l'empereur d'Éthiopie et de subir la torture des juges de l'inquisition. La qualification d'athée que lui donne Mme de Blamont n'est pas exacte. Dès l'âge de treize ans, dit-elle, elle s'est nourrie de philosophie ; elle est déiste mais croit Dieu très au-dessus de tous les cultes : « le moins raisonnable étant le nôtre ». Avec son compagnon de route, Gaspard, elle démontre d'une façon remarquable l'inanité du miracle. « Connaissez-vous toutes les lois de Dieu, pour oser soutenir votre système ? et le plus étonnant des phénomènes s'offrît-il même à vous, qui vous assure que ce qui vous surprend n'est pas une des lois de Dieu que vous avez ignorée jusqu'alors ? et si c'en est une de quel droit osez-vous l'appeler miracle ? »

Léonore n'accepte pas le petit sadisme, ni qu'une femme puisse se conduire mal « en s'enveloppant des voiles du mystère », ni qu'une femme doive se donner à tous ceux qui la désirent. Pour elle la volupté ne naît pas sans amour.

Elle tolère les maux qu'on ne peut empêcher mais estime qu'il ne faut pas adopter le vice sous prétexte que l'on accomplit les lois de la nature, pas plus qu'on ne se donne la fièvre qui est un fléau de la nature. Une morale qui lui plaît est ainsi exposée par Gaspard, un de ses sauveurs : « J'aime mes frères, je les soulage, la bienfaisance est le sentiment de mon cœur, je ne pleure ma médiocrité que parce qu'elle me prive du charme de faire des heureux... Je suis sensible à l'amour, c'est la puissance des honnêtes gens ; je hais le vice. »

Zamé, chef de nation, vieillard de soixante-dix ans que rencontre Sainville, amant de Léonore, au cours de ses pérégrinations représente dans *Aline et Valcour* le philosophe sage et éclairé.

Je ne puis m'étendre sur les doctrines qu'il professe mais elles sont remarquables. Dans ses états son seul but est « d'être cher à ses concitoyens, être aimé de ceux qui l'entourent, empêcher le mal, rendre tout le monde heureux ». On s'abstient de la viande par humanité et par régime, et on s'habille de vêtements gris (vieillards), roses (âge mûr), verts (jeunesse). Pour Zamé un culte religieux « n'est utile à l'homme qu'autant qu'il prête des forces à la morale ». Il faut qu'il soit pur ; aussi la religion chrétienne est-elle méprisable.

Zamé pour supprimer le crime, comme les anarchistes le proposent, a supprimé le plus possible de lois. Il a établi le divorce. Cependant il n'a pas toléré l'inceste ni la pédérastie, non que ces actions aient réellement des inconvénients par elles-mêmes, *la pédérastie par exemple*, « *n'ayant d'autre danger que de diminuer la population*, est d'une bien légère importance quand il est manifestement démontré que le véritable bonheur d'un état consiste moins dans une très grande population que dans la parfaite relation entre son peuple et ses moyens ». Mais l'inceste selon les vues de Zamé amènerait le développement de familles trop puissantes et la pédérastie formerait une classe d'hommes séparés, se suffisant à elle-même.

D'ailleurs il n'édicta pas de pénalité contre ces vices, il sema du dégoût sur le premier et couvrit le second de ridicule. Ainsi « vingt ans les ont anéantis ».

En présence des crimes commis au nom des religions, il a supprimé les prêtres, « inutiles à l'État, à la nature et toujours funestes à la société ».

Il a supprimé la peine de mort mais aussi « le sucre, le tabac, les épices, le café » et ainsi les colonies deviennent inutiles.

En cas de danger tous les citoyens deviennent soldats, il faut renoncer à l'esprit de conquête.

Zamé condamne les couvents en comparant la religieuse au pédéraste qui tous deux frustrent la société.

En raison du divorce facilité les enfants deviennent « les enfants de l'État ». Ils ne rentrent plus dans leur famille. A quinze ans le garçon choisit sa compagne. Une femme se répudie si elle est malsaine, si elle ne donne pas d'enfants ou refuse le devoir conjugal.

« L'État est seul possesseur de tous les biens, les sujets ne sont qu'usufruitiers. » Il existe des maisons pour les ménages et pour les célibataires ou les répudiés.

L'amour préside aux unions puisque tous les garçons et toutes les filles ont la même portion de biens. Ainsi Zamé supprime toutes les causes de crime au lieu d'avoir à punir.

C'est bien là la pure doctrine anarchiste exposée avec un grand luxe de détails et un grand souci de réfuter toutes les objections.

Les pénalités conservées sont dirigées surtout contre l'amour-propre. Il n'existe aucune prison, « la plus mauvaise et la plus dangereuse des punitions ». Toute punition doit avoir pour but d'être utile au coupable ou aux autres,

« Vous avez commencé, dit Zamé, dans les gouvernements soumis à la morale chrétienne, par ériger en délits capitaux tout ce que condamnait cette doctrine, insensiblement vous avez fait des crimes de vos péchés ; vous vous êtes crus en droit d'imiter la foudre que vous prêtiez à la justice divine et vous avez pendu, roué effectivement, parce que vous vous imaginiez faussement que Dieu brûlait, voyait et punissait ces mêmes travers, chimériques au fond et dont l'immensité de sa grandeur était bien loin de s'occuper. Presque toutes les lois de saint Louis ne sont fondées que sur ces sophismes. Supprimez, en un mot, la quantité de vos lois et vous amoindrirez, nécessairement, celle de vos crimes. »

Même pour les pervers, il ne faut pas de lois car l'infraction seule les amuse.

Un point important des théories de Zamé concerne l'irresponsabilité qui est nettement affirmée : « Si toutes nos actions sont une suite nécessaire de la première impulsion, si toutes dépendent de nos organes, du cours des liqueurs, du plus ou moins de ressort des esprits animaux, de l'air que nous respirons, des aliments qui nous sustentent, si toutes sont tellement liées au physique que nous n'ayons pas même la possibilité du choix, la loi même la plus douce ne deviendra-t-elle pas tyrannique ? et le législateur, s'il est juste, devra-t-il faire autre chose que redresser l'infracteur ou l'éloigner de la société ? »

Le développement que j'ai dû donner à l'analyse d'*Aline et Valcour*, livre fondamental du marquis de Sade, livre dont *Justine* ne sera qu'une transformation, livre d'ailleurs fort remarquable au point de vue philosophique, m'oblige à ne signaler que sommairement *les Crimes de l'Amour*.

Cet ouvrage, qui comprend quatre volumes, se compose de nouvelles très romanesques, peu intéressantes, construites sur le plan de l'ouvrage précédent, c'est-à-dire sur une opposition violente entre le vice et la vertu, qui d'ordinaire triomphe à la fin.

Les personnages criminels y sont décrits avec complaisance mais sont présentés comme des scélérats ; le personnage sympathique est d'ordinaire le personnage vertueux. On y trouve peu de théories ; quelques opinions philosophes de ci et de là et c'est tout.

Comme préface aux *Crimes de l'Amour*, de Sade a écrit *Idée sur les romans*, étude littéraire en somme bien faite, avec des jugements très sains, un goût très sûr.

Le roman, dit-il, doit être « le tableau des mœurs séculaires », il complète en quelque sorte l'histoire. Pour le romancier la connaissance la plus essentielle est celle du cœur de l'homme et elle ne s'acquiert que par des malheurs ou des voyages.

Il doit embellir sans s'écarter de la vraisemblance.

De Sade réclame le droit de peindre hardiment le vice pour le faire détester. C'est là l'excuse qu'on va rencontrer au seuil de *Justine.*

III

Ses écrits clandestins avec ses théories du sens sexuel

Parmi les ouvrages clandestins attribués à de Sade, il en est trois qui, malgré ses dénégations, lui appartiennent bien réellement :

Justine. — Juliette. — La Philosophie dans le boudoir.

A l'époque de leur apparition, ils furent considérés comme écrits par de Sade, qui sans doute ne s'en défendait que mollement dans les conversations privées. — Pour établir sa paternité on peut invoquer l'excellente preuve que le manuscrit de *Justine et Juliette* saisi par le lieutenant de police était tout entier de la main du marquis.

Si un doute subsistait, la si frappante analogie de composition, de procédé d'écrire et surtout de théories émises entre *Aline et Valcour* et les ouvrages ci-dessus, à elle seule serait un témoignage suffisant de paternité sadique.

Justine, le premier et le plus connu des ouvrages de de Sade, parut en 1791, puis fut réédité et successivement perfectionné si on peut se servir de cette expression pour une œuvre semblable.

De Sade dans la préface prétend faire un livre moralisateur en raison de son principe de montrer le vice dans toutes ses horreurs pour faire aimer la vertu.

Alors que dans *Aline et Valcour* les méchants sont punis, dans *Justine* le vice et le crime triomphent partout et toujours sans châtiment pour les criminels.

La vertu y est cependant incarnée dans une figure plutôt sympathique, encore que cette pauvre Justine soit une âme bien simple.

Plus tard dans *Juliette* de telles concessions à la morale ne sont plus faites.

Plus tard encore, dans *Philosophie dans le boudoir,* même dans la préface, le crime est justifié.

Une philosophie épouvantable est prêchée non sans science et sans éloquence, remplissant à peu près toutes les pages du livre dont l'intrigue est presque nulle.

Justine commence par un prétendu avis de l'éditeur, justifiant la publication d'un récit d'atrocités en donnant des raisons analogues à celles qu'ont fournies les romanciers naturalistes.

« Redoutera-t-on de dévoiler des crimes qui paraissaient faits pour ne jamais sortir des ténèbres ? Hélas ! qui les ignore de nos jours? Qui retiendrait donc le romancier? Toutes les espèces de vices imaginables, tous les crimes possibles ne sont-ils pas à sa disposition ? N'a-t-il pas le droit de les peindre tous pour les faire détester aux hommes ? Malheur à ceux que les tableaux de *Justine* pourraient corrompre. »

Le livre est dédié « A ma bonne amie Constance, l'exemple et l'honneur de son sexe » et de Sade justifie en ces lignes son œuvre dont le dessein est nouveau :

« Mais offrir partout le vice triomphant et la vertu victime de ses sacrifices, montrer une infortunée errant de malheurs en malheurs ; jouet de la scélératese, plastron de toutes les débauches ; en butte aux gens les plus barbares et les plus monstrueux ; étourdie des sophismes les plus hardis, les plus spécieux ; en proie aux séductions les plus adroites, aux subornations les plus irrésistibles; n'ayant pour opposer à tant de revers, à tant de fléaux, pour repousser tant de corruption qu'une âme sensible, un esprit naturel et beaucoup de courage... dans la seule vue d'obtenir de tout cela l'une des plus sublimes leçons de morale que l'homme ait encore reçues ; c'était, on en conviendra, parvenir au but par une route peu frayée jusqu'à présent. »

Justine a elle-même résumé le récit de ses aventures, récit qui convertit sa sœur Mme de Lorsange — qui est la Juliette aux vices triomphants, la convertit, on comprend mal comment, à revenir à la vertu et à aller oublier sa vie passée dans un couvent de carmélites.

« Un usurier, dans mon enfance, veut m'engager à commettre un vol, je le refuse, il s'enrichit. Je tombe dans une bande de voleurs, je m'en échappe avec un homme à qui je sauve la vie, pour récompense il me viole. J'arrive chez un seigneur débauché qui me fait dévorer par ses chiens, pour n'avoir pas voulu empoisonner sa mère. Je vais de là chez un chirurgien incestueux et meurtrier, à qui je tâche d'épargner une action horrible ; le bourreau me marque comme une criminelle ; ses forfaits se consomment sans doute, il fait sa fortune et je suis obligée d'aller mendier mon pain. Je veux m'approcher des sacrements, je veux implorer avec ferveur l'Être Suprême dont je reçois néanmoins tant de maux, le tribunal auguste où j'espère de me purifier dans l'un de nos plus saints mystères devient le théâtre sanglant de mon ignominie : le monstre qui m'abuse et qui me souille s'élève aux plus grands honneurs de son ordre et je tombe dans l'abîme affreux de la misère. J'essaye de sauver une femme de la fureur de son mari, le cruel veut me faire mourir en perdant mon sang goutte à goutte. Je veux soulager un pauvre, il me vole. Je donne des secours à un homme évanoui, l'ingrat me fait tourner une roue comme une bête ; il me prend pour se délecter ; les faveurs du sort l'environnent et je suis prête à mourir sur un échafaud pour avoir travaillé de force chez lui. Une femme indigne veut me séduire par de nouveaux forfaits, je perds une seconde fois le peu de biens que je possède pour sauver les trésors de sa victime. Un homme sensible veut me dédommager de tous mes maux par l'offre de sa main ; il expire dans mes bras avant que de le pouvoir. Je m'expose dans un incendie pour ravir aux flammes un enfant qui ne m'appartient pas ; la mère de cet enfant m'accuse et m'intente un procès criminel. Je tombe dans les mains de ma plus mortelle ennemie qui veut me ramener de force chez un homme dont la passion est de couper des têtes : si j'évite le glaive de ce scélérat, c'est pour retomber sous celui de Thémis ; j'implore la protection d'un homme à qui j'ai sauvé la bourse et la vie ; j'ose attendre de lui de la reconnaissance ; il m'attire dans sa maison ; il me soumet à des horreurs ; il y fait trouver le juge inique de qui mon affaire dépend ; tous deux m'outragent, tous deux hâtent ma perte ; la fortune les comble de faveur et je cours à la mort. »

Cette rapide énumération ne donne qu'une pâle idée des violences subies par Justine, de la série interminable de scènes de débauche sanguinaire qui remplissent le livre.

Dans *Juliette* (1796, 4 volumes), mêmes scènes d'atrocités, mais Juliette est d'ordinaire l'inspiratrice et triomphe toujours.

Dans ce livre ce n'est plus l'héroïne comme dans *Justine* qui fait le récit ; c'est l'auteur lui-même.

Juliette (1), pensionnaire d'une maison de prostitution, en volant ses amants récolte douze mille livres de rente. Maîtresse de l'assassin de son père, elle connaît par celui qu'elle qualifie de « Monstre, je te le répète, tu me fais horreur et je t'aime », un ministre qui la place à la tête du département des prisons. Elle a 30.000 francs par empoison-

(1) Cette analyse d'après Alcide Bonneau in *La Curiosité*, 3e série, chez Liseux 1882.

nement et en pratique une cinquantaine par année. Elle reçoit en outre un million pour ses frais généraux. Vient une longue série de soupers aux scènes de débauches sanguinaires.

Ayant manifesté de la surprise à la lecture d'un projet de dépopulation, Juliette doit fuir, elle passe en Italie, séduit les rois et le pape, les vole; tue et vole un ogre et finit par empoisonner sa meilleure amie.

La *Philosophie dans le boudoir* (1795) ne comprend guère qu'une série de dialogues et de dissertations. Dolmancé, débauché sadique, convertit à ses théories une jeune fille, Eugénie, avec l'aide de Mme Saint-Ange et du frère de celle-ci, le chevalier.

Des scènes de débauches s'exécutent entre les quatre personnages. Dans le dernier chapitre la mère d'Eugénie, en présence et avec l'aide de sa fille, est soumise à de monstrueux actes de sadisme et finalement livrée à un domestique syphilitique.

La Philosophie dans le boudoir est de beaucoup le plus audacieux, au point de vue théorique, des ouvrages de de Sade.

Le vice est triomphant au point qu'aucune objection n'est plus formulée contre les longues pages de glorification qui lui sont consacrées.

La préface est dédiée aux libertins. Il y dit aux femmes de mépriser, à l'exemple de la « voluptueuse Saint-Ange », « tout ce qui contrarie les lois divines du plaisir », aux jeunes filles de briser les préjugés ridicules de vertu et de religion, aux débauchés d'aller aussi loin dans le cynisme que Dolmancé. « Convainquez-vous à son école que ce n'est qu'en étudiant la sphère de ses goûts et de ses fantaisies, que ce n'est qu'en sacrifiant tout à la volupté, que le malheureux individu jeté malgré lui sur ce triste univers peut réussir à semer quelques roses sur les épines de la vie. »

Je vais grouper ici les théories soutenues dans ces divers ouvrages pour donner une idée plus nette de la *Philosophie sadique.*

Il n'est guère de question morale que le marquis de Sade n'ait résolument abordée et discutée avec érudition. Pour établir ses conclusions qui sont la négation de toute règle d'éthique et la glorification d'un monstrueux individualisme, au mauvais sens du mot, il a argué de raisons parfois ingénieuses, toujours spécieuses.

Voulant mettre en lumière surtout sa conception du sens sexuel, je passe très rapidement, sans donner ses arguments, sur ses démonstrations successives des points suivants :

a) Il n'y a pas de Dieu. L'homme ne doit son existence qu'aux plans irrésistibles de la nature.

b) La conception du Dieu des religions est monstrueuse.

c) La bienfaisance est un vice de l'orgueil. L'excès de population est mauvais. Il faut détruire les maternités et les hôpitaux.

d) Les enfants n'ont aucune obligation vis-à-vis de leurs parents et ceux-ci aucun pouvoir sur leurs enfants.

e) Le meurtre n'est pas un crime, puisque la destruction est une des premières lois de la nature.

f) Les liens de l'amitié et de la reconnaissance ne doivent être respectés que tant qu'ils sont utiles car « rien n'est égoïste comme la nature ».

g) Pour affermir la République il faut détruire toute trace du christianisme. La religion n'est jamais utile à l'homme; elle est nuisible. L'idée de Dieu doit être écartée de l'éducation des enfants (cette démonstration comprend 16 pages).

h) Dans un état républicain il faut accorder, à côté de la liberté de penser et d'écrire, « à bien peu de chose près » celle d'agir. Car excepté ce qui choque directement les bases du gouvernement il y a peu de crimes. A « bien peser et examiner les choses il n'y a vraiment de criminel que ce que réprouve la loi, car la nature nous dicte également des vices et des vertus ».

i) Il faut supprimer la peine de mort. On ne doit pas punir le calomniateur, la calomnie étant « un fanal et un stimulant », par suite utile.

j) Le vol égalise les richesses. On peut punir l'homme assez négligent pour se laisser voler, mais non le voleur.

k) Relativement au meurtre, Dolmancé (in *Philosophie dans le boudoir*) pose et résout les questions suivantes :

« 1° Cette action, eu égard aux seules lois de la nature, est-elle vraiment criminelle ? — Non, car l'homme ne diffère en rien des plantes et des animaux, et c'est par orgueil qu'on s'imagine qu'il n'y a pas de mal à tuer un animal et qu'il y en a à tuer un homme. D'ailleurs l'homme vaut si peu pour la nature qui détruit et renouvelle tous les êtres — et à proprement parler il n'y a pas destruction mais transmutation. Le meurtre est même avantageux en variant les formes de la nature.

« 2° L'est-elle relativement aux lois de la politique ? — C'est au contraire un des grands ressorts de la politique — l'échafaud a été nécessaire à la création de la liberté républicaine.

« 3° Est-elle nuisible à la société ? — Non, la mort d'un individu n'influe pas la masse.

« 4° Comment doit-elle être considérée dans un gouvernement républicain ? — Le meurtre est nécessaire aux républiques qui se développent sur un monde corrompu et dans d'autres cas encore (meurtre des enfants difformes, excès de population, etc.).

« 5° Enfin le meurtre doit-il être réprimé par le meurtre ? — Non.

l) Le suicide n'est pas blâmable.

La source de toutes les erreurs en morale vient de l'admission de la fraternité.

La philosophie et la psychologie du sens sexuel ont une place importante dans l'œuvre du marquis de Sade. Le problème est envisagé sous des aspects extrêmement multiples.

Et d'abord est proclamée la liberté absolue des actes sexuels quels qu'ils soient.

La pudeur est un sentiment sans fondement et condamnable, sinon la nature ne ferait pas naître l'homme tout nu.

La continence est contraire à toutes les lois physiques et absolument inutile au bonheur de l'individu.

Il y a plus ; dans l'état de nature les femmes sont vulvivagues et c'est par intérêt et égoïsme que l'homme a pris et prend une femme.

D'autre part il est aussi injuste de posséder une femme que de posséder des esclaves. Une femme appartient à tout le monde et bien qu'elle soit un être libre, l'homme, en raison précisément de sa nature masculine particulière, a le droit de posséder malgré elle la femme qu'il désire. Celle-ci ne peut arguer de son amour pour un autre homme. « L'amour qu'on peut appeler la folie de l'âme » ne peut légitimer la constance car la femme doit servir au bonheur de tous.

De ce principe découlent des conséquences importantes.

« Celui qui a droit de manger le fruit d'un arbre peut assurément le manger mûr ou vert, suivant les inspirations de son goût. » Ce droit étant indépendant des effets produits, même nuisibles, l'homme peut prendre la femme à n'importe quel âge et sans considération de santé.

Les femmes à leur tour, comme dédommagement, peuvent se livrer à leur « tempérament de feu » et ont droit sur tous ceux qu'elles désirent.

Le mariage donc ne doit pas exister et ainsi les enfants — qui ne devront jamais connaître leur père — appartiendront à la patrie.

L'éternité des liens conjugaux était une absurdité et l'adultère ne pouvait être criminel en rien.

L'inceste est dicté par les lois de la nature et « devrait faire la loi de tout gouvernement dont la fraternité fait la base » puisque c'est aimer davantage ceux que la nature enjoint déjà d'aimer.

Les liens de famille n'ont d'ailleurs aucune raison d'être.

La seule règle de conduite est la recherche de la volupté.

Pour les personnages divers des livres du marquis de Sade, les penchants étant tous œuvre de la nature, il n'existe pas de pathologie sexuelle, successivement sont justifiés la *sodomie*, les *fantaisies sacrilèges*, les *goûts cruels*.

Les justifications ont un peu varié suivant les ouvrages. On peut cependant les résumer en un tout doctrinal dont je vais donner un résumé très abrégé.

En raison du rôle important de l'imagination dans les plaisirs des sens et des influences multiples qui peuvent impressionner celle-ci, il y a une multitude infinie de goûts et de passions pour toutes les sensations. Or, « il n'y a aucune raison pour trouver une fantaisie de table moins extraordinaire qu'une fantaisie de lit », et « l'unanimité prouve de la conformité dans les organes mais rien en faveur de la chose aimée ».

« Si donc il existe des êtres dans le monde dont les goûts choquent tous les préjugés admis, non seulement il ne faut point s'étonner d'eux, non seulement il ne faut ni les sermonner, ni les punir, mais il faut les servir, les contenter, anéantir tous les freins qui les gênent et leur donner, si vous voulez être juste, tous les moyens de se satisfaire sans risque; *parce qu'il n'a pas plus dépendu d'eux d'avoir ce goût bizarre qu'il n'a dépendu de vous d'être spirituel ou bête, d'être bien fait ou d'être bossu. Les premiers objets présentés, les premiers discours entendus, achèvent de déterminer le ressort : les goûts se forment et rien au monde ne peut plus les détruire.* L'éducation a beau faire, elle ne change plus rien. »

Alors pourquoi condamner l'homme aux goûts singuliers?

S'il le pouvait il se réformerait au plus vite. Il n'est pas plus coupable envers la société que le boiteux. « Que deviendront vos lois, votre morale, votre religion, vos potences, votre paradis, vos dieux, votre enfer, quand il sera démontré que tel ou tel cours de liqueurs, telle sorte de fibres, tel degré d'âcreté dans le sang ou dans les esprits animaux suffisent à faire d'un homme l'objet de vos peines ou de vos récompenses? »

En plusieurs passages de la *Philosophie dans le boudoir* les justifications ont été poussées plus loin.

La première perversion étudiée, la *Sodomie*, est considérée comme une passion universelle (suit un long historique), source de voluptés et en rien condamnable. Les raisons suivantes en sont données : « Quel est le seul crime qui puisse exister ici ? Assurément ce n'est pas de se placer dans tel ou tel lieu, à moins qu'on ne voulût soutenir que toutes les parties du corps ne se ressemblent point et qu'il en est de pures et de souillées ; mais comme il est impossible d'avancer de telles absurdités, le seul *prétendu délit ne saurait consister ici que dans la perte de la semence ;* or, je demande s'il est vraisemblable que cette semence soit tellement précieuse aux yeux de la nature qu'il devienne impossible de la perdre sans crime ? procéderait-elle tous les jours à ces pertes si cela était ? et n'est-ce pas les autoriser que de les permettre dans les rêves, dans l'acte de la jouissance d'une femme grosse ?...... » La création n'est pas la seule loi de la nature. D'ailleurs que lui importe à la nature que la race des hommes s'éteigne sur la terre : « Elle rit de notre orgueil à nous persuader que tout finirait si ce malheur avait lieu ; mais elle ne s'en apercevrait seulement pas, s'imagine-t-on qu'il n'y a pas de races éteintes? »

Les *fantaisies sacrilèges* peuvent enflammer l'imagination des jeunes débauchés ou des gens religieux, mais pour le véritable athée, elles deviennent insipides et froides. Si cependant il faut blasphémer et prononcer des mots sales, c'est pour scandaliser « car il est très doux de scandaliser ».

Les *plaisirs de la cruauté* sont longuement décrits dans les œuvres de de Sade et il est longuement disserté à leur sujet. Une des idées fondamentales émises est qu'il n'est nullement nécessaire pour le plaisir de l'homme dans l'acte sexuel que la femme éprouve elle-même du plaisir. Désirer le plaisir de la femme est peut-être un adjuvant, du ressort de l'orgueil. Mais l'orgueil est bien plus digne en obligeant la femme à songer à l'homme seul. L'égoïsme étant la grande loi de la nature, l'homme doit chercher tout ce qui accroît sa volupté, sans s'occuper des sensations des autres. D'autre part, il est si difficile de produire la sensation de plaisir de la femme, qu'il est bien plus sûr de la faire souffrir si l'on veut augmenter son propre plaisir par une émotion violente.

« Il ne s'agit pas de savoir si nos procédés plairont ou déplairont à l'objet qui nous sert, il s'agit seulement d'ébranler *la masse de nos nerfs par le choc le plus violent possible ;* or, il n'est pas douteux que la douleur affectant bien plus que le plaisir, les chocs résultatifs sur nous de cette sensation produite sur les autres seront d'une vibration plus vigoureuse... »

« Ne faites pas aux autres ce que vous ne voudriez pas qu'on vous fît, » n'est pas une loi de la nature. Elle a créé l'homme pour la lutte pour la vie, et même, ajoute Dolmancé (*Philosophie dans le boudoir*) la cruauté est le premier sentiment de l'enfant qui mord le teton de sa nourrice.

La cruauté envers la femme est justifiée pour d'autres motifs encore. La femme étant plus faible que l'homme, il ne peut y avoir entre eux de convention, donc de droit pour la femme. Si la nature avait créé l'homme et la femme pour le bonheur mutuel elle n'aurait pas fait de fautes de construction, ni fait de la femme « la plus mauvaise des créatures, constituée d'une manière dégoûtante ».

Le plus fort doit travailler à sa félicité sans se préoccuper de celle de la plus faible et il peut y travailler par tous les moyens d'oppression.

D'ailleurs selon les lois de la nature, le mâle pendant le coït violente ; « la crise de volupté serait-elle une espèce de rage, si l'intention de cette mère du genre humain n'était pas que le traitement du coït fût le même que celui de la colère ? »

Pour terminer Dolmancé s'écrie : « Je sais bien qu'une infinité de sots ne se rendront jamais compte de leurs sensations, comprendront mal les systèmes que j'établis, mais que m'importent ces imbéciles, ce n'est pas pour eux que je parle. »

Une telle recherche philosophique méritait bien le parrainage d'une perversion sexuelle et le *sadisme* est bien nommé.

Mais il ne m'a pas semblé que les écrits, si monstrueux soient-ils, du marquis de Sade permettent, plus que sa biographie ne l'avait permis, de conclure à sa folie. Œuvres d'une imagination surexcitée par un emprisonnement prolongé, par une longue chasteté imposée à un libertin, elles ont revêtu une allure spéciale plus sanguinaire que voluptueuse en raison d'un tour spécial de l'esprit.

De Sade, très imprégné des belles doctrines des d'Holbach, des Helvétius, des Diderot, les avait incomplètement comprises. Il n'avait pas vu, un peu excusable parce que le principe a été insuffisamment précisé alors, que le fondement de la morale nouvelle était précisément la solidarité humaine, le bonheur par le bonheur des autres. Avec cette erreur à la base d'un système philosophique sans morale divine, on comprend la possibilité de monstrueuses conceptions qu'il est inutile aussi de discuter.

IV

Les actes sadiques imaginés

L'imagination du marquis de Sade a été d'une fécondité déplorable dans cet ordre d'idées.

La plupart des actes sexuels véritablement sadiques qui sont décrits ne peuvent être analysés aisément. Comme d'autre part il n'y a pas d'intérêt sérieux à ce que dans cette étude tant de folies sanguinaires soient précisées, je me bornerai à signaler quelques particularités d'ordre général.

Les héros des livres de de Sade, fidèles à leurs maximes, essaient toujours de susciter la douleur morale ou physique autour d'eux pour augmenter leur excitation sexuelle.

Ordinairement les deux douleurs sont provoquées. Ainsi Justine soumise à tous les viols physiques est une bonne chrétienne qui souffre du péché commis, qui souffre d'entendre blasphémer et d'écouter des théories immorales.

Au point de vue des tortures physiques, la liste qu'on en pourrait dresser serait singulièrement longue.

Les actes cruels vont de la morsure de la langue ou des mamelons au meurtre en passant par la flagellation jusqu'au sang, les piqûres, les blessures, la demi-strangulation, les saignées blanches, les morsures de chien, le déchirement des parties génitales avec les ongles, la crucification, etc.

Un autre point à noter c'est que les personnages de de Sade n'accomplissent guère que l'acte sodomique avec les femmes comme avec les hommes. Le coït normal est exceptionnel.

L'œuvre de de Sade garde pour toutes ces raisons une place très particulière parmi les publications licencieuses si nombreuses. Mirabeau qui, prisonnier aussi, écrivait des livres légers, les a faits extrêmement voluptueux sans cruauté. Ceux de de Sade, écrits pour glorifier la volupté, seule souveraine à ses yeux, sont surtout terrifiants. Ses héros, invertis, fétichistes, sanguinaires, manifestent leurs plaisirs par des blasphèmes, des cris de haine et des appels à la mort.

INDEX BIBLIOGRAPHIQUE (1)

A. — Renseignements biographiques

1. *Mémoires secrets pour servir à l'histoire de la République des Lettres en France ou Journal d'un observateur*, tome VI, p. 162, 163 (connus sous le nom de Mémoires de Bachaumont).
2. *Le marquis de Sade* par Jules Janin. In *Revue de Paris*, 1834. — Article reproduit dans *Les Catacombes* puis en abrégé dans *Le Livre*. In-8, 1870.
3. P. Lacroix (Bibliophile Jacob). — *La vérité sur les deux procès criminels du marquis de Sade*. — *Revue de Paris*, 1837, puis dans *Curiosités de l'histoire de France ; Les Procès célèbres*, 1858, in-12.
4. P. Lacroix. — *Bibliographie et iconographie de tous les ouvrages de Restif de la Bretonne*. Paris, 1875.
5. Ch. Nodier. — *Souvenirs, Portraits de la Révolution et de l'Empire*.
6. Sébastien Mercier. — *Nouveau tableau de Paris*.
7. *Le marquis de Sade. L'homme et ses écrits*. Étude bibliographique, Sadopolis, chez Justin Valcourt (S. Gay, 1866).
8. *Revue rétrospective*, publiée par Taschereau.
9. A. F. Notice sur de Sade, 22 pages. (Préface de Dorci, *Conte inédit de de Sade* chez Charavay, 1881).
10. Le marquis de Sade (importante étude qui se trouve dans *Les Crimes de l'amour*. Bruxelles, Gay et Doucé, 1881. Réimpression partielle des *Crimes de l'amour* de de Sade.
11. Notice biographique et bibliographique précédant la réimpression de *Zoloé et ses Deux Acolytes*. Bruxelles, chez tous les libraires, 1870 (important article dont le précédent n'est qu'une copie).
12. *La Curiosité littéraire et bibliographique*, 1882. Tomes I et III (Analyse de *Justine et Juliette*).
13. *Biographie universelle et portative des contemporains* (depuis 1788 jusqu'à nos jours). Tome V, 1838.
14. *Biographie universelle* (article de Michaud jeune).
15. *Biographie générale*.
16. Dictionnaire Larousse.

B. — Renseignements bibliographiques (2)

1. Diverses pièces qui n'ont pas été imprimées : *Ostiern ou les Malheurs du libertinage* (an VIII). — *Julia ou le Mariage sans femme* (Catalogue Soleinne n° 3879). — *Le Misanthrope par amour* (1770). — *L'Homme dangereux ou le Suborneur* (1790). — *L'Épreuve* (1782). — *L'École du jaloux ; le Boudoir* (1791). — *Cléontine ou la Fille malheureuse* (1792), etc.

(1) La plupart de ces indications ont été données par O. Uzanne dans sa préface à *Idée sur les romans*. Rouveyre 1878.

(2) Je n'indique que les principaux ouvrages et non ceux attribués à de Sade — je ne donne que l'indication des principales éditions anciennes.

2. *Justine ou les Malheurs de la vertu,* en Hollande chez les libraires associés, 1791, 2 vol. in-8 de 283 et 191 pages. Frontispice de Chéry. Une 2e édition avec figures, en 1791, une 3e avec figures chez Cazin, en 1792. Une 4e édition annoncée comme 3e *Justine,* corrigée et augmentée, 1794, à Philadelphie 2 vol. Une autre édition augmentée encore à Londres (Paris) 1797, 4 volumes in-18.
3. *Juliette ou la Suite de Justine,* 1796, in-8.
4. *La Nouvelle Justine ou les Malheurs de la vertu* suivi de l'*Histoire de Juliette sa sœur ou les Prospérités du vice,* 1797, 10 volumes in-18 (100 gravures érotiques).
5. *La Philosophie dans le boudoir ou les Instituteurs libertins.* Dialogue. Ouvrage (prétendu) posthume par l'auteur de *Justine.* Londres (Paris) 1795, 2 vol. in-18.
6. *Aline et Valcour ou le Roman philosophique,* écrit à la Bastille un an avant la révolution par le citoyen S... Paris, Sirouard, libraire, 1793, 8 vol. pet. in-12 et Paris, Maradan, 1795, 8 parties.
7. *Les Crimes de l'amour.* Nouvelles héroïques et tragiques précédé d'*Une Idée sur les romans* par D.-A.-T. Sade, auteur d'*Aline et Valcour.* Paris, Massé, an VIII, 4 vol. in-12 et 2 vol. in-8.
8. *Zoloé et ses Deux Acolytes ou Quelques Décades de la vie de trois jolies femmes. — Histoire véritable du siècle dernier,* par un contemporain. A Turin (Paris) chez tous les marchands de nouveautés. — De l'imprimerie de l'auteur. Thermidor an VIII, in-12.
9. *L'auteur des Crimes de l'amour à Villeterque, folliculaire.* Paris, Massé, an IX, 19 pages.

Dr MARCIAT.

LE SADISME

AU POINT DE VUE DE LA MÉDECINE LÉGALE

Le sadisme est un état cérébral dans lequel l'instinct sexuel est excité ou satisfait sous l'influence de l'instinct destructeur.

Thoinot en donne une définition plus descriptive : Trouver dans une souffrance de degré très variable — tantôt légère, tantôt grave ou d'un raffinement atroce — qu'on *fait* infliger, qu'on *voit* infliger ou qu'on *inflige* enfin soi-même à un être humain, la condition toujours nécessaire, et parfois suffisante, de la jouissance sexuelle : telle est la perversion de l'instinct génital qu'on appelle *sadisme*.

Commettre un *acte sadique*, c'est donc faire souffrir autrui pour trouver dans cette souffrance une jouissance sexuelle ; et le perverti atteint de sadisme porte le nom de *sadique*.

Dans ces conditions, le sadique passe facilement de l'idée à l'acte. Il est surtout actif. Mais le perverti sexuel peut présenter un état cérébral analogue à celui des suicidés. Il dirige alors son activité érotique non contre autrui mais contre lui-même. C'est le *passivisme* comme l'a très bien dénommé M. Stefanowsky dans un article paru en 1892 dans les *Archives d'anthropologie criminelle.*

Cet état a été désigné par M. de Krafft-Ebing sous le nom de *masochisme* pour rappeler le célèbre romancier hongrois M. de Sacher-Masoch qui dans la plupart de ses nouvelles a décrit de nombreux types de passivistes.

Ainsi dans le plus célèbre de ses romans, la *Vénus en fourrure*, il montre un jeune homme élégant et spirituel qui, volontairement, devient le laquais d'une cruelle maîtresse. Celle-ci lui donne des coups de pied, de cravache. Un rival obtient les faveurs de sa belle, loin d'en être jaloux, il éprouve une grande volupté, et quand le rival le bat ou le soufflette, il ressent alors une sensation incroyable de douleur et de joie.

Ce n'est pas assez, croyons-nous, pour donner à un auteur, et de son vivant, un semblable parrainage.

D'ailleurs cette perversion de l'amour n'est pas récente. J.-J. Rousseau en parle dans ses *Confessions* après avoir indiqué le singulier résultat d'une correction reçue des mains d'une demoiselle. « Être aux genoux d'une maîtresse impérieuse, obéir à ses ordres, avoir des pardons à lui demander, étaient pour moi de très douces jouissances. » De tout temps, on a vu des hommes abdiquer leur volonté aux mains d'une femme, avec l'érotique désir d'être abusé ou maltraité par elle. N'est-ce pas d'ailleurs un peu de cet « état d'âme » que l'on trouve dans la jalousie, dans des scènes de réconciliation où l'amant — quelquefois trompé — cherche ou se complaît dans une humiliation offensante et incompréhensible.

Le professeur von Krafft-Ebing a donné de curieux renseignements sur le sadisme (1). Voici les idées du savant psychiâtre viennois : « Quand on veut expliquer la connexité existant entre la volupté et la cruauté, il faut remonter à ces cas qui sont encore presque physiologiques où, au moment de la volupté suprême, des individus normalement constitués, mais très surexcitables, commettent des actes, tels que de mordre ou d'égratigner, qui habituellement ne sont inspirés que par la colère. Il faut en outre rappeler que l'amour et la colère sont non seulement les deux plus fortes passions, mais encore les deux uniques formes possibles de la passion forte. Ces deux passions cherchent également leur objet, veulent s'en emparer, et se manifestent par une action physique ; toutes les deux mettent la sphère psychomotrice dans la plus grande agitation et arrivent par cette agitation même à leur manifestation normale.

« Partant de ce point de vue, on comprend que la volupté pousse à des actes qui, dans d'autres cas, ressemblent à ceux inspirés par la colère (c'est ainsi que Schultz rapporte le cas curieux d'un homme de vingt-huit ans qui ne pouvait pratiquer le coït avec sa femme qu'après s'être mis artificiellement en colère). L'une comme l'autre est un état d'exaltation, constitue une puissante excitation de toute la sphère psychomotrice. Il en résulte un désir de réagir par tous les moyens possibles et avec la plus grande intensité contre l'objet qui provoque l'excitation. De même que l'excitation maniaque passe facilement à l'état de manie destructive furieuse, de même l'exaltation de la passion sexuelle produit quelquefois le violent désir de détendre l'excitation générale par des actes insensés qui ont une apparence d'hostilité. Ces actes représentent, pour ainsi dire, des mouvements psychiques et accessoires ; il ne s'agit point d'une simple excitation

(1) *Psycopathia sexualis, avec recherches sur l'inversion sexuelle* (Traduct. par Émile Laurent et Sigismond Csapo). Paris, Carré.

inconsciente de l'innervation musculaire (ce qui se manifeste aussi quelquefois sous forme de convulsions aveugles), mais d'une vraie hyperbolie de la volonté à produire un puissant effet sur l'individu qui a causé notre excitation.

« Le moyen le plus efficace pour cela, c'est de causer à cet individu une sensation de douleur. En partant de ce cas où, dans le maximum de la passion voluptueuse, l'individu cherche à causer une douleur à l'objet aimé, on arrive à des cas où il y a sérieusement mauvais traitements, blessures et même assassinat de la victime.

« Dans ce cas, le penchant à la cruauté qui peut s'associer à la passion voluptueuse s'est accru démesurément chez un individu psychopathe, tandis que, d'autre part, la défectuosité des sentiments moraux fait qu'il n'y a pas normalement d'entraves ou qu'elles sont trop faibles pour réagir. »

Krafft-Ebing remarque que ces actes sont plus fréquents chez l'homme que chez la femme et ajoute : « On rencontre dans l'histoire des exemples de femmes, quelques-unes illustres, dont le désir de régner, la cruauté et la volupté font supposer une perversion sadique innée. Telles Messaline, Valérie, Catherine de Médicis, l'instigatrice de la Saint-Barthélemy et dont le plus grand plaisir était de faire fouetter en sa présence les dames de sa cour. »

Le Dr Moll (1) dit que ce qui caractérise vraiment le sadisme est un rapport étroit entre le besoin de martyriser et les fonctions génitales. « Par conséquent il ne faudrait rapporter au sadisme une action cruelle ou brutale que dans le cas où cette action constituerait une excitation indispensable à l'accomplissement du coït, ou le supplément nécessaire de celui-ci. Dans l'amour normal on peut déjà trouver certains faits constituant un sadisme très atténué, comme le plaisir que la personne qui aime peut trouver à chagriner la personne aimée par des moqueries et des taquineries. »

Moll rappelle des actes de sadisme basés sur l'homosexualité. Tel le cas, publié par Gyurkovechky, d'un garçon de quinze ans nommé P... qui avait pour ami un enfant de quatorze ans, le nommé B... La mère de celui-ci remarqua que son fils avait des meurtrissures sur les bras, les reins et les cuisses et apprit ainsi que B... était payé par P... pour se laisser fortement pincer par lui. Quand B... criait et pleurait de douleur, P... continuait à le pincer d'une main et se masturbait de l'autre. Interrogé, P... a avoué que la masturbation au

(1) *Les Perversions de l'instinct génital*, etc. (trad. par les Drs Pactet et Romme), Paris, Carré, 1893, p. 172 et suivantes.

moment où B... criait lui procurait la plus grande jouissance. P... était épileptique et avait une hérédité nerveuse très chargée.

De même les faits cités par Ulrichs, en 1869, dans son *Incube;* d'abord le maître d'école de Landsberg qui, en 1713, avait une telle passion pour les garçons qu'il leur mordait les joues jusqu'au sang. Il rapporte aussi l'histoire d'un uraniste qui délirait pendant l'acte sexuel, lorsque l'homme avec lequel il avait des rapports et qu'il maltraitait pendant le coït se tordait de douleur. Il rappelle encore le mot de von Gœrres qui disait que le désir sexuel est frère de l'assassinat. Il faut encore ajouter le cas de von Zastrow qui recherchait les jeunes garçons impubères et fut poursuivi devant les tribunaux pour toute sorte de mauvais traitements qu'il leur avait infligés: morsures à la face, plaies, arrachement des testicules, etc.

M. Binet, dans ses remarquables études sur le *Fétichisme dans l'amour* (1) a touché à ces problèmes qu'il explique par l'association des idées et des sentiments.

M. Stefanowski et M. Lamoureux (2) font jouer un grand rôle à l'hérédité psychique, remontant le cours des âges, jusqu'aux temps primitifs, à la coutume du rapt, aux combats entre mâles pour la possession de la femelle.

La théorie du phénomène nous semble plus simple. Si on constate ces goûts pervers parfois même chez les enfants ou les adolescents, c'est qu'il existe dans le cerveau des organes spéciaux qui président à ces deux fonctions cérébrales, l'instinct de la reproduction et l'instinct destructeur.

L'instinct génital est après celui de la conservation le plus puissant. Développé d'une façon normale, il prédomine sur les autres fonctions cérébrales qu'il peut facilement exciter ou troubler. On s'explique qu'il en soit souvent ainsi chez les anormaux, les malformés, ceux qui ont une tare héréditaire quelconque.

Selon que l'érotisme est cérébral ou réflexe, retentit sur les fonctions de méditation ou d'expression, il y a *petit* ou *grand* sadisme.

En effet ce peuvent être des idées de méchanceté au moment de l'acte vénérien, des cruautés symboliques. Ce sont des sadiques uniquement en pensée, des sadiques imaginatifs.

Chez les *sadiques actifs*, on a les *flagellations* (3), puis ceux qui se délectent à *pincer* les femmes, d'autres qui ont besoin de voir couler

(1) *Revue philosophique*, août 1887.

(2) *De l'éventration au point de vue médico-légal*, thèse Lyon, Storck 1894.

(3) *Étude sur la Flagellation au point de vue médical et historique*, Paris, Carrington, 1899.

le sang aimé, les *piqueurs* de filles (ils piquent toujours à la même partie du corps, les *doigts*, les *fesses*, les *jambes*, les *seins* — on a même cité un piqueur de garçons qui leur coupait un lobule de l'oreille). Ce sont des *sanguinaires*.

Viennent ensuite les grands sadiques. On constate alors l'*assassinat après tortures multiples* (coups d'ongles, coups de dents, nombreuses blessures, l'égorgement, l'éventration), puis *les mutilations* (surtout celle des organes génitaux, l'étripement, l'ablation des organes internes, le dépeçage, et dans le dernier paroxysme, le sadique boit le sang de sa victime, mange sa chair).

Ce sont des *crimes à répétition*, accomplis dans les mêmes circonstances, exécutés de la même façon, montrant un procédé opératoire toujours identique (Gilles de Retz, Jack l'éventreur, Vacher).

Nous allons donner une suite d'exemples et de curieuses observations.

LES CRIMES SADIQUES

Michelet (1) fait voir que sous Charles VII, la noblesse était devenue antichevaleresque, antireligieuse, présentant des mœurs atroces.

« On était bien fait à ces choses, et pourtant il en éclata une dont tout le monde fut stupéfait : *conticuit terra*.

« Gilles de Retz était un très grand seigneur, riche de famille, riche de son mariage dans la maison de Thouars, et qui de plus avait hérité de son aïeul maternel, Jean de Craon, seigneur de la Suze, de Chantoré et d'Ingrande. Ces barons des marches du Maine, de Bretagne et de Poitou, toujours nageaient entre le roi et le duc, étaient, comme les marches entre deux juridictions, entre deux droits, c'est-à-dire hors du droit. On se rappelle Clisson *le boucher* et son assassin Pierre de Craon. Quant à Gilles de Retz, dont il s'agit ici, il semblait fait pour gagner la confiance. C'était, dit-on, un seigneur « de bon entendement, belle personne et bonne façon, » lettré de plus, et appréciant fort ceux qui parlaient avec élégance la langue latine. Il avait bien servi le roi, qui le fit maréchal et qui, au sacre de Reims, parmi ces sauvages Bretons que Richemont conduisait, choisit Gilles de Retz pour quérir à Saint-Remy et porter la sainte ampoule ! »

Michelet fait voir que si, au début des accusations portées contre lui, de Retz put nier et accuser ses juges qui étaient ses ennemis, il fut bientôt obligé d'avouer devant le témoignage de pauvres gens, pères ou mères affligés qui venaient raconter comment leurs enfants avaient été enlevés par une vieille femme dite la Meffraie, ou par des hommes aux gages du maréchal. Il se mit tout à coup à pleurer et fit sa confession.

(1) *Histoire de France*, tome VI, p. 316 à 326.

« Telle était cette confession que ceux qui l'entendirent, juges ou prêtres, frémirent d'apprendre tant de choses inouïes et se signèrent... Ni les Nérons de l'empire, ni les tyrans de Lombardie n'auraient eu rien à mettre en comparaison ; il eût fallu ajouter tout ce que recouvrait la mer Morte, et par-dessus encore les sacrifices de ces dieux exécrables qui dévoraient des enfants.

« On trouva dans la cour de Chantocé une pleine tonne d'ossements calcinés, des os d'enfants en tel nombre qu'on présuma qu'il pouvait y en avoir une quarantaine. On en trouva également dans les latrines du château de la Suze, dans d'autres lieux, tels qu'à Machecoul, partout où il avait passé. Partout il fallait qu'il tuât... On porte à cent quarante le nombre d'enfants qu'avait égorgés la bête d'extermination. » (Le seul valet de chambre Henriet reconnaît en avoir livré quarante. L'acte d'accusation des *Procédures civiles* porte le nombre des victimes à deux cents et plus. Des auteurs ont dit sept et huit cents.)

Michelet pense que de Retz commença par employer ces enfants à faire des offrandes au diable afin qu'il lui accordât « l'or, la science et la puissance ». Puis il se mit à tuer pour lui-même avec volupté, « et ledict sire prenait plus de plaisir à leur couper ou voir couper la gorge qu'à..... Il leur faisait couper le col par derrière pour les faire languir ». L'historien ajoute : il jouissait de la mort, encore plus de la douleur.

On trouve des détails plus précis dans les pièces de la procédure criminelle canonique, les enquêtes, etc. (1).

La victime était jetée à terre. Sur l'ordre de Gilles, ou même de sa propre main, la gorge est coupée avec une dague, un poignard ou une longue pique, Gilles se joue de l'enfant palpitant. Puis il coupe les membres, il ouvre la poitrine ou le ventre, enlève les entrailles. Parfois il s'assied sur le corps de la victime pour suivre les progrès de l'agonie, « plus content de jouir des tortures, des larmes, de l'effroi et du sang que de tout autre plaisir ». Parfois même il décapite le cadavre, prend cette tête dans ses mains, la contemple avec des yeux lascifs, puis l'embrasse avec une volupté étrange.

Le juge ecclésiastique écrit la confession du maréchal : « Egidius « de Rays, sponte dixit, quamplures pueros in magno numero, cujus « amplius non est certus, cepisse et capi fecisse, ipsosque pueros « occidisse et occidi fecisse, seque cum ipsis vicium et peccatum sodo-

(1) *Gilles de Rays, maréchal de France, dit Barbe-Bleue* (*1404-1440*), par l'abbé E. Bossard et R. de Maulde (Paris, Champion, 1886). On trouve à la fin du volume une partie des documents originaux et la presque totalité du procès criminel.

« micum commisisse,... tam ante quam post mortem ipsorum et in « ipsa morte damnabiliter..... cum quibus etiam languentibus vicium « sodomiticum committebat et exercebat modo supradicto; ipsosque « pueros, jam mortuos, osculari et, qui eorum pulchriora haberent « capita, intueri, ac eorum corpora crudeliter aperire seu aperiri « facere ut ipsorum intranea respiceret, delectabatur; et quod sæpius, « dum ipsi pueri moriebantur, super ventres ipsorum sedebat et « plurimum delectabatur eos videndo sic mori. » Gilles disait à ses complices : « Il n'est personne au monde qui sache et qui puisse même comprendre tout ce que j'ai fait dans ma vie ; il n'est personne qui, en la planète, puisse ainsi faire. »

« Le très sage et très juste messire Pierre de l'Hospital » l'interroge et lui dit : « Qui vous a induit à ce faire ? c'est assurément l'esprit du mal, le tentateur?

« — Je ne sais, répondit le seigneur Gilles, mais j'ai de moi-même et de ma propre tête, sans conseil d'autrui, pris ces imaginations d'agir ainsi seulement par plaisance et déclaration de luxure ; de fait, j'y trouvais incomparable jouissance, sans doute par l'instigation du diable.

« Il y a huit ans que cette idée diabolique me vint, ce fut l'année même où mon aïeul le sire de la Suze alla de la vie à trépas. Or, étant d'aventure en la librairie du dit château, je trouvai un livre latin de la vie et mœurs des Césars de Rome, par un savant historien qui a nom Suetonius, le dit livre était orné d'images fort bien peintes, auxquelles se voyaient les déportements de ces empereurs païens, et je lus en cette belle histoire comment Tiberius, Caracalla et autres Césars s'ébattaient avec des enfants et prenaient plaisir à les martyriser. Sur quoi je voulus imiter les dits Césars, et le même soir, me mis à le faire en suivant les images de la leçon et du livre.

« Pour un temps je ne confiai mon plan à personne, mais depuis je dis le mystère à plusieurs personnes, entre autres à Henriet et à Poitou, que j'avais dressés à ce jeu.

« Ce furent les susdits qui aidaient au mystère et qui avisaient à trouver des enfants pour mes besoins. Les enfants tués à Chantocé étaient jetés en bas d'une tour, en un pourrissoir d'où je les fis tirer une certaine nuit et mettre dans un coffre pour être transportés à Machecoul et brûler, ce qui fut fait. Quant à ceux occis à Machecoul et à Nantes en l'hôtel de Suze, on les brûlait en ma chambre, hormis quelques belles têtes que je gardais comme reliques. »

Esquirol donne l'observation de Léger, un vigneron de vingt-quatre ans, qui quitte la maison de ses parents pour aller chercher une place. Au lieu d'accomplir raisonnablement son projet, il erre dans le bois, pendant huit jours, pris d'un désir insensé de manger de la chair humaine.

Il rencontre enfin une petite fille de douze ans, la viole, puis lui déchire les organes génitaux, lui arrache le cœur, le mange et boit son sang, puis il enterre le cadavre.

Arrêté peu de temps après il fait tranquillement l'aveu de son crime. Il fut condamné et exécuté.

Esquirol fit l'autopsie et trouva des adhérences entre la pie-mère et les couches corticales du cerveau. S'agissait-il d'un début de paralysie générale (1) ?

Faverbach cite le cas d'André Bichel : cet homme après avoir violé des jeunes filles les assassinait et les coupait en morceaux. Il raconta lui-même devant le tribunal qui le jugeait le démembrement d'une de ses victimes, Catherina Seidel. « Je lui ouvris la poitrine, dit-il, et avec un couteau je fendis les parties molles; puis j'ai débité le corps comme un boucher ferait d'un veau. Je l'ai fendu en deux avec une hache, pour la faire entrer dans le trou que j'avais creusé d'avance sur la berge. Pendant toute cette opération j'éprouvais un violent désir d'arracher un lambeau du cadavre et de le manger (2). »

Les deux observations suivantes rapportées par *Demme,* montrent deux degrés de cette perversion sexuelle.

La première observation de Demme (3) consiste dans ce qui suit : Charles Bertle, âgé de trente-sept ans, marchand de vins à Augsbourg, n'avait de sa vie eu de rapports sexuels avec une femme, le plus souvent même il avait éprouvé de la répulsion pour elles. Et pourtant le penchant sexuel avait été très vif chez lui. A dix-neuf ans il fut pris pour la première fois d'un insurmontable désir de blesser légèrement des jeunes filles parce que de cette façon il avait du moins un soupçon de la jouissance sexuelle. C'est pourquoi il blessa plusieurs jeunes filles et eut chaque fois à l'instant même une éjaculation. Après chacun de ces actes il se faisait des reproches, éprouvait une sorte de remords et prenait la résolution de surmonter son penchant.

Au début il se bornait à couper et prenait garde de ne faire à la jeune fille aucune blessure sérieuse ; plus tard il fut obligé de serrer les jeunes filles qu'il trouvait au cou ou au bras. Mais le penchant ne

(1) Esquirol. — *Des maladies mentales,* Paris, 1838.

(2) Feuerbach. — In *Westphal. Arch. fur Psychiatrie,* p. 302.

(3) Voyez Krauss, *Psychologie des Verbrechens,* p. 183

se trouva pas entièrement satisfait par là : il y eut bien des érections mais pas d'éjaculations. De plus fortes blessures devinrent nécessaires. Il commença par piquer ses victimes avec un stylet. Quand la jeune fille était protégée contre la blessure par ses vêtements, il savait que la piqûre n'avait pas réussi, car il n'éjaculait pas.

Pourtant il ne fallait pas que la blessure fût dangereuse, il était trop religieux pour cela. Il ne cherchait que de jolies filles, épargnait les femmes. Il ne s'adonna jamais à la masturbation ; pourtant dans les rêves où il voyait des filles blessées il eut des pertes séminales.

On trouva dans sa demeure une collection de stylets bien travaillés, de cannes à épée, de poignards, de couteaux de chasse, etc. Il expliqua ce fait en disant qu'il avait depuis longtemps envie de posséder ces armes. La seule vue et à plus forte raison le contact de ces lames brillantes, unies, lui causaient une sensation voluptueuse et étaient accompagnés d'érections violentes.

Suivant les déclarations des personnes qui le connaissaient c'était un homme d'un caractère tranquille, il aimait la solitude et fuyait toujours la société des femmes, il avait un extérieur agréable et des moyens personnels.

Le nombre des attentats commis par lui sur des jeunes filles atteignait cinquante lors de son incarcération. Comme armes il s'était servi, outre les stylets, de lancettes et d'hameçons.

La deuxième observation de Demme concerne un soldat, Xavier, à Botzers, qui éprouvait un singulier plaisir, quand il rencontrait des jeunes filles sur sa route, à leur faire avec un couteau des blessures aux parties génitales et à contempler le sang qui dégouttait du couteau : cela lui donnait à ce qu'il déclara la même satisfaction que s'il avait eu réellement un commerce sexuel avec ses victimes.

Xavier se masturba dès son enfance, eut des relations normales avec des prostituées et en outre il avait sodomisé des petites filles ; plus tard il trouva un plaisir particulier à se masturber devant des petites filles qui « très innocemment le regardaient avec curiosité ». Alors cette pensée s'était emparée de lui, combien il devait être charmant de piquer avec un couteau les parties sexuelles de quelque belle jeune fille et de voir ensuite couler le sang. Le penchant à ce genre de plaisir « d'inspiration diabolique » devint invincible et chaque fois qu'il avait été satisfait il devenait plus invincible et plus furieux.

Il avait blessé de cette façon sept jeunes filles et avait trente ans quand il fût arrêté. D'après les déclarations de ses camarades et de ses supérieurs, Xavier était un homme irascible mais nullement méchant, il avait de grandes qualités, était renfermé en lui-même et passait des heures entières dans la contemplation d'images d'un caractère religieux.

Blumrœder a donné des soins à un homme qui pendant le coït, avait eu la poitrine dévorée par une femme lascive.

Ball a vu à la clinique de Sainte-Anne un épileptique d'une vigueur extraordinaire qui, dans des conditions semblables, avait mangé le nez de sa maîtresse, déchirant les cartilages et brisant même à coups de dents les os propres du nez.

P..., vingt-trois ans, avait prémédité un acte odieux sur la fille de la propriétaire chez laquelle il était employé comme domestique.

Le jour où il s'était promis de mettre à exécution son projet criminel, sa victime désignée était à la fête du pays. P... tourna alors sa brutalité sur la mère, cinquante-trois ans ; furieux de sa résistance, il l'assomma à coups de bêche et sur le cadavre se livra aux derniers outrages, puis, jetant le corps à l'eau, il le repêcha bientôt après pour renouveler ses actes de bestialité.

P..., condamné à mort, fut exécuté à Beauvais, le 13 novembre 1879.

Le Dr Évrard a fait l'autopsie du cerveau devant plusieurs confrères. Il a trouvé des lésions cérébrales très prononcées et entre autres un épaississement et des adhérences des méninges, au niveau des circonvolutions-frontales. Cornil et Galippe (*J. des connaissances médicales I*) disent à propos de ce cas : « Si la guillotine doit être comprise dans le traitement de l'aliénation mentale, qu'on le dise (1). »

Nous donnerons des détails assez complets sur Menesclou, condamné à mort et exécuté, insistant sur l'état mental de cet homme soumis à l'examen de Lasègue, Brouardel et Motet et déclaré responsable.

Le 15 avril 1880 une petite fille âgée de quatre ans, Louise Deu, disparaissait de chez ses parents. Le lendemain on arrêtait le nommé Louis Menesclou, âgé de dix-neuf ans, un des locataires de la maison. On trouvait dans ses poches les deux avant-bras de l'enfant, puis on retirait du four d'un petit poêle la tête desséchée, mais encore parfaitement reconnaissable de la jeune Deu, et du fourneau des intestins incomplètement carbonisés. Les recherches ultérieures firent retrouver dans les fosses d'aisance quarante-trois morceaux, à l'aide desquels on put reconstituer presque dans son entier le corps de la victime. Plu-

(1) Paul Moreau, de Tours. *Aberration du sens génésique*, p. 243, 1880.

sieurs fragments manquaient et parmi eux le cou et les organes génitaux. L'accusation admit que Menesclou avait attiré dans sa chambre cette petite fille pendant qu'elle jouait sur le palier de l'escalier, qu'il s'était livré sur elle à des tentatives de viol, qu'il l'avait étranglée pour étouffer ses cris et que ne sachant que faire du cadavre il l'avait découpé.

Le cadavre avait été dépecé à l'aide de deux mauvais couteaux et d'un marteau. Interrogé sur l'endroit dans lequel il avait caché les organes génitaux, Menesclou refusa de répondre.

L'accusation trouva dans cette circonstance la preuve qu'avant de tuer sa victime il lui avait fait subir des violences portant sur ces parties. Une dernière découverte parut d'ailleurs ne laisser aucun doute. On trouva chez lui un cahier de chansons, et à la dernière page on lut les vers suivants que Menesclou reconnut avoir composé le lendemain de son crime :

Je l'ai vue, je l'ai prise.
Je m'en veux maintenant
Et le bonheur n'a qu'un instant.
Dans ma fureur aveugle,
Je ne voyais plus ce que je faisais.

On nomma pour examiner l'état mental de l'inculpé MM. Lasègue, Brouardel et Motet.

Ils recherchèrent dans les antécédents héréditaires de Menesclou : un de ses oncles aurait été atteint d'une aliénation de nature indéterminée, probablement alcoolique. Sa mère a été internée à l'asile Sainte-Anne du 4 octobre au 26 octobre 1876. Elle présenta à l'époque de la ménopause un accès de manie aiguë. A sa sortie, elle reprit ses occupations et n'éprouva plus de troubles mentaux.

Dans ses antécédents personnels, les experts ont relevé à l'âge de neuf mois des convulsions sans gravité. Sa santé ensuite s'est graduellement raffermie, néanmoins il est resté sujet à des troubles nerveux : sommeil inquiet, émission involontaire des urines pendant la nuit presque jusqu'à la puberté, habitudes précoces de masturbation, intelligence paresseuse, développée tardivement, irritabilité, mauvais instincts.

Après l'âge pubère, Menesclou s'est montré obstiné, indocile, résistant à tout travail. On le consigne en 1875 à la maison d'éducation correctionnelle. En 1875 il entre comme mousse dans la marine de l'État et revient en 1879 à la maison paternelle. Il recommence à mener une vie oisive, ses camarades le tenaient pour un mauvais sujet, il n'est venu à l'esprit d'aucun que ce fût un fou.

Menesclou est d'une constitution robuste. Le crâne est symétrique sans déformation, les divers organes examinés fonctionnent régulièrement.

Il porte sur la jambe droite un exanthème scrofuleux qui remonte à l'adolescence.

« Il accuse une surdité incomplète, probablement aussi d'origine scrofuleuse et de date inconnue. Au point de vue mental sauf la demi-surdité qu'il exploite peut-être à l'occasion pour avoir le temps de préparer ses réponses, l'accusé répond volontiers à toutes les questions; dès qu'on soulève la question de viol préalable il s'anime, s'indigne, devient presque menaçant et s'écrie qu'on ne lui fera jamais dire ce qui n'est pas. »

Pas de troubles mentaux, pas de perte de conscience ni de la mémoire.

Étude de l'acte criminel. — Menesclou devant les experts a fait preuve d'une intelligence bornée mais suffisante pour exclure non seulement la supposition d'un désordre mental actuel mais d'une crise délirante dont le souvenir reste confus ou effacé et qui laisse au réveil de la conscience l'étonnement d'avoir accompli des actes auxquels on sent avoir été étranger.

Conclusions. — 1° Menesclou n'est pas atteint d'une maladie continue et mentale le privant du libre exercice de sa volonté.

2° Il n'a pas agi sous l'influence d'un accès de délire passager, suspendant momentanément la raison et lui substituant des impulsions ou inconscientes ou irrésistibles.

3° Son intelligence est limitée, mais pas assez pour autoriser à admettre un état d'imbécillité ou d'impuissance mentale de nature à exclure la responsabilité.

Les experts font suivre ces conclusions des réflexions suivantes. Nous prions le lecteur de les lire avec attention.

« Tout d'abord on doit affirmer que l'énormité, disons plus, que l'étrangeté du crime n'implique nullement la supposition de la folie.

« Il existe à côté des imbéciles de l'intelligence des débiles du sentiment. Les premiers n'arrivent pas à condenser leurs idées réduites. Chaque proposition est pour eux une unité sans rapport avec celles qui en dérivent. Ils sont raisonnables à la rigueur sans être raisonnants. Quelques-uns dépensent de sincères efforts pour arriver à un résultat qui leur est interdit par impuissance. Qu'une aspiration vive, imprévue, les sollicite, ils sont incapables d'y faire face par une délibération réfléchie. C'est leur demander trop que d'exiger d'eux qu'ils combinent et qu'ils prévoient.

« Cette faiblesse intellectuelle passe par des degrés presque insensibles de l'infériorité réputée normale à l'idiotie. On la mesure par à peu près, mais on la mesure parce que nous disposons de dynamomètres presque exacts pour les phénomènes intellectuels. L'expert appelé à juger un imbécile de l'intelligence, bien qu'il soit tout autrement empêché que s'il doit caractériser un fou, a ses cases demi-prêtes.

« Il n'en est plus de même des imbéciles du sentiment. Là, pas de mensuration acceptable, pas d'instruction positive, une éducation toujours douteuse dans ses effets, des indications vagues au lieu d'observations précises... Or, nous luttons contre les inspirations immorales à l'aide de deux puissances : l'une empruntée à la raison qui contredit, l'autre puisée dans le sentiment qui refuse. La répugnance sensorielle pour une odeur ou pour une saveur à son équivalent dans les répugnances morales aussi impérieuses et aussi peu mûries.

« La limite qui sépare l'évolution physiologique des sentiments de leur déviation maladive échappe à notre contrôle et c'est à l'intelligence que nous empruntons nos informations.

« Les délires de sentiment avec conservation partielle et toujours incomplète de la raison répondent à des types définis, depuis la mélancolie raisonnante jusqu'à certaines excitations maniaques. Hors de là, il existe des infériorités, des déviations, si on veut des erreurs sentimentales, qui n'ont qu'une lointaine ressemblance avec les états maladifs, qui ne forcent pas la volonté, laissent la responsabilité plus ou moins intacte et ne sont pas comme la conception et les sentiments délirants, une sorte d'agents parasitaires végétant en dehors de l'organisme et contre lesquels il est désarmé. »

Les deux observations suivantes empruntées à *Lombroso* sont très caractéristiques :

« La première est celle de Verzeni, jeune homme de dix-sept ans, avec asymètrie crânienne et faciale, mégalocéphale, de mœurs douces jusqu'alors, quoique d'une famille de crétins et de pellagreux. Il essaya, toujours en certains mois de l'année, d'étrangler sept femmes et d'en découper deux en morceaux, en éparpillant les entrailles et même les lambeaux de chair; il m'avoua que l'étreinte du cou et surtout la mutilation de cadavres, les morsures et les succions du sang lui faisaient éprouver le maximum de la jouissance sexuelle: dans ces moments, il se sentait une force énorme et il ne voyait plus rien; il eut des amnésies partielles sur ses crimes; il ne se souvenait pas par exemple d'avoir enfoncé les épingles sur l'épaule des victimes.

« Garayo, fils d'ivrognes, devenu tout à coup vertigineux après un traumatisme de la tête et à la suite d'un mariage malheureux, d'honnête et de doux qu'il était, se mit soudain à étrangler les femmes, la plupart des vieilles filles, pour en jouir. Il en blessa sept, en tua six; souvent il enfonçait tantôt une épingle dans la poitrine de sa victime, tantôt les piquait à coups redoublés avec la pointe d'un couteau, sur d'autres cadavres il pratiquait l'éventration et arrachait les entrailles, détachant des lambeaux pour les manger, et tout cela pendant certaines périodes de l'année (printemps et hiver).

« Dans ces cas, nous trouvons la preuve de l'épilepsie latente, dans les vertiges, dans les caractères physiques, dans l'hérédité alcoolique, dans le penchant à remplacer la cohabitation par le démembrement, par le cannibalisme, dans les contrastes frappants de la vie antérieure, dans la périodicité constante des accès (1). »

Mac-Donald (2) a donné un résumé intéressant des victimes de Jack the ripper. Nous le reproduisons, car il est important de comparer les procédés de l'éventreur anglais à la méthode de Vacher.

Première victime. — Le 1er décembre 1887, un cadavre de femme inconnue est trouvé mutilé à Whitechapel.

Deuxième victime. — Le 7 août 1888, on trouve dans le même quartier une femme frappée de 39 coups de couteau.

Troisième victime. — Trouvée vers quatre heures du matin le 31 août 1888, étendue de toute sa longueur sur le dos, les vêtements en désordre, avec une blessure à la gorge et le ventre ouvert ; il existe une mare de sang à l'endroit où le cou a porté.

Voici ce que dit le médecin : « Les membres inférieurs sont étendus ; le cou présente des blessures graves, les mains et les poignets sont froids ; très peu de sang autour du cou, il n'y a pas de signes de lutte et la forme des taches de sang n'indique pas que le corps ait été traîné. L'abdomen a été frappé de larges coups de couteau ; cinq dents manquent ; légère déchi-

(1) *L'Homme criminel*, de César Lombroso.

(2) *Le Criminel-type dans quelques formes graves de la criminalité* (traduction d'Henry Coutagne). — 2e édition, augmentée d'une bibliographie de sexualité pathologique et criminelle (Lyon, Storck, 1894).

rure de la langue ; des contusions situées au niveau de la partie inférieure de la mâchoire et du côté droit de la face ont pu être faites par la pression des doigts. Sur le côté gauche du cou, à un pouce environ au-dessous de la mâchoire, il y avait une incision de quatre pouces environ de long, qui partait d'un point situé immédiatement au-dessous de l'oreille. Du même côté, mais à un pouce au-dessous et à environ un pouce en avant commence une incision circulaire qui se termine à environ trois pouces au-dessous du côté droit de la mâchoire et qui a divisé tous les tissus jusqu'à la colonne vertébrale ; elle a environ huit pouces de long, les gros vaisseaux du cou sont divisés de chaque côté.

Ces coupures ont dû être faites par un couteau à longue lame, modérément aigu et manié avec une grande force. Il n'y avait pas de sang sur la partie antérieure de la poitrine ni sur la partie correspondante des vêtements. On ne trouve sur le corps aucune autre lésion jusqu'à la partie inférieure de l'abdomen. Là, à deux ou trois pouces en dedans du côté gauche, il existe une blessure très profonde, dont le trajet est déchiqueté ; les tissus ont été coupés en travers ; il y a plusieurs incisions qui traversent l'abdomen et trois ou quatre autres incisions semblables dirigées en bas et à droite, toutes faites par un couteau et avec une grande violence. Les blessures étaient dirigées de gauche à droite et ont pu être faites par un gaucher ; toutes proviennent du même instrument. Il ne manque aucun organe ; il n'y a pas d'ecchymoses sur les bras. Les blessures ont pu être faites pendant que le meurtrier était sur le corps. La victime était connue pour être très portée à la boisson, elle était séparée de son mari. »

Quatrième victime. — Un autre corps de femme a été trouvé dans une cour du même quartier le matin du samedi 8 septembre 1888. La tête était presque séparée du reste du corps, les intestins étaient complètement sortis de l'abdomen ; la victime reposait sur le dos, les vêtements en désordre, un mouchoir enroulé autour du cou comme pour le retenir ; il y a des taches de sang sur le mur de la maison et tout autour du corps ; une ou plusieurs bagues paraissent avoir été arrachées du médius de la main gauche, on sait qu'elle avait trois bagues en cuivre. Pas de trace d'alcool dans l'estomac. Deux dents manquent ; large contusion sur le côté droit de la tête et sur la face ; on y distingue des empreintes de doigts. Les vêtements ne sont pas déchirés ; la jaquette extérieure est tachée de sang en dehors et en dedans au niveau du cou ; il y a également du sang sur le mur postérieur de la maison, à la tête de la victime et à trois ou quatre pieds du sol. La jupe noire est aussi tachée légèrement dans le dos ; il n'y a rien à la partie inférieure des vêtements, mais les bas sont tachés ; les bottines sont aux pieds.

Les jambes sont relevées, la face gonflée, la langue projetée entre les incisives, mais ne dépassant pas les lèvres. Il y a sur le cou des plaies circulaires et dentelées faites à partir du côté gauche ; il y en a deux parallèles et distantes entre elles d'un demi-pouce environ. La partie inférieure du corps présente des mutilations considérables qui ont intéressé l'estomac ; il manquait quelques parties des organes abdominaux qui en avaient été extraits.

Le gonflement de la face et la saillie de la langue constituent des signes de suffocation : les contusions du menton et de la mâchoire étaient récentes. Le corps était mutilé au point qu'une description dé ces lésions serait impossible ; on peut seulement dire qu'il l'avait été d'une manière délibérée, au moyen d'une arme longue de cinq à six pouces, et avec des connaissances anatomiques. L'utérus et les organes enlevés de l'abdomen l'avaient été par quelqu'un qui savait où les trouver ; il n'y avait pas d'incisions inutiles.

Cinquième victime. — Elle a été trouvée assassinée dans une cour voisine de celle du cas précédent le dimanche matin, 30 septembre 1888, les vêtements fripés, les jambes repliées, la trachée artère ouverte, les boutons des vêtements non défaits. Le cadavre est couché sur le côté, appuyé sur le bras gauche, le bras droit sur la poitrine ; il y a près de la gorge du sang coagulé. Le menton est chaud, il s'écoule encore du sang de cette blessure, le cou et la poitrine sont encore assez chauds, les jambes et la face le sont à peine, les mains sont froides. La main droite est tachée de sang en dehors et en dedans, la main gauche appuyée sur le sol tient un petit paquet de cachou enveloppé dans du papier Joseph ; la face est calme, la bouche entr'ouverte. L'incision du cou commence au côté gauche à deux pouces et demi au-dessous de l'angle de la mâchoire et presque sur son prolongement direct, elle a presque sectionné les gros vaisseaux du côté gauche, a coupé complètement en deux la trachée et s'est terminée du côté opposé à un pouce et demi au-dessous de l'angle de la mâchoire et presque sur son prolongement direct. L'hémorragie qui s'est prolongée jusqu'à la mort a été relativement lente, parce que la section n'avait porté que sur les vaisseaux d'un côté. La robe n'était pas défaite, même en haut. La main gauche et le côté correspondant de la face sont tachés de boue, l'incision du cou avait six pouces de long.

Un médecin dit : « Je crois que l'incision a été faite de gauche à droite. La main droite de la victime était couverte de sang. Elle devait être encore en vie une heure auparavant ; deux secondes ont suffi pour qu'elle reçût cette blessure. Une partie du cachou qu'elle tenait s'est répandu dans le ruisseau. Le meurtrier n'a pas dû nécessairement être taché de sang, car le flot de l'hémorragie a été dirigé loin de lui. Il n'y avait du sang que sur le côté gauche du corps. La femme devait être à terre quand elle a été blessée. Les organes abdominaux ont été enlevés avec une certaine connaissance de leur situation exacte et de la manière d'en faire l'ablation ; aucun usage professionnel n'explique ces manœuvres ; il fallait plus d'habileté pour enlever le rein gauche. L'assassin a dû avoir du temps devant lui, sans quoi il n'aurait pas fait des entailles aux paupières ; il lui a fallu au moins cinq minutes pour commettre ce crime ; je ne puis assigner une

Victime de Jack l'Éventreur

raison à l'ablation des organes hors du corps. On ne doit pas s'attendre à trouver beaucoup de sang sur la personne du meurtrier ; la mutilation n'a pas dû exiger beaucoup de violence ; elle a été faite simplement pour empêcher l'identification. »

Sixième victime. — Un autre meurtre a été commis le 30 septembre 1888. Le médecin expert dit : « Il était plus de deux heures, le corps était sur le dos, la tête tournée vers l'épaule gauche, les bras sur les côtés, les vêtements relevés, la face très défigurée, la jambe gauche écartée, la jambe droite repliée sur la cuisse et sur le genou ; la partie supérieure de la robe avait été arrachée dans une petite étendue ; l'abdomen était découvert, et tous les intestins étaient au dehors et placés sur l'épaule droite : il y en avait un morceau complètement détaché entre le tronc et le bras gauche. Le lobule de l'oreille droite était coupé obliquement dans son épaisseur ; aucune marque de sang au-dessous de la moitié du corps. Le cadavre n'était certainement là que depuis qnelques minutes, trente ou quarante ; la face était très mutilée, la gorge coupée transversalement dans une étendue de six ou sept pouces environ ; pas d'ecchymose dans le cuir chevelu. Le muscle sterno-cléido-mastoïdien était divisé ; le cartilage cricoïde était sectionné à sa partie moyenne au-dessous des cordes vocales. Les gros vaisseaux du côté gauche du cou étaient coupés jusqu'à l'os, car le couteau avait laissé une marque sur un cartilage vertébral ; la veine jugulaire interne avait été ouverte dans l'étendue d'un pouce et demi.

« Les mutilations ont été faites après la mort ; les parois abdominales ont été ouvertes par une incision partant du sein, sans que la paroi ait été dépassée au-dessus du sternum ; on avait ensuite divisé le cartilage cunéiforme dont la section démontrait comment la plaie avait été faite : le couteau avait été tenu la pointe à droite et le manche à gauche, manié obliquement. Le foie avait été intéressé ; son lobe gauche portait aussi une autre coupure verticale. Les parois abdominales étaient divisées sur la ligne médiane jusqu'à un quart de pouce de l'ombilic ; à ce niveau l'incision prenait une direction horizontale vers le côté droit pendant deux pouces et demi, divisant l'ombilic à gauche en en faisant le tour, et faisait une incision parallèle à l'incision horizontale précédente en laissant l'ombilic sur une languette de peau, relié à deux pouces et demi de la partie inférieure du muscle droit du côté gauche ; de ce point l'incision prenait une direction oblique à droite ; il y avait dans le pli de l'aine gauche une blessure d'un pouce environ qui ne pénétrait la peau que superficiellement. Au-dessous, une autre incision de trois pouces traversait tous les tissus et blessait le péritoine dans la même étendue. Il n'y avait pas eu d'hémorragie appréciable ; la blessure de l'abdomen a été faite après la mort, de sorte qu'il ne faut pas compter trouver du sang sur les mains du meurtrier. »

Septième victime. — Trouvée en octobre 1888. M. T. B. dit : « Mardi dernier j'ai vu le tronc décomposé d'une femme, qu'on avait trouvé sous une voûte sombre ; la tête a été séparée du tronc au niveau de la sixième vertèbre cervicale, qui était sciée en travers. La partie inférieure du corps et le bassin avaient été enlevés et la quatrième vertèbre lombaire sectionnée comme celle du cou par de longues incisions courbes ; les bras avaient été détachés aux articulations des épaules par plusieurs incisions faites au-dessous du larynx. Il n'y a pas de sang dans le cœur, de sorte que la femme n'est morte ni de suffocation, ni de submersion ; l'intestin grêle était en place, mais la partie inférieure du gros intestin et tout le contenu du bassin avait été enlevé. La date de la mort calculée d'après la décomposition à l'air libre remonte probablement à six ou huit semaines avant la découverte du corps ; les incisions ont probablement été faites après la mort. »

M. C. A. A. dit : « Les six ou huit incisions en question ont évidemment été faites avec un couteau très aiguisé par quelqu'un qui savait ce qu'il faisait, mais non par un anatomiste. »

Les médecins disent : « Il n'y avait pas de poison dans l'estomac ; les blessures ont été faites par une personne d'une grande habileté anatomique ; nous croyons que l'assassin n'avait aucun dessein sur un organe spécial du corps. »

Huitième victime. — Trouvée le 9 novembre 1888, couchée sur le dos entièrement nue sur un lit de sa chambre.

La gorge a été coupée d'une oreille à l'autre par une incision dirigée en bas sur la colonne vertébrale ; le nez et les oreilles ont été détachés ; les seins ont été sectionnés nettement et placés sur une table à côté du lit ; l'estomac et l'abdomen ont été découverts, la face a été tailladée au point d'empêcher qu'on ne la reconnaisse ; les reins et le cœur ont été enlevés et placés sur la cuisse gauche ; la partie inférieure dn corps et l'utérus ont été sectionnés et ces organes n'ont pas été retrouvés ; la section a porté jusque sur les cuisses. Les vêtements se trouvaient déposés d'une manière ordinaire à côté du lit. Il n'y avait pas d'apparence de lutte.

Neuvième victime. — Vers le 1er juin 1889, la partie inférieure du tronc d'une jeune femme bien constituée fut trouvée dans la Tamise. Ce débris est coupé en deux endroits ; il paraît avoir séjourné peu de temps dans l'eau. La jambe et la cuisse gauches de cette femme furent trouvées un peu plus tard sur la rive de Surrey. La mort de ce sujet ne remontait pas à plus de quarante-huit heures, et le corps avait été disséqué assez grossièrement par une personne qui avait quelque connaissance des articulations du corps humain.

Un jour plus tard on trouva la partie supérieure du tronc de cette femme ; la cavité thoracique était vide ; la rate, les reins et une portion des intestins adhéraient au tronc, une portion du diaphragme au-dessous des seins et de la paroi thoracique correspondante avait été sectionnée, comme avec une scie, à son centre ; les côtes également avaient été sciées. Le lundi 10 juin suivant on trouva un bras et une main droite de femme.

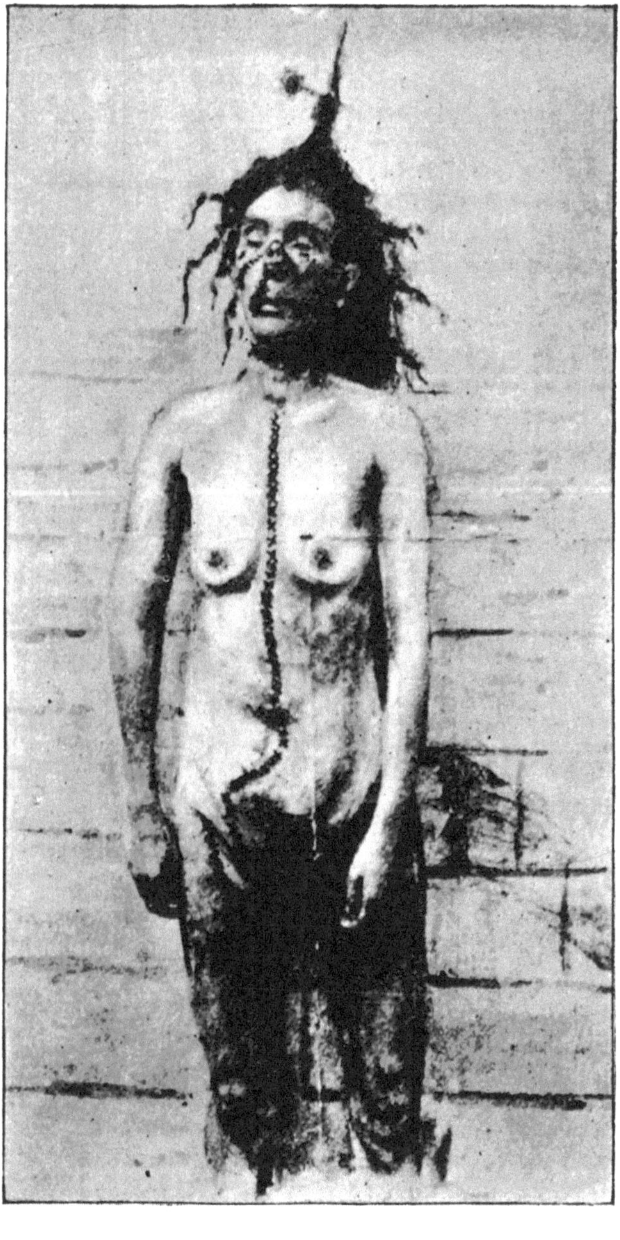

Dernière victime de Jack l'Éventreur

Voici ce que rapportent les médecins au commissaire en chef de la police : « La tête, les poumons, le cœur, les intestins et l'utérus font défaut ; on dirait qu'une bague a été arrachée de force de l'annulaire de la main gauche. La victime avait des cheveux châtain clair, des mains et des pieds bien formés, mais les ongles des deux mains étaient coupés ou mordus très court. Aucune marque n'indiquait qu'elle s'occupât de travaux manuels. La victime était enceinte au moment de sa mort, les sections du corps sont semblables à celles des affaires du ponton de Rainham. »

Cette femme était bien connue dans les maisons à nombreux locataires du district de Chelsea ; on l'a vue en vie pour la dernière fois le 31 mai ; elle vivait au jour le jour.

Dixième victime. — Trouvée le 17 juillet 1889 entre minuit et une heure du matin par un constable dans une ruelle de Whitechapel.

« Du sang coulait d'une blessure à la gorge ; l'estomac avait une balafre ainsi que le reste de l'abdomen, mais ces blessures n'étaient pas profondes. La jupe de la robe et le jupon étaient relevés. »

Le chirurgien divisionnaire dit : « La face était encore chaude ; c'était une pauvre femme d'environ quarante ans, d'un beau tempérament, avec des cheveux brun foncé ; une dent manquait comme à une autre des victimes de cette série. Un des ongles de la main gauche était en partie détaché. Ce meurtre se rapporte anx sept autres meurtres semblables des dernières années. Il n'y avait du sang qu'à l'endroit où la victime a été tuée. »

Onzième victime. — Le 10 septembre 1889, on trouve sous une voûte de chemin de fer le corps d'une femme, la tête séparée du tronc, les deux jambes manquant ; il y a à la partie antérieure de l'estomac des coupures profondes à travers lesquelles les intestins font saillie.

Le médecin dépose : « La mort remonte à trois jours. Il n'y a comme vêtement qu'une chemise très déchirée et tachée de sang et une corde qui devait servir à attacher la taille. Les incisions paraissent avoir été faites par un gaucher. L'état des organes indique que cette femme s'adonnait à la boisson, le cœur est absent ; il n'y a sur les doigts aucune marque d'anneau ; les mains présentent un aspect sale et négligé ; pas de signes d'accouchement, les jambes sont sectionnées dans des conditions qui indiquent une certaine habileté. Les mains ne sont pas crispées ; pas d'indice de lutte avant la mort. L'amputation a pu être faite sur le cadavre. La grande balafre signalée plus haut est la seule mutilation qu'on constate à l'exception de l'ablation d'une petite portion de la partie inférieure du tronc. Les doigts étaient longs et effilés. »

Le coroner dépose : « La chemise n'avait pas été déchirée, mais coupée du haut en bas ; les ouvertures des bras étaient coupées jusqu'au cou. »

Le chirurgien assistant divisionnaire dit : « Le corps était couché sur la face, le bras droit replié sous l'abdomen ; pas de mare de sang ni de trace de lutte sous la voûte. La chemise est déchirée en avant et coupée de chaque côté des ouvertures des bras. Il y avait une blessure longue de quinze pouces le long de la paroi extérieure de l'abdomen ; et en outre un certain nombre d'ecchymoses, dont aucune de date ancienne. A la partie externe de l'avant-bras gauche, à trois pouces au-dessus des poignets, il y avait une coupure de deux pouces de long ; autre lésion semblable à un demi-pouce plus bas ; toutes deux ont été faites après la mort. Dans tout le corps les vaisseaux sont vides ; tous les organes, excepté la rate et le foie, sont très sains ; la mort provient de l'hémorragie. Les mutilations *post mortem* ont été faites avec un couteau aiguisé par quelqu'un d'accoutumé à dépecer ou à voir dépecer les animaux, mais il n'y a pas de raison de supposer des connaissances en anatomie humaine. »

L'auteur fait suivre ce récit des conclusions suivantes :

Les crimes de Jack se distinguent par le fait que la sexualité prend une forme spécialement sanglante et *meurtrière*. Dans les cas précédents, excepté celui de L..., la mort de la victime était l'exception, tandis qu'ici elle est la règle. Il est probable que Jack coupait la gorge de ses victimes, soit parce que cela même lui donnait de la jouissance, soit parce que cela amenait la mort qui lui permettait de se livrer ultérieurement à des cruautés qui lui causaient une jouissance, comme lorsqu'il sectionnait l'abdomen, qu'il manipulait les intestins ou qu'il défigurait ou mutilait les organes sexuels. Une forme encore plus perverse de sexualité nous est démontrée par les confessions de ceux qui ont exhumé des cadavres et leur ont fait subir des outrages semblables.

Dans quelques cas, Jack emportait des organes sexuels, sans doute pour se procurer des jouissances ultérieures, soit en les regardant, soit en s'en servant pour se masturber. Un cas analogue, mentionné par Krafft-Ebing, est celui d'un homme qui donnait souvent des coups de couteau à une petite fille, et qui se procurait une jouissance sexuelle en regardant le couteau sanglant qu'il gardait dans sa chambre pour cela. Nous avons vu que K... regardait férocement son couteau quand il blessait ses victimes.

Il y a peu de raison pour croire à la folie de Jack, quel qu'il soit, car il aurait probablement fait des aveux depuis. L'aliéné en effet n'est pas seulement fier de ses crimes, mais il est beaucoup plus honnête que le criminel et finit généralement par se confesser. Le fait qu'il a aussi évité pendant si longtemps d'être découvert ne plaide pas en faveur de la folie.

Comme dans les cas semblables, les preuves indiquent que le meurtre comporte un plaisir sexuel si puissant que toute répulsion pour la cruauté est contrebalancée, au moins sur le moment, ou bien que cette répulsion est faible par elle-même. L'idée d'une cruauté *simple* n'explique pas les plaies de l'abdomen et des organes sexuels et la soustraction de ces organes. Mais le fait de placer dans un cas l'intestin sur une épaule de la victime et celui de couper dans un autre cas les seins et de les mettre sur une table, ces faits, dis-je, indiquent que le meurtrier a eu du temps devant lui et a pu désirer rendre son crime aussi horrible que possible simplement pour la publicité. Ce sentiment ne se serait fait jour naturellement qu'après l'apaisement de l'impulsion sexuelle.

Une raison qui a peut-être empêché Jack d'être découvert, c'est qu'il procédait à son œuvre délibérément et n'était pas agité en quittant ses victimes, ce qui n'attirait pas l'attention sur lui ; on sait bien, en effet, de par l'expérience de la police, qu'un grand nombre de criminels aident à leur propre découverte en manifestant de l'agitation d'une manière ou d'une autre.

Les éléments de l'information ne nécessitent pas la supposition que le meurtrier avait des connaissances anatomiques, mais plutôt que la pratique l'avait rendu habile.

Affaire de New-York (1)

Ben-Ali *dit* Frenchy

La victime était une femme touchant à la vieillesse, fréquentant les mauvais lieux, ivrogne et probablement adonnée aux rapports sexuels contre nature. Les résultats de l'autopsie ont montré une blessure pénétrante du côté gauche de la cavité abdominale, les muscles étaient en ce point déchirés et tiraillés, comme par un instrument contondant. La plaie avait 24 centimètres de long, elle partait en bas du point le plus bas du pli de l'aine, et pénétrait en haut dans la cavité abdominale avec issue des intestins. A droite on trouvait une plaie par instrument piquant, longue de 4 centimètres; intéressant les parties molles à droite de l'extrémité supérieure de la première blessure. Le mésentère était ouvert sur une longueur de 40 centimètres. A la partie postérieure de la hanche, il y avait deux plaies formant entre elles la lettre X ; une des jambes de cette lettre dirigée à droite et horizontalement passait au-dessus du sacrum à 5 centimètres. A droite de la ligne médiane elle avait 27 centimètres de long et la forme d'un croissant. La partie postérieure du corps porte plusieurs plaies, si rapprochées entre elles qu'elles semblent n'en faire qu'une. Si on les considère comme une seule blessure, on trouve qu'elle commence dans les parties molles au-dessus de l'aine, traverse le péritoine, passe à droite du rectum, et se termine à

(1) Mac Donald, *loc. cit.* p. 199.

26 centimètres 1/2 au-dessus et à droite du coccyx sur une longueur de 17 centimètres et une profondeur de 11 centimètres. L'instrument a passé dans la cavité pelvienne, en arrière du péritoine et a traversé les muscles fessiers. Il y avait aussi deux plaies superficielles qui partaient du coccyx, traversaient les muscles entre les cuisses et finissaient dans les partes molles de l'aine en formant la lettre X. Une blessure superficielle de la cuisse gauche commençait au niveau de l'ombilic et s'étendait en bas vers la cuisse, à une distance de 18 centimètres. Une autre plaie superficielle commençait au même point et suivait en bas la même direction, sur une étendue de 12 cent.5, en formant avec la blessure précédente la lettre X renversée, elle est à une distance de 17 cent.5 de la plaie la plus basse, et ne consiste presque qu'en une abrasion de la peau. Il y avait deux autres blessures superficielles du côté de l'abdomen, partant de l'aine, longues, la plus extérieure de 12 cent.5 et l'autre de 21 cent. 5 ; pas de signes de contusion.

L'examen du cou démontre que le meurtrier a étranglé la victime, jusqu'à ce que l'os hyoïde ait été comprimé au point de rompre ses vaisseaux et de donner lieu à une hémorragie. Les poumons ont été aussi trouvés congestionnés. Il y avait une légère coupure sur l'une des oreilles, le cœur était normal et bien conservé : le foie et les reins indiquaient l'alcoolisme.

Deux portions des intestins avaient été détachées ; il en était de même de l'ovaire gauche, qui fut retrouvé sur le lit. Il ne manquait aucune partie du corps. On retrouva celles qui étaient détachées au milieu du sang dont le lit était souillé.

Ces blessures paraissent avoir été faites après ou pendant la strangulation. Il y avait dans la chambre où le crime a été commis des marques de doigts sanglants sur le bord de la porte et des empreintes de pieds sanglants à côté du lit.

L'instrument qui a servi pour le meurtre est un couteau de table ébréché.

Une victime de Jesse Pommeroy (1)

« le bourreau des enfants, *boy-torturer* »

Le 17 mars 1874, une fillette était assassinée dans une ville des États-Unis dans les conditions suivantes, racontées par le meurtrier

(1) MAC DONALD, *loc. cit.* p. 154.

âgé de quatorze ans. « Le matin en question, j'ouvris la boutique, comme je la balayais, la petite fille entra et me demanda certains papiers. Je lui dit de descendre au-dessous, fermai la porte de la boutique et la suivis. Comme elle était debout au milieu de la cave, la face tournée du côté de Broadway, je vins derrière elle, lui mis la main gauche sur la bouche et lui coupai la gorge avec mon couteau. Elle se débattit et tomba, mais de crainte qu'elle ne fît du bruit, je lui mis une seconde fois la main sur la bouche. Elle ne remua plus ; au bout de quelques minutes, je la traînai derrière le water-closet et mis sur elle des cendres et des pierres. Alors je lavai mes mains et mon couteau. »

A l'autopsie, on s'est trouvé en présence d'un cadavre de jeune fille dans un état avancé de décomposition : la tête était séparée du tronc. Les vêtements ont dû être arrachés de force ou coupés du haut en bas à leur partie antérieure. Les deux poches et la ceinture de la robe étaient déchirées, et il semblait qu'on les eût arrachées sans prendre le temps de déboutonner les jupes ni de dégrafer la taille. Le devant de la robe de dessous et une partie du jupon était aussi coupés par le milieu ; il en était de même de la ceinture des caleçons, au moyen de coupures correspondantes. La chemise était dans un tel état de détérioration qu'il était difficile de dire si elle avait été coupée ou arrachée, mais l'un ou l'autre avait été fait. Le côté droit des caleçons était boutonné à la ceinture, mais le côté gauche ne l'était pas et paraissait avoir été tiré le long de la jambe jusqu'en bas. La peau et les parties molles de la partie supérieure des cuisses et du tiers inférieur de l'abdomen étaient remarquablement conservées, par rapport au reste du corps. On y constata des blessures faites avec un instrument tranchant. Il y avait une plaie évidente de cette nature un peu au-dessus de l'aine. La blessure la plus nette s'étendait à trois travers de doigt dans le tissu cellulaire et jusque dans la cavité abdominale, sur une ligne qui commençait à la fente des parties génitales et la prolongeait directement en haut, mais il était impossible de déterminer jusqu'à quelle hauteur remontait cette incision, parce que la peau était détachée par la putréfaction à quelques pouces au-dessus. On pouvait aussi très bien voir une coupure longue de quatre à cinq pouces, faites dans une direction oblique sur la fosse iliaque droite et sur la partie inférieure de l'abdomen autour de cette région... On a recherché avec beaucoup de soin si les vêtements présentaient des coups de couteau les ayant traversés. On n'a rien vu qui eût ce caractère précis... Les vêtements ont été évidemment ouverts avant qu'une blessure ait été faite, dans toute la partie située au-desssous du cou.

Mac Donald donne d'intéressants renseignements sur ce Jesse Pommeroy, condamné à la réclusion perpétuelle pour le crime dont il vient d'être parlé.

Lors du procès, des enfants victimes de sa cruauté ou de ses caprices vinrent déposer. Le premier dit que Jesse lui ayant attaché les pieds avec une corde, le dépouilla de ses vêtements, puis le frappa avec une verge. Le second fut attiré dans un water-closet ; là, Jesse ferma la porte, déshabilla l'enfant, âgé aussi de dix ans, lui attacha les mains au-dessus de la tête et l'accrocha à une porte, puis se mit à le fouetter avec une corde.

Portrait de Jesse Pommeroy

La troisième victime, âgée de neuf ans, fut conduite à la campagne, déshabillée, puis fouettée. Il lui enfonça ensuite une épingle dans les joues, mais pas très profondément, puis aux parties. Il le mordit à la joue et dans le dos.

A la quatrième victime, Jesse avait donné quatre coups de couteau, l'un dans l'aine, les autres dans le dos.

La cinquième victime, âgée de huit ans, fut conduite à la campagne. Elle fut fouettée par Jesse qui alors riait. Il l'obligea même à jurer et à dire de vilains mots.

La sixième victime, un enfant de neuf ans, fut violentée de différentes façons, fouettée, blessée à la face, écorchée ou égratignée aux mains.

A la septième victime, âgée de sept ans, qu'il attacha à un poteau, il fit avec un couteau cinq blessures à la face et une derrière l'oreille.

Nous savons que sur un des enfants qu'il a tués, il avait coupé les testicules ainsi que l'extrémité du pénis.

Mac Donald montre que Jesse agissait ainsi sous l'influence d'une impulsion sexuelle. Il donne le portrait de ce jeune homme et explique pourquoi il restait souvent silencieux pendant qu'il torturait ses victimes. « Comme l'impulsion sexuelle est la plus forte de toutes, il est aisé de comprendre pourquoi il avait peu de disposition à parler pendant que son influence durait. D'autre part, il est évident que pour quelques-uns de ses actes l'instinct de cruauté prédominait ou même était le seul. Il en était ainsi lorsqu'il faisait dire une prière à ses victimes, qu'il les faisait jurer, qu'il essayait d'en enfoncer une dans l'eau, ou qu'après en avoir fouetté une autre, il sautait autour d'un rocher, en poussant des cris. Mais il semblerait que chez lui les instincts sexuels et cruels étaient le plus souvent mélangés et successifs, comme lorsqu'ils dépouillait les enfants de leurs vêtements, les fouettait, puis riait sans rien dire ; pourtant la circonstance que, dans presque tous les cas, il les mettait nus et les fouettait semble indiquer que l'élément sexuel était toujours en première ligne. »

Une autre observation de Mac Donald est plus caractéristique encore. Elle vise le nommé Piper, surnommé le casseur de têtes (*the brainer*).

Cet homme, âgé de trente ans, marié, sans barbe, et d'un abord avenant, était sacristain d'une église. Il tua une femme de vingt-huit ans et une petite fille.

La première victime a succombé à des fractures étendues, comminutives et compliquées du côté droit de la tête et de la partie antérieure de la base du crâne. Les coups ont été nombreux et portés avec un gourdin.

La tête de l'enfant est de même fracassée : il y a des fractures de la voûte et de la fosse temporale droite. Sur les deux victimes, pas de traces d'attentat du côté des parties génitales.

Le détective qui a arrêté Piper dit que le caleçon et le pantalon portés par cet homme quand il a commis le dernier crime étaient abondamment tachés de sperme au niveau des parties sexuelles.

Portrait de Piper

Cet homme a tout avoué dans une confession écrite. Il reconnaît que le motif qui l'a fait agir est « la luxure, une luxure du caractère le plus horrible et le plus dégoûtant ». Mac Donald dit que c'est là une forme de sexualité brutale et inattendue, et certes non douteuse puisque Piper l'a avouée. D'ailleurs à l'autopsie des victimes on n'a relevé ni blessure au cou, ni signes de viol ou attentat quelconque.

Affaire de Pont-Laval (1)

Assassinat par plaie du cou ; mutilations cadavériques pratiquées pour faire disparaître les traces d'un viol.

La jeune Irma D..., âgée de quatorze ans, demeurant dans la commune de Pont-Laval (Drôme), avec sa mère, disparut le 15 juin 1884 ; son cadavre fut retrouvé le lendemain, à quatre heures du soir, près du sommet du mont Rochas, et soumis le lendemain matin, sur les lieux mêmes, à l'examen du Dr Benoît.

Arrivés sur les lieux indiqués, nous avons examiné le cadavre de ladite jeune fille, qui se trouvait sur la pente d'un bois très épais, la tête dans la partie déclive, les bras et les jambes écartés du tronc, les vêtements complètement lacérés, laissant voir le cadavre dans toute sa nudité.

Le corps est dans un très grand état de rigidité, ce qui nous fait dire que, vu la température froide, la mort ne remonte pas à plus de quarante-huit heures. Le corps est très peu développé pour l'âge de la victime ; les seins ne sont pas encore formés ; à peine distingue-t-on le mamelon, près du cadavre, on voit éparses sur le sol des anses d'intestin. La peau et le tissu cellulaire de la partie interne des cuisses sont enlevés jusqu'aux muscles, qui offrent des traces de lacération : la cavité abdominale est ouverte depuis le bassin jusqu'au sternum ; les intestins, l'estomac et le foie sont à nu ; la symphyse du pubis est écartée et détruite.

La lésion qui a surtout attiré notre attention, et qui est la cause certaine de la mort, est une plaie produite par un instrument tranchant, à la partie antéro-latérale gauche du cou. Cette plaie béante, à direction oblique de dehors en dedans, a 8 centimètres de long sur 5 de large ; elle intéresse la peau, le tissu cellulaire, les aponévroses, les muscles, l'artère carotide, la veine jugulaire interne et les deux tiers du calibre du larynx. Cette plaie a déterminé une violente hémorragie et une mort rapide ; le bonnet et les cheveux de la victime sont littéralement teints de sang.

A 5 mètres au-dessus de l'endroit où gît le cadavre, on remarque une place de 15 centimètres carrés, où les feuilles, les branches mortes, les pommes de pin et la terre sont imbibées de sang ; il y a même quelques éclaboussures de sang sur les brins d'herbe qui

(1) *Arch. d'anthrop. crim.*, 1886, p. 144 (Dr Benoit).

poussent en cet endroit. C'est là que la victime a été assassinée; c'est là qu'après avoir coupé le fichu qui entourait le cou de cette jeune fille, le meurtrier l'a frappée mortellement.

Deuxième examen fait par les docteurs Benoît et Carle

Nous sommes d'accord pour admettre que cette plaie qui a intéressé le larynx, l'artère carotide primitive, la veine jugulaire interne a amené une hémorragie foudroyante et la mort.

Le ventre et les cuisses présentent des traces de mutilations si horribles, qu'au premier abord on est porté à les attribuer à des morsures d'animaux carnassiers, cependant, un examen attentif nous a démontré qu'il y avait des traces évidentes du passage d'un instrument tranchant. On a taillé sur le ventre un lambeau triangulaire dont le sommet est à la pointe de l'appendice xyphoïde, et la base vers le pubis; tout ce lambeau a été enlevé, la branche horizontale du pubis cassée des deux côtés, à une distance à peu près symétrique, la plupart des anses intestinales tiraillées et détachées.

D'autre part, sur chacune des cuisses, est taillé un lambeau triangulaire, dont le sommet part du milieu de la cuisse et qui vient s'arrêter aux parties génitales de façon que le côté le plus inférieur du triangle tombe en avant de l'anus.

Les deux mutilations, comme on le voit, avaient pour but de circonscrire d'en haut et d'en bas les parties génitales externes et de les détacher complètement du corps... Ce qui prouve encore qu'on a détaché ces parties avec intention, c'est que le rectum et l'anus sont restés intacts, tandis que l'utërus et la vessie ont été coupés; mais après avoir détaché ces derniers organes, on ne les a pas fait disparaître, et les parties génitales externes avec les os pubiens sont les seules parties qu'on n'a pu retrouver. Au milieu des anses intestinales, nous avons retrouvé l'utérus adhérent à la vessie ouverte et un ovaire avec une trompe; ces organes sont tout à fait à l'état rudimentaire.

En plusieurs points, on reconnaît la régularité de la section d'un instrument tranchant, surtout aux angles qui partent des cuisses, angles d'une précision telle qu'aucune morsure ne pourrait la produire ainsi. A l'angle supérieur, au niveau du sternum, la section du couteau est aussi très apparente. Le couteau a été planté avec force, il a passé au travers de l'appendice xyphoïde, qui porte une fente à bords très nets, a ensuite percé le foie près de son lobe gauche et a fait une ouverture à l'estomac. Ce dernier organe contient un peu de nourriture chymifiée et des noyaux de cerises, ce qui permet de faire remonter le dernier repas à deux heures au moins avant le crime. La couleur de la section de la peau sur le ventre et les cuisses, l'absence de sang épanché, permettent d'affirmer que ces horribles mutilations ont eu lieu après la mort.

Nous trouvons dans l'observation de ces faits la préoccupation qu'a dû avoir le meurtrier de faire disparaître les organes génitaux externes, qui portaient sans doute les traces de violences; on ne peut expliquer autrement le fait d'avoir détaché la vessie et l'utérus pour les laisser dans le ventre, en emportant tout le reste. Le fait et la régularité de la cassure des os pubiens nous font rejeter absolument la possibilité d'admettre que cette mutilation ait été commise par des animaux.

Nous pensons donc que le viol ou une tentative de viol a précédé le meurtre, que celui-ci a été commis pour éviter toute plainte et ensuite que le corps a été mutilé pour effacer les traces d'un crime. Une confirmation de cette opinion se trouve dans l'examen des vêtements de la victime : un fichu qu'elle portait au cou a été coupé, les boutons de sa robe et ceux d'une sorte de casaque portée sur la robe ont été violemment arrachés, sans prendre le temps de les déboutonner ; la chemise a été fendue par déchirure. Aucun de ces vêtements ne porte de trace correspondant aux blessures du corps, quand on les ramène à la position qu'ils ont d'ordinaire ; la malheureuse fille a donc été déshabillée violemment par son meurtrier, avant que celui-ci ne l'ait frappée...

Le frère de la victime, âgé de vingt et un ans, soupçonné immédiatement, avoua l'assassinat, mais nia tout attentat sexuel; il reconnut avoir ouvert le ventre de sa sœur après la mort par coups de couteau et fracture du bassin avec les mains, mais refusa de s'expliquer sur la disparition des parties génitales externes. Les renseignements fournis à l'instruction rendaient très plausible le viol incestueux. Traduit devant la cour d'asises de la Drôme, cet homme a été condamné aux travaux forcés à perpétuité.

Dans le courant de juin 1896, un certain nombre de jeunes filles avaient été blessées dans la rue, en plein jour, par un individu qui, après les avoir piquées à la région fessière, s'esquivait à la hâte. Ces agressions singulières, toujours identiques, émurent le public, la presse s'occupa de l'érotomane aussi dangereux qu'introuvable.

Le 2 juillet, enfin, un jeune homme, Joseph V..., fut arrêté rue Blanche, au moment où il venait de frapper dans les fesses une

18

jeune fille de vingt ans, et voici l'histoire médicale de ce piqueur de fesses :

V... Joseph, vingt ans, est fils de névropathes et porteur de stigmates physiques de dégénérescence. Il se sent poussé par moments à frapper, à piquer les fesses des femmes qui passent à côté de lui dans la rue; il se domine parfois au prix d'un extrême malaise et s'éloigne « le corps couvert d'une sueur froide ». Mais parfois aussi il suit la femme les yeux fixés sur les fesses, le canif ouvert à la main et à l'idée qu'il va enfoncer cette lame dans les chairs féminines, il entre en érection. Angoissé, anhélant, hors de lui, il frappe alors. Aussitôt il lui semble qu'on a délivré sa poitrine d'un poids énorme et l'éjaculation se produit (1).

Thoinot cite deux cas inédits, qu'il doit à l'obligeance de l'avocat général Bonnet.

Le premier a trait à un coupeur d'oreilles que signalait en outre la particularité de ne choisir que des petits garçons pour victimes : il était, lui, un piqueur de garçons.

Il est arrêté en 1895 dans les conditions suivantes : Il a entraîné au bois de Vincennes un jeune garçon sous un prétexte quelconque, l'a incité à des manœuvres impudiques mutuelles et au milieu de la scène lui a coupé les lobules des deux oreilles; il a pansé sa victime, l'a ramenée à Vincennes et l'a abandonnée. Les parents ont porté plainte, on a recherché et retrouvé la trace de X... et cet individu, malgré ses dénégations habiles, a été reconnu et condamné à cinq ans de prison, peine que la cour a confirmé.

L'enquête a montré que X... n'en était pas à ses premiers essais sadiques. Depuis quinze ans, il a encouru plusieurs condamnations devant divers tribunaux français pour faits analogues.

Agé de cinquante ans, fort intelligent, mais *original*, *bizarre*, *détraqué* (il n'a pas été fait d'examen médical précis sur le sujet et sur ses antécédents), partout où l'amenait sa profession errante, il recherchait les petits garçons de dix à quinze ans, jamais les filles, les séduisait et terminait les scènes impudiques par une manœuvre sadique uniforme et caractéristique. Cette manœuvre a d'abord été les blessures (piqûre ou percement) des lobules de l'oreille ; elle est depuis quelque temps la section de ces parties avec un instrument adapté *ad hoc*.

Le second cas a trait à un piqueur de filles. Il a été, il y a quelques

(1) Observation de Magnan, publiée dans le livre de Thoinot,

années, l'objet de poursuites correctionnelles auxquelles il s est soustrait par la fuite. Le Parquet avait une plainte d'une fille qui se disait martyrisée par X... et l'enquête démontra les faits suivants :

X..., marié, père de famille, occupant une très grande position commerciale à Paris, se rendait dans une maison galante et se faisait mettre en présence de deux filles. Il leur faisait alors quitter leurs vêtements, quittant lui-même les siens et s'armant d'un martinet, les flagellait. Puis prenant des épingles il les enfonçait jusqu'au sang dans la peau de la poitrine de ces malheureuses. Cette manœuvre amenait chez lui l'érection et lui permettait d'accomplir le coït avec l'une ou l'autre de ses victimes. X... fut condamné par défaut.

M. le Dr Frenkel, agrégé à la Faculté de médecine de Toulouse, nous a communiqué les cas suivants extraits de la littérature russe :

« Le malade G... raconte que dès l'âge de six ans il avait des impulsions à se frapper sur la région fessière avec une verge. Déjà le souvenir d'une telle correction lui procurait du plaisir ; à sept ans, il rêvait des corrections qu'il infligerait à son fils.

« L'impulsion à se frapper s'accroissait toujours, mais dans la suite il devint onaniste. Sur la satisfaction sexuelle à l'aide de la correction il s'exprime ainsi : « Je ne puis supprimer ma passion, j'ai souvent recours à la verge. D'abord, je frappe avec les verges, il en « résulte une excitation ; je me mets à frapper de plus en plus fort, le « sperme commence à s'écouler, jouissance sexuelle, et puis, une « minute après, mécontentement du fait accompli, lourdeur, fatigue. » Comme il est inadmissible qu'un enfant de six ans ait commencé ces pratiques de propos délibéré, il faut croire que l'excitation sexuelle précoce et anormale a été mise en branle chez cet enfant par les corrections que lui auraient infligées ses parents. Il est probable que cette excitation du sens sexuel précoce et perverti avait lieu fréquemment et surtout lorsque les punisseurs étaient d'un sexe différent que les punis ; dans ces cas, en outre des causes *anatomiques*, agissaient encore les causes psychiques, l'imagination, etc. (1).

« Th.-D. Dostojewski a fait remarquer très judicieusement qu'il y a une relation bien connue entre les corrections et le sens sexuel. Il y a dans la littérature des indications à ce sujet, mais les faits les plus fréquents ont été observés par les médecins dans ces temps heureux quand les corrections florissaient partout, parmi les adultes et les

(1) Professeur N.-A. Obolowski, *Sur la perversion du sens sexuel*, cité d'après Ibankow (in *Vratch*, 1898, n° 29).

enfants, parmi les hommes et les femmes de toutes les classes sociales. Si les corrections cruelles et les tortures peuvent irriter et exciter l'instinct sexuel chez des exécuteurs tels que Jerebiatnikow et les vieux serfs, les corrections légères ne restent pas sans influence, sous ce rapport, sur les victimes elles-mêmes. Chez les enfants et les adolescents soumis à des corrections plus ou moins fréquentes (surtout par des personnes de l'autre sexe), les instincts sexuels se développent plus vite et d'une façon plus anormale. Les blasés et les impotents se soumettent quelquefois pour s'exciter à des corrections faites par des femmes et il y a une quinzaine d'années, la mort d'un tel amateur qui a succombé pendant que deux ou trois prostituées l'excitaient de cette façon a fait beauconp de bruit à Moscou. Cette excitation sexuelle pendant la correction s'explique par l'afflux du sang vers les organes du bassin. Sur les spectateurs, la vue des parties cachées habituellement, les plaisanteries, etc., sont de nature à provoquer l'excitation, mais c'est surtout le rapport qui existe entre la violence et l'instinct sexuel et qui se manifeste particulièrement chez des individus peu cultivés ou anormaux qui nous explique l'excitation génitale. Chez de tels individus, l'acte sexuel n'est agréable que quand il est accompagné d'une violence ou de la vue du sang. Les brochures des abolitionnistes citent le cas de ce médecin de Londres qui avait besoin de vierges capables de résister. Les traités de médecine légale abondent en faits analogues. M. Merjejewski, dans sa *Gynécole médico-légale*, raconte le cas d'un vieux châtelain blasé qui, pour s'exciter, ordonnait à ses domestiques de violenter, en sa présence, des femmes et des filles. L'*Homme-animal* (*la Bête humaine*) de Zola est une belle confirmation de l'idée sur les rapports qui existent entre le sens sexuel et la violence.

M. Sanitchenko a publié dans *les Vieilleries de Kieff*, en 1894, des mémoires sur le lycée de Tchernigow, où l'inspecteur Kitchenko était un grand amateur de verges (*rozqui*). Tous les jours on exécutait une cinquantaine d'élèves, les cris et les pleurs des enfants remplissaient tout le bâtiment du lycée. Kitchenko assistait toujours en personne à l'exécution qui était faite par le favori de l'inspecteur, le concierge Mina. « Les corrections infligées aux élèves étaient une *vraie jouissance* pour Kitchenko ; c'était son seul travail pédagogique. En dehors des corrections, Kitchenko ne faisait absolument rien. Il fallait voir avec *quelle expression de cannibale* il parlait au nouvel élève qui venait d'entrer au lycée. Un jour entre dans la salle commune l'élève de 2e classe Djoguine, âgé de douze ans, bel enfant rose et potelé, sang et lait, bien nourri. Dès le troisième jour Kitchenko lui chercha chicane et lui infligea une telle correction que lorsque le puni rentra dans sa salle, il était tout défait ; pendant quelques jours, l'enfant pleurait depuis le matin jusqu'au soir et ne dormait pas la nuit, de peur. « Si la maman savait, elle en mourrait », disait-il aux camarades. Tout le monde prenait une part très vive au chagrin de l'enfant. Après cette histoire, Kitchenko s'attacha tellement à Djoguine, qu'au moindre prétexte, il battait l'enfant, si bien qu'au bout d'un an ce n'était plus qu'une ombre. Lorsqu'au mois de juin la mère de Djoguine arriva au lycée et vit, au parloir, son fils martyr, elle eut une syncope ; puis elle se mit à sangloter avec un tel désespoir que tous les élèves pleuraient. Ce fut une scène qui resta gravée dans le cœur de tous ceux qui y assistaient, pendant toute leur vie ; tous les enfants comprenaient et partageaient la terreur et le désespoir de la mère. Et cependant, personne parmi les parents n'a porté plainte contre ce tyran qui reçut de l'avancement et fut nommé directeur du lycée de Jitom. Tout cela s'est passé dans le sixième décenaire de ce siècle. »

L'auteur continue en montrant que, malgré les progrès de l'instruction les corrections corporelles existent toujours en Russie, et, que seul le législateur peut les supprimer, car si l'on attendait la disparition de cette anomalie de l'adoucissement des mœurs, on risquerait d'attendre fort longtemps (1).

Dans nos lycées à Varsovie, les corrections n'existaient pas de mon temps ; mais peu de temps après que j'eus quitté Varsovie, mes parents m'informèrent que les corrections étaient rétablies dans les lycées, du moins en Pologne.

Notre regretté collègue H. Coutagne a publié (2) un cas de *perversion sanguinaire de l'instinct sexuel.*

Un jeune homme de dix-sept ans, ouvrier ferblantier, fut inculpé de tentative d'assassinat dans les circonstances suivantes. Après avoir acheté au Grand-Bazar un couteau de cuisine de sept sous, long de 23 centimètres, il se rendit dans une rue où devait se trouver une fille soumise qu'il connaissait. Il l'accompagna dans sa chambre, lui donna deux francs, se dévêtit en partie, gardant son pantalon et sa chemise, et fit placer la femme au bord du lit, alors, *étant en*

(1) Ibankow, *L'Opinion des médecins sur les corrections corporelles.* — *Vratch.* 1897, n° 48, p. 1391.

(2) *Annales médico-psychologiques*, juillet 1893.

érection, il s'approcha d'elle et lui porta trois coups de couteau. « L'inculpé, après avoir reconnu au début de l'instruction que l'idée de frapper une femme nue pour voir couler son sang lui était déjà venue antérieurement à l'esprit, s'est depuis rétracté avec obstination sur ce point. » Mais la perversion sanguinaire ne parut pas douteuse à Coutagne à cause de l'acte même accompagné de cette circonstance curieuse et authentique de l'érection de l'inculpé au moment où il frappait sa victime.

Garnier (1) a publié le cas du *mangeur de chair humaine* qu'il observa en 1891 :

L... Eugène, vingt ans, journalier, avait été trouvé sur un banc où les gardiens de la paix avaient remarqué avec stupéfaction que d'un coup de ciseaux *il découpait dans son bras gauche un large fragment de peau.*

Cet individu, porteur de stigmates héréditaires, avait depuis l'*âge de douze à treize ans*, une impulsion qui devint par la suite de plus en plus obsédante et impérieuse. La vue d'une jeune fille *jolie*, à la peau *blanche, fine et délicate*, provoquait chez lui une excitation génitale et le désir ardent de *mordre et manger un morceau de peau de cette jeune personne!*

Il avait fait l'achat de forts ciseaux dans le but d'aller plus vite en besogne, de détacher hâtivement un large lambeau de *peau virginale*, qu'il mangerait ensuite avec délice. Jamais il n'a trouvé l'occasion d'accomplir le but de son obsession, et pour calmer son envie lorsqu'elle devient trop forte, il tourne *sa rage contre lui-même*, et d'un coup de ciseaux détache un morceau de sa peau à l'endroit où elle est le plus fine, où elle a le plus de rapports avec la peau désirée et mange cette chair sanglante!

Les faits que nous venons de rapporter montrent le terrible déchaînement de cruauté, quelques-uns d'entre eux, par leur férocité même, paraissent réaliser le maximum de l'improbabilité.

Il nous reste pour terminer à décrire quelques observations d'*actes sadiques commis sur les animaux*.

On sait que le fils d'Ivan le terrible, Dimitri, éprouvait une jouissance particulière dans le spectacle des convulsions et du sang des moutons, des poules et des oies qu'on tuait devant lui.

(1) *Pervertis et Invertis sexuels*, in *Ann. d'hyg.*, 1895, p. 349 et 385 — et *les Fétichistes*, etc., 1896, p. 76.

Verzeni avait débuté par le sadisme sur les animaux. C'est probablement ce qu'a fait Vacher.

Krafft-Ebing a observé un homme intelligent, de haute situation, issu d'un père alcoolique et d'une mère hystérique à accès convulsifs. Cet homme se souvient qu'*étant enfant* il aimait à voir tuer les animaux domestiques, surtout des cochons. Il éprouvait des sensations de volupté bien prononcées suivies d'*éjaculation*. Plus tard, il visitait les abattoirs pour se réjouir au spectacle du sang versé et des animaux se débattant dans l'agonie. Toutes les fois que l'occasion se présentait, il tuait lui-même un animal, ce qui lui causait toujours un sentiment qui *suppléait au plaisir sexuel*.

On constate ainsi que ces *sadiques zoophiliques* ont leur spécialité : l'un ne tue ou torture que les volailles, d'autres les oies, les lapins, les chiens ou les chats.

D'autres fois l'acte sadique est comme un *apéritif à l'acte sexuel* ou un *accessoire indispensable*. En voici de curieux exemples :

Le premier est emprunté à Hoffman.

Il y avait à Vienne un homme qui, avant de pratiquer le coït, s'excitait en torturant et en tuant des pigeons, des poulets ou d'autres oiseaux. Les femmes lui avaient donné le sobriquet du *Monsieur aux poules*.

Pascale (*Igiene dell'amore*) parle d'un individu qui se présentait chez des prostituées, leur faisait acheter des poules vivantes et des lapins et exigeait qu'on torturât ces animaux devant lui. Il leur faisait arracher les yeux et les entrailles, et éprouvait par ce moyen la jouissance sexuelle sans avoir aucun rapport avec les femmes.

Thoinot cite une observation plus curieuse encore. Un individu se rend dans une maison de tolérance de Paris, et là, demande une femme et un lapin. Il s'enferme avec la femme, lui fait tenir les pattes de l'animal, et tirant un couteau de sa poche dit ces mots si caractéristiques : *Je suis Jack l'éventreur!* D'un coup de couteau il fend le ventre de l'animal, et, enfonçant ses doigts dans la poitrine ensanglantée, il éprouve la jouissance sexuelle complète.

Tout récemment (1) M. Alfred Guillebeau, professeur à l'École vétérinaire de Berne (Suisse), a publié un intéressant travail sur les *Blessures faites aux animaux domestiques par des personnes atteintes de psychopathie sexuelle*. Nous extrayons ce qui a rapport aux *actes sadiques commis sur des animaux*.

(1) *Journal de médecine vétérinaire et de zootechnie*, Janvier 1899.

Chez les sadiques, dit-il, les désirs génésiques sont intimement associés à un instinct de cruauté. « Seules, les manifestations de douleur chez les animaux assaillis, ou la vue d'un filet de sang, ou enfin les angoisses de l'agonie sont capables de leur procurer une volupté complète. »

M. Guillebeau cite plusieurs faits curieux que nous allons rapidement résumer.

Le cas de Lanjuau. — Le 4 février 1891, dans une étable on remarque des caillots de sang, à terre, derrière une vache, qui le lendemain voussait le dos. Deux jours après, même constatation et mêmes symptômes sur cinq autres vaches. Il y eut avortements, des hémorragies abondantes et on dut abattre quatre de ces animaux. L'autopsie montra des blessures dans le vagin. On ne put savoir quel instrument avait été employé. La première vache avait reçu quinze coups très violents, les deux dernières n'eurent qu'une ou deux blessures moins graves. « Toutes les blessures avaient évidemment été faites dans un seul accès, et l'épuisement successif de la frénésie se décelait dans un horrible graphique, inscrit dans les chairs vivantes des pauvres animaux. »

Le cas d'Obersteg. — Près de Saint-Stéphane, dans une vallée profonde des Alpes bernoises, dix bovins et dix chèvres, tous de sexe féminin, périrent d'accidents insolites dans les premiers mois de 1896. L'étrange maladie commence en janvier chez le père de celui qui fut plus tard reconnu coupable. Les pertes occasionnées ainsi s'élevèrent à 3.600 francs.

L'autopsie montra que les vingt animaux avaient succombé à des blessures faites à la vulve, au vagin, à l'abdomen (une de ces blessures avait un trajet de 55 centimètres). C'étaient des piqûres au moyen d'un bâton pointu. « L'auteur de ces méfaits était un jeune homme de dix-neuf ans, de taille élevée, avec une belle figure, un duvet de barbe naissante, aux bras saillants et au dos voûté, qui à l'âge de quatre ans avait eu une méningite grave.

« Le crâne, très petit, n'avait que 52 au lieu de 56 centimètres de circonférence. A l'école, il n'apprit rien, il se montrait timide, et grossier envers les petits. La croissance terminée, il ne put être employé que comme aide pour les soins les plus simples à donner aux bestiaux; il ne savait pas traire. L'expertise médicale constata une grande infériorité mentale, de l'apathie, de l'indifférence, tandis que les voisins le dépeignaient comme faible d'esprit, rusé et menteur. Pendant l'instruction judiciaire, il fit à différentes reprises des aveux, qu'il rétracta invariablement ensuite. Dans ses attentats l opérait avec une si grande prudence, qu'il ne fut même vu qu'une seule ois dans l'étable d'un voisin. Mais une particularité l'avait rendu très suspect : elle consistait à annoncer aux gens la survenance de nouveaux cas, avant même que les propriétaires des animaux blessés se doutassent de quelque chose.

« Il avoua aux experts médecins, qui avaient constaté la normalité de ses organes génitaux, que les mauvais traitements infligés aux animaux lui avaient été agréables. Il se livrait aux actes sadiques sous l'influence de sensations singulières qui s'emparaient de lui; il se rendait parfaitement compte de ce qu'il faisait et se sentait poussé par une forte impulsion intérieure.

« Le tribunal l'acquitta comme irresponsable et son père indemnisa les voisins de leurs pertes aussi complètement que ses moyens le lui permirent. »

Le cas de Wolfikon, Schwarzenbach et Rickenbach. — Les faits se rapportant à ce cas se passent en 1894 et 1895 dans ces trois localités, situées sur les confins des cantons de Saint-Gall et de Thurgovie.

A Wolfikon, dans une étable de quinze bêtes, huit furent attaquées en même temps : quatre périrent, et on dut abattre les quatre autres. Plus tard, deux bêtes périrent, puis une vache, deux chèvres. Les pertes s'élevèrent à 4.700 francs.

Le maître de la ferme, découragé, vendit sa propriété.

Son garçon d'étable alla en condition à Schwarzenbach où bientôt succombèrent de la même façon une génisse, une chèvre, quatre bœufs et une vache, soit une perte de plus de 1.350 francs.

Le même garçon quitte la ferme et va à Rickenbach. Quatre vaches périrent. A l'autopsie, on constata des blessures du rectum, du vagin.

Le garçon d'étable est arrêté et il finit par avouer qu'il introduisait dans l'anus et la vulve un bâton qu'il poussait et retirait avec violence jusqu'à ce que le sang eût coulé.

C'était un homme de vingt-quatre ans, ayant toujours plu aux maîtres qui l'avaient employé. Il avait bon caractère. « Ce jeune homme avoua que dans le cours des dernières années, il eut assez souvent pendant la mulsion, l'affouragement et le pansement du bétail, des érections accompagnées d'inquiétudes, d'excitations et d'hallucinations. Il introduisit d'abord la main dans les orifices postérieurs des animaux, puis des bâtons, obéissant en cela à la contrainte d'une puissante impulsion intérieure, à des époques où il était affecté d'insomnie, de transpiration abondante, d'émissions fréquentes d'urine et d'érections. Après l'accomplissement des actes de sadisme, il avait la conscience d'avoir mal agi, et il craignait d'être puni, mais ces sentiments de moralité, s'affirmant trop tard et restant trop faibles, étaient impuissants pour réfréner la contrainte de son impérieux désir. Les médecins conclurent à l'irresponsabilité; une punition ne fut point prononcée, mais la fortune du malfaiteur servit à dédommager, dans la mesure du possible, les pertes occasionnées par ses débordements. »

Le second cas de Rickenbach. — Dans la même étable, deux ans plus tard, en 1897, on dut abattre un bœuf pour hémorragies rectales graves. Le coupable était un jeune vacher de dix-huit ans, d'une mentalité bien supérieure à celle de son prédécesseur. Il avait été poussé à cette action parce que son maître lui raconta les événements de 1895 et que l'on employait encore dans l'étable le bâton qui avait alors servi aux méfaits. Le désir de procéder ainsi avait grandi de jour en jour, puis était devenu irrésistible.

Le cas de Mesnil-aux-Cerfs. — Presque toutes les vaches et le jeune bétail furent atteints de vaginite. Le diagnostic fut très difficile et long à établir. Enfin le garçon d'étable fut pris en flagrant délit. C'était un employé modèle, diligent, tranquille, consciencieux, et qui paraissait être au-dessus de tout soupçon. Son procédé consistait à introduire un manche de fourche dans le vagin et à lui imprimer ensuite un mouvement rapide de vilebrequin.

ÉTAT D'AME DE VACHER

« Voyez-vous, M. le docteur, me disait un jour Vacher à la prison Saint-Paul, en prenant l'air de bravache qui lui était habituel, le plus difficile de votre mission est de connaître mon état d'âme ! » Invité à définir ou à préciser ce qu'il entendait par ces mots, il indiqua l'obligation que j'avais d'expliquer par les effets de la rage ou les conséquences du médicament absorbé les crimes divers qu'il avait commis.

Devant les objections qui lui étaient faites, les contradictions qu'il était facile de montrer, il se fâchait ou refusait de répondre. Nous avons rarement vu inculpé à la fois plus hautain et plus soupçonneux, aussi prudent en paroles et en même temps si ridiculement simulateur dans ses actes. Il affectait, selon la qualité des personnes, des allures de familiarité déplacée ou un ton arrogant d'autorité. Au fond, il était méfiant et surtout réservé. Il jouait un rôle, et pendant des mois il ne s'est pas écarté de la ligne de conduite qu'il s'était tracée. Son unique objectif a été de se faire enfermer dans un asile d'aliénés : il n'avait pas oublié qu'il était facile d'en sortir.

Dans le rapport des experts on trouve longuement exposés et précisés les motifs qui ont déterminé leur appréciation collective. Je désire cependant aujourd'hui, après y avoir encore réfléchi, insister sur certains points, mettre en lumière quelques côtés restés dans l'ombre, donner une opinion personnelle sur l'état de responsabilité de Vacher.

Nous avons publié de nombreux documents du dossier montrant jusqu'à l'évidence un certain nombre de crimes, non avoués par Vacher mais certainement commis par lui. Quelques-uns de ces assassinats ont eu le vol pour mobile, d'autres ont été accomplis avec d'autres chemineaux. Vacher n'a opéré seul que pour la satisfaction de son instinct sexuel.

Vacher était connu d'un certain nombre de vagabonds. Il faisait allusion à ses différents compagnons, lors de son arrestation à Cempis et pendant quelques-uns de ses transferts.

L'instruction a montré qu'il a eu pour compagnon un jeune homme blond dont la présense a été constatée sur les lieux de certains crimes qui sont restés impunis.

M. Fourquet nous raconta dans un de nos voyages à Belley qu'une lettre qu'il avait d'abord refusée lui fut plus tard retournée après être tombée au rebut. Cette lettre, adressée de Toulon, au moment où on se préoccupait de l'emplacement du puits de la Demi-Lune où avait été jeté Claudius Beaupied, indiquait très exactement les lieux où se trouvait le puits. L'auteur de la lettre ajoutait : « Si j'étais près de vous je pourrais vous en dire long sur cet homme aux guêtres et au bonnet à poil. » Pas de doute, il s'agissait bien de Vacher. Nous espérons que tôt ou tard ce chemineau racontera ce qu'il sait et en dira long.

Nous n'avons pas eu besoin de ce récit pour savoir que Vacher était un voleur et un assassin.

Il a avoué douze crimes commis du 1er avril 1894 au 4 août 1897, mais il s'est bien gardé de parler des quinze ou seize autres que nous lui attribuons avec M. Fourquet. Nous ne croyons pas exagérer en disant que Vacher a commis, au moins vingt-sept ou vingt-huit crimes tels qu'assassinats, vols, attentats, etc.

Mais pourquoi Vacher n'a-t-il jamais fait des aveux sur les quinze ou seize autres crimes: quand on l'a interrogé sur ce point, il s'est renfermé dans le mutisme. Un matin à la prison Saint-Paul, je lui ai parlé de l'affaire de Varacieux, de l'assassinat de la petite Olympe Buisson. Vacher écoutait, la tête inclinée, les mains derrière le dos. Tout à coup, j'ai cru qu'il allait répondre. Il m'a étrangement fixé, a haussé les épaules et s'est promené dans la cellule. Puis, vivement : « Sachez que je suis aussi fin que vous. Je ne dis que ce que je veux dire. Je n'ai que trop parlé. Consultez mes interrogatoires devant le juge. C'est fini, je n'ajouterai plus rien. »

Il est plus que probable pour tous ceux qui ont étudié le dossier, que Vacher a commis plusieurs assassinats avant son entrée au régiment. Que l'on relise les résultats de l'enquête à propos des crimes de Joux, de Chambérac, et surtout celui de la petite Olympe Buisson (p. 116 à 120), le 29 septembre 1890. Ce dernier porte vraiment la marque sadique et la signature de Vacher. Nous sommes convaincu qu'il en est bien l'auteur.

Mais dans le triage qu'il a fait pour ses aveux, Vacher n'a pas voulu faire figurer les crimes antérieurs à son entrée au service militaire (assassinats, pédérastie). Il n'est plus possible alors de faire jouer un rôle aussi important au projectile, à l'aliénation constatée, au séjour dans deux asiles.

Vacher, en effet, a un système. Sa folie a une cause, c'est une morsure par le chien enragé.

Il va donc s'accuser lui-même. Il reconnaîtra de véritables accès de rage qui le font se précipiter sur les enfants, qui l'obligent à mordre et à mutiler ses victimes.

Ce système, il l'adopte tout à coup, à la prison de Belley, après une courte visite du médecin de la prison, lui annonçant qu'il va le déclarer irresponsable. Dès lors, il écrit sa lettre d'aveux et du jour au lendemain, il devient un nouveau personnage.

En effet, à Cempis, quand il est arrêté par Plantier, Vacher est vraiment cynique. Le juge d'instruction de Tournon ne relève pas les signes de cette folie que plus tard il étalera complaisamment. Arrivé à Belley, et confronté avec différents témoins, il nie avec énergie et répond convenablement à toutes questions. Mais bientôt, poussé par l'évidence des faits, reconnu sans hésitation par différents témoins, il est obligé d'avouer qu'il est l'auteur du crime de Benonces, une des plus abominables scènes de cannibalisme. Certain, en même temps, de la déclaration que doit faire sur son état mental d'aliéné le médecin de la prison, il entre dans de minutieux détails sur les autres crimes qu'on lui reproche.

Et comme il lui paraît nécessaire de donner à ces faits une certaine similitude, il choisit dans sa collection tous les assassinats qui présentent quelque ressemblance surtout lorsque certains détails caractéristiques indiqués négligemment par le magistrat instructeur montrent que les preuves sont là évidentes et qu'il ne servirait à rien de nier.

Pour bien montrer qu'il obéit à des accès de rage, il dit qu'il attaque tout à coup ses victimes, les mord et les mutile. Comme on lui fait remarquer que ce sont le plus souvent des enfants, fillettes ou garçons, il cite le cas de la veuve Morand, de Saint-Ours, à laquelle il donne plus de soixante-dix ans et qui en réalité n'était âgée que de cinquante-huit ans.

Il tue ses victimes pour les violer, les mutiler. Aussi, il s'indigne quand on lui démontre qu'il a volé à l'une ses pendants d'oreille, à l'autre ses souliers.

A aucun prix il ne veut passer pour voleur. Il sent très bien que si des vols sont démontrés, la théorie des accès de rage sera moins soutenable. Il cite donc tous ces assassinats de pauvres petits bergers ou bergères, auxquels en effet il ne pouvait voler grand'chose, mais refuse de s'expliquer sur les crimes pour lesquels le vol a été le mobile véritable de l'assassinat. Ses demi-aveux dans l'affaire de

Lacaune (voir page 124) ne sont-ils pas caractéristiques : il est en effet *démontré* que Vacher a tué le nommé Gautrain pour lui voler une somme de deux cents francs.

Ce système de Vacher ne manque pas d'une certaine habileté : il a suffi d'ailleurs pour entraîner la conviction de plusieurs médecins qui, au récit des journaux ou à la lecture de quelques pièces du procès, se sont fait une conviction, et n'ont pas hésité à proclamer bruyamment la folie de Vacher.

Les experts officiels, mieux renseignés, ont émis l'avis que sa responsabilité était à peine atténuée.

Ils ont voulu dire qu'il ne fallait pas oublier que Vacher avait été plusieurs fois déclaré fou par des médecins aliénistes, qu'il avait passé par deux asiles et que des certificats ou des rapports versés au dossier permettaient de croire que cet homme avait donné pendant son séjour au régiment ou après l'événement de Baume-les-Dames, des signes de folie.

Et cependant, Vacher a-t-il jamais été aliéné?

La lecture du dossier ne nous avait pas absolument convaincu, les dépositions à la Cour d'assises des camarades, des sous-officiers ou des officiers de son régiment nous ont encore rendu plus sceptique. C'est vrai, il a été brutal et dur pour les hommes qu'il avait sous ses ordres; plusieurs fois et dans deux circonstances très nettes il a eu des accès de fureur, mais c'était alors de l'ivresse, après l'absorption d'une certaine quantité d'alcool. Comment expliquer, d'ailleurs, qu'il ait pu arriver au grade de sergent, s'il avait donné à tous des preuves si évidentes de folie?

Après un accès d'alcoolisme aigu pendant lequel il s'est montré violent et dangereux, on l'envoie d'urgence à l'hôpital afin de lui faire accorder un congé de convalescence qui permettra d'attendre le moment de la libération de la classe dont il fait partie. On ne tenait plus à le garder au corps; mais rien n'indique d'une façon précise qu'il fût alors considéré comme un aliéné. C'est pendant ce congé que se produit l'événement de Baume-les-Dames. Aussitôt l'ordre est donné au médecin-major du régiment de dresser un rapport de l'état mental du sous-officier Vacher afin de le présenter à la Commission de réforme.

On n'a pas oublié que Vacher obtint un congé de réforme n° 2 et un certificat de bonne conduite.

Dès lors Vacher ne fait plus partie de l'armée et, s'il a à répondre de la tentative de meurtre sur la personne de Louise B..., ce sera devant les tribunaux civils.

Les médecins de l'asile de Dôle le déclarent irresponsable. Aussi, quand après un de ses crimes, Vacher revenu à Besançon rencontre le témoin Lyonnet, il lui dit : « Je ne suis pas fou, mais je suis obligé de faire le fou, sans cela on me ferait passer à la Cour d'assises. »

Plus tard, à la prison Saint-Paul, il déclare à un codétenu mis auprès de lui en qualité de *mouton,* et qui avait su gagner sa confiance : « J'ai fait le fou à Dôle et j'ai réussi a tromper les médecins. Il y a les certificats qui attestent que j'ai été fou, il faudra bien que les médecins de Lyon en tiennent compte. Maintenant, je continue à jouer le fou : ils seront bien forcés de reconnaître que je l'étais depuis la sortie de Saint-Robert jusqu'au moment de mon arrestation. »

Qne l'on veuille bien se rappeler les incidents de son transport de Dôle à Saint-Robert : son calme subit dès qu'on lui enlève les liens qu'il avait fallu lui mettre à cause de ses excentricités. Il dit qu'il sera tranquille et il tient parole.

A Saint-Robert, dès son arrivée, on le met en observation, et si ce n'étaient les documents qui l'accompagnent, on ne saurait pas si on a affaire à un fou. Les lettres que Vacher adresse à M. le docteur Dufour n'indiquent-elles pas un esprit calme et sain ?

Il me semble que l'on ne relève pas de preuves bien manifestes de folie dans tous ces annamnestiques. Les faits et circonstances relevés dans sa vie errante, les conditions dans lesquelles il accomplit les crimes avoués et surtout ceux qu'il n'avoue pas, pour la plupart des assassinats suivis de vol et avec l'aide de complices, apportent de nouvelles preuves de ce même état d'esprit.

Vacher a pu longtemps être insaisissable : d'abord par sa manière d'opérer, grâce à ses marches ou à ses contre-marches extraordinaires, au choix toujours judicieux des lieux du crime. Il savait en effet comme tous les criminels vagabonds que la vie à l'aventure dépiste les recherches, fait naître les occasions favorables sur les chemins peu fréquentés ou dans les campagnes désertes.

De plus, avec les précautions qu'il prenait vis-à-vis du corps des victimes, il évitait la découverte immédiate du crime et se donnait ainsi le temps de fuir.

Enfin — et c'est là le point important — Vacher avait toujours assez d'argent pour ne pas être arrêté comme vagabond. Son gousset, assez bien garni, avait plus d'effet sur les gendarmes que la possession du livret militaire.

Il résulte de tout ce que nous venons de dire que les présomptions sont que Vacher n'a jamais été fou. Il a trompé les premiers médecins comme il voulait nous tromper. S'il est pour nous absolument certain qu'il était sain d'esprit quand il est sorti de l'asile de Saint-Robert, il nous paraît fort probable qu'il en était de même pendant son séjour à Dôle.

Il est aussi impossible de prouver la folie de Vacher que de mettre une étiquette, de donner un nom à la prétendue maladie dont il avait été atteint.

Est-ce un fou moral, un épileptique, un impulsif quelconque? Notre rapport répond à ces questions et montre qu'il n'en est rien.

Certes, c'est un anormal au point de vue des satisfactions de l'instinct sexuel.

Vacher avait spontanément mis en pratique la théorie de de Sade.

« Il ne s'agit pas de savoir si nos procédés plairont ou déplairont à l'objet qui nous sert, il s'agit seulement d'ébranler la *masse de nos nerfs par le choc le plus violent possible ;* or il n'est pas douteux que la douleur affectant bien plus que le plaisir, les chocs résultant sur nous de cette sensation produite sur les autres seront d'une vibration plus vigoureuse. »

L'auteur de ces lignes, Mirabeau et d'autres, écrivaient à la Bastille ou à Vincennes leurs ouvrages érotiques. C'est un résultat de cet état d'âme, assez fréquent chez les prisonniers, que nous appelons l'onanisme cérébral, et qui est probablement « la rumination érotique des continents » de Binet.

Vacher, lui, est toujours en rut de chair fraîche ; il lui faut même l'éventration et les mutilations pour apaiser cette faim. Dans la satisfaction de cet appétit, l'homme est dur, la femme cruelle. Le sadique a quelque chose du dévergondage cérébral de la femme.

Mais les anormaux de cet ordre ne sont pas toujours des aliénés. Les manifestations bizarres et étranges du plaisir sexuel sont aussi variées que celles qui sont employées pour apaiser la faim ou la soif. Cela n'implique nullement la folie.

Nous avons tenu à publier une longue suite de crimes sadiques, quelques-uns aussi épouvantables que ceux de Vacher et dont les auteurs ont souvent été reconnus responsables et atteints par les lois.

Il est surtout remarquable de voir que quelques-uns des auteurs qui se sont occupés de Vacher et de son degré de responsabilité ont émis l'idée que celle-ci était diminuée à cause du grand nombre de crimes commis. La répétition du forfait prouvant, à n'en pas douter, l'indifférence du meurtrier.

Dans un livre des plus remarquables, *l'Ame du Criminel*, notre distingué confrère, M. le Dr Maxime de Fleury, s'exprime ainsi :

« Vacher, le tueur de bergers, impulsif conscient, est véritablement une sorte de fou, encore que, pour les choses habituelles de la vie, il raisonne sans trop de divagation. L'excès même de ses forfaits doit le sauver de la main du bourreau; s'il n'avait à sa charge qu'un assassinat, on le condamnerait à mort sans même lui faire subir d'examen médico-légal; mais il a tant de fois assouvi sa manie effroyable, et cela sans motif plausible, pour rien, pour le plaisir, qu'il faut le traiter comme une brute à la conscience confuse. Nous dirons donc qu'il n'est qu'à demi responsable, qu'il doit bénéficier des circonstances atténuantes, mais que, pour la sécurité publique, il ne devra plus jamais être mis en liberté. Il sera condamné aux travaux forcés à perpétuité. »

Notre ami Enrico Ferri (1) dit qu'on a guillotiné « ce Vacher l'éventreur, qui était bien *évidemment* un aliéné, comme cela résulte pour tout observateur impartial et habile, d'après l'expertise elle-même publiée dans les *Archives d'anthropologie criminelle* ». Plus loin, Ferri déclare que les experts ont manqué de courage scientifique. « Vacher, disent-ils, a simulé la folie. Or, il est notoire que la simulation de la folie est toujours un symptôme psychopathologique. »

Nous croyons que bon nombre de médecins ou de cliniciens ne partageront pas toutes les opinions scientifiques du distingué professeur de droit criminel.

Il n'y aurait, à notre sens, que deux manières de démontrer la folie ou l'aliénation mentale de Vacher.

Il faudrait prouver ou bien qu'il a tué sous l'influence d'idées délirantes, ou bien, qu'à chaque crime quelconque il a été poussé par une impulsion irrésistible.

On a dit qu'il avait été atteint temporairement de délire mélancolique avec idées de persécution et de suicide. Mais il est sorti guéri de l'asile de Saint-Robert, et Vacher, pas plus que les médecins qui ont entrepris de démontrer sa folie, n'a avancé que les crimes avoués ont été commis sous l'influence d'idées de persécution, d'idées mystiques, etc.

Vacher dit, toujours à propos des crimes avoués, que se trouvant tout à coup en présence d'un berger ou d'une bergère, il est pris d'un accès de rage. Les médecins, acceptant l'interprétation de Vacher, disent que cet homme est un dégénéré impulsif.

Nous répondrons que Vacher ne présente aucun signe de dégénérescence. Il n'y a rien « d'irrésistible, d'impulsif » dans sa facon de

(1) *La Scuola positiva*, numéro de Janvier 1899.

choisir les victimes, de préparer le crime, de l'exécuter, de fuir après avoir fait disparaître les traces du crime.

Si nous admettions même que la vue de la chair jeune et fraîche était une tentation irrésistible pour ce sadique, s'ensuit-il qu'il devait être considéré comme irresponsable ?

Vacher, personne ne le niera et lui-même en était convaincu plus que personne, avait une certaine intelligence. Il avait donc conscience d'être un danger permanent pour autrui et spécialement pour les petits garçons et les petites filles.

Personne n'oserait soutenir qu'il pouvait promener à travers toute la France ses goûts sanguinaires et cela sans responsabilité aucune.

Un homme voyage avec des cartouches de dynamite. Une explosion a lieu pour une raison quelconque, accidentellement même. Sans doute, la responsabilité de ce voyageur peut être atténuée s'il ignorait qu'il transportait un explosif, la facilité avec laquelle la dynamite peut faire explosion, les dangers que l'on fait ainsi courir aux autres, etc., etc. Mais après le premier accident, cet homme voyage encore et est la cause de nouvelles explosions et de morts accidentelles. Ne sévirait-t-on pas alors contre lui, et d'autant plus sévèrement, qu'il avait pour ainsi dire reçu un premier avertissement.

De même l'*impulsif vrai* (ce n'est pas Vacher dont nous parlons) commet un premier crime. On peut soutenir, que dans une certaine mesure il est excusable. En effet, affirmera-t-on, il s'ignorait, il ne savait pas qu'il eût à prendre des précautions contre lui-même, il a été le premier surpris, etc., etc.

Voilà le premier crime excusé, mais le second l'est-il ? Que penser alors de l'effroyable série des crimes avoués, et surtout de ceux qui ont été commis avec des complices et qui ont eu le vol pour mobile !

Les experts ont été longs à se former une opinion. Je n'hésite pas à formuler la mienne d'une façon définitive : *Vacher a simulé la folie, il était responsable de ses actes.*

Disons en outre, bien que la remarque n'ait pas une très grande importance, que ceux qui l'ont vu de près, et longtemps, comme les gardiens ou le personnel de la prison à Lyon, à Belley ou à Bourg, les hommes mis avec lui en cellule, ont tous été unanimes à dire que Vacher était « un farceur », et qu'il ne leur paraissait nullement fou.

Vacher s'appelait l'anarchiste de Dieu. C'est vrai, il était anarchiste, comme le sont d'ailleurs bon nombre de routiers ou de vagabonds.

Nous avons donné des preuves et, s'il était possible de se porter garant des co-détenus mis avec lui en cellule, nous citerions le témoignage de ces hommes auxquels il a fait des confidences les plus caractéristiques. Il se montrait révolté, comme pour trouver des excuses à sa conduite, dans le désir naturel d'expliquer ses actes par des principes.

Le contact avec la civilisation a fait de cet homme des champs une brute plus dangereuse que s'il était resté à l'état de nature.

Nous plaignons les médecins plus ou moins autorisés, grisés par les théories modernes de l'anthropologie criminelle, qui, sincèrement et sans hésitation, proclament la folie ou l'aliénation mentale de Vacher et sont tout disposés à lui donner, non l'auréole du martyr, mais le titre de malade pour le faire entrer dans cette salle basse de morgue, sorte de Panthéon des criminels où, dit-on, Menesclou et quelques autres ont trouvé place.

Quand Vacher fut arrêté on le trouva muni de deux énormes gourdins de bois de houx : sur l'un il avait gravé : « *Marie, Lourdes* », et sur l'autre : « *Qui fait bien trouve bien.* »

Toute la psychologie de Vacher est dans ces deux inscriptions. Quel hypocrite ! quel sinistre farceur ! !

L'EXÉCUTION DE VACHER

L'exécution a eu lieu à Bourg le 31 décembre. Nous en empruntons les détails très exacts au *Progrès de Lyon.*

« *Le réveil du condamné.* — A six heures trente-cinq, MM. Ducher, procureur de la République; Verdalle, juge suppléant; Berriat, juge d'instruction; Dupré, médecin de la prison; Devos, capitaine de gendarmerie; l'abbé Roman, remplaçant M. Sambet, aumônier de la prison, retenu par la maladie; Morellet, greffier en chef, et Girat, commis-greffier, pénètrent dans la prison.

Ces deux derniers accompagnent M. Verdalle à l'effet de consigner, s'il y a lieu, conformément à la loi, les révélations que l'assassin pourrait avoir à faire *in extremis.*

Quand le gardien chef ouvre la porte de la cellule, Vacher dort profondément et M. Ducher est obligé de lui toucher l'épaule pour le réveiller.

— Votre pourvoi en cassation et votre recours en grâce ont été rejetés, lui dit-il. Levez-vous et soyez énergique.

Avec un grand sang-froid Vacher répond :

— C'est bon. Faites de moi ce que vous voudrez. Je marche droit devant moi.

Vacher se lève aussitôt et s'habille tranquillement, avec l'aide d'un gardien.

L'abbé Roman s'approche de lui et lui demande s'il veut se confesser.

Vacher répond :

— Ce n'est pas la peine; j'entendrai la messe devant Dieu.

Comme l'abbé l'exhorte au repentir et lui présente un crucifix, Vacher proteste de son innocence; il ajoute :

— J'embrasserai Jésus-Christ tout à l'heure. Vous croyez, ajoute-t-il, expier les fautes de la France en me faisant mourir; cela ne suffira pas; vous commettrez un crime de plus; je suis la grande victime fin de siècle.

On demande à Vacher s'il veut boire un verre de rhum ; il répond qu'il n'a besoin de rien.

La toilette. — Le patient est ensuite mené au greffe de la prison où a lieu la toilette du condamné.

Pendant qu'on procède à cette opération, Vacher cause avec le plus grand sang-froid, il est très pâle, mais sa voix est toujours ferme et énergique! « Ce n'est pas la peine de tant me ligotter, dit-il, je ne m'échapperai pas », puis il plaisante : « Je suis bien content de m'être fait couper les cheveux hier », dit-il.

Un moment après il s'écrie :

— C'est curieux tout de même! Voilà Mazoyer qui a tout avoué, qui a eu une attitude d'imbécile et on le gracie. Et moi qui ai plaidé mon innocence, on me tue. Mais j'ai la conscience tranquille, et je souhaite que ceux qui m'entendent l'aient aussi tranquille que moi.

La toilette est terminée. Deibler invite Vacher à se lever, mais celui-ci refuse de marcher.

— Portez-moi si vous voulez, dit-il ; je ne veux pas marcher, je veux me faire traîner.

*
* *

A six heures cinquante la porte de la prison s'ouvre et Vacher apparaît, porté par les aides du bourreau qui le descendent en bas du perron.

Pendant qu'on le descend, Vacher jette un regard sur un petit groupe de personnes qui stationnent au bas du perron et il s'écrie :

— Ah! la voilà, la victime des fautes des asiles !

Il est livide, mais paraît toujours très maître de lui; sa voix un peu chantante nous paraît aussi ferme qu'au cours du procès.

De la prison à la guillotine. — Vacher est hissé dans le fourgon, l'abbé Roman et Deibler prennent place à côté de lui et le cortège de gendarmes à cheval se dirige vers le Champ de Mars en passant par les rues du Palais, Bourgmayer et des Casernes.

Il est grand jour quand le cortège débouche sur le Champ de Mars.

— Le voilà! crient les personnes placées aux premiers rangs de la foule qui se presse derrière le cordon de troupes.

Le fourgon s'arrête à deux pas de la guillotine.

L'expiation. – Le marchepied du fourgon placé on s'attend à voir Vacher descendre tout seul ; mais pendant les quelques minutes qu'a duré le trajet, le condamné, que son énergie a complètement abandonné, a perdu connaissance, et c'est une masse inerte que les aides du bourreau jettent sur la bascule

De la foule, à ce moment, s'élève un immense murmure. Des cris retentissent :

— A mort! A mort Vacher! A mort l'assassin ! Le lâche ! il ne sait pas mourir proprement.

Trois secondes après, justice était faite. Il est exactement 7 h. 3 m.

En entendant le bruit sourd du couperet, la foule applaudit bruyamment.

*
* *

Les restes du supplicié sont jetés dans un cercueil déposé à côté de la machine et qui remplace le traditionnel panier de son. Le cercueil est placé sur le corbillard des pompes funèbres et transporté directement à l'hôpital, sans passer par le cimetière. »

La tenue de Vacher aux assises n'avait inspiré aucun sentiment de pitié. Sa mort ne provoque même pas de la commisération.

Cet homme qui s'était complu dans le spectacle de l'agonie de ses victimes a eu peur à ses derniers moments. Il n'est pas mort comme un fou, avec la superbe d'un mystique ou la dignité d'un individu qui se croit un martyr. Il est resté un révolté, puis la terreur l'ayant envahi, il est mort lâchement, donnant ainsi une dernière preuve que le glaive de la loi n'avait pas frappé un aliéné.

NOTES SUR L'AUTOPSIE DE VACHER

J'ai rédigé cette relation succinte de l'autopsie de Vacher avec mes notes personnelles et avec les renseignements complémentaires qu'ont bien voulu me fournir mes confrères les Drs Chaumier, Paviot et Taty.

Le cadavre du décapité a été livré le 31 décembre 1898 à 8 h. 1/2 du matin.

La section du couperet a passé entre la 3e et la 4e vertèbre cervicale, a coupé un centimètre d'épiglotte et rasé le bord du maxillaire inférieur, sans l'entamer.

L'autopsie est commencée par les organes *thoraciques* et *abdominaux*.

Les *poumons* sont pâles, sans lésions anciennes ou récentes, sauf une adhérence assez lâche du lobe supérieur droit.

Le *cœur* est revenu sur lui-même en prenant une forme pyramidale. Il est à peu près vide de sang; on trouve seulement un petit caillot vers la pointe, entre les piliers de 3e ordre.

Les *vaisseaux* de la base du cœur sont intacts. L'aorte est fortement revenue sur elle-même, sa lumière admettant à peine l'index. Il en est de même de l'aorte abdominale qui présente le volume d'une iliaque ordinaire.

L'*estomac* est vide. Ses deux tiers à droite sont fortement contractés.

L'intestin grêle est vide et rétracté.

Le *rectum* est distendu par des matières fécales, moulées.

L'*anus* ne présente rien d'anormal. Pas de signes de pédérastie.

Le *foie* et la *rate* sont normaux. Rien à noter du côté des *reins* et des *uretères*.

La *vessie* est pleine d'urine. Dans le bas-fond un peu de pus.

La *prostate* a le volume d'une grosse noix. Sa coupe est blanc-rosé.

La section de l'*urèthre* à la pointe de la prostate laisse sourdre du pus filant.

Le *prépuce* est long, sans phimosis. Le volume de la *verge* est plutôt au-dessous de la normale.

Le *testicule* droit est manifestement atrophié. Le testicule gauche présente une adhérence presque totale de la vaginale.

Les *veines saphènes* suivies jusqu'à la malléole n'offrent ni dilatation ni sinuosités.

Tête. On note une occlusion incomplète des paupières à droite. La commissure labiale droite est tombante. Mais pour ceux qui comme moi, ont vu Vacher vivant, il est évident que la paralysie faciale est moins apparente, grâce à la disparition du tonus du côté sain.

Le cuir chevelu est épais.

L'épaisseur de la *calotte crânienne* est normale. Le diploé est très perméable. Pas de déformation.

La *dure-mère* est saine, elle n'offre dans toute la convexité ni adhérence, ni épaississement d'aucune sorte, à aucun degré.

La *pie-mère* n'a aucune adhérence avec la dure-mère; elle est normalement vascularisée, elle ne présente ni épaississement ni exsudat, aucune trace d'inflammation, ancienne ou récente.

L'*encéphale* se laisse enlever avec difficulté; ni adhérence, ni exsudat à la base.

La masse encéphalique; cerveau, cervelet et bulbe, pèse 1.500 gr.

La *dure-mère de la base* est absolument normale. Dans les deux fosses temporo-sphédroïles notamment, elle n'offre aucune adhérence, en dehors des points d'attache normaux.

Sur la face *antéro-supérieure* du rocher droit, on remarque un petit sillon, comme une fissure, orienté d'arrière en avant et de dehors en dedans, commençant à 1/2 centimètre en avant du bord supérieur du rocher, se dirigeant en avant vers le trou déchiré antérieur, sans l'atteindre, et mesurant une longueur de 15 millimètres. A son extrémité antérieure, on voit, par transparence, une tache bleuâtre, à peu près circulaire, de la dimension d'une lentille. La nature de ce sillon : félure traumatique ou empreinte vasculaire n'a pu être déterminée exactement, le représentant de la famille Vacher s'étant refusé formellement à faire devant nous la coupe du rocher. On peut noter cependant qu'à la partie postérieure de ce sillon la pointe d'une aiguille à suture pénètre d'un millimètre dans sa profondeur. D'ailleurs, à ce niveau, aucune adhérence, pas d'épaississement de la dure-mère, aucune éburnation de l'os; rien qui rappelle un cal.

La pie-mère a été enlevée sur tout l'hémisphère droit. Sa décortication a été assez laborieuse parce qu'on ne s'est pas servi des vaisseaux sylviens, parce qu'il s'agissait d'un individu jeune, d'un cadavre frais et sain, sans liquide et sans œdème *sous*-piemèrien.

La méninge se rompt mais elle n'entraîne jamais de fragments de substance corticale, elle ne présente d'ailleurs aucune trace d'inflammation, aucun épaississement, rien de pathologique. En raison de ces difficultés, l'hémisphère gauche a été seulement décortiqué à ses faces interne et supérieure.

Pendant une suspension de l'autopsie, de 11 heures à 1 h. 1/2, le cerveau a été livré à un photographe et à un mouleur.

Lorsqu'on a repris son examen on a trouvé dans ses scissures et ses sillons des débris de plâtre.

Des coupes de Pitres : préfontale, frontale, pariétale et pédiculo-pariétale ont été pratiquées sur *l'hémisphère droit*. Elles n'ont rien révélé d'anormal.

L'hémisphère gauche n'a pas été coupé, le représentant de la famille Vacher s'y étant opposé, une des coupes de l'hémisphère droit, la pariétale portant à sa partie supérieure une partie du lobe sphénoïdal, a été laissée à M. Paviot qui en a placé une partie dans le liquide de Muller et l'autre partie dans l'alcool à 93° et les a emportées au Laboratoire d'Anatomie pathologique de la Faculté.

La *moëlle* a été enlevée. Les méninges spinales et la substance médullaire sont absolument normales, ni exsudat, ni adhérence, ni épaississement.

Dr Boyer.

QUELQUES MOTS SUR LES AUTRES VICTIMES OU LES INDIVIDUS POURSUIVIS A PROPOS DES CRIMES DE VACHER

Dans un de ses interrogatoires, Vacher a répondu au juge : « Je ne cherchais pas les victimes, c'était le hasard des rencontres qui décidait de leur sort; les pauvres gens ne sont pas à plaindre; ils n'ont pas souffert à eux tous plus de dix minutes... »

Les autres victimes dont nous avons à parler ont souffert beaucoup plus longtemps. Quelques-unes ont eu leur vie brisée, d'autres ne sont pas consolées, il y en a qui pleureront toujours.

Ce sont les infortunés que la justice a soupçonnés, jetés en prison pendant de longs mois, et contre lesquels s'est acharné le mauvais instinct des foules, la manifestation carnassière ou *malesuada fames* de l'opinion publique.

Il est utile et peut-être salutaire de montrer les maux de toutes sortes déchaînés par ce criminel parcourant la France, faisant des victimes, répandant les deuils et les larmes. Ce fléau peut se renouveler. Le danger est à l'état permanent si l'on n'adopte pas les mesures de sécurité publique que nous proposons.

Passons donc en revue ces lamentables tâtonnements judiciaires.

Le 19 mai 1894, Eugénie Delhomme est assassinée à Beaurepaire. Deux jeunes gens, âgés de dix-huit ans, sont arrêtés. Le premier, Louis François, a été l'amoureux de cette fille. Le second, Maurice Dorrier, affirmait l'innocence de son ami, disant que le soir du crime il ne l'avait pas quitté.

Louis François resta trente jours en cellule, au secret, et on le garda en prison quatre mois et demi. Maurice fut emprisonné pendant un mois.

Pendant ce temps le père d'Eugénie Delhomme, accablé par la douleur, passait ses journées au cimetière sur la tombe de sa fille. On dut l'enfermer à l'asile des aliénés de Privas où il mourut quelques mois plus tard.

Un domestique du maître de la fabrique où travaillait Eugénie fut aussi arrêté et resta en prison deux mois.

Quant aux deux jeunes gens, Louis et Maurice, poursuivis par la malignité publique, sans travail, obligés de quitter le pays, ils s'engagèrent, en Afrique, dans un régiment de zouaves où ils sont encore.

*
* *

A propos du crime de Vidauban, un jeune homme du pays, Charles-Joseph Roux, dit Charlot, est arrêté, parce qu'il a découvert le cadavre le premier. La raison suivante avait paru suffisante : « Il devait bien le savoir pour qu'il ait été le chercher là. » On ne tarda pas à le mettre en liberté.

Sur la demande de la mère de Louise on arrêta un ouvrier italien : mais celui-ci fournit un alibi indiscutable et il fut relâché.

On décida une seconde fois de se saisir de Charlot et il fut conduit à la prison de Draguignan. L'opinion publique, l'opinion du juge d'instruction étaient contre lui. Une nuit, sur la porte de sa maison on avait écrit : *Ici habite l'assassin de Louise Marcel.*

La mère de la victime, dans le cabinet du juge d'instruction, se jeta sur Charlot en l'appelant : Assassin, boucher d'enfants, et le frappa violemment.

Après plusieurs mois de prison on dut relâcher Charlot.

Mme Marcel pleura sa fille pendant deux ans, et s'éteignit minée par le chagrin. Elle était très malade quand on vint lui annoncer que Vacher avait fait des aveux. Elle ne voulut pas le croire : « C'est Charlot qui a payé pour le dire. L'assassin, c'est Charlot, je le jure. » Elle mourut, convaincue de la culpabilité de ce pauvre jeune homme, le 7 novembre 1897.

Malgré tout, les gens du pays croient encore à la culpabilité de Charlot. Depuis le crime, on a été sans pitié pour lui : il a été déshonoré, flétri à jamais. Sa malheureuse mère, elle aussi, est morte de chagrin.

*
* *

Il en fut de même à propos du crime du Bois-du-Chêne.

Dans une publication très bien faite et remplie de curieux documents (1), M. Besse consacre près de 400 pages au récit de toutes les

(1) *Le Tueur de bergers*, chez Schwartz, Paris.

passions soulevées en Bourgogne par l'assassinat d'Augustine Mortureux. « On y voit un mouvement d'opinion effréné; une ville tout entière luttant contre le Parquet, prenant l'affaire pour base électorale et envoyant siéger au Conseil d'arrondissement un des adversaires les plus fougueux des représentants de la justice et de la raison; on y voit enfin une victime poursuivie à faux avec la dernière rigueur par l'opinion publique et quelques magistrats intègres qui ont eu la force de résister aux attaques les plus violentes, et le courage de se laisser vilipender pendant de longs mois dans les journaux locaux, plutôt que de poursuivre et de faire condamner celui que désignait la fureur publique, et dont l'innocence était indiscutable à leurs yeux.

En cette occasion, le Parquet a fait son devoir avec une conscience et une abnégation dignes de tout éloge.

Nous serons heureux de rendre hommage au Parquet de Dijon, dont la fermeté et la probité pourront servir d'exemple dans ce long récit mêlé de crimes et d'enquêtes judiciaires, où l'on pourra constater trop souvent, hélas!... des maladresses ou des défaillances de la part de la magistrature. »

Nous ne pouvons que donner un résumé de cette histoire qui est le marytrologe de M. Grenier, l'assassin supposé d'Augustine Mortureux.

Il fut arrêté, mis en prison, longuement interrogé. La chambre des accusations de Dijon le déclara innocent et ordonna sa mise en liberté immédiate. Malgré cet arrêt, le père d'Augustine continua à l'accuser, proféra des menaces contre lui et dit qu'il se vengerait. M. Grenier, marié et père de famille, dut abandonner sa propriété et se retirer à Losne.

*
* *

A propos du crime de Saint-Ours, on arrêta à Aix-les-Bains un chemineau nommé Appoot, mais l'arrestation ne fut pas maintenue car on fut obligé de reconnaître qu'il n'avait pas commis le crime.

*
* *

A Truinas, dans l'Ardèche, après l'assassinat d'Aline Alaise on arrête un rouleur nommé Auguste Marseille, autrefois lutteur dans les foires. Cet homme était, la veille du crime, entré au service d'un sieur Blanc. Or, on avait trouvé près du corps de la victime un fragment de couverture de cahier d'écolier sur lequel était écrit le mot « Marc » On crut que c'était probablement la première syllabe du nom de Marseille. La gendarmerie fit une perquisition au domicile de celui-ci et examina minutieusement ses effets. Le procès-verbal relève deux taches de sang dans les poches d'un gilet, puis sur la doublure d'un vêtement des traces d'un lavage récent, enfin une chemise portant « une petite éclaboussure de chair humaine » *(sic)*. Marseille est arrêté le 24 septembre 1895. On s'aperçoit qu'il est déséquilibré et probablement épileptique. Il est envoyé en observation à l'asile d'aliénés de Privas à la fin d'octobre puis relâché en vertu d'un non-lieu en mars 1896.

*
* *

Le crime de Saint-Étienne-de-Boulogne eut des conséquences analogues à celles du crime de Bois-d'Étaules.

Le nommé Banier, habitant la localité, fut accusé de cet assassinat, mis en prison, rendu à la liberté et poursuivi pendant deux ans par la vindicte publique, alors que son innocence était démontrée, proclamée même par les soins de M. Morellet, juge d'instruction à Privas et par M. Artiges, maire de la commune.

La férocité des gens de cette partie de l'Ardèche ne put être appaisée, et malgré l'affichage de l'ordonnance de non-lieu en faveur de l'inculpé, les déclarations de Vacher, les avis des magistrats, l'infortuné Banier reste toujours l'assassin du jeune berger Pellet-Massot pour les indigènes de Saint-Étienne-de-Boulogne.

*
* *

On se rappelle qu'à Cusset, Vacher égorgea la femme Lorut, âgée de dix-neuf ans, mariée depuis quelques mois. Le mari fut accusé et il s'en fallut de peu qu'il ne fût mis en prison : il eut la chance de fournir un alibi.

*
* *

A propos du crime de Courzieu, on a cru que le jeune Laurent avait été tué par un notable fermier, conseiller municipal de la commune. Cet homme qui avait rencontré la nuit sur son chemin le berger Laurent alla faire cette déclaration. De là les soupçons, des enquêtes, des contre-enquêtes, des perquisitions, un examen de l'état physique et même une visite spéciale ; rien ne fut épargné.

Les aveux de Vacher amenèrent enfin le calme.

*
* *

Il faut encore citer ce qui s'est passé pour le crime de Vrécourt (Vosges — Voir p. 126), que Vacher n'a pas voulu avouer. La femme d'un malheureux inculpé écrivait à M. Fourquet : « Ce malheureux personnage qui a été vu et reconnu dans nos villages le 30 avril et le 1er mai, Dieu lui donnera-t-il le courage et la force d'avouer bientôt ce crime odieux qui fait souffrir et languir une famille entière ? qu'il avoue donc au plus vite, ce terrible personnage, pour tirer de la peine tant de malheureux qui meurent de chagrin. »

Des témoins venus exprès à Belley et à Bourg furent mis en présence de Vacher et reconnurent sans hésitation le vagabond qu'ils avaient aperçu le 1er mai 1897 à quelques kilomètres du lieu du crime.

Mais les parents de la jeune Henrion se refusèrent à admettre que Vacher soit le meurtrier de leur fille. Le malheureux père de famille, accusé de cet assassinat, sans ressources et sans travail, auquel tout crédit était refusé, ne pouvant nourrir ses enfants a dû abandonner le pays.

N'oublions pas en terminant une série de vagabonds arrêtés puis remis en liberté faute de preuves tels que : Exbrayat et Pigliano, au Puy ; Fabre et Bourdillat, à Cusset ; Bravais, à Privas ; Lambert et Succaret, à Belley.

* * *

La liste des victimes de Vacher n'est pas close !

Cette lecture est affligeante pour l'administration de la justice. Tout a progressé, hormis l'outillage judiciaire.

Vraiment, on se sent pris d'une grande compassion pour tous ces malheureux. On regrette que la société ne puisse rien faire pour aider à leur éclatante réhabilitation et apporter une grande réparation.

Est-ce possible ! chaque profession n'engage-t-elle pas la responsabilité de celui qui l'exerce ? Un père de famille n'est-il pas responsable des dégâts ou des dommages causés par ses enfants, les gens à son service, etc. L'article 1382 du Code civil dit : *Tout fait quelconque de l'homme qui cause à autrui un dommage oblige celui par la faute duquel il est arrivé à le réparer.*

Le principe proclamé par cette phrase, en style lapidaire, ne peut-il être invoqué pour les déshérités et les petites gens ?

S'il en est ainsi, il y a quelque progrès à accomplir et notre civilisation n'est pas parfaite.

Que l'on nous parle encore, après la cruelle énumération que l'on vient de lire, de l'infaillibilité de l'opinion publique, cette *vox populi,* etc ! A propos de chaque crime de Vacher elle a trouvé moyen d'accuser un malheureux qui était absolument innocent !

LES VAGABONDS CRIMINELS

CE QU'IL Y AURAIT A FAIRE POUR LA RECHERCHE DES COUPABLES.

Il y a, en France, au moins de cent cinquante à deux cent mille roulants, peut-être quatre cent mille.

Voilà bien une effrayante constatation de ce mode de parasitisme social.

Le vagabondage, accompagné de mendicité (1), tient le milieu entre l'oisiveté et la criminalité. Les vagabonds sont des gens désœuvrés, n'ayant pas de domicile fixe, manquant de subsistances, vivant cependant sans travailler, dans les conditions prédisposantes les plus marquées à commettre toutes les infractions à la loi.

Les vagabonds recherchent les deux satisfactions primordiales des natures animales : la faim et le plaisir sexuel. Manger et coïter. D'où les délits et les crimes les plus fréquents : les vols et les attentats aux mœurs, les assassinats et les viols.

Il faut tenir compte aussi de l'*ennui*. L'ennui est une insuffisance du fonctionnement de notre instinct d'activité.

Ce défaut d'activité est aujourd'hui avec le *doute* et *l'irrésolution* une des maladies sociales les plus fréquentes.

C'est le besoin d'activité qui crée cette disposition à se déplacer propre à certaines natures. Il y a des individus qui ne peuvent rester en place : riches, ils deviennent aventureux, éprouvent le besoin de voyager ou d'explorer les pays lointains, ils ont comme la frayeur du foyer domestique.

Pour d'autres, l'horizon est plus limité. C'est, d'après la condition sociale, les déplacements pour causes quelconques, ou bien le vagabondage avec la mendicité.

Des peuplades — cela s'observe même de nos jours — ont vécu longtemps à l'état nomade. Actuellement, aux champs ou à la ville,

(1) Florian et Cavaglieri : *I Vagabondi,* Turin 1897. Enrico Ferri. — *La justice pénale, etc.*, Bruxelles, 1898, p. 53.

il y a des individus qui ont une existence semblable. Auguste Comte avait rangé les mendiants parmi les « prolétaires passifs ». Il peut y avoir en effet parmi eux des insouciants et des imprévoyants.

Mais dans cette troupe de roulants, ou mieux dans cet innombrable troupeau, il y a un grand nombre de criminels.

Ces routiers sont répandus dans la campagne : ils volent, incendient, pillent, assassinent, ou mendient en proférant des menaces. Ils sont particulièrement insolents dans les fermes, dans les maisons isolées où ils ne rencontrent que des enfants, un vieillard, une femme seule : alors ils demandent insolemmeut la charité. Si on refuse, ils volent. Ils n'hésitent même pas à frapper ou à engager une lutte.

Dans l'argot professionnel, on distingue le routier ou chemineau qui travaille « en cagou », c'est-à-dire qui opère seul.

Ce solitaire travaille « *à la douce* » ou vole sans violence, ou bien il opère « *à la dure* », c'est-à-dire en assassinant.

Il y a d'autres catégories : les *nourrisseurs* qui préparent un coup à faire, nourrissent longuement le « *marmot* », le « *poupon* », l'entreprise, puis lorsque tout est prêt, ils opèrent ou « font des copeaux ».

On cite aussi les *foucadiers* : ce sont des individus de nature très irritable, facilement impulsifs : chez eux l'idée du crime vient tout à coup comme une « foucade » ou un caprice amoureux, imprévu. Les *vagueurs* vont devant eux, sans but, à la rencontre d'une occasion ou d'un coup à faire. Ils volent ou cherchent à voler ou « vont en vacquerie ». Le *vague* est la flânerie. Vagabonder s'appelle se « lâcher du vague » et un « coup de vague » est le vol au hasard, dans la première maison venue.

C'est dans ces catégories qu'il faut ranger les auteurs de nombreux crimes restés impunis dans ces dernières années.

En voici quelques-uns. Leur nombre — M. Fourquet a examiné plus de 85 dossiers, — les conditions dans lesquelles ils ont été accomplis, sur un point quelconque du territoire, montrent bien leur cause et l'étendue du mal.

1886. — Boulogne-sur-Mer. — 15 juillet : Marie Bebugne, neuf ans. Section du cou. Viol.

1891. — Saint-Quentin (Isère). — Philomène Martel, dix ans. Jetée dans l'Isère : sur le sable, à côté des pas de l'enfant, pas d'homme chaussé de galoches.

1893. — Saint-Germain-Langot (Falaise). — 23 avril : Colombe Ledoux, onze ans, étranglée et jetée dans un étang.

— Condom. — 10 juin : petite fille de sept ans, étranglée après viol.

1894. — Claveissoles (Valence). — Marie Dugalas, dix-sept ans. Tentative viol, meurtre, par un individu de taille au-dessus de la moyenne avec fortes moustaches blondes.

1895. — Vervins (Guise). — 18 septembre : Charlotte Sueur, quatorze ans. Strangulation, jetée dans l'Oise.

— Saint-Gobert (Vervins). — 18 octobre : Julien Lefèvre, seize ans. Étranglé et jeté dans la rivière le Vilpin.

— On a aperçu deux individus, l'un parlant difficilement, béret bleu foncé, paletot velours, gilet lustrine noire, pantalon velours marron grosses côtes, souliers molière, bout retroussé : c'est le signalement correspondant à celui de Vacher.

1896. — Nîmes. — 25 octobre : Michel, neuf ans. Assommé, victime d'un acte de pédérastie.

1897. — Belfort. — 18 mars : Adrienne Revillard, neuf ans. Strangulation et viol.

— Garches (Seine-et-Oise). — 7 avril : Tentative assassinat sur petite fille.

— Sens. — 7 septembre : Alice Maillet, seize ans. Étranglée avec corde, tentative de viol, les boucles d'oreille manquent.

— Mellerey (Saône-et-Loire). — 20 Juin : Jeune garçon de douze ans. Saisi à la gorge, vol, tentative de meurtre.

— Mercurey. — 6 juillet : Garçon de onze ans. Saisi à la gorge tentative de meurtre, vol.

On distingue, dans cette terrifiante liste, une série de crimes commis de 1893 à 1898, sur des enfants étranglés, violés puis jetés à l'eau. Notons encore un certain nombre d'assassinats de vieillards deux ou trois à la fois, âgés de soixante-cinq à soixante-dix ans, tous assommés à coup de barre de fer : ce serait, il nous semble, le fait de deux ou trois routiers qui agissent ensemble.

Voilà le mal. Il est grand et il nous paraît utile de l'enrayer et au plus tôt.

Pour mettre la main sur ces roulants, essentiellement mobiles, toujours sur le « trimard », passant facilement d'un département dans un autre, il faut une justice permanente, ayant un siège constant centralisant toutes les affaires classées, celles dont les auteurs restent inconnus, qui paraissent avoir une origine commune et se sont passées à la campagne, dans les lieux peu habités, sur les routes.

Il est nécessaire que le garde des sceaux organise systématiquement la méthode mise en pratique par M. Fourquet, juge d'instruction à Belley, à propos de l'affaire Vacher.

Qu'a fait ce magistrat ?

A propos du crime de Bénonces, il se mit à étudier une suite de crimes commis, de côté et d'autre, dans des circonstances presque semblables. Les analogies ne tardèrent pas à se montrer, les rapprochements étaient évidents, il était possible de grouper des particularités. En résumé, guidé par un esprit vraiment philosophique, ce juge d'instruction chercha ce qu'il y avait de constant dans une série variable.

La conclusion de cette étude fut le signalement presque exact, et on peut dire assez ressemblant, de l'auteur de ces crimes.

Voici ce curieux document, envoyé à tous les parquets de France le 10 juillet 1897, et qui amena l'arrestation de Vacher un mois après, à Tournon.

CABINET DU JUGE D'INSTRUCTION
BELLEY

Belley, le 10 juillet 1897.

TRÈS
IMPORTANT

COMMISSION ROGATOIRE

Nous Émile FOURQUET, juge d'instruction de l'arrondissement de Belley,

Vu la procédure instruite contre X..., en fuite, inculpé d'assassinat.

Donnons commission rogatoire à notre collègue de..................................
.... à l'effet de rechercher dans son arrondissement l'inculpé qui correspond au signalement suivant :

Agé de trente ans environ, taille moyenne, cheveux noirs, barbe noire, inculte et rare sur les joues, moustache brune, sourcils noirs, yeux noirs, assez grand, visage osseux.

Signes particuliers : la lèvre supérieure est relevée ; elle se tord à droite et la bouche grimace lorsque cet individu parle ; une cicatrice intéresse verticalement la lèvre inférieure et la lèvre supérieure à droite ; tout le blanc de l'œil droit est sanguinolent et le bord de la paupière inférieure de cet œil est dépourvu de cils et légèrement rongé ; le regard de cet individu impressionne désagréablement ; sa coiffure, tantôt un béret, tantôt un chapeau de paille à larges bords, est rabattue sur les yeux et relevée en arrière.

Ces premiers signes particuliers sont surtout à retenir.

L'inculpé est maigre ; ses joues sont creuses ; son visage est pâle avec des plaques jaunâtres ; ses traits sont tirés et il paraît souffreteux. Il a la voix assez mâle et l'élève peu en parlant, mais lorsqu'il s'anime elle devient aigre et il s'exprime avec quelque difficulté à cause de la difformité de la bouche.

Cet individu était au moment du crime chaussé de souliers à semelles en bois, portait un sac en toile paraissant renfermer du linge ou des vêtements et tenait à la main un bâton.

Il demande généralement de la soupe ou du pain, achète alternativement du vin ou du lait; fréquente les fermes où il s'offre souvent comme berger et se dit originaire soit de la Bresse, soit du département de la Seine, soit du Dauphiné.

Il se prétend infirme et plus âgé qu'il ne le paraît; dit qu'il a quitté sa famille à la suite d'une discussion; enfin, il s'exprime tantôt en français, tantôt en patois du Dauphiné ou même du Bugey et vagabonde en demandant l'aumône notamment dans les villages et à l'entrée des églises, couvents et chartreuses.

Il s'agit de l'individu désigné par les journaux sous le surnom de *Jack l'éventreur du Sud-Est*.

Me télégraphier en cas de découverte.
Il y a mandat d'arrêt.
Inutile de dresser procès-verbaux de recherches infructueuses.

Le juge d'instruction,
Émile Fourquet.

Prière de faire circuler dans l'arrondissement.

La preuve est donc faite. Quand on le voudra, on pourra mettre la main sur ces criminels nomades, vraiment insaisissables à la justice. Il faut que l'on se pénètre de cette vérité : plus un pays a de vagabonds, plus il y a de crimes commis et impunis.

Nous pensons aussi comme nous l'avons écrit, il y a quelques semaines, dans la préface du livre intéressant de M. Fourquet, sur ce même sujet, que le vagabondage est devenu une des manifestations de l'anarchie.

Ces vagabonds ou routiers, véritables parias, sans gîte, misérables, découragés, émancipés bientôt par des théories subversives, règlent leur conduite sur ces principes, prennent en haine la société dont ils s'imaginent saper les bases en s'arrogeant, comme Vacher, le droit de satisfaire leurs besoins les plus impérieux : ils violent pour jouir et ils tuent ou volent pour avoir de l'argent.

Tels sont les vagabonds criminels.

C'est dans ce groupe qu'il faut chercher ceux que les poursuites ou statistiques judiciaires, à propos de certains crimes, désignent comme auteurs sous le nom de « Inconnus. »

Il est donc indispensable de faire à la Chancellerie ce qu'un juge d'instruction de province a spontanément imaginé.

Nous demandons qu'on institue *un juge d'instruction central* qui résumera les dossiers de tous les crimes impunis et dont les auteurs sont inconnus. Il pourra grouper les faits similaires, mettre en évidence la nature des blessures, l'analogie des procédés employés, relever le signalement des individus vus dans le voisinage des lieux du crime.

On a proposé toutes sortes de mesures : des maisons de refuge, des colonies de travail, la suppression de la gendarmerie et son remplacement par un corps de gardiens de la paix rurale.

Ce sont des palliatifs, mais non des dérivatifs ou des modificateurs puissants de cette plaie sociale.

Certes, nous ne nous faisons pas beaucoup d'illusion sur le sort de notre proposition. Écoutera-t-on un médecin, même s'il apporte un remède?

Nous avons cependant confiance et nous osons espérer que ceux qui nous auront suivi dans cette étude nous donneront peut-être raison.

Quoiqu'il en soit, après avoir présenté un ensemble de renseignements sur la question, recherché les causes et discuté les effets produits, nous proposons une mesure administrative comme remède à cette situation.

Il fallait une thérapeutique précise à ce cas de pathologie sociale.

C'est la conséquence de notre étude médico-légale.

NOTE COMPLÉMENTAIRE A L'ETUDE SUR LE MARQUIS DE SADE

Ce travail était imprimé lorsque M. P. Ginisty a publié dans le numéro de janvier dernier de la *Grande Revue* quelques lettres inédites de la marquise de Sade au marquis de Sade.

Je suis tout à fait d'accord avec M. Ginisty pour trouver cette correspondance « profondément touchante ». La marquise de Sade a entouré d'un dévouement sans bornes et sans lassitude son cher prisonnier pendant ses longues années de captivité à Charenton et à la Bastille.

A n'en pas douter, chaque phrase de lettre en témoigne, ce dévouement avait sa source dans un amour exalté. Sans mentir la marquise de Sade peut écrire : « Mon cœur n'a pas changé; il t'adore et t'adorera toujours. » Le moindre billet tendre de son mari la ravit. « Je ne cesse de relire ce cher billet! Qu'il m'est cher puisqu'il me peint si bien tes sentiments pour moi. Je suis au comble du bonheur; tu sais que tu es le but de toutes mes pensées et que l'idée de ton bonheur me sert de boussole. »

M. Ginisty s'étonne qu'un monstre tel que le marquis de Sade ait inspiré une telle passion.

L'étude impartiale de la vie du marquis permet, ce me semble, de ne pas s'étonner.

De Sade était considéré en somme comme un débauché élégant, un peu pervers, mais ses retentissants procès, suivis d'ailleurs d'acquittements, ne lui avait pas fait perdre l'amitié de ses pairs.

Ce n'est que sous la dictature napoléonienne que l'on prit l'habitude de déclamer contre l'infâme marquis et encore assistait-on aux spectacles qu'il organisait.

La marquise de Sade a donc parfaitement pu, je ne dis pas aimer, ce sentiment n'obéit qu'incomplètement aux convenances mondaines, mais je dis manifester publiquement son amour pour son mari, le visiter régulièrement en prison, solliciter pour lui.

De Sade avait pris l'habitude d'annoter les lettres qu'il recevait. Ses notes sont souvent cruelles pour les bonnes sentimentalités de sa femme. Cette cruauté, cette défiance, sont une preuve de plus de l'opinion que j'ai formulée sur le caractère véritable du marquis de Sade.

Dr M.

TABLE

VACHER L'ÉVENTREUR ET LES CRIMES SADIQUES

Imp. A. Storck & Cie, Lyon.

Made in United States
Troutdale, OR
11/03/2026

56844497R00186